| 개정판 |

사회복지행정론

양 승 일

양서원

머리말

21세기는 복지국가시대라고 해도 과언이 아니다. 특히, 현대 사회복지는 복지다원주의에 따라 선진국을 중심으로 사회복지의 주체가 중앙정부 등의 국가중심에서 지방정부, 지역사회, 사회복지시설 등의 지역중심으로까지 확대되고 있는 것이 중요한 특징이다. 이에 따라 사회복지행정의 영역 역시 과거에는 국가중심에 국한되었으나 이제는 지역의 사회복지행정도 중요한 영역으로 자리를 잡아가고 있다는 점에서, 질적인 부분뿐만 아니라 양적인 부분에 있어서도 중요성을 갖게 된 것이다.

기본적으로 사회복지행정은 급속한 산업화와 도시화에 따른 사회·경제적 구조변화에서 비롯되는 대량실업 및 빈곤, 그리고 다양한 사회문제들로 인해 과거 전통사회의 장치들을 공식적이고 체계적인 조직들로 전환시키는 과정이 필요하게 되었는데, 그 조직들이 중앙정부·지방정부 등의 공공부문과 사회복지시설 등의 민간부문이다. 결국 사회적 욕구가 증가하면서 이러한 사회복지조직으로부터 서비스의 기대가 어느 때보다 높아져 가고 있다는 점에서, 클라이언트에 대해 효과적인 서비스를 제공하기 위한 체계적인 인사, 재정, 정보 등의 관리가 필요하게 된 것이다.

이러한 사회복지행정에 대해 본 서에서는 총 5편으로 분류하여 서술하였다. 제1편 사회복지행정의 개론에서는 사회복지행정의 의의, 역사 등을 기술하여 전반적인 개관·설명에 비중을 두었다. 제2편 사회복지행정의 조직론에서는 사회복지조직의 의의, 이론, 환경과의 관계, 전달체계, 역할분담 등을 다뤄 사회복지행정의 주체인 조직에 대해서 조명하였다. 제3편 사회복지행정의 관리론에서는 리더십, 기획과 의사결정, 홍보와 마케팅, 인사관리, 재정관리, 정보관리 등을 기술하여 사회복지조직이 행정효율성을 지향할 수 있는 관리이론 및 기법 등을 설명하였다. 제4편 사회복지행정의 프로그램론에서는 욕구조사, 사회복지프로그램의 개발과 평가 등을 기술함으로써 클라이언트의 현실적인 욕구를 적절히 반영할 수 있는 프로그램의 설계 등을 조명하였다. 그리고 제5편 사회복지행정의 응용론에서는 사회복지사례와 행정이론을 결합하여 사회복지행정의 이해를 좀 더 제고하고자 하였다.

이러한 구성은 사회복지행정의 방향설정, 강의, 그리고 학습에 일정 부분 도움을 제공해 줄 수 있는 구성이라고 생각한다.

마지막으로, 이 책이 나오기까지 성원해주신 부모님과 아내, 교수님들, 그리고 양서원 회장님을 비롯한 임직원 여러분께 감사의 마음을 드린다.

저자 양승일

목 차

Social Welfare Administration

목 차

PART Social Welfare Administration

01

사회복지행정의 개론

CHAPTER 01

사회복지행정의 의의

제1절 사회복지행정의 정의

1. 사회복지행정의 개념

사회복지행정(social welfare administration)의 개념은 학자들의 접근입장차이로 다양하게 정의되고 있는데, 기존에 연구된 개념정의를 살펴보면 다음과 같다.

먼저, Kidneigh(1950 : 58)는 사회복지행정에 대해 서비스로 전환시키는 과정으로 그 경험을 다시 행정수행에 반영하도록 제의하는 양방향의 과정 속에 있는 것으로 정의하였고, Stein(1970 : 7)은 사회복지조직이 조정과 협력활동의 체계를 통해서 목표를 설정하고 달성하는 과정으로 규정하였으며, Patti(1983 : 24-25)는 조직목표를 달성하기 위해서 관리자가 수행하는 상호교환적인 과업, 기능, 활동 등의 체계적이고 개입적인 과정으로 정의하였다.

그리고 황성철, 정무성, 강철희, 최재성(2005 : 21-23)은 사회복지행정에 대해 서비스로 전환시키는 사회복지조직의 목표달성을 위한 조직구성원의 협력적인 활동의 체계와 과정으로 규정하였고, 김병식, 박용순, 변보기, 윤도현(2005 : 10-11)은 협의의 사회복지행정은 사회복지조직의 과제수행이나 클라이언트의 문제해결에 초점을 맞추고 사회복지의 전문적 관점에서 이의 실현에 중점을 두는 반면, 광의의 사회복지행정은 공공·민간사회복지조직에서 대상자의 복지를 증진시키기 위한 목적을 설정하고 사회적 시책이나 제도의 조직적 체계화의 개념에 입각하여 목적을 이루기 위한 관계된 사람들의 협동적 노력이라고 규정하면서, 사회복지행정의 개념으로는 협의의 사회복지행정개념을 포괄하는 광의의 사회복지행정개념이 바람직하다고 정의하였다.

또한 김치용과 최용민(2006 : 13-16)은 공사의 사회복지기관에서 클라이언트나 전 국민의 복지증진을 위한 어떠한 목적을 설정하고 그것을 달성하기 위한 것과 관련된 인간의 협동적 노력과정이라고 규정하였고, 김영종(2007 : 35-39)은 행정의 범위에는 목적과 수단의 부분을 포괄하는 광의의 규정도 있을 수 있고 보다 제한된 범위로서 수단만을 규정하는 협의의 개념도 있을 수 있다는 점에서 행정이라는 개념 자체만으로는 어떠한 범위가 더 적절한가를 규명하기 어렵다고 규정하였다. 다만 분명한 사실은 조직들마다 성격이 다르고 한 조직 안에서도 행정관리자들의 위치와 역할이 각기 다르게 존재하기 때문에 사회복지행정에 대한 일반적인 정의는 특정 영역에 집중하기보다는 포괄적으로 규정하는 것이 유용하다고 정의하였다.

한편, 허만형(2007 : 9-11)은 행정기술 또는 행정력을 기반으로 휴먼서비스 제공이라는 사회복지의 목적을 효과적으로 달성하기 위한 거시적 실천 또는 응용행정의 영역이라고 규정하였다. 최성재와 남기민(2007 : 25-28)은 협의의 개념과 광의의 개념으로 구분하면서 협의의 개념에서는 행정을 하나의 실천방법으로 보고 있는데 이러한 의미의 사회복지행정은 사회복지조직의 목표달성을 용이하게 하기 위해서 관리자에 의해 수행되는 상호의존적인 과업, 기능, 그리고 관련 활동 등의 체계적 개입과정으로 정의하였고, 광의의 개념에서는 행정을 조직의 모든 활동과정에 다양하게 기여하는 조직구성원들의 협동적·조정적 노력으로 보고 있는데 이러한 의미에서 사회복지행정은 사회정책을 사회복지서비스로 전환시키는 데 필요한 사회복지조직에서의 총체적인 활동으로 규정하였다.

그리고 이목훈(2008 : 29-40)은 사회복지조직의 정책활동과 관리활동을 협의의 사회복지행정으로 정의하였고, 사회복지서비스에 관한 정부의 정책활동과 관리활동의 공공복지행정을 포괄하여 광의의 사회복지행정으로 규정하였다.

이처럼 사회복지행정의 개념정의가 다양하게 제시되어 있는데, 본 절에서는 이러한 다양한 정의를 근거로 일정한 사회복지행정의 개념을 제시하고자 한다.

즉 사회복지의 대상과 행정의 주체를 기준으로 유형화한 개념정의로서, 사회복지대상의 경우 높은 수준으로 복지사각지대에 놓여 있는 저소득층 등 선별층과 선별층을 포괄하는 모든 국민을 대상으로 하는 보편층으로 구분하고, 행정의 주체에 있어서는 정부 등의 공공부문, 사회복지시설 등의 민간부문으로 대별하여 이들의 조합을 통해 4가지의 개념을 도출하여 접근하고자 한다(〈표 1-1〉 참조).

〈표 1-1〉 사회복지행정의 개념

구 분		사회복지(대상)	
		선별층	보편층
행정(주체)	공공부문	개념 Ⅰ	개념 Ⅲ
	민간부문	개념 Ⅱ (협의의 개념)	개념 Ⅳ

먼저, 개념 Ⅰ은 정부 등 공공부문이 복지사각지대에 노출되어 있는 저소득층 등 선별층을 대상으로 하여 이들의 삶의 질을 제고시키기 위한 관리활동으로 정의할 수 있으며, 저소득층에 대한 국민기초생활보장제도 관련 관리활동 등이 이에 해당된다.

개념 Ⅱ는 사회복지시설 등의 민간부문이 복지사각지대에 노출되어 있는 장애인 등 선별층을 대상으로 하여 이들의 삶의 질을 제고시키기 위한 관리활동으로 정의할 수 있으며, 장애인 등에 대한 장애인복지서비스 관련 관리활동 등이 이에 해당된다.

개념 Ⅲ은 정부 등 공공부문이 모든 국민 등 보편층을 대상으로 하여 이들의 삶의 질을 제고시키기 위한 관리활동으로 규정할 수 있으며, 모든 국민에 대한 국민연금제도 관련 관리활동 등이 이에 해당된다.

마지막으로, 개념 Ⅳ는 기업복지재단 등의 민간부문이 모든 국민 등 보편층을 대상으로 하여 이들의 삶의 질을 제고시키기 위한 관리활동으로 규정할 수 있으며, 모든 국민 등에 대한 교육복지사업 관련 관리활동 등이 이에 해당된다.

특히, 이 중 개념 Ⅱ는 사회복지시설 등이 장애인, 노인, 여성 등을 대상으로 서비스를 직접적으로 관리하기 때문에 사회사업행정에 가장 근접하고 그 주체와 대상도 다른 유형에 비해서 좁은 범위라는 점에서, 본 유형을 협의의 사회복지행정이라고 정의할 수 있다. 그리고 본 유형을 포함해서 4가지 전체 유형의 범위를 광의의 사회복지행정이라고 규정할 수 있는데, 기본적으로 본 서에서는 특별한 언급이 없는 한 4가지 전체 유형을 포괄하는 광의의 개념으로 접근하고자 한다.

2. 사회복지행정과 일반행정의 비교

사회복지행정을 공통점과 차이점으로 구분하여 일반행정과 비교·조명한다면 그 개념에 대해 좀 더 명확하게 접근할 수 있을 것이다(〈표 1-2〉 참조).

먼저 공통점을 살펴보면, 두 행정 모두 상호 관련되는 부분들이 모여서 이루어진 상호작용체계(interaction system)라는 것이며, 대안선택 등 규범적 판단을 활용하는 대안선택의 가치판단(value-judgement of alternative choice)을 하고, 개인과 조직이 목표달성에 적절히 활동될 수 있도록 도와주는 조력의 과정(process of enabling)이 있다는 것이다.

그리고 미래의 바람직한 상태를 이루기 위한 미래지향성(future oriented)이 존재하며, 지식과 기술의 판에 박힌 활용을 지양하는 창의적인 활용(use of originality)이 나타나고, 최적의 상품과 서비스의 생산을 용이하게 하기 위해 프로그램, 서비스, 그리고 직원들을 통일적으로 조정하는 조직화(systematization)가 있다.

또한 사회적 필요성에 따라 설립·유지되고 있다는 점에서 공공의 욕구를 지향하여야 하는 공공의지의 실현(realization of public will)이 있으며, 사회문제정의, 대안개발, 집행, 그리고 평가 등을 포괄하는 문제해결과정(problem solving process) 등이 공통점으로 존재하는 것이다.

한편, 사회복지행정(협의의 개념중심)과 일반행정의 차이점을 살펴보면, 역할에 있어서 전자는 지역사회 등을 중심으로 손상된 사회적 기능의 회복에 초점을 맞추는 반면, 후자는 일반적인 공공정책을 입안하는 업무 등을 담당한다. 정책결정에 있어서 사회복지행정은 이사회, 일반행정은 중앙정부·지방정부 등의 공공부문으로 조직화되어 있고, 조직행태에 있어서 전자는 높은 수준의 복지욕구로 인해 사회복지시설 등이 광범위하게 조직화되어 있는 반면, 후자는 국민의 세금낭비 등을 고려하여 법령에 따른 제약이 존재한다.

책임성에 대해서 사회복지행정은 지역사회와의 연계책임 등에 초점을 맞추고 있으며, 일반행정은 국민에 대한 책임으로 나타나고 있고, 자원활용에 있어서 전자는 클라이언트 등을 대상으로 하는 끊임없는 활용, 후자는 법령에 따른 활용이 존재한다. 그리고 재정운영에 있어서 사회복지행정은 사회복지시설 등 조직의 생존을 위해 적자운영을 피해야 하는 반면, 일반행정은 국민의 공익실현 등 사안에 따라 적자운영이 가능하다.

한편, 서비스 성격에 있어서 전자는 클라이언트 등을 대상으로 하는 사회사업적 성격이 강한 반면, 후자는 모든 국민을 대상으로 한다는 점에서 관리적 성격이 지배적이다. 마지막으로, 의사결정참여에 있어서 사회복지행정은 모든 직원들이 사안에 따른 참여가 가능하지만, 일반행정은 직급에 따른 참여 등이 차이점으로 나타나는 것이다.

〈표 1-2〉 **사회복지행정과 일반행정의 공통점 · 차이점**

공통점	차이점		
	구 분	사회복지행정	일반행정
상호작용체계	역할	손상된 사회적 기능 회복	공공정책의 입안
대안선택의 가치판단	정책결정	이사회	중앙정부, 지방정부
조력의 과정	조직행태	광범위	법령에 따른 제약
미래지향성	책임성	지역사회와의 연계책임	국민에 대한 책임
창의적 활용	자원활용	끊임없는 활용	법령에 따른 활용
조직화	재정운영	적자운영 지양	적자운영 가능
공공의지의 실행	서비스성격	사회사업적 성격	관리적 성격
문제해결과정	의사결정참여	모든 구성원의 참여 가능	직급에 따른 참여

출처: 기존의 여러 자료를 근거로 구성.

3. 사회복지행정의 유사개념

사회복지행정과 유사한 개념이 높은 수준으로 발견되는데, 사회복지정책 · 사회복지관리, 사회복지실천, 사회사업행정, 그리고 복지행정 등이 이에 해당된다(황성철 · 정무성 · 강철희 · 최재성, 2005 : 23-24 ; 허만형, 2007 : 11-14).

1) 사회복지정책 · 사회복지관리

사회복지행정은 사회복지정책(social welfare policy)과 사회복지관리(social welfare management)로 구성할 수 있는데, 사회복지행정을 과정론적 관점에서 살펴보면 정책과 관리는 끊임없이 교류하는 성향을 보인다. 즉, 사회복지행정에 있어서 정책형성이 이루어진 후에 정책목표가 적절히 달성되도록 지원, 통제, 그리고 조정 등의 관리를 동시에 수행해야 하기 때문에, 사회복지정책과 사회복지관리는 사회복지행정의 한 부분으로서 끊임없이 교류작용을 하는 것이다.

2) 사회복지실천

사회복지실천(social work practice)은 개인, 집단, 지역사회, 그리고 전체 사회가 정상적인 기능을 수행하도록 지원하는 분야로서, 그 대상에 있어서 개인일 경우에는 개별사회사업이 되고, 가족과 집단일 경우에는 집단사회사업이 되며, 지역사회를 대상으로 하는 경우 지역사회조직사업이 된다. 그리고 전체 사회를 대상으로 하면 사회복지행정이 되는 것이다. 즉, 사회복지실천은 개인과 사회를 대상으로 이들이 정상적인 기능을 수행하도록 지원하는 역할을 하는 것이다.

3) 사회사업행정

사회사업행정(social work administration)은 사람과 사람 사이의 관계 정상화를 기초로 삶의 질을 제고하기 위한 휴먼서비스로서, 사회복지사 등 전문가에 의한 상담

서비스 등을 통하여 정상화를 추구하는 기관중심(agency-based administration)의 미시적 사회복지라고 할 수 있다.

즉, 사회사업행정은 사회복지시설 등 민간부문이 주체가 되고 장애인 등 선별층에게 양질의 서비스를 제공하기 위한 제반활동인 반면, 사회복지행정은 사회복지시설 등 민간부문뿐만 아니라 정부 등의 공공부문이 모든 국민의 복지를 높이기 위한 제반활동이라고 할 수 있기 때문에, 사회사업행정은 사회복지행정의 광의의 개념보다는 좁고, 사회복지행정의 협의의 개념과는 비슷하다고 할 수 있다.

4) 복지행정

복지행정(welfare administration)은 행정학의 한 분야로서 정부 등 공공부문이 사회의 복지욕구를 달성하기 위한 관리활동을 의미한다. 즉, 복지행정은 국가의 존립목표를 달성하기 위해서 공공부문이 수행하는 보건행정, 치안행정, 경제행정, 환경행정, 교육행정 등과 같은 수준에서 국민의 복리증진과 클라이언트의 보호를 근본 목적으로 하는 관리활동인 것이다. 따라서 복지행정의 주체는 정부 등 공공부문이 되고, 대상은 장애인 등의 선별층을 포괄하는 모든 국민이 된다는 점에서, 주체에 있어서 민간부문도 포괄하는 사회복지행정의 개념보다는 좁은 의미라고 할 수 있다.

제 2 절 사회복지행정의 필요성

과거 전통사회에서는 상호부조를 실현하기 위한 나름대로의 장치를 갖추며 공동체를 유지해왔다. 그러나 급속한 산업화와 도시화의 영향으로 인해 사회문제들은 과거의 장치로 해결하는 데 한계에 직면하게 되었다. 즉, 산업화와 도시화에 따른 전통적 규범이나 가치관의 붕괴, 그리고 사회·경제적 구조변화에서 비롯되는 대량실업 및 빈곤, 그리고 다양한 사회문제들은 과거 전통사회에서 대신했던 장치들을 공식적이고 체계적인 조직들로 전환시킬 수밖에 없었는데, 그 조직들이 중앙정부·지방정부 등의 공공부문, 그리고 사회복지시설·기업복지재단 등의 민간부문이다. 결국 확대된 사회복지의 욕구에 따라서 이러한 조직들에 의한 관리화의 필요성이 대두된 것이다(김병식·박용순·변보기·윤도현, 2005 : 11-12).

실제로 Titmuss(1974)는 사회복지행정의 필요성을 제기했는데, 20세기 초 영국은 낮은 수준의 복지수준에서 벗어나 자유당정부의 주도하에서 제도적으로 빈곤이나 실업 등 사회문제를 해결하기 위한 선진적인 사회복지입법을 제정하였다. 그러나 이를 전달하기 위한 조직과 전달방법들이 적절하지 않아서 효율적 복지서비스의 전달에 큰 어려움을 겪었다. 이러한 경험을 통해 Titmuss는 서비스 대상인구에 대한 이해, 사회정책에 대한 이해, 그리고 이를 구체적으로 전달하는 조직에 대한 이해 등 사회복지행정에 대한 필요성을 제기한 것이다.

즉, 아무리 고상한 목적과 가치가 반영되어 있는 계획이 설정되어 있다 하더라도 이를 실천에 옮기는 조직적 과정이 없다면 그만큼의 효과를 기대할 수 없는 것이다. 다시 말해서, 사회적 욕구가 증가하면서 사회복지조직으로부터 서비스의 기대가 어느 때보다 높아져가고 있다는 점에서, 효과적인 서비스를 위한 인사, 재정, 정보 등의 관리를 담보하기 위해서는 사회복지행정이 필요한 것이다.

제 3 절 사회복지행정의 가치

사회복지행정의 가치에 대해서는 다양하게 접근할 수 있으나 본 절에서는 자유, 평등 등 6가지로 대별하여 조명하고자 한다.

1. 자유

사회복지행정의 가치로서 자유(freedom)는 구속이나 속박으로부터의 해방을 의미하는 것으로, 대개 소극적 자유와 적극적 자유로 대별된다.

소극적 자유(negative freedom)란 개인이 자기의 욕구를 추구하는 과정에서 일정한 유형의 간섭이 없는 상태를 의미하는 반면, 적극적 자유(positive freedom)는 일정한 개체에 의해 자아실현을 할 수 있도록 보장받는 자유를 의미한다. 즉, 소극적 자유는 개인과 국가 간의 관계에서 국가의 간섭이 부재하거나 최소한에 그칠 것을 요구하는 반면, 적극적 자유는 개인의 자아실현에 장애가 되는 사회구조나 세력을 제거하기 위한 국가의 적극적 간섭을 필요로 하는 가치라고 할 수 있다.

국가로부터의 자유인 소극적 자유는 근대시민국가에서 발달한 가치로서 그 대상을 자본가 등 중·상류층에 한정한 반면, 국가에 의한 자유인 적극적 자유는 현대복지국가에서 발달한 가치로 사회의 모든 계층을 포함하고 있다. 즉, 적극적 자유는 모든 계층이 인간다운 삶을 영위할 수 있는 권리가 있고, 이 권리가 구현되지 않는 상태를 자유의 제한이라고 본다는 점에서, 사회복지행정의 핵심가치라고 볼 수 있는 것이다.

2. 평등

사회복지행정의 가치로서 평등(equality)은 권리, 의무, 자격 등이 차별 없이 고르고 한결같아야 한다는 의미로, 자유와 상충될 수도 있지만 평등이라고 해서 절대적인 평등을 추구하는 것은 아니며, 자유라고 해서 절대적인 불평등을 지향하는 것은 아니라는 점에서 공존 가능할 수 있다. 이와 같은 평등은 수량적 평등, 비례적 평등, 그리고 기회의 평등으로 대별할 수 있다.

먼저, 수량적 평등(numerical equality)은 모든 사람을 능력이나 욕구 등에 관계없이 사회적 자원을 똑같이 분배하는 것으로 결과적 평등이라고도 한다. 이러한 가치에 근거한 시행은 현실적으로 불가능할 수도 있지만 사회복지행정에서는 이러한 수량적 평등의 가치를 반영하여 접근하고 있는 것이 사실이다. 일정 연령에 해당되면 빈부나 능력 등의 차이에 상관없이 무조건 지급되는 아동수당, 노인수당 등이 본 가치의 사례라고 할 수 있다.

비례적 평등(proportional equality)은 개인의 욕구, 능력, 노력, 공헌 등에 따라 사회적 자원을 상이하게 배분하는 가치로서 공평과 같은 의미라고 할 수 있다. 이는 자본주의사회에 널리 통용되고 있는 것으로 사회적 불평등의 요인이 되기도 한다. 소득비례의 원칙으로 운영되는 사회보험제도 등이 본 가치의 사례라고 할 수 있다.

마지막으로, 기회의 평등(equality of opportunity)은 결과의 평등과는 관계없이 결과를 얻을 수 있는 과정상의 기회만을 똑같이 부여하는 것으로, 결과의 불평등을 합법화하는 수단이 될 수 있다. 결과를 위한 과정인 교육과 훈련 등이 본 가치의 사례라고 할 수 있다.

3. 민주주의

사회복지행정의 가치로서 민주주의(democracy)는 국가의 주권이 국민에게 있고 국민을 위하여 정치를 행하는 것으로 이에 대한 필수요건을 간략히 살펴보면 다음과 같다.

국민은 1인 1표의 보통선거권을 통하여 권한을 행사할 수 있다는 것, 적어도 2개 이상의 정당들이 선거에서 정치강령과 후보들을 내세울 수 있어야 한다는 것, 국가는 출판 · 결사 · 언론의 자유 등 모든 구성원의 민권을 보장하여야 한다는 것, 정부의 정책은 국민의 복리증진을 위한 것이어야 한다는 것, 국가는 책임 있는 비판을 보장하여야 한다는 것, 그리고 정권교체는 평화적 방법으로 이루어져야 한다는 것 등이다.

이 중에서 특히 첫 번째와 네 번째 항목이 사회복지행정의 가치로서 작용하게 되는데, 민주주의하에서 이루어지는 국민의 1인 1표의 경우, 빈부 및 능력 등의 차이에 관계없이 동등하게 투표권을 행사하는 것으로, 이는 인간으로서의 권리를 제도적으로 보장하고 궁극적으로는 인간존중을 실현하는 것이라고 할 수 있다(남기민, 2006 : 32).

한편, 민주주의의 요건인 국민에 대한 정부의 복리증진에 근거하여 각종 사회보장정책 등이 추진되고 있는데, 이는 한국의 민주주의 헌법규정 제34조[1]에도 잘 나타나 있다.

4. 연대의식

사회복지행정의 가치로서 연대의식(conscience solidaire)은 사회구성원 상호 간 또는 구성원과 사회 간의 상호의존을 지탱하는 의식으로서 사회구성원이 공통적으로 가지고 있는 소속의식을 의미한다고 할 수 있다.

자본주의사회는 구성원의 능력, 경쟁 등을 지나치게 강조한 나머지 사회적 불평등과 인간소외현상 등 각종 부작용을 유발하고 있는데, 이러한 상황에서 사회구성원 간에 연대의식이 작용할 때, 구성원들이 공통의 위험에 빠지게 되더라도 이를 제거하기 위하여 협동하게 되는 것이다(남기민, 2006 : 33). 빈곤, 질병, 재해, 실업 등을 위한 제도적 장치인 사회보험도 사회구성원 간의 연대의식이 높은 수준으로 형성되어 있을 때, 제대로 작동할 수 있는 것이다.

5. 공평성

사회복지행정의 가치로서 공평성(equity)은 수평적 공평성과 수직적 공평성으로 대별된다.

먼저, 수평적 공평성(equal treatment for equals)은 모든 사람이 인간의 존엄과 인격

1) 헌법 제34조 ① 모든 국민은 인간다운 생활을 할 권리를 가진다. ② 국가는 사회보장 · 사회복지의 증진에 노력할 의무를 진다. ③ 국가는 여자의 복지와 권익의 향상을 위하여 노력하여야 한다. ④ 국가는 노인과 청소년의 복지향상을 위한 정책을 실시할 의무를 진다. ⑤ 신체장애자 및 질병 · 노령 기타의 사유로 생활능력이 없는 국민은 법률이 정하는 바에 의하여 국가의 보호를 받는다. ⑥ 국가는 재해를 예방하고 그 위험으로부터 국민을 보호하기 위하여 노력하여야 한다.

면에서 동등하기 때문에 기계적으로 동일하게 보상되어야 한다는 가치인 반면, 수직적 공평성(unequal treatment for unequals)은 사람들이 인간의 존엄과 인격 면에서는 동등하지만 인간의 욕구, 능력, 노력, 공헌 등 다른 측면에서 차이가 있는 경우 다르게 보상해야 한다는 가치로, 전자가 전술한 수량적 평등이라면, 후자는 비례적 평등이라고 할 수 있다.

그러나 대개 공평성은 수직적 공평성을 의미하는데, 이는 공평한 불평등성을 나타낸다. 사회보험의 경우, 가입한 사람에게 보상하는 것이나, 창의적인 제안이나 집행을 통해 조직의 경쟁력을 높인 사람에게 주어지는 포상, 그리고 국가에 공헌한 대가로 국가유공자 등에게 주어지는 보상 등은 공평한 불평등성이라고 할 수 있다.

6. 효율성

사회복지행정의 가치로서 효율성(efficiency)은 자원에 비해 인간의 욕구는 제한적이라는 점에 근거하여 최소의 자원으로 최대의 효과를 만들어내는 것이라고 할 수 있다. 이러한 효율성은 경제 등에는 매우 중요한 가치가 될 수 있는 반면, 사회복지행정에는 이차적인 수단의 성격을 갖는 경우도 있다. 이는 사회복지프로그램이나 보건의료체계 등에서 잘 나타난다.

사회복지프로그램은 시장경제에 상당부분 영향을 미치는데, 시장경제에 미치는 영향은 근로의욕과 저축률로 대별된다. 즉, 공공부조 및 실업급여 등과 같은 프로그램의 지급수준이 높은 수준으로 나타날 경우 대상자로 하여금 근로의욕이 저하되고 저축률이 감소되는 역효과를 가져올 수 있다. 하지만 지급수준이 너무 낮은 수준일 경우에도 부작용이 나타날 수 있는데, 저소득층 및 실업자 등이 빈곤의 굴레에서 벗어날 수 없게 되어 빈부의 격차 확대 등 사회적 위기가 올 수 있다.

또한 보건의료체계에 있어서도 국가가 높은 수준으로 이를 국유화하게 되면 의사들의 근로의욕을 저하시켜 의료의 질을 떨어지게 할 수 있는 반면, 이에 대해 국가가 너무 낮은 수준으로 접근한다면 저소득층은 의료혜택을 받기가 어려워져 빈곤의 굴레에서 벗어날 수가 없는 것이다.

즉, 이는 사회적으로 처한 상황에 따라 효율적인 사회복지행정을 추진해야 한다는 것으로, 이와 관련하여 부의 소득세(negative income tax)에 의한 방법이 있다. 부의 소득세는 자립적인 생활이 충분한 계층에 대해서는 국가에서 갹출하지만, 보호가 필요한 저소득층 및 빈민층에게는 건강관리비 등 최소한의 생활을 보장하는 비용을 지급하는 것으로, 저소득층의 생활비 부족분에 비례해서 지급하는 것이다(조성한 · 임재현 · 주재현 · 한승준, 2006 : 214-217).

CHAPTER 02

사회복지행정의 역사

제1절 외국의 사회복지행정사

1. 미국의 사회복지행정사

미국의 사회복지행정은 유럽에 비해 발달이 지체되었는데, 이는 보수적인 정치성향, 즉 자유방임과 개인주의 철학에 기초하여 다수가 관료적·조직적 성향에 대한 거부감을 가졌기 때문이다. 그리고 사회사업 전문직에 의한 주도, 즉 개인과 환경이라는 사회복지의 이중적인 관심에서 주로 개인의 치료에 관심을 가짐으로써 환경적 변화를 통한 구조적인 접근방법들은 전문직에 의해 받아들여지기 힘들었다는 점 등에서 찾을 수 있다.

미국의 사회복지행정사는 다양하게 정의되고 있으나 본 절에서는 태생기, 확장기, 전환기, 그리고 발전기 등으로 분류할 수 있다.

1) 태생기(19세기 중반~1930년대 전후)

본 시기는 실질적으로 사회복지행정이 탄생되는 시기라고 할 수 있다.

남북전쟁 이후 가속화된 공업화로 인한 인구의 도시집중, 구대륙으로부터의 이민, 경기변동 등과 같은 사회구조적 요인 등으로 인해 빈민과 실업자들이 대량으로 발생하고, 도시가 슬럼화되었다. 또한 열악한 공중위생, 범죄의 증가, 정신질환자의 급증 등이 발생하였다. 이에 따라 사회적인 일탈에 대한 통제를 맡는 헐하우스(Hull House)와 자선조직협회인 COS(Charity Organization Society) 등이 등장하여 사회복지행정의 태생을 알리게 되었다.

한편, 20세기 초에는 전문화가 시작되었는데, 병원, 법원, 학교 등에 사회사업이 도입되었고, 대학에 사회사업학교가 설립되었으며, 사회사업전문직협회도 등장하기에 이른다.

2) 확장기(1930년대~1970년대)

본 시기는 사회복지행정이 높은 수준으로 확장되는 시기라고 할 수 있다.

1935년 사회보장법이 제정(Social Security Act)되어 공공부문에서 사회복지행정의 기반이 마련되고 공공복지조직이 증가되기에 이른다. 1950년에서 1960년대에는 공동모금기구가 전국적으로 확장되고, 서비스 요금징수 등 수입이 증대되었으며, 관리자들의 역할과 책임이 복잡해지기 시작하였다.

그리고 1960년대에는 빈곤과의 전쟁(War on Poverty) 시범프로젝트 지원, 정부가 지원하는 지역사회정신보건센터(CMHC : Community Mental Health Centers)가 시작되어 관리자들이 경영리더십에도 참여하게 되었다.

3) 전환기(1970년대~1990년대)

본 시기는 사회복지행정의 주체가 본격적으로 공공부문에서 민간부문으로 전환되기 시작하는 시기라고 할 수 있다.

공공부문에 의해 주도된 사회복지행정에 대해 효율성에 한계가 오자 이에 대한 역할을 민간부문에 맡겨야 한다는 사회적 책임이 강하게 대두되기 시작하였다.

일례로, 1980년대 레이건행정부는 중앙정부 사회복지행정의 역할을 축소하고, 사회복지서비스 전달체계에서 민간부문의 서비스 역량을 활용하는 사유화(privatization)를 본격적으로 시도하였다.

4) 발전기(1990년대~현재)

본 시기는 전술한 시기를 근거로 사회복지행정이 본격적으로 발전하는 시기라고 할 수 있다.

서비스의 전달까지 직접 담당했던 거대 공공부문들이 퇴조하고, 계약이나 서비스 구입 등의 방법을 통한 민간부문의 역할이 증대되었다.

한편, 서비스의 목적실현을 위해서는 느슨하게 연결되어 있는 다양한 서비스조직들을 연계할 서비스 전달체계의 통합이 필요하다는 인식이 확산되었는데, 이는 사회복지행정에 대한 필요성을 더욱 더 증대시킨 것이다.

아울러, 본 시기는 사회복지조직과 환경과의 상호작용을 강조하는 개방체제의 관점으로 전환시킨 본격적인 시기이기도 하다.

2. 일본의 사회복지행정사

일본에서 사회복지행정이 현대적 의미로 모색된 것은 제2차 세계대전 이후 산업화로 인한 사회문제가 본격적으로 발생하면서부터이다.

일본의 사회복지행정사 역시 다양하게 정의되고 있으나 미국과 같이 태생기, 확상기, 전환기, 그리고 발전기 등으로 대별할 수 있다.

1) 태생기(1945년~1959년)

본 시기는 실질적으로 현대적 사회복지행정이 탄생되는 시기라고 할 수 있다.

제2차 세계대전 후 사회복지활동은 연합군총사령부(GHQ : General Headquarters)의 무차별평등, 국가책임, 필요충족의 기본방침 아래 해외민간단체에 의존하였다. 그 결과 생활복지법, 아동복지법, 신체장애자복지법 등 3개의 법을 정비하게 되었고, 사회복지사업법이 제정되어 사회복지행정의 기반을 구축하였다.

본 시기 사회복지행정의 특징은 복지사각지대에 노출되어 있는 장애인, 저소득층에 초점을 맞추는 전형적인 선별주의로 대표된다.

2) 확장기(1960년~1973년)

본 시기는 사회복지행정이 이전 시기보다 높은 수준으로 확대되는 시기라고 할 수 있다.

일본은 1950년대 경제부흥과 외국원조 등에 힘입어 60년대에 고도성장을 이루어 갔다. 하지만 고령화, 도시과밀 등으로 인해 사회복지의 필요성이 더욱 더 필요하게 되었다. 이에 따라 기존 3개의 법에 모자복지법, 정신박약복지법, 노인복지법을 제정하면서 6법 체제로 확대되었고, 더 나아가 국민연금, 국민건강보험 등 기본적인 사회보험제도가 생겨나게 되었다.

한편, 1969년에는 법제정을 통해 지방자치단체가 사회복지행정에 관한 장기계획, 실시계획책정, 행정추진 등을 도모하는 것이 가능해졌다.

3) 전환기(1974년~1990년)

본 시기는 획일적 사회복지행정이 지역사회 위주의 사회복지행정으로 전환되는 시기라고 할 수 있다.

이를 위해 지역복지, 재가복지, 재택복지, 공사역할분담 등으로 방향을 설정하였다. 즉, 단기보호, 식사서비스, 재활서비스, 목욕서비스, 가정봉사서비스 등 다양한 사업이 전개되었다. 이러한 지역사회 위주의 사회복지행정 주체로서는 기초단체인 시정촌과 협의회가 강조되었다.

한편, 1982년 노인보건법이 제정되어 복지와 보건을 연계하는 체제가 마련되기도 했다.

4) 발전기(1991년 이후)

본 시기는 사회복지행정이 본격적으로 발전·전개하는 시기라고 할 수 있다.

저출산고령화로 인해 전기와 후기로 나누어 기능개혁과 구조개혁을 실시하여 사회복지행정의 발전을 촉진했다.

먼저, 전기 기능개혁을 통해 재택복지서비스의 법제화가 이루어지고, 복지행정의 시정촌에 대한 권한 이양과 시정촌 노인보건복지계획 의무화 등이 착수되었다.

그리고 후기 구조개혁을 통해 지역복지형 사회복지가 성숙하게 된다. 즉, 계약제도로의 복지서비스이용방식을 적극적으로 추진함으로써, 사회복지의 전달체계를 기존 공급자 위주에서 이용자 위주로 재조직하는 것을 지향한 것이다.

한편, 2000년대에는 국가재정부담 완화 등을 위해 영리기업이 실버타운 등 사회복지서비스시장에 진입하는 것을 허용하기도 했다. 이로 인해 본 분야에 영리기업에 의한 시장의 영향력이 강화되고 있는 것이다.

3. 영국의 사회복지행정사

영국의 사회복지행정사에 대한 분류는 일정기준에 따라 다양하게 정의되고 있으나 제도적 차원에서 Ferge(1989)의 분류기준을 수정하면 빈민법시기(빈민 대상), 사회보험시기(노동자 대상), 복지국가시기(보편층 대상), 그리고 복지국가후퇴시기(선별층 대상)로 대별하여 소넹할 수 있다.

그의 구분은 빈민법시기, 사회보험시기, 복지국가시기로 분류하고 있으나, 1970년대 후반 이후에 나타난 복지국가의 후퇴국면을 반영하고 있지 않아 이를 네 번째 시기로 규정하여 전체적인 역사를 보완하려는 것이다.

한편, 빈민법은 절대왕정의 봉건사회에서 농촌노동력에 대한 통제의 수단으로 만들어졌다는 점에서 사회복지행정사의 일부분으로 반영하기에는 한계가 있으나 빈민법이 공공부조의 시발점이 될 수 있다는 점에서 역사에 포함시켜 살펴보고자 한다.

1) 빈민법시기

빈민법시기(period of the poor law)는 크게 빈민법과 신빈민법으로 구성되는데, 영국이 이에 해당된다. 빈민법은 봉건사회의 농촌사회에서 이탈한 부랑인 등을 통제하는 수단으로 등장한 반면, 신빈민법은 일부 빈민법으로 인해 구빈비용의 부담현상이 가중되는 등 여러 가지 변화가 일어나자 새롭게 제정된 것이다. 빈민법시기는 1948년 영국의 노동당정부가 국민부조법(National Assistance Act)[1]을 제정함으로써 완전히 폐지된다.

(1) 빈민법

① 14~16세기의 빈민법

14~16세기의 빈민법(poor law)으로 노동자규제법, 걸인 · 부랑인처벌법, 건장한 부랑인 · 걸인처벌법, 그리고 부랑인처벌 및 빈민과 무능력자 구제법 등이 있었다.

먼저, 노동자규제법(Statute of Labourers)은 14세기 중엽에 발생한 흑사병으로 인해 인구가 상당부분 감소하자 노동력이 부족해지고 높은 수준의 임금상승이 수반됨에 따라 그 대책으로서 1351년에 제정되었다. 주요 내용으로는 걸식과 부랑의 금지, 임금억제를 위한 임금상한선 규정, 그리고 지주 상호 간의 농민쟁탈 억제 등이 있다.

걸인 · 부랑인처벌법(Act concerning Punishment of Beggars and Vagabonds)은 노동무능력자를 조사 · 등록시켜 구걸을 허용시키기 위한 법으로 1531년에 제정되었다. 이 외에도 본 법에는 노동능력이 있는 걸인 · 부랑인에게는 태형을 가하고 구걸지가 고향이 아니면 이전에 3년 이상 거주했던 곳으로 추방시킨다는 규정 등도 담고 있다.

건장한 부랑인 · 걸인처벌법(Act for Punishment of Sturdy Vagabonds and Beggars)은 노동능력이 있는 나태한 부랑인 · 걸인을 처벌하기 위해서 1536년에 제정된 법으로, 건장한 부랑인 · 걸인이 두 번째로 체포되면 매질과 함께 귀를 자르고, 세 번째 체포되면 사형에 처한다는 내용을 담고 있다. 또한 빈민구제의 비용을 자선과 기여를 통해서 조달하고, 미성년걸인(5~13세)은 구걸행위를 금지하는 대신 도제로 보내지만 이를 거부하면 매질을 가하는 내용 등도 포함되어 있다.

마지막으로, 부랑인처벌 및 빈민과 무능력자 구제법(Act for the Punishment of the

1) 본 법은 부제를 '기존의 빈민법을 종료시키는 법'으로 규정하고 있다.

Vagabonds and for the Relief of the Poor and the Impotent Persons)은 헨리 8세의 사망 이후, 의회가 부랑인을 처벌하기 위해 그들을 농노로 만들기 위한 법으로 1547년에 제정하였다. 이 법은 가장 엄격한 규정을 담고 있는데 노동능력자가 3일 이상 계속 노동을 거부하면 가슴에 V자를 낙인 찍어 2년간 노예로 삼을 수 있게 하였으며, 다시 도망치면 이마에 S낙인을 찍어 평생 노예로 삼을 수 있도록 하였다.

② 엘리자베스의 빈민법

엘리자베스의 빈민법(Elizabeth poor law)은 16세기 인클로저운동(enclosure movement),[2] 1594~1597년까지 지속된 흉작, 그리고 신세계 귀금속의 대량유입으로 인하여 발생한 극심한 인플레이션과 이에 따른 부랑인의 증가로 인해서 실업의 요인에 개인의 책임뿐만 아니라 정부의 책임도 있다는 사실을 인식하게 됨에 따라 1601년에 제정되었다.

이는 빈민을 노령자 · 만성질환자 · 맹인 · 정신병자 등 노동능력이 없는 빈민, 노동능력이 있는 빈민, 그리고 빈곤아동으로 구분하였는데, 노동능력이 없는 빈민에 대해서는 자선원에 집단거주시켜 보호하였고, 노동능력이 있는 빈민에 대해서는 교정원이나 작업장에서 강제노역을 시켰으며 이를 거부할 경우에는 수감조치를 했다. 빈곤아동에 대해서는 도제로 24세까지 장인에게 봉사시켰고 여아는 21세 또는 결혼할 때까지 하녀에게 양육을 시켰다.

엘리자베스의 빈민법은 빈민에 대한 억압책을 일정 부분 포기하고 구빈책임을 교회가 아닌 정부가 인정했다는 점에서 의의가 있다. 즉, 최초로 빈민구제의 책임이 교회가 아닌 정부에 있다는 것에 근거해서, 각 교구에 시장이 임명한 빈민감독관이 구빈업무와 구빈세 징수 등을 수행했으며, 이에 대한 통일된 추진을 위해 구빈행정

2) 미개간지 · 공유지 등 공동이용이 가능한 토지에 담이나 울타리 등의 경계선을 쳐서 타인의 이용을 막고 사유지로 만드는 것으로, 인클로저에 의해서 중소농들은 몰락의 길을 걸어 농업노동자가 되거나 농촌을 떠나 공업노동자가 되기도 했다. 이에 따라 영국에서는 지주 · 농업자본가 · 농업노동자의 세 계급으로 나누어진 행태가 18세기 이후 나타났고, 19세기 중엽에 확립되기에 이른다.

기구가 수립되기에 이른 것이다. 결국, 엘리자베스의 빈민법은 세계 최초의 공공부조로서 근대적 사회복지의 출발점이라 할 수 있는 것이다.

③ 정주법

산업화가 진행되면서 대규모의 농촌빈민들이 도시로 유입되었으나 당시 구빈책임이 교구에 있는 상태에서는 유입되는 빈민들의 문제를 해결할 수가 없었다. 따라서 이들을 소속교구로 돌려보내기 위한 소송 등이 교구를 중심으로 이루어져, 찰스 2세가 1662년에 정주법(Settlement Act)을 제정하기에 이른다.

본 법은 소속교구를 명확히 하고 빈민의 도시유입을 막도록 한 것인데, 법적인 정주는 출생, 결혼, 도제, 상속에 따라 결정되었고, 새 교구로 이주하더라도 토지를 소유하지 못하면 40일 이내에 떠나야만 했다. 다만, 토지가 없더라도 1년에 금화 10파운드의 집세를 낼 수 있으면 이주가 가능했다.

④ 토마스 길버트법

토마스 길버트법(Thomas Gilbert Act)은 교구들이 연합하여 빈민공장을 만들고 빈민들을 노동시켜 그 비용으로 구빈비용을 조달하기 위한 법적 근거로서 1782년에 제정되었다.

본 법은 구호물품 등을 이용한 원외구호를 조장했고, 노동능력이 있는 빈민들을 농민들에게 순번으로 일하게 하는 순환고용제도도 허용하였다. 이 법에서는 노동능력이 있는 빈민과 실업자에게 가혹한 처벌을 가하는 것이 아니라 일자리나 무제한의 원외구호를 제공했다는 점에서, 인도주의적 구빈제도라고 할 수 있다.

⑤ 스핀햄랜드법

산업화, 인구증가, 인구이동, 18세기 말 흉작 등은 빈곤문제를 심화시켜, 실업자뿐만 아니라 노동자도 식량부족 등의 이유로 어려움을 겪게 되었고 기존의 빈민법과는 다른 대안이 필요하게 되었다. 이에 따라 생계비와 가족 수에 연동시킨 수당을 저임금 노동자에게 지급하고 노동능력이 없는 빈민에 대한 원외구호를 확대시킨 규정을 마련했는데, 이것이 1795년에 제정된 스핀햄랜드법(Speenhamland Act)이다. 본 규정은 최초로 생계비와 가족 수를 고려하여 최저생계수준 이하의 빈민에게 진정한 관심을 제공했다는 점에서 의의를 갖는다.

(2) 신빈민법

스핀햄랜드법으로 인해 원외구호가 확대되고 최저생계비의 보장을 위한 가족수당을 지급하는 등 누구나 정부의 구제를 받으려 하는 경향이 팽배해졌기 때문에 구빈비용에 있어서 높은 수준의 부담현상이 나타났다. 이러한 점 등에 착안해서 정부의 구제를 어렵게 만들기 위한 규정이 만들어졌는데, 이것이 1834년에 제정된 신빈민법(new poor law)이다.

신빈민법은 억압정책으로의 회귀를 의미하는데, 프랑스혁명이 영국에 미치는 영향력을 두려워해서 스핀햄랜드법이 만들어졌다면, 그 후 구빈비의 증가가 큰 부담으로 작용하자 스핀햄랜드법의 모순과 빈민의 도덕성에 대해 비판하면서 다시 빈민을 억압하는 신빈민법을 제정하게 된 것이다. 결국, 엘리자베스의 빈민법 이후 시행되었던 토마스 길버드법의 원외구호, 스핀햄랜드법의 생계비와 가족 수에 따른 최저생계비 지원 등의 인도주의적 경향이 사라지고 다시 엘리자베스의 빈민법 수준으로 복귀하는 억압적 제도를 마련한 것이다.

이러한 신빈민법은 세 가지 원칙을 고수했는데, 균일처우의 원칙, 열등처우의 원칙, 그리고 작업장활용의 원칙이 그것이다.

균일처우의 원칙(principle of national uniformity)은 행정기구를 개혁해서 구빈행정의 중앙집권화를 지향하는 것이고, 열등처우의 원칙(principle of less eligibility)은 구빈대상자의 구제수준이 자활노동자들의 생활수준보다 높지 않아야 한다는 원칙이며, 작업장활용의 원칙(principle of workhouse system)은 노역장강제수용의 원칙으로서 노동능력이 있는 빈민과 그 가족에 대한 구제는 작업장 내로 한정시킨다는 것이다.

2) 사회보험시기

사회보험시기(period of the social insurance)는 자본주의체제가 발전하면서 기존 농촌노동력의 빈곤문제는 해소되었지만 산재, 직업병, 실업, 정년퇴직 이후의 빈곤 등 새로운 자본주의적 문제가 발생하면서, 사회보험이 등장할 수 있는 배경이 되었다. 사회보험시기는 자본주의의 이윤동기가 모든 것을 지배하는 약육강식, 적자생존의 상황에서 전개되었는데, 그 시기는 대략적으로 19세기 말에서 20세기 중반까지로 한정할 수 있다.

영국의 국민보험법(National Insurance Act)은 1911년에 자유당정부의 개혁을 주도했던 조지(D. L. George)와 처칠(W. L. S. Churchill)에 의해 추진된 입법을 의미하는데, 본 법은 건강보험과 실업보험으로 구성된다. 이들이 국민보험법을 제정한 이유는 노동자들의 자주적인 상호부조조직인 공제조합의 상당부분이 재정적인 곤란문제에 직면했고, 영국 내 사회주의 부활에 대한 지배계층의 우려 때문이라고 할 수 있다.

이들 자유주의 개혁파들의 사회보험에 대한 입장은 피보험자가 갹출한 돈으로부터 급여혜택을 받기 때문에 자신들의 관념과 잘 부합한다고 생각했는데, 이는 전통적으로 빅토리아적 자조의 미덕에 잘 합치된다고 생각하였던 것이다. 이에 대해 조지는 사회보험을 '강제된 자조'로 생각했는데, 급여수준은 인간다운 생활을 유지할 만큼 충분해서는 안 되며, 국가부담도 적어야 하고, 재정은 노동자와 고용자가 분담해야 한다는 것이었다. 또한 처칠은 보험자격을 얻으려면 기여를 해야 하며, 자격이 없으면 혜택도 없다고 생각했다.

한편, 국민보험 중 하나인 건강보험을 대략적으로 살펴보면, 본 제도가 실시되기 전에는 의료관계보험에 가입하지 못한 사람이 노동인구의 반이나 되었으며, 그들은 빈민법에 의하여 낮은 수준의 의료혜택을 받고 있었다. 이러한 상황 속에서 탄생한 건강보험은 실업의 요인인 질병을 감소시켜 국가의 효율성을 향상시키기 위하여 도입된 것으로, 이는 공제조합, 보험회사, 의사 등과 같은 기득권 집단들과의 장기간 협상을 거쳐 탄생한 것이다. 이미 조합원들에게 의료급여를 제공하고 있던 공제조합은 정부와 경쟁하기를 거부하였고, 이에 따라 정부는 공제조합에게 건강보험을 맡김으로써 이들을 포섭하게 된다.

한편, 보험회사에서도 반발을 하였는데, 보험회사들은 사망보험과 경쟁관계에 놓일 것을 우려해 미망인급여와 고아급여를 폐지해 줄 것을 요구하였으며, 정부입장에서 보험회사를 끌어들이면 별도의 유영기구를 만들 필요가 없었으므로 이를 수용하게 된다. 그리고 의사들은 공제조합하에서 의료서비스를 제공하였는데 공제조합이 항상 진료비를 깎으려 했으므로 의사들이 불만을 가진 상태였지만 정부의료로 편입되고 싶은 생각도 없었다.

어쨌든, 이러한 논쟁 끝에 건강보험이 만들어지게 되었는데, 본 보험의 주요 내용을 살펴보면 대상은 연소득 250파운드 이하 16~70세의 모든 육체노동자와 연소득 160파운드 이하의 비육체노동자가 되고, 집행은 위원회를 조직하여 자치적으로 행하도록 했으며 이윤추구는 불허했다.

그리고 최소한 5,000명 이상의 가입자가 있는 경우에는 이를 건강보험조합으로 인정하였으며 조합설립은 기존의 공제조합, 노동조합, 민간의 보험회사에서 가능했고, 노동자는 어느 조합이나 가입만 하면 됐다. 만약 조합에 가입하지 않은 노동자가 있으면, 정부에서 직접 관리했으며, 우체국에 직접 보험료를 납부하도록 했다. 한편, 보험료 납부는 균일제로 했고, 남자인 경우 주당 4펜스, 여자인 경우는 주당 3펜스를 납부하도록 했으며, 사용자에게는 주당 3펜스를 징수하였다. 급여지급은 병이 들어 임금을 받지 못하는 경우로 남자는 주당 10실링, 여자는 주당 7실링 6펜스의 질병수당을 받았으며, 수급기간은 3일간 대기한 후에 26주간 지급받았고, 그 이후에도 주당 5실링을 질병수당으로 제공받았다.

그리고 실업보험을 살펴보면, 본 보험이 실시되기 전에는 저임금 노동자들이 보험료를 납부하지 못하였으므로 실업에 노출됐을 경우 아무런 대책이 없었다. 이들에 대해 정부가 보험료를 일부 부담함으로써 보험료를 낮은 수준으로 납부한 노동자들도 보험혜택을 받을 수 있는 제도가 도입된 것이다.

실업보험이 제정된 과정을 좀 더 구체적으로 살펴보면, 처칠이 실업문제의 전문가로 인정받고 있던 베버리지의 도움을 받아 실업에 직면할 가능성이 높은 특정한 산업분야를 한정하고, 갹출방식, 국가의 보조, 보험료에 비례한 급여책정 등을 기본 틀로 하는 실업보험을 입안하게 된 것이다.

본 보험의 주요 내용을 살펴보면, 대상은 경기변동에 민감한 건축, 토목, 조선, 기계, 철강, 자동차산업 등을 중심으로 이루어졌으며, 보험료납부는 사용자와 노동자가 각각 주당 2펜스 반씩, 정부에서 1펜스 3분의 2를 부담하였다. 그리고 급여지급은 최소 15주간으로 규정하여 남녀차별 없이 일률적으로 1주에 7실링을 지급하였으나, 이는 보험료를 완납한 자에 한하여 시행되었다.

이러한 영국의 국민보험은 노동자계급의 성장에 대한 우려와 그들을 정부 내로 포섭하려는 음모론적 의도가 있었다는 점에서 비스마스크(Bismarck)의 사회입법과 흡사하지만 영국의 사회복지행정에 중요한 초석으로 작용한 것은 주지의 사실이다.

3) 복지국가시기[3)]

사회보험시기에 이어서 도래한 단계가 베버리지보고서와 복지국가 등으로 구성된 복지국가시기(period of the welfare state)이다. 본 시기는 1 · 2차 세계대전(1차는 1914~1919년 · 2차는 1939~1945년)을 거치면서 노동자계급뿐만 아니라 시민계급의 세력이 강해지고 이들의 다양한 요구사항을 국가가 관철시키지 않을 수 없는 상황이 복지국가를 만들어 낸 것이다.

복지국가는 사민주의이념에 입각하여 시장불안정을 무마시키기 위한 사회연대, 소득과 부의 평등한 분배, 사회적 위험에 대한 공동체의 노력 등을 추구하였다. 복지국가는 자비나 온정의 관점이 아니라 시민권으로서 복지를 제공하였고, 2차 세계대전 이후 세계경제의 호황과 시민계급의 정치성장에 따라 1970년대 석유파동까지 지속적으로 확대 · 발전하기에 이른다(원석조, 2012).

3) 복지국가시기가 이전의 사회보험시기와 다른 점은 대상에 있다. 즉, 사회보험시기의 대상이 노동자중심이었다면, 복지국가시기는 노동자를 포함한 전 시민을 대상으로 한 것이다.

(1) 베버리지보고서

베버리지보고서(social insurance and allied services)는 복지국가시기의 시작점으로, 베버리지위원회에 의해서 만들어졌다. 영국노총(TUC : Trades Union Congress)이 사회재건에 대한 책임을 지고 있던 처칠의 전시 연립정부 무임소장관인 그린우드(A. Greenwood)에게 선생에서 병사들과 시민들의 사기제고를 위한 프로그램이 필요함을 주장하며, 이를 위해 기존 국민보험을 재검토하기 위한 정부 각 부처의 고위관료로 구성된 위원회를 조직할 것을 요구하였다.

이에 대해 실업보험 전문가인 베버리지(W. H. Beveridge)[4]가 위원회 위원장으로 추천되었고, 고위관료들이 위원으로 참여하게 되었다. 결국 1941년 6월에 발족한 '사회보험 및 관련 사업에 관한 각 부처의 연락위원회', 즉 베버리지위원회에 의해 1942년 12월 포괄적인 사회보장의 내용을 담은 베버리지보고서가 발간되기에 이른다.

베버리지보고서는 기본적으로 과거의 경험을 충분히 살리고, 당파적 이해관계에 매달리지 말 것을 주문하였으며, 국가재건을 위해 결핍, 질병, 무지, 불결, 나태의 5대 악을 극복해야 하고, 사회보장보험에 있어서 개인은 국가가 보장하는 국민최저한 이상의 수준을 준비할 수 있는 자발적인 행동을 해야 하며, 국가의 사회보장은 이러한 자발적 활동의 여지를 남겨두는 선에서 이루어져야 한다는 정부와 개인의 역할 분담 등을 강조하였다. 구체적으로 6대 원칙, 3대 전제조건 등을 통해 그 내용을 조명할 수 있다.

먼저 베버리지보고서는 포괄성의 원칙, 급여적절성의 원칙, 정액갹출의 원칙, 정액급여의 원칙, 행정통일의 원칙, 그리고 피보험자분류의 원칙 등 6대 원칙을 제시하였다.

---

4) 베버리지는 인도의 랑푸르에서 출생하여 옥스퍼드대학교 베일리얼칼리지에서 교육을 받았고 1903년 토인비 홀의 부관장으로 임명되면서 실업문제에 관심을 갖게 되었다. 1919년부터 런던 정치경제대학 학장으로 재직하였고, 1937년 유니버시티칼리지의 학장에 선출되었으며, 왕립 경제학회 회장 등을 역임하였다.

포괄성의 원칙(principle of the comprehensiveness)은 보편주의에 근거해 모든 국민이 의무적으로 가입하는 보장특성에 걸맞게 적용대상이나 욕구보장에 있어서 범위가 포괄적이어야 한다는 것이고, 급여적절성의 원칙(principle of the benefit adequacy)은 급여수준이 일상생활을 영위하는 데 적절해야 한다는 원칙이다. 정액갹출의 원칙(principle of the flat rate contribution)과 정액급여의 원칙(principle of the flat rate benefit)은 소득이 다르더라도 동일한 보험료를 납부하고 동일한 수준의 급여를 수급받는다는 원칙이고, 행정통일의 원칙(principle of the administrative uniformity)은 효율성차원에서 지방사무소를 둔 하나의 사회보험금고가 관리 운영한다는 원칙이다. 피보험자분류의 원칙(principle of the classification)은 사회보장 대상인구를 취업연령을 중심으로 고용노동자, 자영업자, 전업주부, 임시직・시간제 노동자 등 4가지로 분류하고, 미취업연령을 기준으로 미성년자, 노인 등 2가지로 나누어, 이들 모든 인구층의 욕구를 보장한다는 원칙이다.

그리고 베버리지는 사회보장이 성공하기 위해서는 3가지 기본 전제조건이 필요하다고 했는데, 가족수당, 포괄적인 보건서비스, 그리고 완전고용이 그것이다.

가족수당(family allowances)은 가족의 크기와 가족의 소득을 고려하여 결정되어야 하고, 포괄적인 보건서비스(comprehensive health service)는 치료뿐만 아니라 예방적인 장치도 있어야 한다는 것이며, 완전고용(full employment)은 정부가 직접적으로 개입하여 실업으로 인한 임금손실 등을 지양하여야 한다는 것이다.

이러한 베버리지보고서는 국민의 여론에 입각한 광범위하고 과학적인 조사가 이루어졌고, 포괄적인 사회보장제도를 확립시켰다는 점에 의의가 있으며, 실제로 각종 사회보장으로 입법화되어 영국의 복지국가 탄생뿐만 아니라 프랑스, 서독 등 유럽 국가들에게 높은 수준으로 영향을 미쳐 복지국가의 청사진을 마련했다는 점에서 상당한 의의가 있는 것으로 파악된다.

(2) 복지국가의 등장

영국은 제2차 세계대전 후 1945년 총선에서 애틀리(C. R. Attlee)의 노동당이 전쟁

영웅인 처칠의 보수당에 승리함으로써 복지국가(welfare state)[5]의 틀을 만들어 가게 된다. 노동당이 승리한 요인은 베버리지보고서에 대해 보수당이 현실성이 없다고 간주한 반면, 노동당은 보고서에 입각하여 복지국가의 청사진을 선거공약으로 내세워 영국의 중간계급과 노동자계급의 지지를 토대로 복지동맹을 만들었기 때문이다.

1945년에 단독정부를 구성하게 된 노동당정부는 1951년 다시 정권을 보수당에 내줄 때까지 복지국가에 총력을 기울이게 되는데, 2인 이상의 아동을 가진 가족에게 정부에서 수당을 지급하도록 하는 가족수당법(Family Allowance Act · 1945년), 노령 · 질병 · 불구 · 실업 · 남편의 사망 · 분만 등 각종 사회적 사고 시에 소득을 보장하는 포괄적인 사회보험의 규정을 담은 국민보험법(National Insurance Act · 1946년), 영국 내에 거주하는 모든 주민에게 정부에서 무료로 의료서비스를 제공하는 내용을 담은 국민보건서비스법(National Health Service Act · 1946년) 등이 이에 해당된다.

그리고 지방정부가 노령, 장애 등의 이유로 보호가 필요한 사람들에게 거처를 제공하고 긴급한 보호가 필요한 사람들을 위해 임시거처를 마련하는 등 지방정부가 중앙정부의 사무를 위임받아 낮은 수순의 재정으로 시설보호와 지역사회보호의 규정을 담은 국민부조법(National Assistance Act · 1948년) 등은 베버리지보고서에 근거하여 입안한 것으로 복지국가체계를 확립하는 데 중요한 역할을 담당하게 된다.

4) 복지국가후퇴시기

환경의 급속한 변화에 따라 복지국가후퇴시기(period of the welfare state retreat)가 출현하게 되는데, 이를 대변하는 사상이 신자유주의와 제3의 길이다.

5) 복지국가는 국민 전체의 복지증진과 행복추구를 가장 중요한 사명으로 보는 국가로서, 영국의 켄터베리 대주교인 템플(W. Temple)이 본인의 저서인 『시민과 성직자』에서 나치독일을 전쟁국가(무력국가)로, 영국을 복지국가로 비교하여 규정한 데에서 그 유래를 찾을 수 있다(원석조, 2012).

(1) 신자유주의

2차 세계대전 이후 지속적으로 확대해 오던 복지국가는 1970년대에 이르러 위기를 맞게 된다. 즉, 석유파동으로 인한 스태그플레이션(Stagflation)의 시작과 경제성장의 종식, 완전고용의 종식과 대량실업의 발생, 국가의 재정위기, 복지예산의 삭감 고려, 그리고 복지국가의 사회체계에 대한 신뢰상실의 조짐 등이 그것이다.

다시 말해서, 두 차례의 석유파동 등으로 인해 세계 경제가 다시 혼란에 빠짐에 따라 자본주의체제는 근본적인 위기에 직면하게 되는데, 이러한 상황은 국가의 재정을 사회복지에 높은 수준으로 투입하는 복지국가의 정체성에 심각한 위협을 주었으며, 이후 국가는 석유파동으로 인한 스태그플레이션을 해결하는 데 무력해졌다.

결국, 복지재정을 포함한 국가재정의 적자가 누적됨에 따라 이전의 케인스주의(Keynes principle)를 거부하는 새로운 사상이 도래하게 되었는데, 이것이 신자유주의이다. 신자유주의(neoliberalism)는 시장에 대한 국가의 개입을 비판하고 시장의 기능과 민간의 자유로운 활동을 중시해야 한다는 사상으로 1970년대부터 대두되었으며, 고전파 경제학자들의 자유주의사상을 이어받은 하이예크(F. A. Hayek), 프리드만(M. Friedman) 등이 주장했다.

기본적으로 신자유주의는 국가에 의한 재분배정책, 공공투자정책 등을 유효수요 등에 투입하여 고용을 증대한다는 논리를 거부하고 고전파 경제학의 맥을 이어 받아 국가개입의 최소화를 통해 시장경제의 자율성을 지향하는 사상으로서, 국가개입을 반대했지만 규칙관리, 온정주의, 인접효과, 그리고 독점관리 등에서는 국가의 개입을 허용했다.

먼저, 규칙관리는 국가가 사회에 대한 규칙입안, 규칙에 따른 조정, 그리고 규칙에 불응하는 자에 대한 순응유도 등 기본적인 역할을 수행해야 한다는 것이고, 온정주의는 자신의 행동에 대해 책임질 수 없는 정신 및 신체장애인 등을 사회에 부담이 되지 않도록 국가가 책임져야 한다는 것이다.

그리고 인접효과는 일정행동이 타인에게 해를 끼쳤음에도 불구하고 이에 대한 책임소재를 밝힐 수 없거나, 사회로부터 혜택을 받고 있음에도 불구하고 혜택의 효과를 정확하게 밝힐 수 없을 때 국가가 개입해야 한다는 논리이고, 독점관리는 민간에서 수행하기 어려운 수자원관리, 전력관리 등에 대해서는 국가가 독점적으로 관리하여 효율성을 높여야 한다는 것이다.

하지만, 기본적으로 신자유주의는 국가에 의한 사회복지행정을 강력하게 반대했는데, 이에 대한 근거는 사회분열, 수요조장, 자유억압, 그리고 비효율성 등으로 대별할 수 있다.

먼저, 사회분열은 사회복지행정이 재정의 분담층과 수혜자층 사이에 갈등을 유발한다는 것이고, 수요조장은 사회복지행정의 자원이 한정된 반면 수요는 무한한 상황에서 무상의 사회복지행정의 시행은 수요를 조장하여 혼란을 야기할 수 있다는 것이다. 그리고 자유억압은 국가에 의한 사회복지행정 자체가 획일적으로 국민들을 통제하여 개인의 자유를 뺏는다는 것이고, 비효율성은 국가에 의해 시행되는 사회복지행정의 비용 자체가 시장의 이윤 등과 비교해 너무 효율성이 뒤처진다는 것이다.

이렇게 볼 때, 케인스주의가 자본주의뿐만 아니라 국가에 의한 사회복지행정에도 긍정적이라면, 신자유주의는 자본주의에 긍정적이지만 국가에 의한 사회복지행정에는 부정적 입장에 있는 사상이라고 할 수 있다.

한편, 신자유주의를 구체화한 것이 대처리즘(Thatcherism) 등인데, 이는 1979년 총선거에서 보수당이 승리하여 대처(M. H. Thatcher)가 수상으로 집권함에 따라, 노동당정부가 고수해왔던 각종 국유화와 사회복지행정 등을 포기하고 민간의 자율적인 경제활동을 중시하는 높은 수준의 경제개혁을 의미하는 것이다. 대처리즘의 핵심은 시장은 좋고 정부는 나쁘다는 관점으로서, 시장의 보이지 않는 손이 모든 수요와 공급을 조절하므로 국가가 과도하게 개입할 필요가 없다는 것이다.

특히, 대처에게 있어서 과거의 영국정부는 사회민주주의, 강한 노조, 복지국가와 짝을 이루었으므로 개혁과 청산의 대상이었다. 즉, 대처리즘은 반사회민주주의, 반노조주의, 반복지국가주의를 주요 내용으로 하는 것이며 실제로 대처는 민영화정책,

공영주택의 매각, 보충급여의 축소, 자원봉사 등을 통해 복지정책을 축소했다.[6)]

이러한 대처리즘은 경제 활성화에 도움은 주었으나 빈부의 양극화 현상을 초래했다는 비판을 받고 있다.

(2) 제3의 길

신자유주의의 지배 속에서 복지와 노동을 연계한 제3의 길(the third way)이 등장하는데, 이는 사회민주주의 복지국가와 신자유주의 시장경제의 단점을 배제하고 장점만을 융화시킨 새로운 개념의 차별화전략으로서, 기든스(A. Giddens)가 이론적으로 체계화했고 이를 영국수상인 블레어(T. Blair)가 정치노선으로 채택함으로써 세계적으로 널리 알려지게 됐다.

즉, 복지국가를 지향하는 사회민주주의를 제1의 길로, 시장경제를 지향하는 신자유주의를 제2의 길로 규정하고 이에 대한 절충된 대안인 제3의 길을 지향하자는 것이다. 신자유주의처럼 복지국가를 청산하자는 것이 아니라 복지국가의 비효율성 등을 개선하자는 것이다. 기본적으로 제3의 길은 사회투자국가, 복지다원주의, 그리고 발상의 전환 등을 지향한다.

먼저, 사회투자국가(social investment state)는 인적자본 등에 대한 투자를 통해 국민들의 경제활동 참여기회를 확대하고 더 나은 일자리를 제공함으로써 경제성장과 사회통합을 동시에 추구하는 국가를 의미하는 것으로, 교육복지행정 등이 그것이다. 노령자와 실업자 등에게 무조건 무상의 사회복지행정을 제공할 것이 아니라 재교육 등을 통해 그들이 다시 사회에 진입하여 국가에 공헌할 수 있도록 체계적으로 추진하여야 한다는 것이다.

복지다원주의(welfare pluralism)는 주로 중앙정부에서 담당해 왔던 복지제공의 업무를 기업, 시민단체, 지역사회, 지방정부 등으로 다원화하여 복지국가의 비효율성을 줄이자는 것이다.

6) 하지만 국민보건서비스 등 주요 사회보험은 크게 손을 대지 못했는데, 이는 국민들의 사회보험에 대한 지지가 크게 변하지 않았기 때문으로 판단된다.

마지막으로, 발상의 전환(conversion of notion)은 수혜자가 스스로 복지국가에 대한 의존성향을 줄여야 한다는 것으로, 개인의 책임을 상대적으로 강조하는 입장이다.

결과적으로, 제3의 길은 사회보장과 재분배 등 사회복지행정에 관심을 기울이는 동시에 부를 산출하는 주도적인 주체로서 복지수혜계층의 역할과 책임, 즉 노동담보복지(workfare)를 근간으로 하는 사상으로서 영국의 토니 블레어 정부 등이 이에 해당된다.

제 2 절 한국의 사회복지행정사

한국의 사회복지행정사는 다양하게 정의되고 있으나, 본 절에서는 1 · 2공화국 이전의 암흑기, 3 · 4공화국의 형식적 인식기, 5 · 6공화국과 문민정부의 실질적 인식기, 그리고 국민의 정부 · 참여정부 · 이명박정부 · 박근혜정부 이후의 확장기로 대별하고자 한다.

1. 암흑기(1 · 2공화국 이전)

1 · 2공화국 이전은 일본의 식민통치, 한국전쟁 등으로 인해 사회복지행정 자체에 대해 인식을 하지 못한 암흑기에 해당된다. 매우 낮은 수준이기는 하지만 일정부분 사회복지행정이 추진되었는데 이에 대한 내용은 다음과 같다.

먼저, 일제강점기(1910~1945년)의 사회복지행정은 식민통치의 합리화와 황민사상의 주입을 위해 추진되었을 뿐만 아니라 한국인과 일본인 사이에는 차별적인 급여가 제공되었다. 이 시기의 대표적인 사회복지행정은 이재민을 위해 식량이나 의류 등의 지원규정을 담은 은사금 이재구조기금 관리규칙(1914년), 폐질 · 무의탁 노유병약자 등에게 식량을 지급하는 규정을 담은 은사진휼자금 궁민구조규정(1916년), 무의탁 행려병자를 구호소에서 구호하는 규정을 포함하는 행려병인 구호자금 관리규칙(1917년) 등이 있었다.

한편, 일본의 구호령(1929년)을 바탕으로 모자보호와 의료보호를 가미한 조선구호령(1944년)은 구빈목적이라기보다는 전시체제하에서 식민지통치를 보다 강화하고 식민지통치의 효율성을 높이기 위한 목적으로 이루어졌으나, 근대적 사회보험의 법적 근거를 마련함으로써 국민의 빈곤, 불구, 폐질 등에 대하여 정책주체의 보상책임이 생겼다는 점에서 의의가 있는 것으로 판단된다. 구호대상은 원칙적으로 65세 이상자와 13세 이하의 아동, 임산부, 불구·질병 등으로 인해 노동을 할 수 없는 자를 대상으로 삼았고, 구호기관은 거주지의 읍·면으로 하되 거주지가 없거나 불명확한 자는 현재지의 읍·면으로 했다. 그리고 구호종류는 생활부조, 의료부조, 조산부조 등이며, 구호방법은 거택구호를 원칙으로 하되 거택구호가 불가능한 경우는 구호시설에 수용하거나 민간의 가정에 위탁할 수 있도록 했다. 구호비는 원칙적으로 부·읍·면이 부담하였지만 국가 및 도에 의한 보조도 이루어졌다.

그리고 미군정기(1945~1948년)는 형식적으로는 일제강점기의 조선구호령을 계승하였으나 실제로는 미군정 법령 등에 의하여, 주로 외국민간원조단체의 도움으로 일반구호사업과 전재민수용구호사업 등을 실시하였다. 전자의 경우는 아동·노인·행려불구자에 대한 수용보호를 하는 시설구호, 피난민에 대해 의류·식량·가옥·구급치료 등을 일시적으로 제공하는 이재구호, 빈곤한 피난민·실업자 등에 대한 응급구호, 65세 이상의 노인·소아를 부양하는 여자·임산부·불구·폐질자 등에 대한 공공구호 등이 있었다. 그리고 후자의 경우는 전재민들이 정착할 수 있도록 수용소에서 의식을 제공하고 취업을 알선시켰으며, 5일 동안 수용한 후에는 고향이나 연고지로 귀환시키는 한편, 무의탁자들에 대해서는 직업을 알선하기도 하였다.

1·2공화국(1948.8~1961.5)의 사회복지행정은 1948년 정부수립 이후 발발한 한국전쟁으로 인해 재정이 상당부분 고갈되어 사회가 극도의 혼란과 불안상태에 빠지게 되었고, 이로 인해 높은 수준으로 증가한 요구호자들에 대해서는 생명유지를 위한 최소한의 응급구호에만 치중할 수밖에 없는 수준이었다. 본 시기의 사회복지행정은 임시적·응급적 수준이었을 뿐만 아니라, 막대한 외국원조로 인해 우리사회에 의존

적 구제방식을 심화시켜 놓았던 시기였다는 점에서, 근대적인 사회복지행정이 제대로 자리를 잡지 못한 시기였다.

다만, 휴전협정 직후에 고아시설, 양로시설, 모자원 등의 후생시설이 증가하는 등 1959년에는 686개의 각종 사회복지시설이 설립되기도 했으며, 국립시설로는 중앙사회사업종사자훈련원, 중앙소년직업훈련소, 중앙감화원, 중앙각심학원, 삼육학원 등이 수용보호의 역할을 담당하기도 하였다.

2. 형식적 인식기(3 · 4공화국)

3 · 4공화국은 본격적인 산업화의 부작용으로 인해 노동자 등에 대한 사회복지행정의 필요성은 인식하였으나 성장우선주의에 따라 이에 대한 투자는 형식적 수준에 머물렀다는 점에서, 형식적 인식기로 분류된다. 낮은 수준이기는 하지만 본 시기 사회복지행정의 추진상황을 간략히 살펴보면 다음과 같다.

3 · 4공화국(1961.5~1981.3)[7]은 경제개발시기로서, 1962년부터 시작된 경제개발 5개년계획이 경제우신주의에 입각하여 경제발전에 초점을 두었으며, 정부는 한정된 재원을 경제개발에 집중하기 위해 사회복지제공에 대해서는 소극적 입장을 취하였고, 일반국민 역시 사회복지에 대한 이해나 주장이 거의 없는 시기였다.

또한 경제개발 5개년계획의 결과로 도시화 및 공업화 현상이 나타났고, 그 여파로 주택부족, 도시빈민층형성, 미혼모문제, 가출 및 비행 등 과거와는 다른 성격의 사회문제들이 생겨나기에 이른다. 즉, 극단적인 경제개발정책으로 인해 빈부격차 심화 등 사회양극화가 높은 수준으로 나타나자, 제4공화국 후반부터는 경제개발 5개년계획을 경제사회발전 5개년계획으로 개칭하여 형식적으로나마 사회개발을 병행

7) 제3공화국은 1961년 5 · 16쿠데타에 의한 7개월간의 군정에 이어 1962년 12월 17일 국민투표로 확정된 개정헌법에 의하여 1963년 10월 대통령선거와 11월 제6대 국회의원선거를 거쳐 12월 17일 대통령으로 박정희가 취임함으로써 출범한 한국의 세 번째 공화헌정체제이지만, 본 시기에서는 박정희에 의한 5 · 16쿠데타 시기 이후부터 한정하고자 한다.

하기에 이른다.

본 시기의 주요 사회복지 관련 제도들을 살펴보면, 1961년에 도입된 생활보호제도는 빈곤계층에 대한 소극적 생계보호 차원에 입각한 최소한의 복지주의를 표방하며, 한국의 대표적인 공공부조로 탄생하기에 이른다.

본 제도는 국가에 의한 시혜적 차원의 제도라고 할 수 있는데, 수혜대상은 생계보호집단과 자활보호집단으로 대별하여 생계보호집단에게만 급여를 지급하고 자활보호집단에게는 근로능력이 있다는 이유로 적극적인 생활보호의 혜택을 부여하지 않았다.

한편, 사회보험으로서 산재보험제도가 1964년에 처음으로 도입되어 500인 이상 광업・제조업 등에 시행되었으며, 건강보험제도는 1977년에 도입되어 500인 이상 근로자를 대상으로 시행되는 등 공공부조와 일부 사회보험이 처음으로 도입된 시기라고 할 수 있다.

3. 실질적 인식기(5・6공화국, 문민정부)

5・6공화국과 문민정부는 정권의 정당성 확보, 복지국가의 영향, 그리고 민주화의 요구 등에 따라 국민들에 대한 사회복지행정의 필요성을 이전 시기보다는 높게 인식하게 되는 실질적 인식기에 해당되는데, 본 시기에 있어서 사회복지행정의 추진상황을 간략히 살펴보면 다음과 같다.

먼저, 5・6공화국(1981.3~1993.2)은 한국형복지모델이 등장하는 등 국민들에 대한 사회복지행정의 필요성을 본격적으로 인식하기 시작한 시기로서, 신군부 쿠데타에 의해 성립된 제5공화국은 정권의 정통성 확보 등을 위한 노력의 일환으로 복지사회 건설을 4대 국정지표로 제시하였고, 제5차 경제사회발전 5개년계획에서도 경제와 사회의 균형적인 발전을 기본목표로 삼기에 이른다.

한편, 5공화국 후반부터는 한국형복지모델이 등장하게 되는데, 국가발전수준에 맞는 복지행정, 가족과 지역사회 복지기능의 최대한 보장, 자립정신에 입각한 복지행정의 전개, 그리고 민간의 복지자원을 최대한 동원한다는 것 등이 이에 해당되며 이는 선진복지국가에서 나타나는 복지국가위기론, 즉 복지병을 일정부분 우려해서 도입된 것이라고 할 수 있다. 그리고 1980년대 후반부터는 시설수용 위주의 행정으로는 사회복지요구에 대응할 수 없다는 판단하에서 지역복지와 재가복지에 기초한 서비스에 주목하기 시작했는데, 사회복지관의 증설・확대 등이 이에 해당된다.

본 시기의 주요 사회복지 관련 제도들을 살펴보면, 사회보험으로서 국민연금제도가 1988년에 도입되어 사업장근로자 10인 이상을 대상으로 시행되었으며, 건강보험제도의 직장의료보험은 1982년 12월에 16인 이상 사업장근로자로 확대되다가 1988년 7월에 이르러서는 5인 이상 사업장근로자까지 적용되기에 이른다. 그리고 지역의료보험 역시 1988년 1월부터 농어촌지역 주민에 적용한 데 이어 1989년 7월에는 도시지역까지 확대되기에 이른다.

한편, 본 시기에는 재가복지를 중시하여 재가복지봉사센터가 급격하게 증가하였고, 1987년부터는 사회복지전문요원을 영세민 밀집지역의 동사무소에 배치하기에 이른다.

그리고 문민정부(1993.3~1998.2)는 본격적인 복지제세로 가는 과도기적 시기로서, OECD 가입추진을 계기로 사회복지 확충에 적극적인 관심을 보이기 시작한 기간으로 볼 수 있다. 1994년부터 자본시장의 개방을 목표로 미국정부가 우리나라에 OECD 가입을 권유함에 따라 가입계획이 추진되는 상황에서, 낮은 수준의 복지가 OECD 가입의 장애요인으로 작용했고, 1995년 덴마크 코펜하겐에서 열린 사회개발정상회의에 참석한 이후 의제였던 빈곤, 실업, 사회분열 등의 문제를 해결하기 위해 국가기본전략으로 '삶의 질의 세계화', 즉 한국적 사회복지모델을 제시하게 된다.

기본적으로 문민정부의 사회복지모델은 '균형적 복지행정(balanced welfare administration)'으로 설명할 수 있는데, 이는 자유와 평등의 이념적 조화를 통해 성장과 복지의 균형을 모색하고, 선진국의 경험과 우리사회의 전통을 융화시켜 우리나라 국민의 삶의 질을 극대화하는 데 있다.

그리고 생산적・예방적 복지국가의 실현, 민간의 복지참여 확대, 물질적 만족과 정신적 행복의 추구 등으로 설명할 수 있는데, 이를 실현하기 위한 대안으로 고용보험제도의 도입 등 포괄적인 사회보험제도의 구축, 생활보호대상자에 대한 최저생계비 인상 등 국민최저생활의 보장, 그리고 치매요양시설 확대 등 보편적 복지서비스 확충 등을 들 수 있다. 또한 이를 위해 중앙정부의 복지기능 확충, 지방정부의 역할 제고, 그리고 민간참여의 활성화 등 복지공동체의 구축 등을 기본바탕으로 제시하는 등 의욕적인 모습을 보였으나, 본 모델은 문민정부시기에는 별다른 효과를 거두지는 못하였고 국민의 정부 이후의 시기에 영향을 미치게 된다(이태복 · 심복자, 2006: 191-196).

본 시기의 주요 사회복지 관련 제도들을 살펴보면, 사회보험으로서 국민연금제도의 경우 1995년 7월에 농어촌지역 주민에까지 확대 · 적용되기에 이르고, 국민최저생활보장을 구체화하기 위해 최저생계비의 측정과 공표를 의무화한 사회보장기본법이 1995년에 제정되며, 민간복지 활성화를 위한 사회복지공동모금법이 1997년에 제정되는 등 관련 법령도 일부 마련되기에 이른다.

4. 확장기(국민의 정부 · 참여정부 · 이명박정부 · 박근혜정부 이후)

국민의 정부 · 참여정부 · 이명박정부 · 박근혜정부 이후는 민주화의 성숙, 최고통수권자의 의지 등에 따라 사회복지행정이 이전 시기보다는 도약했던 확장기로 분류할 수 있는데, 이에 대한 사회복지행정의 추진상황을 간략히 살펴보면 다음과 같다.

먼저, 국민의 정부(1998.2~2003.2)는 IMF 외환위기 속에서 1990년대 2~3%대였던 실업률이 7~8%대로 급상승하고, 자살 · 가출 등 사회적 분열과 해체의 경향이 심화되는 등 심각한 사회문제가 나타나자, 이러한 사회적 · 경제적 위기를 해결하기 위해 '생산적 복지행정(workfare administration)'을 제시하게 된다.

이는 1999년 대통령의 8 · 15 경축사를 통해서 제시되었는데, 모든 국민이 인간적 존엄성과 자긍심을 유지할 수 있도록 취약계층의 기초적인 생활을 보장함과 동시에 적극적으로 경제 · 사회활동에 참여할 수 있는 기회를 확대하여 스스로 자립할 수 있도록 하는 적극적 사회복지행정이라고 할 수 있다. 이러한 생산적 복지행정은 기본적으로 주요 관심 대상이 저소득층이고 사회보장제도 가운데 공공부조의 활성화에 초점을 두고 있다. 그리고 민간부문에 대한 국가개입을 최소화하는 경향이 있었고 사회복지행정의 제공자로서 시민단체나 기업 같은 민간부문의 역할도 강조하는 등 전체적으로 살펴볼 때, 저소득층 등 선별층을 대상으로 하는 국가개입의 최소화를 추구하였다.

국민의 정부에 있어서 이러한 생산적 복지행정은 새로운 공공부조의 실시, 사회보험의 내실화, 그리고 사회복지서비스의 강화 등으로 나타났는데, 먼저 새로운 공공부조의 실시는 2000년 10월부터 기존의 생활보호제도가 폐지되고, 저소득층에 대한 보다 포괄적이고 권리적 개념으로서 국민기초생활보장제도를 실시하게 되면서, 최저생계비 이하 모든 국민에게 생계, 의료, 교육, 주거 등 최저생활을 보장함과 동시에 근로능력이 있는 저소득층에게는 일자리를 마련하여 스스로 자립할 수 있도록 하였다. 그리고 사회보험의 내실화로서, 고용보험제도가 1995년에 도입되어 시행되다가 1998년 10월부터 1인 이상 전 사업장으로 확대되었으며, 건강보험제도는 1998년 10월에 227개 지역의료보험조합과 공무원·교식원 의료보험공단을 통합하여 여유 있는 사람들이 여유가 없는 사람들을 도와주는 사회안전망으로서의 토대를 마련하게 되었다.

그리고 국민연금제도는 1999년 4월에 도시지역주민에까지 확대·적용됨으로써 전 국민 연금시대를 맞이했고, 산재보험제도는 2000년 7월에 1인 이상 사업장근로자까지 확대되는 등 모든 국민이 적용대상이 됨과 동시에 사회보험관리체계의 개선을 통해 수급자 편의를 중심으로 효율적인 관리운영을 지향하였던 것이다.

마지막으로, 사회복지서비스의 강화로 저소득 노인 71만 5천명에게 월 3~5만원의 경로연금을 지급하고 경로식당에서는 연중 무료급식을 실시하였으며, 장애인의 범위도 신체장애에 국한하지 않고 중증지적장애 및 자폐증까지 확대하여 23만명가량을 추가로 보호하였다.

하지만 이러한 생산적 복지행정은 일정부분 한계를 노출하고 있었는데, 복지의 개념이 본래 인간의 존엄과 가치를 전제하고 있으나, 생산적 복지는 인간의 존엄과 가치보다는 노동능력을 우선시했다는 것이다. 즉, 복지행정이 제대로 정비되지 못하고 있는 상황에서 형평성보다는 효율성을, 인본주의보다는 경제적 자유주의를, 인간의 존엄과 가치보다는 절약과 능률을 앞세웠다는 점에서, 상대적으로 본 시기의 복지행정은 한계를 보였다고 할 수 있다.

참여정부(2003.2~2008.2)는 새로운 제도의 도입보다는 생산적 복지행정에서 시도한 제도들을 확대·보완한 시기로서, 본 시기의 복지행정은 2002년 노무현 당선자가 국정방향으로 제시한 '참여복지행정(participative welfare administration)'으로 압축할 수 있다.

이는 국가중심의 복지체계에서 기업, 종교, NGO, 개인 등 민간부문도 모두 참여하는 행태로, 국가만이 아니라 민간부문의 모든 사회구성원들이 복지제공의 주체가 된다는 뜻으로 해석될 수도 있고, 다른 한편으로는 사회복지행정의 결정과정에 국민들이 적극적으로 참여한다는 뜻으로 해석될 수도 있는데, 어쨌든 공급주체를 다양화해야 한다는 '복지다원주의'에 근거한다고 할 수 있다.

또한 이전의 복지행정이 저소득층을 중심으로 제공된 반면, 참여복지행정은 중산층을 포함한 모든 국민을 대상으로 한다는 점에서, 종합적으로 본 시기의 복지행정을 국가적 책임의 강화, 보편적 복지의 실현, 그리고 민간참여의 확대 등으로 설명할 수 있는 것이다. 이러한 참여복지행정은 참여정부에 의해 제시된 5개년계획에 의해 설명될 수 있다.

즉, 지속적 경제성장으로 인한 빈부격차 확대, 높은 수준의 저출산·고령화문제, 그리고 정보화의 가속으로 인한 정보격차 심화 등의 여건을 감안하고, 국가의 복지역할 강화, 국민의 복지활동 및 복지행정과정의 참여확대, 경제와 복지의 선순환 관계 구축, 그리고 지방정부 및 지역사회의 복지역량 강화 등의 추진원리를 근거로, 국민기초생활보장제도의 정비 등 사회보장제도의 내실화, 복지전달체계의 구축 등 복지인프라 구축, 정보격차해소 등 복지서비스의 확대 등의 대안을 활용하여 전 국민에 대한 보편적 서비스를 제공하고 상대적 빈곤을 완화하여 풍요로운 삶의 질을 지향하는 참여복지행정의 구현으로 설명할 수 있는 것이다.

본 시기의 주요 사회복지 관련 제도들을 살펴보면, 사회보험으로서 건강보험제도는 2000년 3월에 지역, 직장, 공무원·교직원의료보험공단이 완전 조직통합된 데 이어, 2001년 1월에는 공무원·교직원 건강보험과 직장건강보험의 재정통합으로 인해 2기금 시스템으로 운영한 후, 참여정부시기인 2003년 7월에는 지역건강보험까지 재정통합되어 1기금 시스템으로 완전 통합되기에 이른다.

그리고 노인장기요양보험법이 2007년 4월에 제정되어 2008년 7월에 시행됨에 따라, 고령이나 노인성 질병 등의 사유로 일상생활을 혼자서 수행하기 어려운 노인 등에게 신체활동 또는 가사활동 지원 등의 장기요양급여를 지급하여 노후의 건강증진 및 생활안정을 도모하고 그 가족의 부담을 덜어줌으로써 국민의 삶의 질이 향상되도록 하는 노인장기요양보험제도가 만들어지게 된 것이다.

하지만 참여복지행정 역시 일정부분 한계를 노출했는데, 복지를 연구한 학자들뿐 아니라 구 보건복지부 공무원들조차도 참여복지의 개념을 제대로 파악하지 못하여, 구체적인 정책의 방향 없이 이를 집행했다는 점에서, 참여복지행정은 그 시작부터 명료하지 않은 목표와 비전으로 인해 혼란을 겪었다고 할 수 있다(김태룡·안희정, 2004 : 438).

이명박정부(2008.2~2013.2)는 '능동적 복지행정(active welfare administration)'을 추진하였는데, 이는 복지를 사후적 문제해결이 아닌 가난과 질병에 대한 예방적 기능, 미래세대에 대한 사회투자개념으로 접근하는 것으로서, 빈곤으로부터 자립을 지원하고 빈곤의 대물림을 막는 예방적인 개념이라고 할 수 있다.

이를 근거로, 평생복지기반 마련, 예방·맞춤·통합형복지 지향, 시장기능을 활용한 서민생활 안정, 그리고 사회적 위험으로부터 안전한 사회구현 등을 인수위 때부터 지향하였다.

이명박정부의 사회복지행정 중 기존과 차별성을 보인 것은 2010년 1월 4일에 개통된 사회복지통합관리망 '행복 e음'이라고 할 수 있다. 이는 각종 사회복지 급여 및 서비스 지원 대상자의 자격 및 이력에 관한 정보를 통합·관리하고, 지자체의 복지업무 처리를 지원하기 위한 정보시스템으로, 기존 시·군·구별 새올행정시스템(주민, 지적, 재정, 세정, 복지 등 31개 시·군·구 업무 지원시스템) 중 복지분야를 분리하여 중앙에서 통합·구축하는 것을 주요 내용으로 하였다.

하지만 이명박정부 역시 이전 정부와 마찬가지로 한계를 노출했다. 747공약 등과 같은 성장위주의 행정에 초점을 맞춰 사회복지행정은 대부분 법률에 근거해서 기계적으로 진행되었고, 획기적으로 사회복지행정을 진일보시킨 실적은 미미하였다고 할 수 있는 것이다.

박근혜정부(2013.02-2017.03)는 '맞춤형 복지행정(targeting welfare administration)'을 지향했는데, 생애주기별 맞춤형 복지 제공, 자립을 지원하는 복지체계 구축, 서민생활 및 고용안정 지원, 저출산 극복과 여성 경제활동 확대 등을 추진하였다.

세부적으로, 생애주기별 맞춤형 복지 제공의 국정과제는 저소득층을 위한 생활영역별 맞춤형 급여체계 구축, 국민중심의 복지 전달체계 개선, 건강한 가정 만들기, 청소년 역량개발 및 건강한 성장지원, 편안하고 활력 있는 노후생활 보장, 의료보장성 강화 및 지속가능성 제고, 건강의 질을 높이는 보건의료서비스체제 구축, 장애인의 권익보호 및 편의증진, 다문화가족 적응 지원강화, 누구나 살고 싶어 하는 복지 농어촌 건설 등이고, 자립을 지원하는 복지체계 구축의 과제는 일을 통한 빈곤탈출 지원, 맞춤형 취업지원 및 고용서비스망 강화, 복지 일자리 확충 및 처우개선, 고부가가치 사회서비스일자리 확충 등이며, 서민생활 및 고용안정 지원의 과제는 주거안정 대책 강화, 서민 금융부담 완화, 교육비 부담 경감, 통신비 부담 낮추기, 농어가 소득 증대, 농축수산물 유통구조 개선, 비정규직 차별해소 및 근로자 생활보장, 장시간 근로개선 및 정년연장으로 함께 일하기, 경기변동 대비 고용안정 노력 및 지원 강화 등이다. 그리고 저출산 극복과 여성 경제활동 확대의 국정과제는 행복한 임신과 출산, 안심하고 양육할 수 있는 여건 조성, 무상보육 및 무상교육 확대(0~5세), 여성 경제활동 확대 및 양성평등 확산 등이다.

기본적으로 박근혜정부의 사회복지행정은 국정 5대 목표의 하나로 보수정부의 친복지를 통한 국민행복 실현을 목표로 하고 있다. 구체적으로는 기초연금 도입, 고용·복지연계, 저소득층 맞춤형 급여체계 구축, 보육에 대한 국가책임 확충, 4대 중증질환 보장성 강화 등을 국정과제로 추진하였다.

하지만, 박근혜정부 역시 이전 정부와 마찬가지로 한계를 노출했는데, 목표는 국가중심의 맞춤형 복지행정이었으나 실제로는 일자리창출을 통한 창조경제 등에서 나타나듯이 시장중심의 획일형 복지로 이어진 부분이 적지 않았다. 결국, 정부 초반의 맞춤형 복지행정이라는 정체성은 탄핵국면으로 가면서 더욱 더 희석화되고 만 것이다.

PART 02 Social Welfare Administration

사회복지행정의 조직론

CHAPTER 03

사회복지조직의 의의

본 장에서는 사회복지행정의 주체가 되는 사회복지조직을 개념, 유형, 원리, 그리고 구조 등으로 대별하여 조명하고자 한다.

제1절 사회복지조직의 개념

사회복지조직(social welfare organization)의 개념은 학자들의 접근입장차이로 다양하게 정의되고 있는데, 먼저 기존에 연구된 개념정의를 간략히 살펴보면 다음과 같다.

Etzioni(1958)는 조직에 대해 일정한 환경하에서 특정한 목표를 추구하며 이를 성취하기 위한 일정한 구조를 지닌 사회적 단위라고 정의하였고, Weber(1968)는 계속적이고 의도적인 특정한 종류의 활동체제라고 규정하였다.

그리고 Skidmore(1990)는 사람, 과업, 자원을 가장 질서 있고 효율적으로 배열하는 활동으로서 공동의 목표를 향한 사람들의 활동과정으로 정의하였고, Barker(1995)는 결정된 목표를 성취하기 위해 제도화된 전략들을 동원하는 것이라고 규정하였다.

한편, 김치용과 최용민(2006)은 조직에 대해 다양한 수준의 직원, 이사회와 위원회의 구조, 명령계통, 그리고 기관의 구조와 관련된 기타 요소들을 포함하면서 기관의 구조를 형성하고 그것을 변화시키는 과정이라고 정의하였고, 허만영(2007)은 다수의 인간이 공동의 목표를 달성하기 위하여 노력하는 과정에서 형성되는 틀로 규정하면서, 조직은 이처럼 한 사람이 아니라 다수의 사람으로 구성되어 있으며, 다수의 사람이 각각 다른 목표를 가지고 있을 경우에는 조직이 형성될 수 없고, 공동목표가 있어야만 조직구성이 가능하다고 보았다. 또한 조직은 목표달성을 위하여 끊임없이 자원을 동원하고 새로운 산출물을 생성하므로 정체된 실체가 아닌 지속적으로 움직이는 동태적인 틀을 가졌다고 규정하였다. 이러한 점에서 삶의 질 제고라는 공동목표의 틀을 가지고 있는 사회복지조직은 빈곤층을 지원하기 위한 조직으로서 정부조직도 사회복지조직의 하나이고, 퇴직 후 노후생활을 보장하기 위한 국민연금공단도 사회복지조직이며, 노인들의 재취업을 돕기 위하여 만들어진 노인재취업지원센터 역시 사회복지조직에 속한다고 규정하였다.

마지막으로, 이목훈(2008)은 공동의 목표를 달성하기 위해서 환경과 상호작용을 하는 가운데 비교적 지속적인 구조를 기반으로 하여 의도적으로 조정된 활동을 수행하는 사회적 체제로 정의하였다.

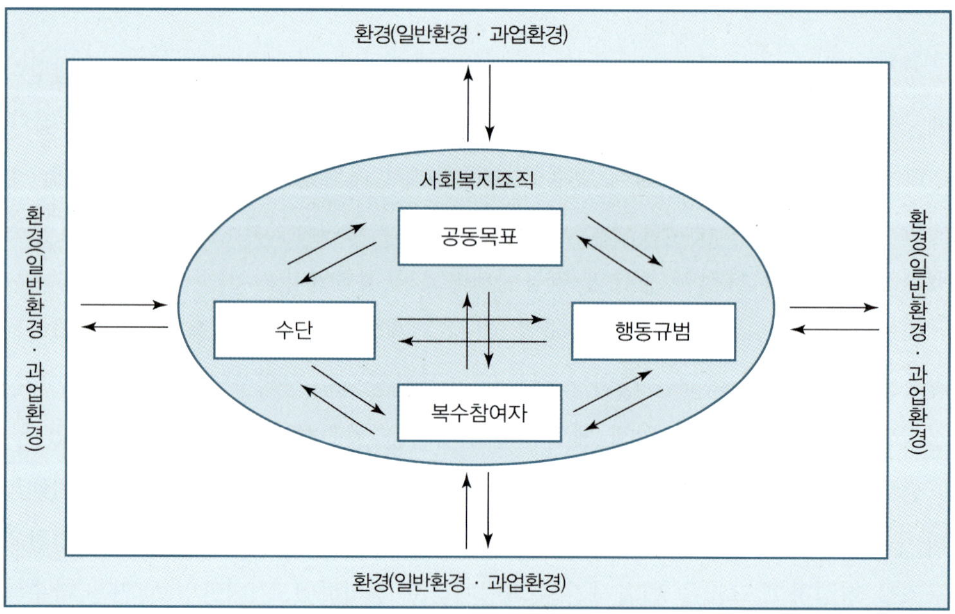

[그림 3-1] 사회복지조직의 개념틀

이처럼 사회복지조직의 개념정의가 다양하게 제시되고 있는데, 본 절에서는 이러한 다양한 정의를 근거로 일정한 사회복지조직의 개념을 제시하고자 한다([그림 3-1] 참조).

즉, 사회복지조직이란 2인 이상의 참여자가 공동의 목표를 설정하고, 이를 성취하기 위해 일정한 수단을 동원하는 체제이며, 아울러 조직의 질서유지 등을 위한 행동규범이 존재하고, 모든 조직에 영향을 미치는 일반환경이나 사회복지조직에 직접적 영향을 미치는 과업환경 등과 끊임없이 상호작용을 하는 단위라고 할 수 있는 것이다.

이에 해당하는 사회복지조직은 보건복지부 등의 중앙정부・서울특별시 복지건강실 등의 지방정부 등 사회복지와 관련된 공공조직과 중증장애인요양시설 등의 생활시설・사회복지관 등의 이용시설 그 밖에 사회복지와 관련된 민간조직 등이 모두 포함된다고 할 수 있다.

제 2 절 사회복지조직의 원리

사회복지조직의 원리는 조직을 높은 수준으로 구조화시키고, 효율적으로 관리하기 위한 방법으로서, 계층제의 원리, 명령통일의 원리, 그리고 통솔범위의 원리 등 대략 6가지로 대별할 수 있다.

1. 계층제의 원리

사회복지조직의 원리로서 계층제(hierarchy)의 원리는 조직구성원 간의 권한과 책임을 배분하고, 상하계층을 설정하여 명령, 지휘, 복종의 관계를 명시화하려는 것으로서, 미래지향적인 계층제를 제고하기 위해서는 조직환경에 대한 적응성과 신축성을 고려하여야 한다. 일반적으로 계층수준이 높을수록 큰 틀 차원의 정책결정, 장기계획, 대외관계 등의 업무를 수행하는 반면, 계층수준이 낮을수록 상대적으로 구체적인 업무를 담당하게 된다.

이러한 계층제는 장점과 아울러 단점이 존재하는데, 먼저 장점으로는 명령과 의사전달의 통로가 되며, 권한위임에 따른 직무와 책임을 명확히 할 수 있고, 업무배분을 할 수 있는 수단이 되며, 조직내부의 분쟁 시 조정과 해결의 기제가 되는 것 등을 들 수 있다. 반면, 계층제의 과도한 수직적 관계는 조직의 경직성을 초래하고, 유연성 있는 인간관계의 형성을 저해할 수 있으며, 높은 수준의 계층 수는 의사전달의 왜곡을 초래하고, 변화하는 제 환경에 조직이 신축성 있게 대응하는 데 한계가 있으며, 조직구성원의 창의성을 저해할 수 있고, 구성원들은 단지 기계적인 전달도구로 전락할 수 있는 단점 등이 있다.

2. 명령통일의 원리

사회복지조직의 원리로서 명령통일(unity of command)의 원리는 조직에 있어서 한 사람의 직속상관으로부터 명령을 받고 보고해야 한다는 것으로서, 국에는 국장, 과에는 과장 등 오직 한 사람이 존재하여야 한다는 것이다.

본 원리 역시 장점과 단점이 존재하는데, 조직적인 활동과 의사전달의 혼란을 방지하고 책임소재를 분명히 할 수 있는 장점 등이 있는 반면, 업무의 상호연관성이 높아져 수평적인 업무협력 등의 광역행정이 필요한 시점에서 이 원칙만을 추구하게 되면 비능률적이고 낮은 수준의 전문성이 구축될 수 있는 단점 등이 있다.

3. 통솔범위의 원리

사회복지조직의 원리로서 통솔범위(span of control)의 원리는 한 사람의 상관이 부하직원을 관리하는 데 있어서 지휘의 한계가 있다는 점에서, 적정수의 부하나 하부조직을 가져야 한다는 것이다. 현재 적정성에 대한 객관적인 기준은 부재한 상황이다. 다만, 통솔범위에 영향을 미치는 요인으로서는 감독해야 할 직무의 성질, 감독자의 능력, 근무시간의 한계, 조직의 규모, 지리적으로 분산되어 있는 조직의 장소 여건, 구성원의 능력, 그리고 감독자의 사회적 심리 등이 있다.

4. 분업 · 전문화의 원리

사회복지조직의 원리로서 분업 · 전문화(division of work or specialization)의 원리는 조직의 구성원에게 동일한 업무를 분담시키면서 동시에 전문화를 지향하는 것이다. 현대사회는 조직의 규모가 확대되고 업무처리의 전문성이 중시되고 있다는 점에서, 본 원리가 반드시 필요하다고 할 수 있다.

본 원리는 신속한 업무처리로 조직의 효율성을 제고할 수 있는 장점이 있는 반면, 반복된 동일업무로 인해 업무처리에 있어 흥미가 상실될 수 있고, 지나친 분업으로 인해 조직 내 단위 간의 조정을 어렵게 할 수 있는 단점이 있다.

5. 조정의 원리

사회복지조직의 원리로서 조정(coordination)의 원리는 공통의 목표를 달성하기 위해 조직구성원의 행동통일을 유도하는 것으로, 분업에 따른 필연적인 원리[1]라고 할 수 있다.

조정의 방법은 구조적 조정방법과 리더십에 의한 조정방법이 있는데, 구조적 조정방법은 조직단위의 권한과 책임의 한계를 명확히 하고, 의사전달을 촉진하며, 회의 및 위원회제도를 활용하여 조직구성원의 의견을 파악하면서 조직원의 사기를 고취시키는 방법으로서, 조직에 기획조정실 등의 기구를 설치하여 조정을 제고하는 것이 이에 해당된다. 반면, 리더십에 의한 조정방법은 개별직원에 대한 동기부여를 촉진하고, 집단의식 · 동료의식 등을 고취하여 조정하는 것이라고 할 수 있다.

1) Mooney(1947)는 조정의 원리를 사회복지조직의 원리 중 제1의 원리로 규정하며 중요시하였다.

6. 부문화의 원리

사회복지조직의 원리로서 부문화(departmentation)의 원리는 업무분화가 확대되어 부서와 직무가 증가하게 되면, 상호작용의 빈도와 갈등이 증가하는 만큼 조정비용도 늘어난다는 점에서, 이러한 문제점을 해결하기 위해 조직의 효율성을 제고하기 위한 방향으로 목적이나 기능에 맞게 조직을 개편하는 것을 의미한다.

이러한 부문화의 원리는 동일한 역할자의 수기준, 시간기준, 기능기준, 지리기준, 서비스기준, 고객기준, 그리고 서비스접근통로기준 등에 따라 7가지로 유형화할 수 있다.

첫째, 수기준 부문화는 같은 역할을 수행하는 사람들을 한 슈퍼바이저 아래 소속시키는 방법으로서, 개인의 능력 차이를 간과할 수 있는 한계가 있다.

둘째, 시간기준 부문화는 하루 24시간 근무하는 조직의 경우 시간을 2~3교대로 정하여 업무를 부문화하는 방법으로서, 종합병원의 간호사 등이 이에 해당된다. 다만, 야간 또는 주말을 기피하는 현실에서 조직이 원하는 적합한 요원을 채용하기 어려운 한계 등이 존재할 수 있다.

셋째, 기능기준 부문화는 인사, 재정, 기획, 영업 등과 같은 주요 기능에 따라 인력을 묶어 배치하는 방법으로서, 업무단위 간 경쟁이 지나치면 부서 간의 수평적인 업무협조가 곤란하고 조직 전체의 목적보다는 소속된 부서의 업무만 중시하는 폐단이 존재할 수 있는 한계가 있다.

넷째, 지리기준 부문화는 고객의 거주지역을 중심으로 조직을 구성하고 자율적으로 운영하여 책임감을 갖도록 하는 방법으로서, 고객밀착형서비스 등이 그것이다. 이는 서비스의 효율성을 높일 수 있고 책임소재를 명확히 할 수 있는 장점이 있는 반면, 각 지리적 특성으로 업무단위 간 업무량의 차이가 발생할 수 있고 이에 따라 직원의 사기가 저하될 우려가 있다.

다섯째, 서비스기준 부문화는 개별사회사업, 집단사회사업, 지역사회조직사업 등과 같은 사회사업 등에 따라 부문화하는 방법으로서, 전문화된 서비스를 제고시키는 장점이 있는 반면, 고객의 욕구가 복합적일 경우 이에 대해 여러 가지 서비스를 포괄적으로 제공할 수 없는 단점이 존재한다.

여섯째, 고객기준 부문화는 고객의 인구사회학적 특성이나 문제의 집단별로 부서를 나누는 방법으로서, 고객을 영유아, 아동, 청소년, 장애인, 노인, 여성 등으로 분류하거나 문제의 집단별로 비행, 아동학대, 성폭력 등으로 업무를 나누는 것이다. 하지만 고객의 문제가 다양할 경우 서비스제공자의 지식과 기술의 한계로 인해 적절한 서비스를 제공할 수 없는 한계가 있다.

마지막으로, 서비스접근통로기준 부문화는 고객이 서비스에 접근할 수 있는 통로별로 업무를 부문화하는 방법으로서, 사회복지조직 서비스의 경우 서비스제공이 유료이든 무료이든 간에 많은 사람이 이용할 수 있도록 다양한 서비스조직을 설치하여 통로를 다양화히여야 하는데, 현실적으로 정보제한 등으로 인해 다양한 서비스 접근에는 한계가 있다.

제 3 절 사회복지조직의 유형

사회복지조직의 유형은 학자들의 접근입장차이로 다양하게 접근할 수 있으나 본 절에서는 공식성에 따른 조직유형, 계층성에 따른 조직유형, 그리고 의사결정에 따른 조직유형 등 9가지로 대별하고자 한다.

1. 공식성에 따른 조직유형

공식성에 따른 조직유형은 공식적 조직과 비공식적 조직으로 분류할 수 있는데, 기본적으로 공식적 조직(formal organization)은 일정한 법규 등에 근거하여 계획적으로 이루어지는 반면, 비공식적 조직(informal organization)은 인간관계에 입각한 상호접촉・친분 등에 근거하여 성립된 조직이라고 할 수 있다.

〈표 3-1〉 공식적 조직과 비공식적 조직의 비교

공식적 조직	구 분	비공식적 조직
인위적 발생	발생행태	자연적 발생
단일성	조직목표	다양성
능률의 논리	논리행태	감정의 논리
대규모	조직규모	소규모
높은 수준의 생산적 규범 형성, 낮은 수준의 정실행위, 공식적 의사소통 등	장점	높은 수준의 심리적 안정감, 공식적 조직의 경직성 완화, 높은 수준의 의사소통경로 등
낮은 수준의 심리적 안정감, 공식조직의 경직성, 낮은 수준의 의사소통경로 등	단점	낮은 수준의 생산적 규범 형성, 높은 수준의 정실행위, 소문 등의 비공식적 의사소통 등
보건복지부 등	사례	자원봉사동호회 등

출처: 기존의 여러 자료를 근거로 구성.

두 조직에 대해서 비교·조명해 보면, 먼저 발생행태의 경우, 공식적 조직은 일정 목표를 가지고 인위적으로 발생한 반면, 비공식적 조직은 구성원 상호 간의 욕구충족 등을 위한 자연발생적 성격이 강하고, 조직목표의 경우, 전자는 조직의 관리자를 중심으로 단일 공적 목표를 설정하고 그 목표의 성취를 위해 조직 전체가 통합·조정하는 활동을 하는 반면, 후자는 구성원의 욕구에 따라서 목표가 다양하게 나타날 수 있는 특징이 있다.

그리고 논리행태의 경우, 전자는 조직구성원이 설정된 목표를 성취하기 위하여 일정 규칙에 따라 합리적으로 행하도록 요구받는다는 점에서 능률의 논리라고 할 수 있는 반면, 후자는 대면적인 1차 집단적 성격이 강하고 소외된 인간성의 회복을 무의식적으로 추구한다는 점에서 감정의 논리에 근접한다고 할 수 있다. 한편 조직규모에 있어서, 일반적으로 전자는 보건복지부 등의 대규모조직을 갖는 반면, 후자는 자원봉사동호회 등 소규모조직의 성격을 갖는다.

아울러, 공식적 조직의 장점으로는 생산성 제고를 위한 높은 수준의 규범이 형성되어 있고, 사사로운 정이나 관계에 이끌려 객관성을 왜곡하는 정실행위가 낮은 수준이며, 공식적 의사소통을 통해 명확성과 효율성을 제고할 수 있는 것 등이 있는데, 이는 비공식적 조직의 단점으로 작용하게 된다.

한편, 비공식적 조직의 장점으로는 친근한 인간관계 등을 통해 높은 수준의 심리적 안정감을 지향할 수 있고, 계층제 등 공식적 조직의 경직성을 완화하여 상대적으로 다양한 환경변화에 유연히게 대치할 수 있으며, 다양한 의사소통경로로 인해 절충을 통한 현실지향의 활동을 할 수 있는 것 등이 그것으로, 이는 공식적 조직의 단점으로 작용하게 되는 것이다(〈표 3-1〉 참조).

다만, 공식적 조직과 비공식적 조직이 혼재·구성되어 있는 단일조직도 적지 않다는 점에서, 이들 조직을 이분법적 시각으로 보는 것은 적절하지 않다.

2. 계층성에 따른 조직유형

계층성에 따른 조직유형은 수지적 조직과 수평적 조직으로 분류할 수 있는데, 수직적 조직(vertical organization)은 명령과 복종관계를 가진 수직적 구조를 형성하여 목표달성의 중심이 되는 행태로서 계선조직이라고도 한다. 반면, 수평적 조직(horizontal organization)은 수직적 조직이 원활하게 기능을 수행할 수 있도록 자문, 연구, 자료수집 등을 지원하고 촉진하는 조직으로서 막료조직 또는 참모조직이라고도 한다.

보건복지부를 일례로 살펴보면 장관, 차관, 국장, 과장 등의 명령라인체계가 수직적 조직이라고 할 수 있는 반면, 측면에서 지원 및 감독하는 대변인, 감사관, 운영지원과 등은 수평적 조직이라고 할 수 있다.

두 조직에 대해서 비교·조명해 보면, 먼저 계층여부의 경우 수직적 조직은 철저한 계층제를 취하고 있는 반면, 수평적 조직은 비계층제의 성격을 지니고 있다. 한편, 목표달성의 기여, 국민접촉, 그리고 명령·집행권에 관한 정도의 경우, 전자는 직접적으로 국민과 접촉하며 목표달성을 지향한다는 점에서 높은 수준의 명령·집행권을 보유하게 되는 반면, 후자는 전자의 목표달성이 원활하게 진행될 수 있도록 지원 등을 한다는 점에서 간접적 행태를 지닌다.

〈표 3-2〉 수직적 조직과 수평적 조직의 비교

수직적 조직	구 분	수평적 조직
계층제	계층여부	비계층제
목표달성에 직접적으로 기여	목표달성 기여	목표달성에 간접적으로 기여
국민과 직접적 접촉	국민접촉	국민과 간접적 접촉
높은 수준의 권한	명령·집행권	낮은 수준의 권한
권한과 책임의 명확, 신속한 결정, 조직의 안정성 등	장점	객관적 의사결정, 조직의 유연성, 대규모조직에 유리 등
주관적 의사결정, 조직의 경직성, 대규모조직에 불리 등	단점	불명확한 인사관계, 책임소재를 둘러싼 갈등유발, 의사소통경로의 혼란 등
보건복지부 (장관→차관→국장→과장)	사례	보건복지부 (대변인, 감사관, 운영지원과)

출처: 기존의 여러 자료를 근거로 구성.

아울러, 수직적 조직의 장점은 권한과 책임이 명확하고, 기관장을 중심으로 신속한 결정을 내릴 수 있으며, 기관장을 정점으로 하는 조직의 안정성 등을 추구할 수 있는 반면, 단점은 기관장의 독단으로 인해 주관적 의사결정을 내릴 수 있고, 지나친 계층성으로 인해 조직의 경직성이 나타날 수 있으며, 기관장을 정점으로 업무범위가 좁아지는 명령계통라인으로 이어진다는 점에서 대규모조직에서는 불리할 수 있다는 것 등이 있다.

한편, 수평적 조직의 장점은 기관장과 여타 조직 사이를 절충한 객관적 의사결정을 제공할 수 있으며, 비계층성으로 인해 환경변화에 유연하게 대처할 수 있고, 모든 조직을 포괄하여 자문하고 지원한다는 점에서 대규모조직에 유리한 면 등이 있는 반면, 단점은 상황에 따라 수직적 조직과 수평적 조직 사이에 정책의 병행추진 등으로 인해 인사관계가 불명확해지고, 책임소재를 둘러싼 갈등을 유발할 수 있으며, 의사소통경로 또한 혼란을 가져올 수 있다(〈표 3-2〉 참조).

다만, 본 조직들 역시 단일조직에 혼재·구성되어 있는 경우가 많다는 점에서, 상호보완의 관계에 있으며, 이분법적 시각으로 보는 것은 적절하지 않다.

3. 의사결정에 따른 조직유형

의사결정에 따른 조직유형은 이사회조직과 위원회조직으로 분류할 수 있는데, 이사회조직(board of directors organization)[2]은 조직이 목표를 달성할 수 있도록 법률적 책임을 받고 있는 의사결정기구로서, 이사회를 통해서 지역사회의 요구와 대안에 대한 지침을 얻을 수 있다. 반면, 위원회조직(committee organization)은 조직이 목표 달성을 위한 특별과업이나 문제를 해결하기 위하여 조직의 일상기구와는 별도로 설치하여, 합의제를 바탕으로 의사건의를 하는 기구라고 할 수 있다.

〈표 3-3〉 이사회조직과 위원회조직의 비교

이사회조직	구 분	위원회조직
의사결정	의사결정여부	의사건의
높은 수준의 행정책임자 참여	행정책임자 참여	낮은 수준의 행정책임자 참여
낮은 수준의 직원 참여	직원 참여	높은 수준의 직원 참여
낮은 수준의 수혜자 참여	수혜자 참여	높은 수준의 수혜자 참여
낮은 수준	구성원 수	높은 수준

출처: 기존의 여러 자료를 근거로 구성.

두 조직에 대해서 비교・조명해 보면, 의사결정여부는 전술한 바와 같이 이사회조직은 의사결정을 하게 되고, 위원회조직은 의사건의를 담당하게 된다. 그리고 행정책임자 참여의 경우, 전자는 최종적으로 의사결정을 한다는 점에서 대표이사 등 행정책임자의 참여가 필수적인 반면, 후자는 전문가 등을 중심으로 의사건의를 한다는 점에서 행정책임자의 참여는 낮은 수준이라고 할 수 있다.

2) 사회복지사업법에 따라, 사회복지법인에는 이사회를 설치하여야 하는데 대표이사를 포함한 이사 7인 이상과 감사 2인 이상을 두어야 하며, 이사의 임기는 3년으로 하고 감사의 임기는 2년으로 하되, 각각 연임할 수 있도록 규정하고 있다. 또한 외국인이 이사일 경우는 이사현원의 2분의 1 미만으로 명시하고 있다(법제처).

또한 직원 및 수혜자 참여의 경우, 전자는 낮은 수준인 반면, 후자는 다양한 관련 당사자들이 협의하여 의사를 절충한다는 점에서 높은 수준이라고 할 수 있고, 구성원 수에 있어서는 정해진 틀을 근거로 최종 결정을 하는 이사회조직보다는 관련 당사자의 다양한 의견을 근거로 합의를 이끌어내는 위원회조직이 상대적으로 높은 수준이라고 할 수 있는 것이다(〈표 3-3〉 참조).

4. 복종관계에 따른 조직유형

Etzioni(1958)는 강제적 행태, 보상적 행태, 규범적 행태 등 상급자의 권력과 소외적 행태, 타산적 행태, 도덕적 행태 등 하급자의 대응행태를 조합하여 9가지의 유형을 제시했다(〈표 3-4〉 참조).

먼저, 상급자의 권력 중 강제적(coercive) 행태는 위협이나 신체적 탄압에 의거하는 권력이고, 보상적(remunerative) 행태는 급여와 같은 물질적 보상에 기반을 둔 권력이며, 규범적 행태(normative)는 존엄 · 위신 등 상징성과 관련된 권력이라고 할 수 있다. 반면, 소외적(alienative) 행태는 하급자의 강한 부정을 나타내는 대응이고, 타산적(calculative) 행태는 획득된 보상에 따라 무관심을 드러내는 대응이며, 도덕적(moral) 행태는 강한 인정을 나타내는 대응이라고 할 수 있다.

〈표 3-4〉 복종관계에 따른 조직유형

구 분		하급자의 대응행태		
		소외적 행태	타산적 행태	도덕적 행태
상급자의 권력행태	강제적 행태	Ⅰ 조직	Ⅳ 조직	Ⅶ 조직
	보상적 행태	Ⅱ 조직	Ⅴ 조직	Ⅷ 조직
	규범적 행태	Ⅲ 조직	Ⅵ 조직	Ⅸ 조직

출처: Etzioni(1958)를 근거로 재구성.

이 중 Ⅰ 조직, Ⅴ 조직, Ⅸ 조직이 높은 수준으로 발견된다고 했는데, Ⅰ 조직은 정신병원, 강제수용소, 군대 등이며, V 조직은 기업 등이고, IX 조직은 사회복지시설, 종교조직, 교육기관 등이라고 할 수 있는 것이다.

5. 사회기여의 종류에 따른 조직유형

Parsons(1960)는 사회기여의 종류에 따른 조직유형을 생산조직, 정치조직, 통합조직, 그리고 유형유지조직으로 분류했는데, 먼저 생산조직(productive organization)은 사회나 사회구성원이 소비하는 상품과 재화를 생산하는 조직으로서 기업 등이 해당되고, 정치조직(political organization)은 사회자원을 동원하여 사회적 목적과 가치를 창조하고 배분하는 역할을 수행하는 조직으로서 정부와 정당 등이 해당된다.

그리고 통합조직(integrative organization)은 사회구성원의 갈등을 해소하는 역할을 수행하는 조직으로서 사회복지시설 등이 해당되고, 유형유지조직(pattern-maintenance organization)은 사회체세의 독득한 문화와 가치를 보존하고 문화행대의 전승이나 교육적 기능을 수행하는 조직으로서 교육기관과 문화단체 등이 해당된다.

6. 수혜자의 종류에 따른 조직유형

Blau와 Scott(1962)는 수혜자의 종류에 따른 조직유형을 호혜조직, 사업조직, 서비스조직, 그리고 공익조직으로 분류했는데, 먼저 호혜조직(mutual benefit organization)은 조직의 주된 수혜자가 조직의 일반구성원이 되는 조직으로서 상호이익의 추구가 가장 중요한 목표라고 할 수 있으며 노동조합, 공제회 등이 이에 해당되고, 사업조직(business organization)은 조직의 주된 수혜자가 조직의 소유주가 되는 조직으로서 기업 등이 있다.

그리고 서비스조직(service organization)은 조직의 주된 수혜자가 고객이 되는 조직으로서 사회복지시설, 병원 등이 있으며, 공익조직(commonweal organization)은 조직의 주된 수혜자가 전체 국민이 되는 조직으로서 정부 등이 이에 해당된다.

7. 업무통제에 따른 조직유형

Smith(1970)는 업무통제에 따른 조직유형을 관료조직, 일선조직, 전면통제조직, 그리고 투과성조직으로 분류했다.

관료조직(bureaucratic organization)은 계층적인 권위구조와 공식적인 규정을 갖추고 있으며 명확하고 전문화된 분업과 문서에 의한 업무처리 등이 구축되어 있는 체계적인 통제조직으로서 정부 등이 이에 해당되고, 일선조직(first-line organization)은 주도권이 일선에 있으며 각 업무단위는 상호 독립적으로 업무를 수행하는 조직으로서 일선영업소 등이 있다.

그리고 전면통제조직(whole control organization)은 관리자가 전면적으로 통제를 하는 조직으로서 정신병원, 교도소, 요양시설 등이 이에 해당되고, 투과성조직(permeability organization)은 조직구성원 등이 자발적으로 참여하고 상대적으로 통제가 약한 조직으로서 자원봉사동호회 등이 있다.

8. 규모와 관리의 복잡성에 따른 조직유형

Mintzberg(1979)는 규모와 관리의 복잡성에 따른 조직유형을 단순구조조직, 기계관료제조직, 전문관료제조직, 대형지부조직, 그리고 애드호크라시로 분류했다.

단순구조조직(simple structure organization)은 상대적으로 소규모조직이지만 유동성이 강한 조직으로서 자동차딜러 등이 있고, 기계관료제조직(machine bureaucracy organization)은 대규모조직으로서 복잡하지 않고 표준화되어 있는 안정적 조직으로서 은행 등이 이에 해당된다.

그리고 전문관료제조직(professional bureaucracy organization)은 전문적·기술적 교육을 받은 조직구성원에 의하여 업무가 수행되는 전문가중심의 분권적 조직으로서 대학, 사회복지시설 등이 이에 해당되고, 대형지부조직(divisionalized form organization)은 다수의 지부를 가지고 있는 거대조직으로서 대기업 등이 있다. 아울러, 애드호크

라시(adhocracy)는 고정된 계층구조가 없고 공식화된 표준적 운영절차가 부재한 조직으로서 첨단기술연구소 등이 이에 해당된다.

9. 휴먼서비스에 따른 조직유형

Hassenfeld(1983)는 휴먼서비스에 따른 조직유형을 클라이언트 업무처리조직, 클라이언트 지지조직, 클라이언트 변화조직 등 인간행동을 변화시키는 조직과 순기능 유지조직, 역기능 예방조직 등 인간에게 제공하는 기능에 따른 조직 등을 조합하여 6가지의 유형을 제시하였다(〈표 3-5〉 참조).

〈표 3-5〉 휴먼서비스에 따른 조직유형

<table>
<tr><th colspan="2" rowspan="2">구 분</th><th colspan="3">인간행동을 변화시키는 조직</th></tr>
<tr><th>클라이언트
업무처리조직</th><th>클라이언트
지지조직</th><th>클라이언트
변화조직</th></tr>
<tr><td rowspan="2">인간에게 제공하는
기능에 따른 조직</td><td>순기능 유지조직</td><td>Ⅰ 조직</td><td>Ⅲ 조직</td><td>Ⅴ 조직</td></tr>
<tr><td>역기능 예방조직</td><td>Ⅱ 조직</td><td>Ⅳ 조직</td><td>Ⅵ 조직</td></tr>
</table>

출처: Hassenfeld(1983)를 근거로 재구성.

먼저, 클라이언트 업무처리조직(client processing organization)은 클라이언트에게 붙여진 라벨을 제거함으로써 클라이언트를 변화시키려는 조직으로서 교정복지조직 등이 그것이고, 클라이언트 지지조직(client sustaining organization)은 개인의 복지가 더 악화되는 것을 예방하거나 인간의 복지를 유지하도록 행동을 변화시키려는 조직으로서 근로복지공단 등이 이에 해당된다. 그리고 클라이언트 변화조직(client changing organization)은 복지를 향상시키기 위하여 클라이언트의 속성을 변화시키는 조직으로서 임상사회복지조직 등이 그것이다.

한편, 순기능 유지조직(maintenance organization of right function)은 계속해서 순기능이 유지되게 하는 휴먼서비스조직으로서 국민연금공단이 이에 해당되며, 역기능 예방조직(preventive organization of reverse function)은 삶이 악화되는 것을 방지하는 휴먼서비스조직으로서 국민기초생활보장 관련 부서 등이 그것이다.

전체적으로 조합해서 조명해 볼 때, Ⅰ 조직은 신용카드회사, Ⅱ 조직은 소년법원, Ⅲ 조직은 국민연금공단, Ⅳ 조직은 양로원, Ⅴ 조직은 공립학교, 그리고 Ⅵ 조직은 수용치료센터 등이 해당된다고 할 수 있다.

다만, Hassenfeld의 휴먼서비스에 따른 조직유형은 구분이 불명확하여 각 조직을 각 유형에 명확하게 배치하는 데 일정부분 한계가 있다.

제 4 절 사회복지조직의 구조

1. 사회복지조직의 구조에 대한 개념

사회복지조직의 구조(structure of social welfare organization)는 조직의 하위체계 사이에 성립되어 있는 관계의 틀을 의미하는 것으로, 조직의 기능, 권한, 그리고 책임 등이 어떻게 배분되고 조정되는지와 관련되는 것이다(김영종, 2007 : 135-137).

어느 조직이든 그 구조는 수직적으로 계층제를 유지하고 있으며, 수평적으로는 통솔범위가 설정돼 있다. 즉, 수직적인 관계를 살펴보면 명령통일이 가능하도록 구성되어 있는 반면, 수평적인 관계는 분업·전문성을 기초로 조직구조가 분화되어 있다는 점에서 공동의 목표를 추진할 수 있도록 통합조정의 기능도 조직구조에 반영되어 있다. 어쨌든, 이를 기초로 권한에 준하는 책임이 부여됨으로써 조직의 역학관계가 설정되는 것이다.

후술할 조직이론이 조직의 단면을 조명하는 데 초점이 맞춰진다면, 본 조직구조는 조직이 내부적으로 운영되는 과정을 이해하는 데 도움을 준다는 점에서, 조직의 내부운영과정에 따라 다양한 조직행태가 표출될 수 있는 것이다(허만형, 2007 : 293).

2. 사회복지조직의 구조에 대한 구성요소

사회복지조직의 구조에 대한 구성요소로는 복잡성, 공식성, 그리고 집권성 등이 존재한다.

1) 복잡성

사회복지조직의 구조에 대한 구성요소로서 복잡성(complexity)은 조직목적을 달성하기 위한 활동이 분화되어 있는 정도를 의미하는 것으로, 분화에는 단위부서 사이의 횡적 분리 정도 등을 나타내는 수평적 분화, 조직의 계층화 정도를 나타내는 수직적 분화, 그리고 조직의 시설 및 구성원의 지역적 분산 정도를 나타내는 공간적 분화 등이 있다. 대개 수평적 분화, 수직적 분화, 공간적 분화 중 어느 한 요소만 증가해도 조직의 복잡성은 높아진다고 할 수 있다.

(1) 수평적 분화

수평적 분화(horizontal differentiation)는 조직이 수행하는 업무를 조직구성원들이 횡적으로 분할하여 수행하는 행태를 의미하는 것으로, 포괄적인 활동을 수행하게 하는 분화행태도 있고 업무를 미세하게 나누어 추진할 수 있게 하는 행태도 있다.

어쨌든, 조직 내에서 전문화된 지식과 기술을 요구하는 직무의 수가 높은 수준일수록 수평적 분화가 더욱 높아져 조직은 그만큼 복잡하게 형성되는 것이다.

(2) 수직적 분화

수직적 분화(vertical differentiation)는 조직 내 계층의 수를 의미하는 것으로, 조직은 상하관계가 분명한 위계로 구성되어 있으며, 계층의 각 수준마다 지위와 역할에 있어 뚜렷한 차이를 보이게 되는 것이다. 즉, 계층마다 직무를 수행하는 개인에게 공식적인 힘을 부여하며 이러한 위계질서를 바탕으로 조직이 제도화되는 것인데,

최고관리층과 직원 사이에 계층이 많으면 많을수록 조직은 더욱 복잡해진다. 이럴 경우, 의사소통의 왜곡 가능성이 그만큼 높아지고, 관리자들의 의견을 조정하기가 점점 더 어려워지며, 최고관리자가 직원의 행동을 세밀하게 감독하고 보살피는 일도 더욱 힘들어지는 것이다.

한편, 조직구성원의 수가 같다고 해서 모든 조직이 언제나 같은 수의 계층조직을 갖는 것은 아니다. 같은 인원이라 할지라도 어떤 조직은 다계층조직(고층조직)의 행태를 갖기도 하고, 어떤 조직은 소계층조직(평면조직)을 보유하기도 한다. 즉, 조직의 계층이 높은 수준인 다계층조직을 갖느냐, 권한계층이 낮은 수준인 소계층조직을 갖느냐 하는 것은 통제의 범위에 달려 있는 것이다.

어쨌든, 다계층조직 등 수직적 분화의 정도가 높을수록 일반적으로 복잡성이 증가하게 되는 것이다.

(3) 공간적 분화

공간적 분화(space differentiation)는 장소적 또는 지역적 분화라고도 하는데, 이는 조직의 물리적인 이용시설, 생활시설 등의 사회복지시설과 사회복지사 등의 인력이 지리적으로 흩어져 있는 정도를 의미한다.

어쨌든, 공간적 분화의 정도가 높을수록 의사소통, 조정, 통제 등이 어렵다는 점에서, 복잡성이 증가하게 되는 것이다.

2) 공식성

사회복지조직의 구조에 대한 구성요소로서 공식성(formalization)은 조직 내의 직무가 표준화되어 있는 정도를 가리키는 말로서, 조직구성원 및 조직 관련자가 언제, 무엇을, 어떻게 해야 하는가를 규정하고 명시하는 것이다. 일반적으로, 공식성의 정도가 높은 수준의 조직에서는 직무활동의 내용을 명확하게 기술한 직무기술서, 수많은 조직규칙, 그리고 명확하게 규정된 절차 등에 따라 업무를 수행함으로써 똑같은 투입물을 똑같은 방법으로 처리하여 일괄된 동일표준의 산출물을 얻고자 한다.

이러한 경우 업무가 표준화되어 있어 구성원은 어떤 대안적 행동을 취할 수 있는 가능성뿐만 아니라 그에 대한 욕구나 필요성마저 축소시킨다. 반면, 공식화의 정도가 낮은 수준의 조직은 직무수행활동이 비교적 정형화되어 있지 않아 종업원들은 자신의 의사대로 재량권을 행사할 수 있는 것이나.

한편, 관리자는 여러 가지 방법을 활용하여 조직구성원의 행동을 공식화(표준화)할 수 있는데, 선발과정, 역할요구, 규칙 · 절차 · 방침, 훈련, 그리고 의식 등이 있다.

먼저, 선발과정은 지원자가 조직에 적합한 인물인가, 직무를 만족스럽게 수행할 수 있는가, 조직이 바라는 성격, 작업습관, 태도 등을 가지고 있는가를 따져 조직이 지원자를 채용하는 것이다.

역할요구는 조직에서 수행되어야 할 직무와 직무수행을 위해 필요한 조직구성원의 행동을 규정하는 것으로, 조직이 수행해야 할 직무를 확인하고 그 직무에 따른 역할기대를 통해 구성원의 행동을 규제하는 것이다.

규칙 · 절차 · 방침으로서, 규칙은 모든 종업원이 해야 할 행동과 하지 말아야 할 행동을 명문화한 것이며, 절차는 과업의 달성을 위해 조직구성원이 거쳐야 할 일련의 과정을 가리킨다. 그리고 방침이란 구성원이 앞으로 일을 치러 나갈 방향과 계획 등의 지침을 의미한다. 이들은 조직구성원의 행동을 규제하기 위해 조직이 사용하는 공식화의 기법으로서, 규칙은 특정하게 구체적으로 요구되는 행동양식을 밝혀주기 위한 것이고, 절차는 작업과정의 표준화를 확보하기 위한 것이며, 방침은 종업원의 자유재량적 행동을 통제하기 위해서 설정되는 것이다.

훈련은 조직구성원으로 하여금 직무에 대해 보다 나은 직무행동 또는 태도를 갖도록 하는 것이다.

마지막으로, 의식은 조직구성원으로 하여금 조직에 강한 충성과 결단을 갖도록 하는 데 목적이 있는 공식성의 기법이다.

3) 집권성

사회복지조직의 구조에 대한 구성요소로서 집권성(centralization)은 조직 내에서 의사결정이 어느 위치에서 이루어지는가에 초점을 맞춘 것으로 조직에 관한 의사결정이 최고관리층에 의해 내려질 경우 집권성에 속하고, 하위계층의 관리자에게도 의사결정의 재량권이 주어질 경우 분권성에 속한다.

조직이 집권성과 분권성 중 어떤 성향을 갖느냐의 판단기준은 주로 권한의 집중・분산 정도, 의사결정권의 소재 등에 있다. 이러한 기준에서 볼 때, 집권성은 자유재량에 따라 선택할 수 있는 공식적 권한이 조직의 상위계층에 집중되어 있고 하위계층의 종업원들에게는 작업에 대해 최소한의 발언권만이 허용되고 있는 정도를 가리킨다. 집권성은 지역적 집중이 아닌 조직 내 의사결정권한의 집중을 가리키는 것으로, 주로 관료적 조직형태에서 두드러지게 나타난다.

반면, 분권성은 집권성과는 달리 의사결정권 등 재량적 권한을 조직전반에 걸쳐 하위계층으로 대폭 이양시킴으로써 조직구성원들로 하여금 자주적으로 계획을 수립하고 결정을 내릴 수 있게 하는 관리형태이다.

다만, 전술한 두 행태가 극단적으로 집권성과 분권성의 이분법적으로 나타나지는 않는다.

4) 복잡성・공식성・집권성의 관계

복잡성, 공식성, 그리고 집권성 사이에서는 일정한 관계가 존재하는데, 이를 복잡성과 공식성, 복잡성과 집권성, 그리고 공식성과 집권성의 순으로 조명하고자 한다.

(1) 복잡성과 공식성의 관계

복잡성과 공식성의 관계는 다양하게 나타난다. 고도의 훈련을 받은 전문가는 업무수행에 있어서 많은 규칙이나 규정을 필요로 하지 않는다는 점에서, 상대적으로 전문가를 수반하는 복잡성의 정도가 높은 수준일수록 공식성의 정도는 낮아진다.

반면, 과업이 고도로 세분화되면 조정과 통제를 촉진시키기 위한 규칙이나 절차 등의 공식성이 그들의 행동을 지배하게 된다는 점에서, 복잡성의 정도가 높은 수준일수록 공식성의 정도는 높아질 수 있다.

이와 같은 상반된 주장은 복잡성 자체가 수평적 분화 또는 수직적 분화에 따라 달라지기 때문에 모두 설득력이 있다. 즉, 고도의 수평적 분화일 경우에는 조직관리자 및 전문직의 수가 증가하고 그들은 비일상적인 작업을 수행하며, 미리 사회화 과정을 통해 행동의 통제규범을 내면화했기 때문에 일반적으로 공식성의 정도는 낮아진다. 반면, 고도의 수직적 분화일 경우는 작업에 대한 조정과 통제를 촉진시키기 위해 공식성의 정도를 높이게 된다는 점에서, 분화의 방향이 복잡성과 공식성의 관계를 결정하게 되는 것이다.

(2) 복잡성과 집권성의 관계

일반적으로 복잡성과 집권성의 관계는 서로 반비례적 관계가 나타난다. 즉, 높은 수준의 복잡성은 낮은 수준의 집권성을 나타내는 것이다. 복잡성에 따라 전문직종의 수가 증가하는 것은 전문성과 의사결정능력의 증가를 의미함에 따라 조직구성원들이 의사결정에 참여할 가능성은 더욱 높아진다.

(3) 공식성과 집권성의 관계

공식성과 집권성의 관계는 다양하게 나타나고 있는데, 전문직으로 조직구성원을 고용하는 경우 행동지침을 제공하기 위한 높은 수준의 규칙이나 규정이 제시되지 않고, 의사결정능력이 높다는 점에서, 일반적으로 낮은 수준의 공식성 · 집권성의 관계를 갖는다. 반면, 비전문직으로 조직구성원을 고용하는 경우 조직구성원에게 행동지침을 제공하기 위한 규칙이나 규정이 제시되어 높은 수준의 공식성이 나타나고, 조직구성원의 의사결정능력의 부재로 인해 상위관리자에게 결정이 집중된다는 점에서, 높은 수준의 공식성 · 집권성을 갖게 된다.

3. 사회복지조직구조의 구성요소에 영향을 미치는 요인

전술한 복잡성, 공식성, 집권성 등의 구성요소에 영향을 미치는 요인으로는 조직의 규모, 환경, 전략, 그리고 권력 등을 제시할 수 있다(김병식 · 박용순 · 변보기 · 윤도현, 2005 : 64-71).

1) 조직의 규모

조직의 규모는 투입과 산출의 양, 활용할 수 있는 직원 등에 따라 대규모조직과 소규모조직으로 대별할 수 있는데, 이는 조직구조의 구성요소에 일정한 영향을 미치는 것으로, 여기에서 높은 조직의 규모는 대규모조직을 의미한다.

(1) 복잡성에 영향을 미치는 조직의 규모

일반적으로 높은 조직의 규모는 조직의 분화 등 복잡성에 비례적 관계를 나타낸다. 즉, 대규모조직일수록 조직의 분화 정도는 증가한다는 것인데, 대규모조직을 효율적으로 운영시키기 위해서 수평적 분화, 수직적 분화 등을 추진하는 것이다. 다만, 사회복지시설에 있어서 클라이언트가 증가한다고 해서 반드시 조직의 분화가 일어나는 것은 아니라는 점에서, 조직의 규모가 증가한다고 해서 반드시 분화가 지속적으로 발생하는 것은 아니다.

(2) 공식성에 영향을 미치는 조직의 규모

일반적으로 높은 조직의 규모는 공식성의 정도에 비례적 관계를 나타낸다. 즉, 대규모조직일수록 높은 수준의 공식화를 나타낸다는 것인데, 이는 인원, 업무 등이 증가할 경우 전체적으로 포괄할 수 있는 일정기준 등의 표준화를 통해 조직운영의 효율성을 지향하는 것이다.

(3) 집권성에 영향을 미치는 조직의 규모

일반적으로 높은 조직의 규모는 집권성의 정도에 반비례적 관계를 나타낸다. 대규모조직일수록 낮은 수준의 집권성, 즉 분권성을 나타낸다는 것인데, 조직의 규모가 증가하여 통제의 폭에 한계가 발생할 경우, 이를 극복하기 위해 조직구성원들에게 의사결정권을 일부 부여하는 임파워먼트 등을 도입하게 되는 이치와 같다.

2) 조직의 환경

조직의 환경은 조직을 둘러싸고 있는 자원들의 집합으로서, 이러한 환경에는 불확실성(uncertainty)이 존재하게 된다. 환경의 불확실성은 의사결정기가 환경의 영향력에 대해서 정보의 부재 또는 부족 등으로 인해 환경의 변화에 제대로 대응하기 어려운 상태를 의미하는 것으로, 높은 조직의 환경은 불확실성이 높은 행태를 의미한다.

(1) 복잡성에 영향을 미치는 조직의 환경

일반적으로 높은 조직의 환경, 즉 불확실성이 높은 환경에서는 분화 등 복잡성에 비례적 관계를 나타낸다. 환경의 변화에 적재적소에 적절히 대응하기 위해서 수평적 분화 또는 수직적 분화 등 높은 수준의 복잡성을 통해 환경의 불확실성을 낮추려고 하는 것이다.

(2) 공식성에 영향을 미치는 조직의 환경

일반적으로 높은 조직의 환경, 즉 불확실성이 높은 환경에서는 공식성에 반비례적 관계를 나타낸다. 다시 말해서, 높은 수준의 불확실성에 직면한 조직은 안정적 환경에 처한 조직에 비해 조직활동의 표준화를 통해서는 불확실성에 유연하게 대응하기 어렵다고 판단하기 때문에, 이를 지양하려는 것이다.

(3) 집권성에 영향을 미치는 조직의 환경

일반적으로 높은 조직의 환경, 즉 불확실성이 높은 환경에서는 집권성에 반비례적 관계를 나타낸다. 조직이 직면해 있는 환경의 구성요소가 불확실할 때, 이에 적절히 대응하기 위해서는 낮은 수준의 집권성, 즉 분권성이 필요한 것이다. 다시 말해서, 집권성에 근거한 상위관리자의 의사결정이 오도되었을 경우 환경의 불확실성의 제거는 불가능할 뿐만 아니라 조직에 중대한 위기도 도래시킬 수 있다는 점에서, 분권성에 근거하여 의사결정권을 분산시킬 경우 그 위험성은 상대적으로 낮아질 수 있다.

3) 조직의 전략

조직의 전략은 조직이 목표를 달성하고자 사용하는 수단을 의미하는 것으로서, 조직 전체를 포괄적으로 통합하여 조직의 목적을 달성하려는 방법을 의미한다. 한편, 높은 조직의 전략은 양과 질적으로 높은 단계에 있는 행태를 의미한다.

(1) 복잡성에 영향을 미치는 조직의 전략

일반적으로 높은 조직의 전략은 분화 등의 복잡성에 비례적 관계를 나타낸다. 즉, 양과 질적으로 높은 단계에 있는 전략은 계층별·부문별로 이에 맞는 전략을 다양하게 산출하는 체제가 되는 분화 등의 복잡성을 가속화시키는 것이다.

(2) 공식성에 영향을 미치는 조직의 전략

일반적으로 높은 조직의 전략은 표준화 등을 추구하는 공식성에 반비례적 관계를 나타낸다. 즉, 양과 질적으로 높은 단계에 있는 전략은 조직내부뿐만 아니라 환경에 적재적소에 대응하는 수단이라는 점에서, 획일화의 속성을 지니고 있는 표준화에는 적절하지 않다는 것이다.

(3) 집권성에 영향을 미치는 조직의 전략

일반적으로 높은 조직의 전략은 집권성에 반비례적 관계를 나타낸다. 즉, 양과 질적으로 높은 단계에 있는 전략은 상위관리자 중심으로 의사결정권이 집중되는 집권성보다는 조직구성원에게 의사결정권을 분산시키는 분권성이 상대적으로 다양한 양질의 전략을 산출할 수 있다는 점에서, 이를 지향하는 것이다.

4) 조직의 권력

조직의 권력은 조직관계에 있어서 상대방의 의지와 무관하게 본인의 의지를 상대방에게 관철시킬 수 있는 능력으로서, 높은 조직의 권력은 통제능력이 높은 행태를 의미한다.

(1) 복잡성에 영향을 미치는 조직의 권력

일반적으로 높은 조직의 권력은 분화 등의 복잡성에 반비례적 관계를 나타낸다. 즉, 통제능력이 높은 수준의 권력은 수평적·수직적·공간적 분화 등으로 인한 낮은 수준의 통제를 선호하지 않기 때문에, 권력의 집중을 위해서는 조직구조에 있어서 낮은 수준의 복잡성을 유도하는 것이다.

(2) 공식성에 영향을 미치는 조직의 권력

일반적으로 높은 조직의 권력은 규칙, 규정 등 표준화를 추구하는 공식성에 비례적 관계를 나타낸다. 즉, 권력집중을 통한 강한 통제시스템을 보유하고 있는 관리자는 공식화를 용이하게 추구할 수 있고, 선호한다는 점에서, 높은 수준의 공식화에 영향을 미치는 것이다.

(3) 집권성에 영향을 미치는 조직의 권력

일반적으로 높은 조직의 권력은 집권성에 비례적 관계를 나타낸다. 즉, 권력보유자가 의사결정권을 갖기 원할 때, 조직 전체의 관점을 반영한 의사결정이 요구될 때 등에 있어서 높은 조직의 권력은 분권성보다는 높은 수준의 집권성을 더욱 촉진하는 것이다.

지금까지 조명한 복잡성, 공식성, 집권성 등 사회복지의 조직구조에 영향을 미치는 요인인 조직의 규모, 환경, 전략, 그리고 권력 등을 정리하면 〈표 3-6〉과 같다.

〈표 3-6〉 조직구조의 구성요소에 영향을 미치는 요인 결과[3)]

구 분		구성요소		
		복잡성	공식성	집권성
영향 요인	조직의 규모	비례(+)	비례(+)	반비례(−)
	조직의 환경	비례(+)	반비례(−)	반비례(−)
	조직의 전략	비례(+)	반비례(−)	반비례(−)
	조직의 권력	반비례(−)	비례(+)	비례(+)

4. 사회복지조직의 구조에 대한 유형

사회복지조직의 구조에 대한 유형은 다양하게 접근할 수 있으나 여기에서는 계층제조직, 프로젝트팀조직, 그리고 매트릭스조직 등으로 제시하고자 한다(허만형, 2007: 297-300).

1) 계층제조직

계층제조직(hierarchy organization)은 권한과 책임의 정도에 따라 직무를 등급화시킴으로써 상하 조직단위 사이에 직무상 지휘·감독관계를 설정하는 조직구조로서, 이는 조직 내에서 명령·의사소통의 경로가 되고, 권한과 책임의 위임경로가 되는

3) 본 결과는 일반적 행태를 나타낸 것으로 예외가 있을 수 있다.

대표적인 조직구조라고 할 수 있는 것이다([그림 3-2] 참조).

기본적으로 계층제조직은 명령통일 등을 유지하기에는 효과적인 구조를 가진 반면, 조직이 다루어야 할 문제가 복잡하고 한 사람의 담당자가 아닌 공동으로 수행해야 할 광역행정의 비중이 높아져가는 경우에는 수평적 통합조정이 용이하지 않아 비효율적일 수 있다.

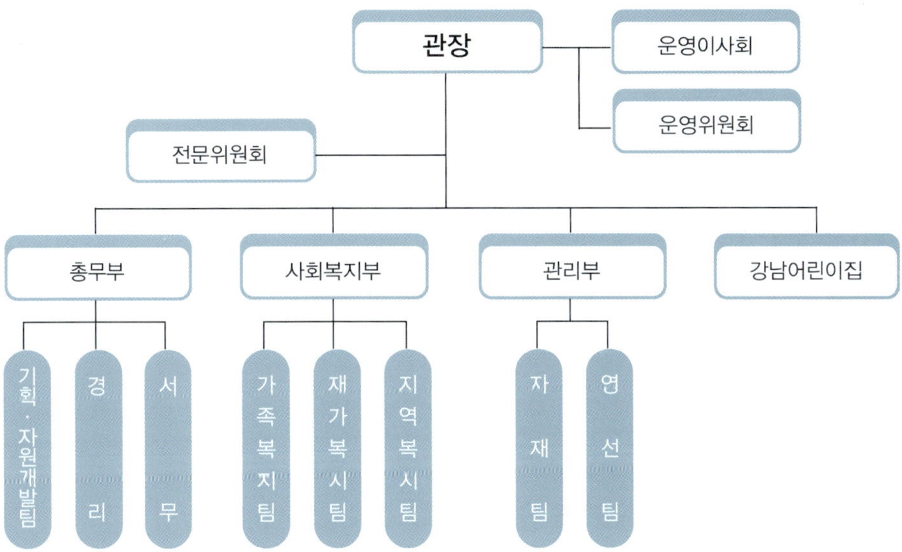

출처: 강남종합사회복지관〈http://www.kangnamwelfare.co.kr〉

[그림 3-2] 사회복지조직의 계층제조직[4)]

2) 프로젝트팀조직

계층제조직이 수평적 통합조정이 여의치 않다는 점에서, 조직의 효율성을 감소시킬 수 있는 만큼, 이러한 문제를 해결하기 위한 조직이 한시조직인 프로젝트팀조직(project team organization)이다.

4) 운영이사회, 운영위원회, 전문위원회 등의 참모조직을 제외한 관장, 부장, 팀장의 계층에 초점을 맞춘 것이다.

특정 현안을 해결하기 위하여 부처의 경계를 두지 않고 부처의 다양한 전문성을 가진 구성원을 팀으로 조직하여 그 현안이 해결될 때까지 운영하도록 하는 조직인 것이다. 본 조직에 있어서 그 구성원의 관계는 수직적 관계라기보다는 수평적인 관계로 유지되는데, 비록 프로젝트팀조직에서 상급자인 팀장이 팀을 주도한다 하더라도 상하관계가 아닌 일종의 팀원으로서, 그리고 팀원들을 조정하는 역할을 수행한다([그림 3-3] 참조).

팀 장	팀 원					
A부서의 가	B부서의 나	C부서의 다	D부서의 라	E부서의 마	F부서의 바	G부서의 사

←―――――――――――――――――――――――――――→

수평적 관계

[그림 3-3] 프로젝트팀조직의 개념도

기본적으로 프로젝트팀조직은 구성되어 있는 동안 대량의 자원과 노력 등을 집중할 수 있고, 한시적인 프로젝트 수행 중에 모든 의사결정을 수행할 수 있으므로 결정시간이 단축될 수 있다는 장점 등이 있는 반면, 프로젝트의 성공은 프로젝트팀에서 주요한 기능을 수행하는 팀원에게 달려 있다는 점에서 개인적 부담이 크고, 프로젝트팀조직의 팀원은 원소속조직과 프로젝트팀 사이에 일정한 조정을 하여야 하기 때문에 이를 원만히 해결하지 못할 때는 갈등이 생길 수 있다는 단점 등이 있다.

3) 매트릭스조직

매트릭스조직(matrix organization)은 기존의 계층제조직을 세로에 두고, 여기에 프로젝트팀조직을 가로에 배치하여 전자의 안정성과 후자의 기동성을 효과적으로 혼합한 조직이라고 할 수 있다.

즉, 기능별 조직을 종축에 두고, 서비스·제품별 조직을 횡축에 배치하여 결합한 구조로서 자율성 속에서 전문성을 도입할 수 있는 프로젝트팀의 장점을 입체적으로 살린 조직이라고 할 수 있는 것이며, 한시조직인 프로젝트팀조직을 정규조직으로 전환하는 행태인 것이다. 다시 말해서, 장애인복지프로젝트팀, 노인복지프로젝트팀, 여성복지프로젝트팀 등에서 활동하던 전문인력이 정규조직에서 활동하게 되고, 이러한 프로젝트팀에 계층제조직으로부터 재정, 정보, 교육 등이 제공되는 것이다([그림 3-4] 참조).

구 분		프로젝트팀조직		
		장애인복지프로젝트팀	노인복지프로젝트팀	여성복지프로젝트팀
계층제조직	재정			
	정보			
	교육			

[그림 3-4] 매트릭스조직의 개념도

기본적으로, 매트릭스조직은 조직내부의 자원을 프로젝트팀에서 효율적으로 사용할 수 있고, 사업역량과 자원을 효율적으로 이용하면서도 자율적이고 독립적으로 일할 수 있는 장점 등이 있는 반면, 두 사람의 상사에게 보고하고 통제를 받는 이중적 구조라는 점에서 명령계통 간의 권력다툼 등으로 인해 심각한 갈등을 유발할 수 있고, 책임과 권한에 있어서 애매한 부분이 나타날 수 있으며, 조직구성원들이 정보 등을 공유하지 못하면 제 기능을 발휘하기 어렵다는 단점 등이 있다.

CHAPTER 04

사회복지조직의 이론

본 장에서는 사회복지조직의 이론을 환경과의 상호작용을 무시하는 폐쇄체제론, 상호작용을 인정하는 개방체제론, 현대조직의 경영마인드 등을 강조하는 현대조직론, 민간부문의 자율성 등을 강조하는 신자유주의론, 그리고 기타 조직론으로 대별하여 조명하고자 한다.

제1절 폐쇄체제론

환경과의 상호작용을 무시하는 폐쇄체제론에는 과학적 관리론, 관료제론, 행정관리론 등의 고전론과 인간관계론, 참여관리론 등의 신고전론 등이 있다.

1. 고전론

고전론(classical theory)의 성립배경을 간략히 살펴보면, 19세기 말부터 20세기 초에 걸쳐 세계 각국에서 제국주의 전쟁과 격화된 경쟁으로 인한 독점기업의 형성, 공황에 의한 공장폐쇄, 조업단축, 파산, 그리고 임금인하 등 경제적 공황에 빠지게 되자 파업과 노동운동이 일어났고, 이에 따라 생산과정 및 기업경영에 있어서 고도의 합리적인 관리기술의 개발이 촉진되게 되었다. 이것이 1910년대부터 인간관리 철학과 성악설적 입장에 접근하여 인간관리의 공식성, 능률성, 합리성을 추구한 고전론이라고 할 수 있다.

1) 과학적 관리론

과학적 관리론(scientific management theory)은 최소의 비용으로 최대의 생산효과를 산출한다는 원칙하에서 개개인의 기본동작에 대해 그 행태 및 소요시간을 표준화하고, 적절한 1일 작업량을 구성하여 과업의 기준을 정하는 관리과학화를 의미하는 것으로, 생산과정에 있어서 필요한 지식과 기술을 적절히 활용하고 작업수행에 있어서 낭비와 비능률을 제거하여 최소노동과 비용으로 최대의 생산효과를 확보할 수 있는 방법을 찾아내기 위한 이론이다. 이는 미국을 중심으로 생산과정, 조직경영, 국가기능의 영역까지 행정능률의 향상수단이 된 이론으로서, 테일러(F. W. Taylor) 등이 주장하였다.

기본적으로 과학적 관리론은 목표설정, 과학적 분석, 관리원칙의 수립, 그리고 경제적 보상 등 4가지가 순차적으로 진행되는데, 먼저 목표설정은 조직이 달성하고자 하는 목표를 설정하는 단계로서 지적장애인을 대상으로 30% 이상 사회적 정상화를 추구하는 것 등이 그 예이다.

과학적 분석은 최고의 업무생산량을 달성한 직원을 모델로 시간과 동작을 분석하여 전체 직원이 평균적으로 달성할 수 있는 생산량을 상향조정하면서 일정한 기준을 설정하는 것이고, 관리원칙의 수립은 과학적인 직무분석에 근거하여 모든 직무는 분업의 원칙이 적용되고 엄격한 기획과 통제의 원칙이 수립되는 것으로서, 이때 관리자와 직원의 관계는 지시, 지도, 감독에 있어서 주체와 대상이 되는 것이다.

마지막으로 경제적 보상은 개별적으로 달성된 직무를 성실히 수행한 직원과 그렇지 못한 직원을 구별하여, 전자에 대해서는 경제적 인센티브를 부여하고 후자의 경우에는 낮은 임금을 제공하여 조직의 생산성을 극대화하는 것을 의미한다.

기본적으로 과학적 관리론은 과학화, 객관화, 분업화 등을 통한 행정의 능률성을 중시하였으며, 경제적 · 합리적 인간관을 전제로 한 X이론을 주장하여 기계적 능률성을 강조하였다. 그리고 외부적 환경변수를 무시하는 폐쇄적 조직론이며 비공식적 요인을 고려하지 않는 특징도 가졌다.

2) 관료제론

관료제론(bureaucratic theory)은 계층적 조직구조를 가지고 합리적인 지배가 제도화된 조직행태 등을 연구하는 이론으로서, 베버(M. Weber) 등이 주장하였다.

베버는 조직에 대해 반드시 권위와 통제가 있다고 주장하면서, 권위의 종류를 전통적 권위, 카리스마적 권위, 그리고 합법적 권위로 제시했는데, 전통적 권위(traditional authority)는 전통적으로 하급자가 상사의 명령을 정당한 권위로 받아들이는 것이고, 카리스마적 권위(charismatic authority)는 상사의 비범한 특성과 자질에 기초하여 하급자가 상사의 명령을 정감적으로 수용하는 것이다.

그리고 합법적 권위(rational authority)는 법적 지위를 통해 개인이 행사하는 명령을 당연한 것으로 인정하는 권위라고 할 수 있는데, 이 중 산업사회에서는 전통적 권위와 카리스마적 권위보다는 합법적 권위가 설득력을 얻고 있다.

한편, 베버는 오늘날 사회조직의 주요 특성을 권위의 위계구조, 규칙과 규정, 사적 감정 배제, 분업과 전문화, 그리고 경력지향성 등으로 제시했는데, 먼저 권위의 위계구조는 권한과 책임을 수반하는 권위의 위계가 있기 때문에 상사는 부하직원을 통제한다는 것이고, 규칙과 규정은 의도적으로 마련된 일관성 있는 규칙 등에 의해서 직무의 배분과 인력의 배치가 이루어진다는 것이다.

사적 감정 배제는 관료조직의 운영에 있어 개인적인 생각이나 감정이 무시되고 공식적인 원칙이 중요시되는 것이며, 분업과 전문화는 조직에서 수행되는 모든 과업은 각 구성원에게 분담되고 특정한 과정을 분업화하여 전문화를 추구한다는 것이다.

마지막으로 경력지향성의 경우, 관료조직구성원은 전문적인 능력과 기술을 중요시한다는 점에서 자신의 직업을 경력으로 생각하고, 승진은 일정한 규칙하에 연공서열과 실적에 따라 이루어진다는 것이다(황성철 · 정무성 · 강철희 · 최재성, 2005 : 68-74).

이러한 주요 특성을 가지고 순기능과 역기능을 살펴보면, 권위의 위계구조는 엄격한 지시이행과 조정을 할 수 있는 순기능이 있는 반면, 상하 간에 의사소통을 저해하는 역기능이 나타날 수 있고, 규칙과 규정은 일정한 지속성과 통일성을 제고할 수 있는 반면, 경직성뿐만 아니라 목표전치[1] 등이 나타날 수 있다.

사적 감정배제는 합리성을 확보할 수 있는 반면, 직원의 사기를 저하시킬 수 있으며, 분업과 전문화는 효율성과 전문성을 강화할 수 있는 반면, 특정 직무만을 지속적으로 수행하게 될 수 있다는 점에서 직무에 대한 권태 등을 유발할 수 있다. 그리고 경력지향성은 직무로 인한 경력과 승진 등으로 인해 조직몰입의 유인체계로 작용할 수 있는 반면, 승진기준을 둘러싸고 연공서열과 실적 간에 갈등이 발생할 수도 있는 것이다(〈표 4-1〉 참조).

〈표 4-1〉 베버의 관료제에 대한 주요 특성의 순기능과 역기능

순기능	구 분	역기능
엄격한 지시이행과 조정	권위의 위계구조	의사소통의 저해
지속성과 통일성	규칙과 규정	경직성과 목표전치
합리성의 확보	사적 감정 배제	직원의 사기저하
효율성과 전문성의 강화	분업과 전문화	직무에 대한 권태
유인체계	경력지향성	연공서열과 실적 간의 갈등

출처: Hoy & Miskel(1987), 황성철 · 정무성 · 강철희 · 최재성(2005)을 근거로 재구성.

이 밖에 관료제의 역기능으로서 번문욕례(red tape),[2] 할거주의(sectionalism),[3] 그리고 무사안일주의 등이 있다.

3) 행정관리론

행정관리론(administrative management theory)은 정치 · 행정이원론과 과학적 관리론이 결합한 이론으로서 귤릭(L. Gulick), 페이욜(H. Fayol), 그리고 무니(J. Mooney)

1) 목표전치(goal-displacement)는 규칙과 규정이 목표달성을 위한 수단이 아니라 목적이 되는 등의 경향을 의미한다.
2) 번문욕례는 지나친 제약과 경직성을 초래하는 절차와 규칙 등을 의미하는데 형식적 절차주의, 문서주의, 레드테이프 등으로도 명명한다.
3) 할거주의는 관료조직 간에 파벌 등의 입장을 고집하면서 배타적인 자세를 취하는 경향을 의미한다.

등이 주장하였다. 본 이론은 사무관리론과 조직관리론으로 대별할 수 있는데, 전자는 과학적 관리론에 근거하여 각종 사무표준화제도를 마련하였고, 후자의 경우는 일반론적인 조직편성의 원리들로 구성되었다. 즉, 조직관리론은 분업의 원리, 통솔범위의 원리, 부문화의 원리, 그리고 명령통일의 원리 등으로 구성되었으며, 조직의 최고관리층이 담당해야 할 관리기능을 나타내는 귤릭의 POSDCoRB[4] 등이 여기에 해당된다.

기본적으로 행정관리론에서는 행정을 관리로 이해하고 관리활동의 효율화와 행정권의 강화를 목표로 했는데, 본 이론은 뉴딜정책시대를 맞이할 때까지 지배적인 위치를 점하게 된다.

4) 고전론의 공통점과 한계

과학적 관리론, 관료제론, 행정관리론 등의 고전론에서 나타나는 공통점을 살펴보면, 조직은 주로 경제적 목표를 달성하기 위해 존재하며, 조직의 공식적인 구조와 과정에 관한 설계, 그리고 업무수행에 관한 설계가 제대로 이루어지면 생산성을 극대화할 수 있다.

또한 조직구성원의 인간적 요소와 조직 밖의 환경적 요소를 고려하지 않은 채 조직이 합리성의 규칙에 따를 때, 가장 효과적으로 운영되며, 합리적·합법적 규칙과 권위가 조직을 지배한다면 개인의 오류를 제거함과 동시에 조직의 목표를 효과적으

4) 귤릭이 주장한 POSDCoRB는 최고관리층에게 필요한 기능의 머리글자로서, Planning(기획)은 조직의 설정된 목표를 성취하기 위해서 행해져야 할 일과 이것을 수행하는 데 동원되는 방법을 포괄적으로 작성하는 것이며, Organizing(조직)은 설정된 목표를 달성하기 위해서 과업을 담당할 부서를 마련하고, 구성된 각자의 역할을 규정하며, 부서별 권한과 책임의 한계를 분명하게 밝히는 것이다. 그리고 Staffing(인사)은 조직구성원을 채용하고 훈련하며, 좋은 작업조건을 유지하는 일이며, Directing(지시)은 의사결정을 통해 구체적인 지시사항을 하달하는 등 관리자로서의 계속적인 과업을 의미한다. 한편 Coordinating(조정)은 각 부서별 활동을 조절하고 유기적으로 상호 관련시키는 일이며, Reporting(보고)은 최고관리자가 과업의 진행상황을 구성원에게 알리는 것으로 기록, 조사, 연구, 감독 등을 통하여 자신과 구성원들이 이를 알도록 하는 것이다. 마지막으로 Budgeting(예산편성)은 재정계획, 회계, 재정통제의 형식에 의한 예산편성에 따르는 모든 것이라고 할 수 있다.

로 달성할 수 있다.

그리고 조직의 생산성을 극대화하기 위해서 분업과 전문성의 원리를 적용하고 있으며, 주어진 업무만을 반복하여 처리함으로써 전문성을 쌓게 하고, 이는 생산성의 향상으로 이어진다.

마지막으로, 고전론은 합리적·경제적 인간관에 기초하고 있는데, 조직구성원들은 합리적인 경제법칙에 따라 행동하고 이들에게 물질적 인센티브 등을 제공한다면 생리적인 조건이 허락하는 범위 내에서 성실하게 업무를 처리한다는 것 등 공통적으로 공식성, 능률성, 합리성 등을 추구하고 있는 것이다.

한편, 고전론은 일정부분 한계를 노출하고 있는데, 조직 내 개인을 경제적 유인에 의해서만 움직이는 존재로 보는 반면, 인간의 사회적 요인은 도외시하고 인간을 기계부품의 수단으로만 간주하였다. 그리고 조직을 환경과 유리되어 있는 것으로 간주하고 단지 조직 내부에만 관심을 집중하였다는 점 역시 고전론의 한계라고 할 수 있다(이목훈, 2008 : 118-120).

2. 신고전론

신고전론(new classical theory)은 과학적 관리론 등 고전론에 대한 반발로 인하여 등장하게 되었는데, 고전론의 부작용인 인간의 기계화, 비인격화가 생산성 향상에 저해요인으로 작용한다고 판단하고, 이러한 문제를 해결할 수 있는 새로운 관리기법이 필요하다고 생각했던 것이다. 여기에서는 인간관계론과 참여관리론으로 나누어 조명하고자 한다.

1) 인간관계론

인간관계론(human relation theory)은 미국 시카고지역에 위치한 서부전기회사 호손공장의 실험적 연구를 계기로 정립된 이론으로서, 메이요(E. Mayo) 등이 주도하였다.

호손실험은 1924년부터 1932년까지 진행되었는데, 본 실험은 과학적 관리론 등 고전론에 기초하여 작업장의 조명 및 휴식시간 등 물리적·육체적 작업조건과 물질적 보상방법의 변화 등이 직원의 동기유발과 노동생산성에 어느 정도의 영향을 미치는지 분석하려는 것이 연구의 목적이었다. 그러나 연구과정에서 물리적·육체적 작업조건보다는 다른 요인, 즉 감독자의 석려나 비공식직 집단 등의 시회적 요인이 작업능률에 더 많은 영향을 미친다는 것을 발견하게 된 것이다.

즉, 조명실험에서는 조명과 같은 작업조건의 변화가 생산량과 관계가 없음을 발견하였고, 계전기 조립실험 역시 작업 중 휴식이나 간식의 제공은 생산량과 직접적인 관계가 없음을 인식하게 되었다. 반면, 면접실험에서 종업원들은 불만이나 감정 등이 생산량과 어느 정도 관계가 있음을 발견하였고, 배전기 권선작업 관찰실험에서는 생산량이 관리자의 지시나 종업원의 능력보다 비공식적으로 합의된 사회적 규범에 의해 결정된다는 사실을 발견하게 된 것이다(〈표 4-2〉 참조).

〈표 4-2〉 호손실험의 진행경과

실험명	내용	시기	결과
조명실험	조명과 생산량과의 관계 조사	1924.11~1927.04	조명과 같은 작업조건의 변화는 생산량과 관계가 없음
계전기 조립실험	작업조건과 생산량과의 관계조사	1927.04~1929.06	작업 중 휴식이나 간식의 제공은 생산량과 직접적인 관계가 없음
면접실험	종업원 21,126명과 감독방법 및 불만사항 등의 면접조사	1928.09~1930.05	종업원의 불만이나 감정 등은 생산량과 어느 정도 관계가 있음
배전기 권선작업 관찰실험	14명의 종업원을 대상으로 작업상태 관찰조사	1931.11~1932.05	생산량은 관리자의 지시나 종업원의 능력보다 비공식적으로 합의된 사회적 규범에 의해 결정됨

출처: 기존의 여러 자료를 근거로 구성.

결국, 호손공장의 실험적 연구를 통해 발견된 호손효과(Hawthorne Effect)의 결과는 조직 내 직원의 생산성은 근로조건과 환경이 아니라 작업장 내 동료와 상사와의 인간관계에 의해서 좌우되고, 조직 내에서 공식적인 부서와는 다른 비공식적인 집단이 존재하는데 이러한 비공식적인 집단이 개인의 태도와 생산성에 영향을 미친다는 것이다.

그리고 조직에서의 개인은 경제적인 동기에 입각한 합리적인 행동보다는 비경제적인 동기인 심리적 · 사회적 욕구에 따라 행동한다는 것이다(황성철 · 정무성 · 강철희 · 최재성, 2005 : 77-81).

2) 참여관리론

참여관리론(participative administration theory)은 조직목표를 효과적으로 달성하기 위해서 인간은 합리적인 존재가 아니라 사회적 존재로 인식해야 하며, 이를 실천하기 위해서는 의사결정 등 주된 활동에 개인을 참여시켜야 한다는 이론으로서, 아지리스(C. Argyris), 맥그리거(D. McGregor), 그리고 리커트(R. Likert) 등이 주장하였다.

본 이론은 인간관계론처럼 조직 내 인간의 성격과 사회적 관계에 초점을 두었다는 점에서 후기 인간관계론으로 명명되기도 하는데, 1932년에 마무리된 인간관계론은 실험연구의 객관성과 타당성문제로 비판의 대상이 되었다가 1960년대에 이들 학자들에 의해 개인의 의사결정 참여 등을 근거로 새롭게 이론적 지평을 넓혀 간 것이다.

(1) Argyris의 미성숙 · 성숙론

먼저, 아지리스(C. Argyris)는 공식조직이 개인의 행태에 미치는 영향을 검토하는 과정에서 미성숙 · 성숙론(immaturity-maturity theory)을 개발했는데, 이는 사람이 수동적 행동, 한정된 행동, 피상적 관심, 의존성, 자아의식 결여, 단기적 안목, 그리고 종속적 위치 등 미성숙적 행태에서 탈피하여 적극적 행동, 다양한 행동, 깊은 관심, 독립성, 자아의식 제고, 장기적 안목, 그리고 대등 · 우월적 위치 등 성숙적 행태로 성격이 변화됨으로써 성숙인으로 성장해 간다는 것이다.

그는 고전론에서는 이러한 성숙한 개인을 수용할 수 없기 때문에 이를 비판하였으며, 공식조직의 본성은 인간의 미성숙행태를 고정시킨다고 본 것이다. 따라서 그는 인간의 성숙을 방해하는 고전론을 대체할 새로운 관리전략, 즉 관리층은 모든 조직구성원이 조직의 구성원으로서 스스로 욕구를 충족시키고 성장의 기회를 얻기 위한 분위기, 즉 참여적 리더십이나 직무확대[5] 등을 제시한 것이다([그림 4-1] 참조).

미성숙	전환	성숙
수동적 행동		적극적 행동
한정된 행동		다양한 행동
피상적 관심		깊은 관심
의존성	➡	독립성
자아의식 결여		자아의식 제고
단기적 안목		장기적 안목
종속적 위치		대등·우월적 위치
[성숙시킬 수 있는 방안: 참여적 리더십, 직무확대 등]		

출처: 기존의 여러 자료를 근거로 구성.

[그림 4-1] 미성숙·성숙론의 개념

(2) McGregor의 X·Y론

맥그리거(D. McGregor)는 고전론에 입각한 전통적 관리전략을 정당화시켜주는 이론을 X이론(theory X)이라고 부르고, 인간의 성장적 측면에 착안한 새로운 관리전략을 뒷받침하는 이론을 Y이론(theory Y)이라고 하여, X·Y론(theory X·Y)을 제시하였다(〈표 4-3〉 참조).

먼저, X이론은 인간의 하급욕구에 착안하여 외재적 통제를 강조하는 모형으로서 본 이론에 근거한 조직관리전략은 조직원들의 행동을 수정하고 동기를 부여하기 위해 적극적으로 개입하는 것이다. 즉, 생산성, 적정한 작업량, 그리고 업적에 대한 보

5) 직무확대(job enlarge)는 직무능력을 활용하고 도전의 기회를 증대하여 만족감을 유발시키는 것으로, 이는 직무내용의 단조로움 등을 극복하고자 하는 취지에서 활용되는 것이다.

상 등을 강조하는 것이고 통제와 감독을 강화하는 것이며 성악설의 관점이라고 할 수 있다.

반면, 인간성에 대한 새로운 관점을 제시한 Y이론에 입각한 조직관리전략은 인간의 잠재력이 능동적으로 발휘되도록 여건을 조성하는 것이고, 조직구성원을 면밀하게 감시하고 통제하는 것이 아니라 스스로의 노력을 통해 조직의 목표달성에 연결시킴으로써 그들 자신의 목적을 가장 효과적으로 달성할 수 있도록 여건을 조성하는 것이며 성선설의 관점이라고 할 수 있다.

Herzberg(1966)는 이 중 X이론보다는 인간성에 근거한 Y이론이 조직관리전략으로 가장 효과적이라고 주장하여, 그 중요성을 강조하기도 하였다.

〈표 4-3〉 X이론과 Y이론의 비교

X이론	구 분	Y이론
사람들은 일을 하기 싫어하기 때문에 억지로 시켜야 함	직무태도	사람들은 자신이 세운 목표에 스스로 매진하는 것을 좋아함
사람들은 은근히 위에서 명령이 하달되기를 바람	명령하달	외부의 명령보다는 스스로의 판단으로 행동하는 것이 훨씬 효과적이라고 봄
사람들에게 유일한 동기부여의 수단은 돈임	동기부여	기본적인 욕구만 충족된다면, 사람들은 내부적인 동기부여를 통해 자신의 능력을 최대한 발휘하려고 함
대부분의 사람들이 발휘하는 창의력이란 일을 하는 중이 아니라, 일을 하지 않기 위해 잔꾀를 부릴 때 발휘됨	창의력	모든 이들은 기본적으로 창의적이고 지적이지만 직장에서의 무시·간과 때문에 활용되지 못하고 있음
성악설	성론	성선설

출처: 기존의 여러 자료를 근거로 구성.

(3) Likert의 관리체제론

리커트(R. Likert)는 조직 내 모든 구성원들이 자신의 개인적 가치를 확립하고 유지할 수 있도록 지원할 수 있고, 참여를 보장하면 조직의 효과성을 유지할 수 있다고 주장하면서, 4가지 유형의 관리체제론(management system theory)을 제시하였는데, 착취적·권위적 체제(Exploitative Authoritative system: EA 체제[6]), 온정적·권위적 체제(Benevolent Authoritative system: BA 체제), 협의적·민주적 체제(Consultative Democratic system: CD 체제), 그리고 참여적·민주적 체제(Participative Democratic system: PD 체제)가 그것이다.

먼저, EA 체제에서 관리자는 부하직원을 신뢰하지 않으며 의사결정에 이들의 참여는 없고 동기부여를 위해서 공포·위협·처벌 등이 활용된다. BA 체제에서 관리자는 부하직원에게 베푸는 식의 신뢰를 하며 의사결정에 이들의 참여는 좀처럼 허용되지 않고 동기부여를 위해서 처벌·보상 등이 활용된다. CD 체제에서는 관리자가 부하직원을 상당히 신뢰하지만 완전히 신뢰하지는 않으며 부하들은 세부적인 의사결정을 하게 되고 동기부여를 위해서 보상·처벌·어느 정도의 관여 등이 활용된다.

그리고 PD 체제에서는 관리자가 부하들을 완전히 신뢰하고 의사결정은 널리 분산되며 참여와 보상 등에 의해 동기부여가 이루어진다. 이 중 PD 체제가 개인의 참여를 촉진하고 조직의 효과성을 가장 높일 수 있다는 점에서 최적의 관리체제라고 주장한 것이다.

한편, 'Likert의 관리체제론'을 근거로 'McGregor의 X·Y론'과의 관계를 살펴보면, EA 체제는 X이론에, PD 체제는 Y이론에 가장 근접하고, BA 체제는 X이론에, CD 체제는 Y이론에 근접하다고 할 수 있다([그림 4-2] 참조).

구 분	EA 체제	BA 체제	CD 체제	PD 체제
부하직원에 대한 관리자의 신뢰	매우 낮은 수준	낮은 수준	높은 수준	매우 높은 수준
관리자와 부하직원의 상호작용	매우 낮은 수준	낮은 수준	높은 수준	매우 높은 수준
부하직원의 의사결정 참여	매우 낮은 수준	낮은 수준	높은 수준	매우 높은 수준
X·Y론	X이론 ←——————→ Y이론			

[그림 4-2] 관리체제론과 X·Y론의 관계

6) EA 체제는 착취적·권위적 체제를 저자가 편의상 축약한 말로 나머지 유형도 일맥상통한다.

3) 신고전론의 공통점과 한계

인간관계론과 참여관리론의 신고전론은 조직과 개인의 통합을 시도하는 등 조직 내 인간의 가치를 발견하여 조직의 효과성을 제고하였고, 조직 밖의 환경적 요소를 고려하지 않았으며, 이를 통해 생산성 향상을 주요 목표로 하였다는 점 등이 공통점으로 파악된다.

반면, 조직의 생존에 필수적인 환경과의 관계를 제대로 취급하지 않았으며, 조직 내 인간의 가치를 인정하는 업적은 있었으나 최종적인 목적은 고전론과 마찬가지로 생산성 향상에 초점을 맞췄다는 점에서 일정부분 한계로 지적된다(이목훈, 2008: 121-125).

3. 고전론과 신고전론의 비교

전술한 과학적 관리론, 관료제론, 행정관리론 등 고전론과 인간관계론, 참여관리론 등 신고전론을 공통점과 차이점으로 구분하여 조명하면 〈표 4-4〉와 같다.

먼저, 공통점을 살펴보면, 두 이론 모두 외부환경과의 상호작용을 인정하지 않는 보수성 및 정태성의 성향을 지니고 있고, 궁극적 목표는 생산성 향상이며, 관리층을 위한 연구라는 점이 공통점으로 나타난다. 그리고 조화여부를 떠나 조직목표와 개인목표가 존재하는 점 등이 그것이다.

한편, 고전론과 신고전론의 차이점을 살펴보면, 직무에 있어서 전자는 직무중심인 반면, 후자는 인간중심이라고 할 수 있고, 구조관은 공식적 구조관과 비공식적 구조관으로 구분할 수 있으며, 조직목표와 개인목표의 조화여부에 있어서 고전론은 조직의 목표가 우선이라는 점에서 개인의 목표와 부조화를 보이는 반면, 신고전론은 조화를 추구한다.

그리고 인식에 있어서 전자는 인간을 기계의 부품화, 즉 수단으로 인식하는 반면, 후자는 인간을 감정적 존재, 즉 일정부분 목적으로 생각하고, 인간관에 있어서 전자

〈표 4-4〉 고전론과 신고전론의 비교

공통점	차이점		
	구 분	고전론	신고전론
외부환경의 무시 (보수성 · 성태성)	중심	직무중심	인간중심
	구조관	공식적 구조관	비공식적 구조관
	조화	조직 · 개인목표의 부조화	조직 · 개인목표의 조화
생산성 향상이 궁극적 목표	인식	인간은 기계의 부품화	인간은 감정적 존재
	인간관	경제적 인간	사회적 인간
	X · Y론	X이론	Y이론
관리층을 위한 연구	능률성	기계적 능률성 강조	사회적 능률성 강조
	자극	물질적 자극	인간적 자극
	시기	1930년대 이전부터 강조	1930년대 이후부터 강조
조직목표와 개인목표의 존재	원리	과학적 원리 지향	보편적 원리 지양
	세부 이론	과학적 관리론, 관료제론, 행정관리론 등	인간관계론, 참여관리론 등

출처: 기존의 여러 자료를 근거로 구성.

는 경제적 인간관을 후자는 사회적 인간관을 강조한다. 또한 X · Y론에 있어서 전자가 인간은 낮은 수준의 창의성을 가진다는 X이론을 추구하는 반면, 후자는 인간은 높은 수준의 창의성을 가진다는 Y이론을 지향하고, 능률성측면에서 살펴보면 전자는 기계적 능률성을 강조하는 반면, 후자는 사회적 능률성을 강조하게 되며, 자극에 있어서 전자는 연봉 등 물질적 자극을 강조하는 반면, 후자는 격려 등 인간적 자극을 지향하게 된다.

또한 고전론은 1930년대 이전부터 강조되기 시작했으며 과학적 원리를 지향하는 반면, 신고전론은 1930년대 이후부터 강조되기 시작했으며 인간의 개별성 등을 강조하기 때문에 보편적 원리를 지양하는 성향을 갖는 점 등이 차이점이라고 할 수 있다.

제 2 절 개방체제론

환경과 상호작용을 강조하는 개방체제론에는 수동적 적응론, 적극적 적응론, 그리고 균형적 적응론 등이 있는데, 수동적 적응론이 조직 밖의 환경에 주로 영향을 받는 수동적 면을 강조하는 이론인 반면, 적극적 적응론은 환경을 조직에 맞게 변경하여 심지어 조직에 적응시키기까지 하는 면을 강조하는 이론이라고 할 수 있다. 그리고 균형적 적응론은 조직과 환경이 균형적으로 상호 교환작용을 하며 조직이 환경에 적응하는 면을 설명하는 이론이라고 할 수 있는 것이다.

1. 수동적 적응론

1) 상황론

상황론(contingency theory)은 조직의 환경적 요인을 강조하는 이론으로서, 번스와 스토커(T. Burns & G. M. Stalker) 등이 주장하였다.

상황론은 전술한 고전론과 인간관계론 등에 비해 응집력이 강한 이론으로 간주되고 있으며, 이들 이론에 비해 조직구조에 대한 시각을 완전히 달리하고 있다. 즉, 본 이론은 조직이 내부의 수요를 충족시키고 환경에 적응하기 위하여 정밀한 관리가 요구되는 개방체제로서 조직과 환경의 관계를 중요시한다. 그리고 조직구조는 조직이 직면한 환경 등의 상황적 변수에 의해 결정된다는 것으로 동일한 조직 내에서도 상이한 업무를 수행하기 위해서는 상이한 관리방법이 필요하며 환경에 따라 상이한 행태의 조직이 요구된다는 것이다. 또한 모든 조직에 적용되는 유일한 최적의 방법은 없으며 상황에 따라 효과적인 방법만이 있을 뿐이라는 것이다(박우순, 2000 : 319-321).

기본적으로 상황론은 조직구조와 관리가 조직이 직면한 상황적 변수, 즉 환경, 기술체계, 그리고 조직규모 등에 의존한다는 관점이다.

먼저, 환경은 확실하고 예측 가능한 것과 불확실하고 예측하기 어려운 것 등 2가지로 분류할 수 있는데, 전자의 경우는 기계적 조직(mechanistic organization)이 적당하며, 후자는 유기적 조직(organic organization)이 적절하다는 것이 번스와 스토커의 주장이다. 즉 이들은 기계적 조직에 대해 정형화된 조직으로 정의하면서, 그 특징으로 고도로 직무가 세분화되고, 권한과 책임이 명확하게 확립되어 있으며, 관료적 비인격성을 추구하고, 수직적인 명령계통 등을 제시했다는 점에서 환경 등이 안정된 상황에서 적절한 행태라고 할 수 있는 반면, 유기적 조직에 대해서는 조직의 구조를 쉽게 변경할 수 있는 비정형화된 조직으로 정의하면서, 그 특징으로 직무 및 권한·책임관계가 상당히 탄력적이며, 분권적 의사결정 및 수평적·인격적 상호관계 등 환경에 탄력적으로 대응할 수 있는 조직이라는 점에서 환경 등이 불안정된 상황에서 적절한 행태라고 할 수 있는 것이다(〈표 4-5〉 참조).

〈표 4-5〉 환경에 따른 기계적 조직과 유기적 조직의 비교

기계적 조직	구 분	유기적 조직
안정된 상황	구축여건	불안정된 상황
정형화	조직구조	비정형화
전문화	과업범위	광범위
경영계층의 관리자가 변화시키지 않으면 지시대로 과업이 행해짐	과업집행	과업과 관련된 다른 사람들과의 상호작용에 의하여 계속 조정됨
계층적 구조	계층구조	네트워크적 구조
수직적	의사소통의 구조	수평적
지시와 명령	의사소통의 방법	정보제공과 충고
조직에 대한 충성과 상사에 대한 복종이 강조됨	강조점	조직목표에 대한 몰입과 필요한 능력의 함양이 강조됨

출처: 기존의 여러 자료를 근거로 구성.

한편 본 이론에 근거해서 사회복지시설을 살펴보면, 정보를 공유하고 팀작업을 중시하며 분담된 책임 등을 지향할 수 있다는 점에서 기계적 조직보다는 유기적 조

직에 근접하다고 할 수 있으며, 또한 직원들에게 경쟁에 대한 중요성을 인식하는 데 도움을 줄 수 있다.

그리고 기술체계는 클라이언트의 속성과 개입지식의 정도에 따라 대략 4가지로 대별할 수 있는데, 특히 클라이언트의 속성이 안정되고 개입지식의 정도가 완전할 때는 일상적 기술을 활용하는데, 이는 정형화된 조직구조를 형성시키는 것이고, 클라이언트의 속성이 불안정되고 개입지식의 정도가 불완전할 때는 비일상적 기술을 활용하는데, 이는 대응수준을 높이기 위해 유연한 조직구조를 형성시키는 것이다.

전자의 경우는 조직이 전형적인 관료제조직의 행태를 띤다는 점에서, 일선업무자들의 재량권은 낮은 수준이고 관리자의 권한은 높은 수준으로서, 규칙과 표준절차 등에 의해 일이 규제된다. 반면, 후자의 경우는 일선업무자들의 재량권이 높은 수준이고, 권한은 분산되며, 조정은 피드백을 통해 이루어지게 되는 것이다(〈표 4-6〉 참조).

〈표 4-6〉 조직의 기술체계 유형에 따른 조직구조의 특성[7)]

구 분		클라이언트의 속성: 안정	클라이언트의 속성: 불안정
개입지식의 정도	완전	Ⅰ 기술 (일상적 기술) ↓ 정형화된 조직구조	Ⅲ 기술
개입지식의 정도	불완전	Ⅱ 기술	Ⅳ 기술 (비일상적 기술) ↓ 유연한 조직구조

마지막으로, 조직구조 결정요인으로서의 조직규모는 그 규모가 증가할수록 조직의 상품과 서비스는 물론 정향이 이질성을 갖게 된다. 이러한 변화는 분화를 불가피하게 만드는 동시에 조직구조를 단순한 기능적 구조에서 상대적으로 복잡한 구조로

7) 본 표에서 Ⅱ 기술과 Ⅲ 기술은 명확한 개념정의에 한계가 있으나, 대략적으로 일상적 기술과 비일상적 기술의 중간단계로 정의할 수 있으며, 따라서 조직구조에 대한 영향도 정형화된 조직구조와 유연한 조직구조의 중간수준이라고 할 수 있는 것이다.

변화시키는 것이다. 즉, 소규모조직의 능률적이고 효과적인 운영에 필요한 조직구조가 대규모조직에는 적용될 수 없다.

2) 조직군생태학론

조직군생태학론(population ecology theory)은 조직을 개방체계로 보고 환경과의 상호작용을 전제로 하고 있지만 조직의 생존을 결정하는 것은 환경이라는 입장을 취하는 이론으로서, 해넌과 프리만(M. T. Hannan & J. Freeman) 등이 주장하였다.

기본적으로, 본 이론은 분석의 단위가 개별 조직이 아니라 전체 조직으로 접근하고 있는데, 전체 조직은 유사한 조직구조를 일정기간 동안 유지하지만 결국에는 생성과 소멸이라는 주기성에 의해서 변화하는 환경에 적응하는 조직은 살아남고 적응하지 못하는 조직은 도태된다는 점을 가정한다.

즉, 어떤 조직들이 생겨나고 그 수가 점차 늘어나는 것은 사회적으로 그 조직의 필요성이 인정되고 있다는 점을 반영하는 것인데, 일단 그 조직의 수가 일정수준까지 팽창하게 되면 한정된 자원을 두고 상호경쟁하게 되고, 새롭게 그 영역에 진입하는 조직은 줄어들게 되며, 기존의 조직들 가운데 성공적으로 운영되는 조직은 존속하나 그렇지 못한 조직은 그 영역에서 사라지게 된다는 것이다. 이는 생물학적 진화와도 같이 환경에 적응하는 조직은 다른 조직에 비해서 강점을 보유하기 때문에 살아남을 수 있다는 것이다.

일반적으로 환경이 변화하고 불확실한 상황하에서는 보편적 서비스를 제공하는 조직이 살아남을 수 있는 반면, 환경이 안정되고 확실한 상황하에서는 전문적 서비스를 제공하는 조직이 생존할 가능성이 높은 것이다. 일례로 장애인복지, 노인복지, 여성복지 등 다양한 서비스를 클라이언트가 요구하여 순차적으로 제공해야 한다는 포괄성으로 복지환경이 변화하는 상황 속에서, 이들 분야에 접근하여 환경변화에 적응적인 태도를 보이는 사회복지시설들이 그렇지 못한 조직들보다 상대적으로 역동성을 보인다.

다만, 본 이론은 성공적인 조직과 실패한 조직을 설명하고 조직의 생성과 소멸에서 환경의 역할이 절대적이라고 강조하고 있지만 그 환경에 대해서는 구체적인 설명이 부재하다는 한계를 갖는다.

3) 제도론

제도론(institutional theory)은 전술한 상황론, 조직군생태학론과 마찬가지로 개방체계적 관점에서 조직에 대한 환경의 영향력을 강조하는 이론으로서, 마이어와 로완(J. W. Meyer & B. Rowan), 하센펠드(Y. Hasenfeld) 등이 주장하였다.

전술한 수동적 적응론과 간략히 비교해보면, 상황론이 미시적인 제도적 환경요소들에 초점을 맞춘 것인 반면, 본 이론은 거시적인 제도적 환경에 무게를 두고 있고, 조직군생태학론이 환경을 막연하게 다룬 데 반해, 본 이론은 제도적 환경으로부터 나오는 규칙 등이 조직의 특성과 행태를 좌우한다고 보고 있다는 점에서 차이가 있다.

현대 조직에서는 조직이 갖추어야 할 정책, 프로그램, 지위, 절차 등이 주로 정부, 여론, 교육체계 등을 통해 도출된 지식, 사회적 권위, 법률, 법원의 판단 등에 의해 강제되는 경우가 있다. 일례로, 사회복지조직에서는 정부, 전문가, 여론 등의 제도적 환경에서 나오는 규칙에 의해 조직구조가 결정된다는 것이다.

기본적으로 조직은 생존을 위해서 이러한 제도적인 규칙을 받아들이게 되는데, 그 과정은 강요적 과정, 모방적 과정, 그리고 규범적 과정 등으로 나눌 수 있다.

먼저, 강요적 과정(coercive process)은 정부나 법률 등에 의해서 제도적 규칙이 강제로 받아들여지는 것으로서 사회복지사업법 등의 규정은 강요적인 성격을 갖는다. 모방적 과정(imitative process)은 성공적인 조직에 의한 제도적 규칙을 받아들이는 것으로서 사회복지시설의 성공적인 상담규칙 등을 모방하여 받아들이는 것 등이 이에 해당된다. 그리고 규범적 과정(normative process)은 전문적 규범들의 전이에 의해 제도적 규칙들이 자연스럽게 수용되는 것으로서 과학적으로 입증된 지적장애인에 대한 치료기법 등을 실천모델에 적용하는 것 등이 그것이다.

한편, 본 이론은 불명확한 기술을 가지고 있는 사회복지조직에서 높은 수준의 구조적 유사성이 나타나는 요인이 무엇인지를 적절히 설명할 수 있고, 개별 조직의 이해뿐만 아니라 특정 영역에서 활동하는 조직들의 전반적인 특성을 잘 설명해 주는 장점이 있는 반면, 본 이론의 핵심이라고 할 수 있는 제도화과정 자체에 대해서는 명확히 설명하지 못할 뿐만 아니라 제도적 규칙을 적용한 결과에 대해서도 언급이 부재하다는 점에서 한계로 지적된다(황성철 · 정무성 · 강철희 · 최재성, 2005 : 87-90 ; 김영종, 2007 : 120-126).

2. 적극적 적응론

1) 전략선택론

전략선택론(strategic choice theory)은 조직구조란 관리자의 전략에 달려 있으며, 이들은 필요에 따라 조직특성을 환경에 적응시킬 뿐만 아니라 환경 그 자체를 조직에 적합하도록 조정할 수 있다는 이론으로서, 차일드(J. Child) 등이 주장하였다.

기본적으로 전략선택론은 다음과 같은 특징을 갖고 있다.

첫째, 조직이 환경 등에 지배된다는 환경결정론자들의 주장에 반하여 조직의 관리자는 높은 수준의 자율성을 갖고 있는데, 현실의 관리자는 최적의 성과수준만을 바라는 것이 아니라 다양한 수준의 성과에도 만족할 수 있으며, 이것은 관리자들이 여러 제약조건들과 관련하여 선택할 수 있는 대안들이 다양하게 존재한다는 것을 보여준다.

둘째, 조직은 반드시 환경의 영향을 받아 좌우되기만 하는 것이 아니라 때로는 조직에 유리하도록 환경을 조정하거나 통제할 수 있는 힘을 가지고 있는 것이다.

셋째, 관리자들의 전략적 선택은 환경의 객관적이고 실질적인 특성과는 상관없이 주관적이고 지각된 환경을 토대로 조직구조의 설계에 영향을 미치는 것이다.

한편, 관리자가 선택할 수 있는 전략은 크게 조직의 대내적 전략과 대외적 전략으로 구분할 수 있는데, 전자는 환경을 변화시키려는 시도를 하지 않으면서 환경의 영향으로부터 조직활동의 핵심을 보호하려는 것이고, 후자는 조직과 관련된 환경의 여러 요소들을 통제하려는 방법이라고 할 수 있다.

먼저, 조직의 대내적 전략에는 직원의 모집과 훈련, 재고의 활용, 공급물자의 비축 등 투입·산출 면에서 예기치 못한 상황에 대비해 조직의 활동기능을 보호하기 위한 완충전략, 비수기의 할인판매 등 환경에서 수요의 진폭이 심한 것을 평등화시키려는 평등화전략, 수요변화의 예측에 따른 대처 등 관리자가 환경변화의 진폭을 미리 예측하고 불확실성을 감소시키는 예측전략, 그리고 재난 시의 응급실 배정, 발렌타인데이의 초콜릿 추가생산 등 수요가 공급을 초과할 때 우선순위에 따라 산출물을 할당하는 할당전략 등이 그것이다.

대외적 전략으로는 다른 조직과의 계약체결, 광고, 합병, 그리고 로비활동 등이 있으며 이를 통해 환경을 조정하여 조직을 유리하게 이끄는 것이다.

다만, 본 이론은 일정부분 한계를 노출하고 있는데, 먼저 관리자의 자율성을 강조하고 환경의 영향을 지나치게 무시하고 있다는 점에서 비판을 받고 있으며 이러한 비판은 자원의존론이 등장하는 근거를 마련하였다.

또한 본 이론은 전략이 조직구조를 결정한다고 보고 있는데, 오히려 조직구조가 전략을 결정할 수 있다는 한계에 직면할 수 있다. 즉, 기존의 조직구조가 특정 세력의 이익을 반영하는 체계일 경우, 이러한 구조에 따라 전략이 수립될 수 있다는 것이다. 마지막으로, 본 이론은 전략에 따라 조직구조가 바뀔 수 있다고 보는데, 기득권세력의 반발이 높은 수준일 경우 조직구조 자체가 바뀌지 않을 수도 있다.

2) 자원의존론

자원의존론(resources dependence theory)은 조직이 필요한 자원을 자급자족할 수는 없다는 점에서, 조직의 효과성을 증대시키기 위해 환경에 대해 보다 적극적으로 대처하여 자원을 효율적으로 관리하는 이론으로서, 톰슨과 맥퀸(J. D. Thompson &

W. J. McEwen), 벤슨(K. J. Benson) 등이 주장하였다.

본 이론은 환경의 영향을 인정한다는 점에서 상황론 등과 동일하지만 상황론 등과 같이 환경이 조직구조를 결정한다는 결정론의 입장은 아니다. 또한 전략선택론과 마찬가지로 관리자의 인지가 중요하고 관리자가 환경에 영향을 미칠 수 있다고 가정하지만 전략선택론과 달리 상대적으로 환경에 대한 의존성을 인정함으로써 생존에 필요한 자원을 제공해주는 다른 조직들의 요구에 주의를 기울이는 것이다.

즉, 본 이론은 조직과 다른 조직(환경) 간의 관계를 자원을 매개로 하는 의존관계로 파악하는데, 조직이 생존하기 위해서는 필요한 자원을 확보해야 하고, 이 자원은 환경이 요구하는 대로 순종함으로써 획득할 수 있으나 의존 정도에 따라 생존능력이 좌우되기 때문에 의존성을 줄여 조직의 권력을 높이려고 하는 것이다. 이를 위한 다양한 전략들이 제시되고 있는데, 'Thompson & McEwen의 전략'과 'Benson의 전략' 등이 이에 해당된다.

톰슨과 맥퀸은 조직 간의 관계에서 의존성을 줄이기 위한 방법으로, 경쟁전략, 협상전략, 흡수전략, 그리고 연립전략 등을 제시했다.

먼저, 경쟁전략(competitive strategy)은 2개 이상의 조직들이 각자 자기생존을 위해서 공통의 대상인 물건이나 사람을 둘러싸고 벌이는 현상으로서, 사회복지조직이 서로 예산을 더 많이 확보하기 위해 벌이는 활동 등이 이에 해당된다.

협상전략(bargaining strategy)은 일부를 양보하고 획득하는 관계로서, 사회복지시설에서 일부의 서비스기법을 다른 사회복지시설에 제공하고 필요한 다른 기법을 획득하는 것 등이 이에 해당된다.

흡수전략(cooptative strategy)은 사업이 성공하기 위해서 다른 조직의 대표자를 자기조직 지도층의 구성원으로 받아들이는 것으로서, 복지서비스기법에 능통한 관장 등을 지도층으로 영입하는 것 등이 이에 해당된다.

마지막으로, 연립전략(coalitional strategy)은 2개 이상의 조직들이 공통목표를 위하여 결합하는 것으로서, 장애인에 대한 높은 수준의 자활기법 등을 개발하기 위해 2개 이상의 사회복지조직들이 결합하여 시너지효과를 내는 것 등이 이에 해당된다

(Thompson & McEwen, 1958 ; 김병섭 · 박광국 · 조경호, 2000).

벤슨 역시 상대 조직에 대한 의존성을 낮추기 위해 협조전략, 방해전략, 조종전략, 그리고 권위전략 등을 제시했다.

먼저, 협조전략(cooperative strategy)은 모든 조직들이 거의 대등한 위치에 있는 경우, 또는 현재 조직의 힘이 아무리 약하다 하더라도 최소한 다른 조직이 원하는 것을 가지고 있어 상호 협력할 수 있는 경우로서, 클라이언트 등에 대한 정보를 상호 공유하며 협조하는 것 등이 이에 해당된다.

방해전략(disruptive strategy)은 한 조직이 다른 조직의 자원공급능력을 위협하는 행위로서, 상대 사회복지시설에 갈 보조금을 자기 시설로 전환시키는 것 등이 이에 해당된다.

조종전략(manipulative strategy)은 환경의 제약조건들을 의도적으로 변경시키는 것으로서, 사회복지시설에 대한 보조금 등을 조정함으로써 규제하는 것 등이 이에 해당된다.

마지막으로, 권위전략(authoritative strategy)은 조직이 다른 조직과의 사이에서 그 관계를 일방적으로 규율하는 것으로서, 보건복지부가 사회복지시설을 지시하고 감독하는 것 등이 이에 해당된다(Benson, 1975 ; 김병섭 · 박광국 · 조경호, 2000).

3) 공동체생태학론

공동체생태학론(committee ecology theory)은 어떤 지역에서 함께 생활하는 모든 개체군들의 집단을 대상으로 연구하는 이론으로서, 조직을 생태학적 공동체 속에서 상호의존관계를 맺고 있는 조직군의 한 구성원으로 파악하고, 이에 기반하여 조직의 행동과 환경적응과정을 설명하려는 이론으로서, Astley와 Fombrun(1983) 등이 주장하였다.

전술한 조직군생태학론이 환경변화에 대해 능동적이며 공동적인 노력을 설명해주지 못하는 데 반해, 본 이론은 조직 상호 간 호혜적 상호전략 등을 통해 능동적으로 환경에 적응하는 과정을 강조하는 것이다.

한편, 조직 상호 간에 호혜적 관계를 형성하는 근거로는 정부규제에 대응하기 위하여 조직 간에 교환관계나 연합을 형성하는 필요성차원, 주요 자원이 산재된 경우에 이의 획득을 위해 조직 간에 관계를 형성하는 불균형차원, 공동목표나 이익추구를 위해 조직 간에 관계를 형성하는 호혜성차원, 조직 내부의 투입 대 산출의 비율을 향상시키기 위해 조직 간에 관계를 형성하는 효율성차원, 환경변화에 대한 불완전한 지식에 의해 유발되는 환경의 불확실성을 감소하기 위해 조직 간에 관계를 형성하는 안정성차원, 그리고 조직의 명성이나 이미지를 제고하고 기존의 사회적 규범・신념・외부기관들의 기대에 부응하기 위하여 조직 간에 관계를 형성하는 정당성차원 등이 있다.

한편, Astley와 Fombrun의 공동체조직 공생전략 유형을 근거로 수정한 공동체조직의 공생전략을 살펴보면, 조직 간 상호의존의 강도를 낮은 수준과 높은 수준으로 구분하고, 조직 간 상호작용의 지속성을 사안별과 일상적으로 대별하여 이들의 조합을 통해 4가지 유형을 도출할 수 있다.

〈표 4-7〉 수정한 Astley와 Fombrun의 공동체조직의 공생전략 유형

구 분		상호의존의 강도	
		낮은 수준	높은 수준
상호작용의 지속성	사안별	Ⅰ 전략	Ⅲ 전략
	일상적	Ⅱ 전략	Ⅳ 전략

출처: Astley & Fombrun(1983: 580)을 근거로 구성.

먼저, Ⅰ 전략은 조직 간 상호의존의 강도가 낮은 수준으로 유지되면서 사안별로 상호작용을 하는 공생전략이고, Ⅱ 전략은 상호의존의 강도가 낮은 수준으로 유지되면서 일상적으로 상호작용을 하는 협력전략이다. 그리고 Ⅲ 전략은 상호의존의 강도가 높은 수준으로 유지되면서 사안별로 상호작용을 하는 공생전략이고, Ⅳ 전략은 상호의존의 강도가 높은 수준으로 유지되면서 일상적으로 상호작용을 하는 협

력전략이라고 할 수 있다.

이 중 Ⅳ 전략이 환경에 대한 높은 단계의 응집력 있는 공생전략으로, 종합사회복지관 간에 클라이언트에 대한 각종 기법을 개발하기 위해서 일상적으로 그들이 가진 자원에 대해 높은 수준으로 상호의존하며 다른 조직 등 환경에 대응하는 것 등이 이에 해당된다. 반면 Ⅰ 전략은 상대적으로 환경에 대해 낮은 단계의 응집력을 보이는 공생전략이라고 할 수 있다(〈표 4-7〉 참조).

3. 균형적 적응론

1) 구조주의론

구조주의론(structuralist theory)은 전술한 고전론과 신고전론의 종합을 지향하는 이론으로서, 에치오니(A. Etzioni) 등이 주장하였다. 즉, 고전론과 신고전론의 조화를 지향하기 위한 다요인적 접근을 하고 있는데, 조직의 공식적 요인과 비공식적 요인의 관계, 조직 내에서의 비공식 집단범위와 그러한 비공식적 집단들 간의 관계, 상급자와 하급자의 관계, 그리고 사회적 보수와 물질적 보수의 관계 등이 그것이다.

구조주의론은 조직과 환경 간의 상호작용을 강조하고 있는데, 특히 급변하는 환경적 특성은 조직이 살아남기 위해서 반드시 다루어야 할 부분으로 보고 있으며 이는 고전론, 신고전론과는 대조적으로 외부환경과 관련된 여러 가지 유형의 조직 및 행정의 역할을 옹호하고 있는 것이다.

한편, 사회복지조직과 상호작용을 하는 환경으로는 정치적 환경, 경제적 환경, 사회적 환경, 문화적 환경, 법적 환경, 기술적 환경 등의 일반환경과 재정자원의 제공자, 정당성의 제공자, 클라이언트의 제공자, 보충적 서비스의 제공자, 조직산출물의 소비・인수자, 경쟁하는 조직들 등의 과업환경이 있다.[8)]

8) 조직과 상호작용을 하는 일반환경과 과업환경은 제5장 사회복지조직과 환경에서 구체적으로 다루고자 한다.

기본적으로 구조주의론은 신고전론인 인간관계론에 대한 비판으로부터 시작되는데, 본 이론이 개인과 조직의 목표가 일치하지 않을 수 있다고 가정한다는 점에서 인간관계론적 접근은 조직에 대한 완전한 시각을 제공해 주지 못하고 있다고 비판한다.

또한 고전론과 신고전론과는 달리 조직에서의 갈등은 불가피하다고 보고 있으며, 이러한 갈등은 역기능적이라기보다는 순기능적인 것으로 보고 있다. 즉, 갈등은 문제를 노출시키고 그에 따라 해결책을 조명함으로써 사회적 기능을 달성할 수 있고, 갈등에 직면하게 되면 조직체계를 현실에 맞게 적극적으로 개편하도록 하여 조직의 평화를 가져오게 한다는 것이다. 따라서 구조주의자들은 갈등을 인위적으로 은폐하려는 것에 반대한다.[9)]

한편, 본 이론에 대해 인간관계론자들을 중심으로 비판을 하고 있는데, 이들은 구조주의론이 인간적인 요소, 즉 인간의 욕구와 성격 등을 충분히 고려하지 않았다는 점에서 자기표현, 창의성, 독립성 등과 같은 인간의 욕구를 충족시킬 여지를 주지 않기 때문에 비효율성, 비융통성, 단순성 등을 유발할 수 있다고 지적하였다(김치용 · 최용민, 2006 : 33-35).

2) 체계론

체계론(system theory)은 전술한 고전론, 신고전론, 그리고 구조주의론을 하나의 모형으로 통합할 수 있다는 가정에 기초를 두고 있는 이론으로서, 이는 조직을 다양한 역동성과 메커니즘에 기초를 두고 있는 구체적 기능을 수행하는 다수의 하위체계로

9) 참고로 조직 간 갈등은 조직활동의 방향 및 과업달성의 평가기준이 서로 불일치하는 목표의 비양립성, 희소한 자원을 소유하고자 함으로써 발생하는 제한된 자원경쟁, 그리고 둘 이상의 조직이 각각의 과업을 수행하는 과정에서 상호지원 등 협동적인 분위기를 위해 서로 간에 의존하는 정도가 높으면 높을수록 그만큼 갈등발생의 기회가 높아지는 상호의존성 등이 요인으로 작용하는데, 이러한 요인 등에 따른 갈등이 순기능으로 작용하는 경우도 종종 발견된다. 즉, 검경수사권독립갈등이 대표적인 사례인데, 상호견제를 통해 한 조직에 권력을 독점시키지 않고 균형적으로 배분시키려는 조직 간 견제와 균형, 조직구성원들이 여러 가지 아이디어와 견해를 제시함으로써 언뜻 보기에는 자기 조직의 합리화만을 추구하고 타 조직에 비방일색으로 보일 수도 있으나 결국에는 조직역량이 제고되는 가치창조, 그리고 우위를 점하기 위해 저비용 고효율 구조로 조직을 쇄신하는 조직개편 등의 결과로 이어진다.

보고 있으며, 조직의 각 하위체계들이 어떤 기능, 역동성, 기제 등을 수행하는가의 표준을 제시함으로써 조직의 성과를 비교·평가할 수 있는 이론이라고 할 수 있다.

기본적으로 본 이론은 각 하위체계들이 생존과 발전을 위한 경쟁의 역동성 때문에 부단히 활동하며 하위체계 간의 갈등과 모순은 불가피하고, 조직이 최적으로 기능하기 위해서는 조직의 목표에 따라 모든 하위체계가 기능하도록 해야 한다는 가정을 설정한다.

대개 하위체계는 생산하위체계, 유지하위체계, 경계하위체계, 적응하위체계, 그리고 관리하위체계로 대별할 수 있다.

먼저, 생산하위체계(production subsystem)는 모든 조직이 그 조직의 생산과 관련된 과업을 수행해야 하는데 이 과업은 본 체계에서 달성된다는 것이다. 본 체계는 조직의 역할과 과업을 설계하는 데 있어 숙련과 합리성의 중요성을 강조한다는 점에서 고전론의 가정에 기초를 두고 있다. 한편, 사회복지조직에서 생산하위체계의 기능은 클라이언트에게 서비스를 제공하는 것 등으로, 조직 안으로 투입되는 돈과 인력 등이 서비스로 변형되는 것이다.

유지하위체계(maintenance subsystem)는 조직의 현재 상태대로 조직의 계속성을 확보하고 안정상태를 유지해야 할 필요성도 있는데 이 과업은 본 체계에서 달성된다는 것이다. 본 체계는 조직의 욕구를 통합하는 데 강조를 두고 있다는 점에서 인간관계론의 가정에 기초를 두고 있다. 한편, 사회복지조직에서 유지하위체계의 기능은 개개 직원들의 목표를 조직의 목표에 통합되도록 촉진하는 것 등이다.

경계하위체계(boundary subsystem)는 환경적인 요인을 강조할 뿐만 아니라 조직으로서 환경에 영향을 미칠 수 있는 기반의 구축에 역점을 두어야 한다는 점에서 구조주의론에 가정을 두고 있다. 기본적으로 사회복지조직이 생존·발전하기 위해서는 부단히 외부환경에서 일어나는 변화를 알 필요가 있고 반응할 수 있어야 한다는 것이다.

적응하위체계(adaptation subsystem)는 연구와 계획에 관련되어 있으며, 조직의 업무수행능력에 대한 평가와 변화하는 환경의 요구에 반응해서 조직을 변화시킬 필요성 등을 인식하고 관리층에게 적절한 건의를 할 필요성이 있는데 이 과업은 본 체계에서 달성된다는 것이다. 본 체계는 연구와 계획을 강조한다는 점에서 합리성과 숙련을 강조하는 고전론에 기초를 두고 있으며, 환경을 강조한다는 점에서 구조주의론에 기초를 두고 있는데, 사회복지조직 역시 변화하는 복지환경의 요구에 반응해서 조직을 변화시킬 필요성에 직면할 경우 연구와 계획 등에 근거해서 적절한 건의를 할 수 있어야 한다는 것이다.

마지막으로, 관리하위체계(management subsystem)는 전술한 네 가지의 하위체계를 조정하고 통합하기 위해 리더십을 제공하는 체계로서, 권한활용을 통해 계층 간에 발생하는 갈등을 해결하고, 타협 등을 통해 하위체계들을 조정하며, 자원을 증진시키고 필요한 경우 조직을 재구조화시키기 위해 외부환경을 조정하는 기능 등을 수행하는 것이다. 본 체계는 통제를 강조한다는 점에서 고전론에 기초하고 있으며, 외부환경을 강조한다는 점에서 구조주의론의 특징을 가지고 있고, 타협을 강조한다는 점에서 인간관계론에 기초한다.

결과적으로, 본 이론은 조직 밖의 환경과 교환관계를 강조하고 있으며, 조직을 형성하고 있는 다양한 구성체와 단위 간의 상호의존성을 강조하고 있는 것이다.

한편, 조직구성원 간의 상호작용을 너무 강조한 나머지 자율성과 독자성을 저해할 우려가 있으며, 통합만을 너무 강조하여 조직 내의 갈등과 불화 등에 대해서는 소홀할 수 있다는 한계도 있다(김형식 · 이영철 · 신준섭, 2002 : 50-56).

제3절 현대조직론

1. MBO

MBO(Management By Objectives)는 참여의 과정을 통해 조직단위와 구성원들이 맡아야 할 생산활동의 단기적 목표를 명확하고 체계 있게 설정하고 그에 따라 생산활동을 수행하도록 하며 활동의 결과를 평가 · 환류시키는 체계이다. 목표관리라고도

하며, 드러커(P. Drucker)가 1954년에 최초로 소개한 것이다.

기본적으로 MBO는 목표설정, 참여, 그리고 환류로 구성된다. 먼저 목표설정은 주로 측정 가능하고 비교적 단기적인 생산목표를 의미하는 것으로서, MBO가 목표설정을 통해 관리한다는 것은 목표추구에 있어서 재량권이 있다는 것이며 이는 목표가 설정된 다음에 이를 실현하는 사람이 그 수단을 선택하는 데 있어서 자율성을 누린다는 것이다.

그리고 MBO에서는 참여의 과정을 통해 목표설정을 강조하는데, 부하직원이 수행할 목표는 상관과 부하의 협의를 거쳐 설정하는 것이라고 할 수 있다.

마지막으로, 환류는 MBO에서 활동과 결과를 평가하고 이를 참고가 될 수 있도록 반영하는 행태로, MBO에서 환류를 중요시하는 이유는 명확한 환류가 집단의 문제능력을 증진시키고 개인의 직무수행능력을 향상시킨다고 보기 때문이다.

이러한 MBO의 구성요소를 근거로, 기본적 과정을 살펴보면 목표설정과 행동계획의 입안, 시행과 중간평가, 그리고 최종평가와 환류의 과정을 거치게 된다.

어쨌든, MBO는 업적평가와 계획행태를 개선하고 조직참여자의 직무만족도를 높임으로써 조직의 효율성을 높일 수 있고, 계획수립을 촉진·지원하며 생산활동을 조직의 목표성취에 기여시킬 수 있으며, 역할모호성·역할갈등을 감소시키고 일과 사람의 조화수준을 높이고, 업적평가의 객관적 기준을 제공하며, 계층제 등 관료제의 부정적 속성 등을 제거할 수 있는 장점 등이 있다.

반면, 현실적으로 목표와 성과의 측정이 어렵고, 관리가 유동적인 상황에서는 성과를 거두기가 어려울 수 있으며, 목표성취의 결과를 측정하는 데 치중하기 때문에 조직구성원들이 높은 수준의 목표설정을 회피하는 경향을 나타낼 수 있다. 또한 인간주의 및 성과주의적 관리를 경험하지 못한 조직에서는 강한 저항에 봉착할 수 있는 것 등이 한계로 작용한다.

한편, MBO는 사회복지조직에 적용하는 데도 문제가 나타난다. 즉, 이윤위주의 사기업체에서 탄생한 본 체제를 봉사지향적인 사회복지조직에 도입하는 데 일정부분 한계가 있다는 것이다. 다시 말해서, 사회복지조직은 측정 가능한 목표를 설정하고 활동결과의 편익을 측정하는 것이 사기업체보다 떨어질 수밖에 없으며, 보수제도 역시 경직성이 높아 업적격차에 맞도록 금전적 보상을 하기 힘들다. 그리고 보건복지부 등 사회복지의 공공조직에서는 계층제를 근거로 구성되어 있기 때문에 MBO가 요구하는 참여와 권력의 분담을 실현하기가 어렵다는 점 등이 한계로 작용할 수 있다.

2. TQM

TQM(Total Quality Management)은 서비스의 우수성을 요구하는 고객의 기대에 부응하기 위해 업무수행능력을 통제하고 이를 지속적으로 개선하는 데 조직 내의 모든 구성원을 가담시키는 체제로서 1920년대 미국에서 창안되었으며, 총체적 품질관리, 전사적 품질관리 등으로 명명된다.

본 체제는 품질향상을 위해 조직구성원의 능력신장과 동기유발을 유도하며 합리적 관리체제를 채택하고 과학적 품질관리기법을 활용하며 전통적 조직문화의 개혁 등을 필요로 하는데, 다음과 같은 특징을 갖는다.

고객의 욕구에 부응하는 품질의 달성은 조직이 추구하는 최우선의 목표이며 조직의 산출에 대한 결정을 고객이 주도한다는 고객의 욕구존중, 실책과 결점을 용납하지 않으며 결점이 없어질 때까지 개선활동을 되풀이하는 지속적 개선, 업무활동의 초점이 개인적 노력에서 탈피하도록 하려는 집단적 노력의 강조, 조직구성원들 사이에 개방적이고 신뢰하는 관계를 설정하는 신뢰관리, 사실자료에 기초하여 과학적 품질관리기법을 지향하는 과학적 방법 지향, 조직 내 모든 구성원의 모든 업무에 적용하고 조직 내 여러 기능의 조정적·연대적 관리를 강조하는 총체적 적용, 조직구성원들에 대한 교육훈련을 강조하고 그들에게 성장의 기회를 제공하는 인간존중, 재화·용역의 부가가치를 극대화하는 데 유리한 분권적 조직구조, 그리고 장기적 시간관, 사전적 통제 등이 그것이다.

다시 말해서, TQM을 고객중심주의, 집단적 노력 등을 강조하는 통합주의, 조직구성원들의 자발성 및 창의성을 추구하는 인간주의, 조직활동 전체에 대해 적용하는 총체주의, 과학적 분석기법을 지향하는 합리주의, 그리고 불량률 0%에 도전하는 무결점주의·개혁주의 등으로 부연할 수 있는 것이다.

이러한 TQM은 누가·무엇을·언제하는가 등을 기술하는 업무기술, 결함과 요인의 확인, 개선안의 시험실시, 개선안의 채택과 실시, 그리고 반복의 기본적 과정을 거치게 된다.

한편, TQM은 여타 이론과 일정부분 차이점을 보이는데, 먼저 전술한 MBO와 비교할 때, MBO는 조직단위별 통제와 성취에 역점을 두는 내향적 관심을 가지며, 상대적으로 수량적 목표와 단기적 시간관을 갖는 반면, TQM은 고객의 필요에 따라 목표를 설정하는 외향적 관심을 가지며, 상대적으로 질적 목표와 장기적 시간관을 특징으로 하고 있는 점 등이 차이점으로 나타난다.

그리고 전통적 관리이론과 비교할 때, 본 이론들이 관리자와 전문가에 의한 고객의 수요를 결정하고, 기준범위 내에서 결점을 용인하며, 직감에 의한 의사결정을 하고, 사후적 통제를 하며, 단기적 계획을 세우고, 개인적 업무수행을 대상으로 한 관리를 하며, 현상유지적 성격을 갖고, 계서적 조직구조를 띠는 반면, TQM은 상대적으로 고객에 의한 수요결정을 하고, 결점에 대해서는 용인이 불가하며, 과학적 기법에 의한 의사결정을 하고, 사전적 통제를 하며, 장기적 계획을 세우고, 집단적 업무수행을 대상으로 한 관리를 하며, 개혁주의적 성향을 갖고, 분권적 조직구조를 갖는 점 등이 차이점으로 나타난다(〈표 4-8〉 참조).

어쨌든, TQM은 고객중심주의, 통합주의, 인간주의, 총체주의, 합리주의, 무결점주의, 그리고 개혁주의 등을 특징으로 하고 있고, 이는 오늘날 조직사회에서 요청받는 것이라는 점에서 긍정적으로 평가할 수 있을 것이다. 반면, 결점발생을 두려워하여 조직구성원이 기피하는 문제 등은 한계로 작용할 수 있다.

한편, TQM을 사회복지조직에 적용하는 데에 있어서 문제가 발생할 수 있는데, 상대적으로 사기업체에 비해 사회복지조직의 품질을 명확히 측정하기가 어렵다는 점, 상대적으로 비시장성·비경쟁성으로 인해 TQM의 필요성에 대한 인식을 약화시킬 수 있다는 점 등이 그것이다(백완기, 2007 ; 오석홍, 2003).

〈표 4-8〉 TQM과 여타 이론과의 비교

MBO	구 분	TQM
내향적 관심	관심의 초점	외향적 관심
수량적 목표	목표의 양질	질적 목표
단기적 시간관	시간관	장기적 시간관
전통적 관리이론	구 분	TQM
관리자 · 전문가	수요결정	고객
기준범위 내 결점용인	결점용인	용인 불가
직감에 의한 결정	의사결정	과학적 기법에 의한 결정
사후적 통제	통제	사전적 통제
단기적 시간관	시간관	장기적 시간관
개인적 업무수행	관리대상	집단적 업무수행
현상주의	현상유지	개혁주의
계서적 조직구조	조직구조	분권적 조직구조

출처: 기존의 여러 자료를 근거로 구성.

3. 임파워먼트

임파워먼트(empowerment)는 단어 그대로 파워를 부여하는 것으로, 관리자들이 지니고 있는 권한을 실무자들에게 이양하여 그들의 책임범위를 확대함으로써 직원들이 보유하고 있는 잠재능력과 창의력을 최대한 발휘하도록 하는 것이다. 이는 솔로몬(B. B. Solomon) 등이 주장했는데, 그는 임파워먼트의 개념에 대해 클라이언트의 잠재력 및 자원을 인정하고 이들에게 건강한 삶을 결정할 수 있도록 권한 등을 부여하는 것으로 정의하였다.

한편, 임파워먼트의 실행을 통한 조직의 효과를 살펴보면, 구성원의 보유능력을 최대한 발휘하도록 하여 그들의 직무몰입을 극대화할 수 있고, 시장대응에 있어 신속하고 탄력적인 수행이 가능하며, 업무수행상의 문제점과 그 해결방안을 가장 잘 알고 있는 실무자들이 고객들에게 적절한 대응을 하게 함으로써 품질과 서비스수준을 제고할 수 있게 한다. 그리고 지시, 점검, 감독, 감시, 연락, 조정 등에 필요한 노력과 비용도 줄어들 수 있는 것이다.

기본적으로, 사회복지사들은 담당센터업무를 보다 의미 있게 느끼고, 자율적으로 조직에 헌신할 수 있도록 하는 것이 중요한데, 본 이론을 통해 관리자들이 지니고 있는 권한을 실무자들에게 이양하여 그들의 책임범위를 확대시킴으로써 사회복지사들이 보유하고 있는 잠재능력 및 창의력을 최대한 발휘시킬 수 있다.

4. 학습조직

학습조직(learning organization)은 조직구성원들이 진실로 원하는 성과를 달성하도록 지속적으로 역량을 확대시키고, 새롭고 포용력 있는 사고능력을 함양하며, 집중된 열의가 자유롭게 설정되고, 학습방법을 서로 공유하면서 지속적으로 배우는 조직을 의미하는 것으로, 센즈(P. Senge) 등이 대표적이다.

센즈는 학습조직의 성립에 필요한 다섯 가지의 수련방법, 즉 자기완성, 사고의 틀, 공동의 비전, 집단적 학습, 그리고 시스템중심의 사고 등을 제시했다(오석홍, 2003 : 103-105).

먼저, 자기완성(personal mastery)에 대한 수련은 일 등에 관한 개인의 접근방법을 성숙시키는 것으로서, 각 개인은 원하는 결과를 창출할 수 있는 자기역량의 확대방법을 학습해야 한다는 것이다. 자기완성은 능력과 기술에 기초한 것이기는 하지만 그것만으로 자기완성이 이루어지지는 않는다. 즉, 자기완성의 요체는 창의적으로 세상을 바라볼 수 있는 능력의 확대로서 전 생애에 걸친 과정인 것이다. 따라서 자기완성을 위한 수련에서는 우리가 원하는 비전을 명료화해야 하며, 현실수준을 정확히 보는 방법을 배워야 하는 것이다.

사고의 틀(mental model)에 대한 수련은 뇌리에 깊이 박힌 전체 또는 정신적 이미지 등을 성찰하고 새롭게 하는 것이다. 세상에 관한 사람들의 생각, 관점, 그리고 그것이 자신의 선택과 행동에 어떤 영향을 미치는지에 대해 끊임없이 성찰하고 개선해 나가는 것이다.

공동의 비전(shared vision)에 관한 수련은 조직구성원들이 공동으로 추구해야 하는 비전에 대한 공감대를 형성하는 것이다. 공동의 비전은 조직구성원들이 무엇을 창출하길 원하는가를 묻는 질문에 대한 답으로, 이것은 조직 전체의 구성원들이 지닌 미래의 영상이며, 다양한 조직활동에 일관성을 부여하는 공동체의식을 양성하는 것이다. 공동의 비전에 관한 수련에서는 개인적 비전의 구상을 촉진해야 하고, 다음에는 개인적 비전으로부터 공동의 비전을 수렴해 나가야 하는데, 공동의 비전을 형성하는 과정에서는 각자가 믿는 비전을 마음속에 깊이 새기고 정직하게 제시하며 다른 사람들이 스스로 판단해서 선택하게 하는 방법을 활용해야 한다.

집단적 학습(team learning)에 관한 수련은 집단구성원들이 진정한 대화, 토론, 그리고 협력적인 사고의 과정 등을 통해 개인적 능력의 한계를 능가하는 집단의 지혜와 능력을 구축할 수 있게 하는 것으로, 이는 구성원들이 원하는 결과를 창출할 수 있도록 집단의 능력을 결집하고 발전시키는 과정이다. 즉, 집단적 학습은 복잡한 문제에 대한 통찰력을 기우고 쇄신적 행동의 조화된 수행능력을 키우는 것이라고 할 수 있다.

마지막으로, 시스템중심의 사고(system thinking)에 대한 수련은 체계를 구성하는 여러 연관요인들을 통합적인 이론 · 실천체계로 융합시키는 능력을 제고하는 훈련으로서, 조직이라는 시스템을 통합적으로 바라보고 시스템 전체에 기여하는 능력을 기르기 위해서 시스템을 결정하는 요인들과 그들 간의 관계를 이해시키는 훈련 및 이를 바탕으로 시스템을 좀 더 효과적으로 만들 수 있는 행동을 이끌어 내는 훈련이 필요한 것이다.

결국 학습조직은 사회복지사가 함께 배우며 지식을 공유함으로써 자신의 성장은 물론이고 조직 전체의 발전을 도모하는 데 도움을 줄 수 있다는 점에서, 사회복지사가 전문직을 수행하는 데 반드시 필요한 조직인 것이다.

제 4 절 신자유주의론

1970년대에 나타난 두 차례의 석유파동과 복지국가의 폐해는 정부조직의 문제해결 능력에 한계를 보여줬으며, 작은 정부 및 효율적 조직혁신 등을 지향하는 신자유주의를 생성시키는 계기가 되었다. 이러한 신자유주의와 큰 틀 차원에서 맥을 같이 하는 이론이 공공선택론, 신공공관리론, 그리고 뉴거버넌스론 등인데 이를 간략히 살펴보면 다음과 같다.

1. 공공선택론

공공선택론(public choice theory)은 정부조직 등 공공부문을 공공재 및 공공서비스의 생산자로 간주하고, 시민을 소비자로 규정하여 시민 편익의 극대화는 서비스의 공급과 생산에 있어서 공공부문의 시장경제화를 통해 가능하다고 보는 이론이다.

즉, 공공선택론자들은 공공서비스를 제공할 때, 시민 개개인의 선호와 선택을 존중하고, 경쟁을 통하여 서비스를 생산·공급하게 함으로써 행정의 대응성을 높일 수 있다는 것이다. 본 이론은 1972년에 오스트롬(V. Ostrom)이 『미국행정학의 지적 위기(*The Intellectual Crisis in American Public Administration*)』라는 저서를 출간하여 이를 행정학분야에 적용시킴으로써, 이에 대한 본격적인 논의가 시작되었다.

본 이론에 의하면, 공공부문의 공공재와 공공서비스의 생산은 다양한 의사결정자가 관여하여 결정하여야 하고, 공급에 있어서는 다수의 관할권을 중첩시키는 것이 시민의 복지를 증진시키는 데 안정적인 수단이라고 보았다. 즉, 공급하는 행정조직이 다조직구조가 될 때 복지차원에서 유용하다는 것이다.

결국, 공공선택론은 권한의 분산과 관할권의 중첩을 이루고 있는 조직구조를 통해 높은 수준의 민주적 복지행정을 구현할 수 있는 반면, 시장에서 소비자선택과 경쟁을 보장하여 효율성을 제고하는 시장논리를 공공부문에 도입하고자 한다는 점에서 이러한 선택과 경쟁이 공공부문에서 성공할지는 의문이라고 할 수 있는 것이다. 왜냐하면 민간부문도 선택과 경쟁의 역학관계를 통해 실패하는 경우가 많기 때문이다.

2. 신공공관리론

신공공관리론(new public management theory)[10]은 1970년대의 석유파동 및 복지국가 위기론과 함께 정부실패가 야기되면서, 이에 대한 반발로 1980년대 서구 자본주의국가를 중심으로 '작지만 강한 정부'를 내세워 새로운 행정개혁을 시도하는 데 활용된 이론이다.

본 이론은 민간부문의 경영기법[11]을 공공부문에 도입하는 데 초점을 맞춘 것으로, 근본적으로는 민간부문의 관리기법이 공공부문의 그것보다 우월하며, 공공부문과 민간부분의 관리가 본질적으로 다를 것이 없다고 주장하였다. 본 이론은 신관리주의(new public management), 시장지향적 행정(market-based public administration), 그리고 기업가적 정부(entrepreneurial government) 등과도 일맥상통한다는 점에서, 신관리주의와 시장주의로 분류하여 설명할 수 있다.

먼저, 신관리주의는 행정내부에서 행정활동을 규제하는 각종 통제를 감축하여 자율성을 부여하고 기업가적으로 정부를 운영하면서 능률을 높이는 데 중점을 두는 것이다. 즉, 공공재 및 공공서비스의 공급에 있어서 경쟁원리를 도입할 수 없을 경우에는 조직활동을 통제하는 각종 규칙 등을 대폭 폐지하거나 축소해야만 성과위주

10) 신공공관리론과 관련하여 공공관리론(public management theory)은 과학적 관리론에 근거하여 기획 · 조직 · 통제 · 평가 등을 강조하고, 행정이념으로서 절약과 능률을 중시하는 전통적 공공관리라고 할 수 있다.

11) 민간부문의 경영기법에는 비능률적인 정부기능을 민간에 위탁하여 규모를 축소하는 다운사이징(Downsizing), 다른 나라나 기업들의 우수한 경영기법을 응용 및 도입하는 벤치마킹(Benchmarking), 업무처리절차를 재설계하는 리엔지니어링(Re-engineering), 조직의 구조를 재설계하는 리스트럭처링(Re-structuring), 그리고 경영목표의 방향을 재조정하는 리오리엔테이션(Reorientation) 등이 있다.

로 조직을 운영할 수 있고 능률을 향상시킬 수 있다는 것이다. 결국, 신관리주의는 규제완화, 성과에 기초한 관리, 권한이양, 품질관리기법, 그리고 유인기법의 도입 등을 지향한다.

한편 시장주의의 경우, 가격을 매개로 하여 수요와 공급을 일치시키는 시장원리는 다수의 수요자와 공급자가 서로 경쟁하는 경우에 작동하게 되는데, 이러한 시장주의적 경쟁원리는 근본적으로 소비자주권 또는 고객주의를 기본적 이념으로 삼고 있는 것으로서, 국민들이 행정서비스의 고객이므로 시장주의는 국민지향의 행정을 실현하는 방법인 것이다. 즉, 시장주의는 경쟁원리에 의한 공공서비스 제공, 고객지향적 서비스, 수익자 부담의 원칙 강화, 그리고 민간위탁 등을 추구한다.

결국, 신공공관리론은 민간부문의 경영기법 등을 통해 경쟁력 있는 조직을 가진다는 점에서 효율성을 지향할 수 있는 반면, 공공성과 책임성의 약화로 행정공동화 현상이 나타날 수 있고, 권한이양에 따른 조정의 문제가 발생할 수 있는 등 일정부분 한계가 있다(이목훈, 2008 : 129-133).

3. 뉴거버넌스론

뉴거버넌스론(new governance theory)[12]은 전통적으로 계층제에 의존하던 거버넌스가 변형되어 1980년대 이후부터 나타났는데, 기본적으로 국가라는 한정된 범위가 아니라 정부조직과 기업, 시민사회 등이 공공부문에 함께 참여하여 네트워크를 구성하고 이를 통해 공공문제를 해결하는 상황을 설명하는 이론이라고 할 수 있다.

즉, 뉴거버넌스론은 중앙정부, 지방정부, 사회적 단체, NGO, 지역사회 등의 다양한 구성원들로 이루어진 네트워크를 강조한다는 점에서, 다양한 참여자로 구성된

12) 뉴거버넌스론과 관련하여 거버넌스론(governance theory)은 학자들은 접근입장차이로 다양하게 정의되고 있다. 즉, 정책결정이 특정 개인이나 소수집단에 의해서 행해지며 강제력을 배경으로 하여 사회의 질서와 안녕을 도모하는 전통적 방식을 의미하기도 한다는 점에서 뉴거버넌스론과 극단적으로 반대되는 개념을 나타내기도 하고, 뉴거버넌스론과 혼용되어 사용하기도 한다. 한편으로는 다음 표와 같이 관리론과 인식론 등의 차이를 근거로 구분하기도 한다.

네트워크는 상호 독립적이라는 것을 의미하지만, 모든 구성요소들이 동등하다는 것을 의미하는 것은 아니다. 특히, 정부는 전통적 정부처럼 우월한 것도 아니고, 항상 동등한 입장도 아니다. 즉, 정부는 기본적으로 전체 네트워크를 관리하는 조정자의 입장에 있다고 할 수 있는 것이다.

이러한 뉴거버넌스론은 민간부문을 수용한다는 점 등에서 신공공관리론과 유사하지만 일정부분 차이가 있다.

즉, 신공공관리론이 결과에 초점을 두는 반면, 뉴거버넌스론은 과정에 역점을 두고 있고, 전자가 국민을 고객중심적 접근(customer-centered orientation)으로 인식하여 수동적인 존재로 국한시키는 반면, 후자는 주인중심적 접근(owner-centered orientation)으로 인식하여 국민을 정부의 의제와 정책을 결정하는 능동적인 존재로 인정한다.

그리고 신공공관리론은 경쟁에 역점을 두는 반면, 뉴거버넌스론은 네트워크 부문간의 협력에 초점을 두고 있고, 전자가 민영화 등을 통해 서비스를 제공하는 반면, 후자는 공동생산을 통해 공공서비스를 제공한다.

마지막으로, 신공공관리론은 조직 내의 관계에 관심이 많지만, 뉴거버넌스는 조직간의 관계에 무게를 두고 있다(〈표 4-9〉 참조).

[참조] 거버넌스론과 뉴거버넌스론의 차이점

거버넌스론	구 분	뉴거버넌스론
국정관리	관리론	신국정관리
신자유주의, 신공공관리	인식론	공동체주의, 참여주의
시장	관리구조	공동체
결과(효율성, 생산성)	관리가치	과정(민주성, 정치성)
공공기업가	관료역할	조정자
고객지향	관리방식	임무지향
경쟁체제(시장메커니즘)	작동원리	협력체제(참여메커니즘)
민영화, 민간위탁	서비스	공동생산(민간부문의 참여)
조직 내	분석수준	조직 간

출처: 기존의 여러 자료를 근거로 구성.

〈표 4-9〉 신공공관리론과 뉴거버넌스론의 차이점

신공공관리론	구 분	뉴거버넌스론
신자유주의	인식론	공동체주의, 참여주의
결과	관리가치	과정
고객	국민인식	주인
경쟁체제	작동원리	협력체제
민영화	서비스	공동생산
조직 내	분석수준	조직 간

출처: 기존의 여러 자료를 근거로 구성.

결국, 점점 불확실성이 증대되어 가고 있는 사회 속에 그동안 정부나 기업들도 경험해 보지도 못했던 복잡한 문제가 발생하고 있다는 점에서, 뉴거버넌스론은 전통적 행정학보다 유용하고 현실적인 대안이 되고 있다.

즉, 공·사를 막론하고 어떠한 조직도 혼자의 힘으로는 해결할 수 없는 사회문제가 증가함에 따라 사회구성원 간의 협조가 절실히 요구되고 있다는 점에서 설득력을 갖는 것이다. 반면, 공공문제의 해결을 위한 협력체제가 전체를 반영하지 못하고 왜곡될 수도 있으며 그들만을 위한 성과로 귀결될 수도 있다는 점 등이 한계로 지적된다.

제5절 기타 조직론

1. 위임자-대리인론

위임자-대리인론(principal-agent theory)은 사회생활을 일련의 계약으로 이루어지는 것으로 보고, 위임자인 주주 등이 대리인인 전문경영인 등에게 경영을 위임하는 계약 등이 그것으로서, 주인-대리인론, 본인-대리인론, 그리고 대리인론 등과 같은 의미로 혼용된다. 이는 1976년 젠센과 메클링(M. Jensen & W. Meckling)이 제기하였는데, 본 이론은 기본적으로 주인인 위임자와 위임을 받는 대리인 사이에 이해관계가 반드시 일치하지는 않는 데서 여러 가지 문제가 생길 수 있다고 가정한다.

가내 수공업처럼 소규모의 경우, 그 기업의 주인이 경영도 수행할 수 있겠지만 오늘날과 같은 복잡한 환경에서 거대한 기업을 단시 사본을 투자했다는 이유만으로 직접 경영을 했다가는 그 기업은 단명할 가능성이 높다. 그래서 위임자인 주주는 경영능력이 탁월한 전문가를 내세워 경영을 맡기는 행태가 등장한 것이다.

특히, 주식회사의 경우 주주가 여러 명 생길 수 있고, 최대주주가 주식의 일부만을 보유하고 있는 경우가 대부분이라는 점에서, "내가 주식이 제일 많으므로 내가 경영하겠다"라는 논리를 그냥 받아들일 나머지 주주는 한 사람도 없다. 즉, 모두가 경영능력이 있는 전문가를 전문경영인으로 초빙하기를 바란다.

어쨌든, 이런 식으로 기업의 주인인 위임자와 실제 경영하는 사람이 달라지면서 발생하는 문제가 바로 위임자-대리인론의 핵심을 이루는데, 위임자 입장에서는 나의 이익을 곧 대리인의 이익과 동일하게 생각하면 좋겠지만 그렇지 않기 때문에 발생하는 문제가 있다.

일례로, 위임자가 보기에는 경제상황이 좋지 않으므로 내실경영 위주로 나갔으면 좋겠는데, 전문경영인은 매출액의 큰 폭 상승으로 인한 인센티브가 있기 때문에 과감하게 신규투자를 한다는 점에서, 당장에 이해관계가 엇갈리게 된다는 것이다.

이런 식으로 위임자인 주주와 대리인인 경영자의 이해관계가 일치하지 않는 문제가 생기게 되는데, 이러한 문제의 요인은 정보비대칭(information asymmetry) 때문이다. 대리인인 CEO는 주주들이 알 수 없는 고급정보를 많이 알게 된다. 즉, 현실적으로 주주인 위임자는 하위관리자보다도 기업정보를 알기가 어렵다는 점에서, 위임자와 대리인 사이에 정보가 비대칭적으로 존재하기 때문에 이러한 문제가 발생한다는 것이다.

이러한 정보비대칭의 역기능에는 시간상으로 1차적 역기능인 역선택(adverse selection)과 2차적 역기능인 도덕적 해이(moral hazard) 등이 있다.

일례로, 지방자치의 경우, 주민과 지방의원들 간의 관계를 위임자와 대리인으로 파악할 수 있는데, 주민은 지방의원을 선출하기 전에 입후보자들 개개인에 대한 능력이나 인품에 대해서 충분한 정보를 갖지 못하기 때문에 선출하지 말아야 할 후보자를 뽑을 수 있는데, 이러한 현상이 역선택이다. 즉, 지방의회의원 입후보자들은 각종 선거유세나 선전 팸플릿을 이용하여 자신의 능력과 인품에 관하여 신호를 보내지만, 왜곡된 정보와 불충분한 정보 때문에 선별과정이 잘못 작동되고 있어 지역주민들이 자질 없는 후보자를 대표로 선출하는 것을 의미하는 것이다.

그리고 위임자와 대리인 사이에 정보비대칭이 발생하게 되면 대리인은 이를 이용해서 사적 이익, 즉 도덕적 해이를 추구할 수 있다. 이는 위임계약 체결 후에 발생하는 문제로서, 지방의원은 자신의 입장이 아니라 자신의 위임자인 지역주민의 입장에서 의정활동을 수행할 것이 요구된다. 만약 주민들이 지방의원들의 원·내외 활동에 대해서 잘 알지 못한다면, 그들은 굳이 지역주민의 이익을 위해서 일할 유인을 느끼지 못할 것이다.

다시 말해서, 특정 이슈에 대한 지방의원의 표결결과가 알려지지 않는다면 그들은 신중한 표결행태를 보이지 않을 수도 있을 뿐만 아니라 지역주민이 아닌 자신의 입장에서 투표하게 될 가능성도 배제하지 못하는데, 이와 같은 행위가 사적 이익을 추구하는 도덕적 해이인 것이다.

한편, 정부관료제를 중심으로 위임자, 대리인, 그리고 도덕적 해이를 활용하여 위임자－대리인론의 유형을 저자가 자체적으로 조명해보면, 내부형, 규제형, 그리고 민주형 등으로 분류할 수 있다.

먼저, 내부형(internal type)은 정부관료제 내부의 정책과정에서 발생하는 유형으로, 위임자는 국방부 등의 정책결정조직이 되며 대리인은 육·해·공군 등의 정책집행조직이 되는데, 정책집행조직이 정책결정조직의 집행정보 부재를 이용해 사적 이익을 추구하는 도덕적 해이를 발생시킬 수 있다([그림 4－3] 참조).

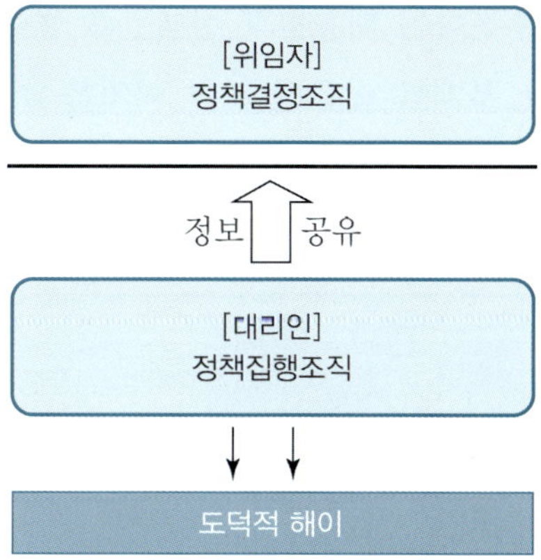

[그림 4-3] 내부형의 개념도

규제형(regulative type)은 정부관료제 내외에서 발생하는 유형으로, 위임자는 보건복지부 등이 되며 대리인은 감독을 받는 사회복지시설 등이 되는데, 본 유형 역시 규제대상조직이 정부관료제의 정보부재를 이용해서 사적 이익을 추구하는 도덕적 해이를 발생시킬 수 있다([그림 4-4] 참조).

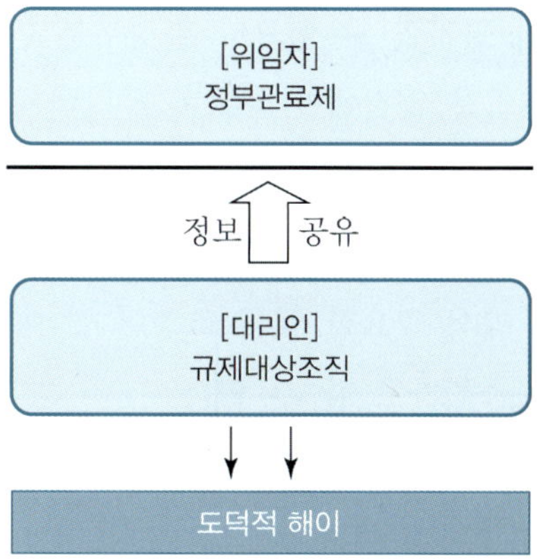

[그림 4-4] 규제형의 개념도

마지막으로, 민주형(democratic type)은 국민과 정부관료제 사이에 발생하는 유형으로, 위임자는 선거권·세금부담자로서의 국민을 말하며 대리인은 이러한 국민의 요구에 부응하여 정책을 추진하는 대통령과 정책관료 등을 의미한다. 본 유형 역시 정부관료제가 국민의 정보 부재를 이용해 사적 이익을 추구하는 도덕적 해이를 발생시킬 수 있다([그림 4-5] 참조).

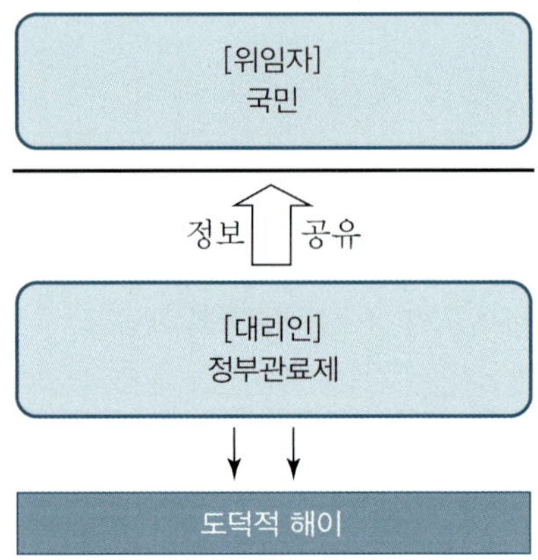

[그림 4-5] 민주형의 개념도

결국, 위임자-대리인론은 조직이론에 정보비대칭, 역선택 등의 진일보한 문제를 제시하였다는 점에서 높이 평가할 수 있으나 일정부분 한계를 갖는다.

먼저, 본 이론은 이기주의적 관점에만 주목하고 나머지 이타주의와 관련된 행동에는 소홀히 했다는 점에서 이기적 행동만이 인간행동의 본질이라고 가정하는 것은 문제로 지적된다. 또한 본 이론은 대리인을 높은 수준으로 통제·감시하여야 한다는 입장으로 조직관리체제에서 필요한 것은 조정이 잘 이루어지는 체제라고 할 수 있어 이에 대한 한계를 노출했다고 할 수 있다.

그리고 본 이론은 주인인 위임자를 자비로운 자로 간주하여 주인의 기회주의적 행동의 가능성을 제대로 설명하지 못하고 있다. 또한 정보격차 및 목표갈등 등을 전제로 하고 있으나 이는 매우 높은 수준의 정보과다 등의 상황에서 발생한다는 점에서 사회복지조직 등 모든 조직에 적용하기에는 한계가 있는 것이다(김병섭·박광국·조경호, 2000 : 570-573).

2. 교환비용론

교환비용론(transaction cost theory)은 상품이나 서비스를 교환하는 과정에서 조직이 형성된다는 이론으로서, 본 이론에 의하면 두 사람 사이의 물물교환이 장구한 역사를 거쳐 시장을 형성한 것처럼 조직도 상품이나 서비스 등을 교환하는 과정에서 형성된 구조라고 보는 것이다.

즉, 본 이론에서는 조직을 움직이는 힘을 교환이라고 보면서 그 교환의 비용이 사회적이든 경제적인 것이든 상관없이, 교환하는 과정에서 목표달성의 방법을 모색하고 계층제와 같은 조직의 틀이 형성된다는 것이다.

결국, 이러한 교환비용론은 사회복지조직에도 적용되는데, 다른 사회복지조직과 서비스기법 등을 교환하고, 클라이언트에게 서비스를 제공 및 환류하는 과정에서 조직이 발전하고 일정한 틀을 유지하게 된다(허만형, 2007 : 291).

CHAPTER 05

사회복지조직과 환경

사회복지조직의 환경(environment)은 조직의 경계 밖에 존재하면서 조직 전체나 일부분에 영향을 미치는 모든 것을 말한다. 조직과의 관계에 있어서는 상호의존관계, 경쟁관계, 적대관계, 그리고 종속관계 등의 행태를 갖는다. 이에 근거해서 본 장에서는 사회복지조직과 환경과의 관계, 환경의존의 조건과 대응전략 등을 조명하고자 한다(Hasenfeld, 1983 ; 최성재 · 남기민, 2007 ; 청와대 경제정책비서관실, 2007 ; 보건복지부 ; 법제처 ; 통계청 ; 사회복지공동모금회).

제1절 사회복지조직과 환경과의 관계

1. 일반환경과 과업환경

사회복지조직의 환경은 크게 일반환경과 과업환경으로 대별할 수 있는데, 일반환경(general environment)은 모든 조직에 영향을 미치며 특별한 경우를 제외하고는 조직이 변경시킬 수 없는 환경인 반면, 일반환경에 의하여 영향을 받는 과업환경(task environment)은 사회복지조직에 직접적으로 영향을 미치며 또한 영향을 받는 환경을 의미한다.

1) 일반환경

(1) 정치적 환경

일반환경으로서 정치적 환경은 정부의 재정자원 등을 사회복지조직에 분배하는 조건으로, 분배수준의 결정에 따라 사회복지조직은 일정한 영향을 받게 된다는 점에서, 높은 수준의 중요성을 갖는다.

우리나라는 1980년대 이전에는 선성장 후분배의 정책기조를 취해왔지만, 1980년 이후에는 상대적으로 성장과 분배를 균형적으로 추구해왔다. 실제로, 사회복지조직에 대한 재정자원분배 등을 포함하는 우리나라의 복지부문에 대한 지출예산을 살펴보면, 제5공화국의 경우 전체 통합재정의 14.3%이었던 것이 참여정부에서는 27.9%로 상승하여 경제부문을 추월한 것으로 나타나고 있다.

(2) 경제적 환경

경제적 환경은 일반적인 경제상태가 사회복지조직에 일정한 영향을 미치는 조건으로서, 이러한 경제적 환경은 사회복지조직에 대한 자원공급을 결정하는 주요 요인이 될 뿐만 아니라 사회복지조직에 대한 클라이언트의 수요를 결정하는 변수가 된다.

일례로, 공공부조에 대한 본격적인 시행은 경제성장률이 낮거나 경기후퇴의 경우에 증가하는 경우가 많은데, 1997년 11월 IMF에 구제금융을 신청하면서 본격적으로 경제하강국면에 진입하게 되는 1998년 당시 경제성장률은 1995년 9.2%보다 훨씬 낮은 −6.9%였으며, 1인당 국민총소득 역시 1996년 1만 2,197달러보다 현격하게 낮은 7,355달러를 나타내어, 경제 자체가 높은 수준의 위기에 봉착하였음을 알 수 있다. 결국, 이러한 최악의 상황으로 중산층이 붕괴되고 빈곤층이 급속하게 늘어났는데, 다소나마 이들에 대한 복지인프라를 확충하기 위하여 국민기초생활보장법[1]이 1999년 9월 7일에 제정되었고, 1년여의 준비기간을 거쳐 2000년 10월 1일부터 시행하게 된 것이다.

1) 기존의 생활보호법이 연령이나 장애에 따른 생활보호라는 시혜적 차원이었던 데 반해, 국민기초생활보장법은 국민이면 누구나 최저생계비 이상의 생활수준을 보장받을 '권리'가 있음을 천명하였다는 점에서 이전의 공공부조법과는 다르지만, 급여대상 및 행정체계 등의 한계가 상당부분 존재하고 있는 것도 주지의 사실이다.

이러한 국민기초생활보장법의 시행은 민간사회복지조직보다는 본 업무를 직접적으로 집행하는 지방정부 등의 공공사회복지조직에 영향을 미친다고 할 수 있다.

한편, 지역사회의 사회복지조직 역시 지역사회의 경제적 환경에 따라 크게 영향을 받을 수 있는데, 특히 지방정부의 재정지원이나 지역주민의 기부금에 의존하고 있는 조직일수록 지역사회의 불경기 · 호경기 등의 경제적 환경에 따라 높은 수준으로 영향을 받게 되는 것이다.

(3) 사회적 환경

사회적 환경은 연령, 성별, 거주지역, 가족구조, 그리고 고령화 등이 여러 가지 문제와 욕구의 발생 등을 초래하게 된다는 조건으로서, 이는 사회복지조직에 일정한 영향을 미친다고 할 수 있다.

노인층, 여성세대주, 농어촌거주자들은 소득수준이 낮고, 성격장애의 빈도는 남성에게 높은 반면 신경증의 발생률은 여성에게 더 높은 경향 등이 그 예이다. 또한 가족구조에 따라 여러 가지 문제와 욕구가 발생하고 이는 사회복지조직에 영향을 미치게 되는데, 일례로 우리나라의 평균가족원수는 1975년에 5.0명이었으나 2010년에는 2.7명으로 현격하게 줄었다는 점에서, 보육문제의 욕구로 인한 보육복지서비스의 필요성이 증가하였음을 알 수 있다.

한편, 우리나라의 고령화속도는 주요 선진국에 비해서 타의 추종을 불허하고 있는데, 고령사회와 초고령사회의 도달소요 연수가 17년과 9년으로, 독일의 40년 · 37년, 미국의 73년 · 21년, 그리고 프랑스의 115년 · 39년보다 빠르고, 심지어 세계 최고의 고령사회라고 할 수 있는 일본의 24년 · 12년보다도 빨라서 그 심각성을 더하고 있다(〈표 5-1〉 참조).

〈표 5-1〉 주요 국가와의 고령화속도 비교[2)]

(단위: 년)

구 분	도달 연도			소요 연수	
	고령화사회 (7%)	고령사회 (14%)	초고령사회 (20%)	고령사회 도달	초고령사회 도달
한 국	2000	2017	2026	17	9
일 본	1970	1994	2006	24	12
독 일	1932	1972	2009	40	37
미 국	1942	2015	2036	73	21
프랑스	1864	1979	2018	115	39

출처: 보건복지부〈http://www.mw.go.kr〉를 근거로 재구성.

또한, 노년부양비는 1970년 5.7%에서 2050년 72.0%로 증가할 것으로 예상되며, 노령화지수는 7.2에서 429.3으로 기하급수적으로 높아질 것으로 추계된다. 그리고 노인 1인당 생산가능인구는 17.7명에서 1.4명으로 현격하게 줄어든다는 점에서, 높은 수준의 노인문제가 발생할 것으로 예상되며, 이러한 변화는 노인복지서비스의 확대에 정당성을 제공하고 있다(〈표 5-2〉 참조).

〈표 5-2〉 노년부양비 · 노령화지수 · 노인 1인당 생산가능인구의 추계[3)]

(단위: 년)

구 분	1970	1980	1990	2000	2006	2010	2020	2030	2050
노년부양비(%)	5.7	6.1	7.4	10.1	13.2	15.0	21.7	37.7	72.0
노령화지수	7.2	11.2	20.0	34.3	51.0	67.7	125.9	213.8	429.3
노인 1인당 생산가능인구(명)	17.7	16.3	13.5	12.4	7.6	6.7	4.6	2.7	1.4

출처: 보건복지부〈http://www.mw.go.kr〉를 근거로 재구성.

2) 2018년 이후는 추계치이다.

3) 노년부양비=(65세 이상 인구 / 15~64세 인구)×100, 노령화지수=(65세 이상 인구 / 0~14세 인구)×100, 노인 1인당 생산가능인구=(15~64세 인구 / 65세 이상 인구)로 설정하였고, 2014년 이후는 추계치이다.

(4) 문화적 환경

문화적 환경은 우세한 문화적 가치에 의해서 사회복지조직이 일정한 영향을 받는 조건으로서, 특히 조직에 대한 복지재정의 분배 정도, 서비스행태 등이 그것이다.

성장보다는 분배를 우선시하는 분배중심문화와 분배보다는 성장을 우선시하는 성장중심문화가 있는데, 분배중심문화에서는 경기불황에 대한 최적의 대안으로 저소득층 지원 등 분배를 내세우고 있으며, 이를 통해 저소득층 등의 소득이 증가하게 되면, 소비가 증가하고, 이에 따라 경기가 회복될 수 있다는 논리를 내세운다. 반면, 성장중심문화에서는 경기불황에 대한 최적의 대안으로 기업투자 등 성장을 내세우고 있으며, 이를 통해 고용이 증가하게 되면 소득이 증가함에 따라 소비가 증가하고 이에 따라 경기가 회복될 수 있다는 논리를 내세운다.

이러한 두 시각에 대한 장단점을 살펴보면, 분배중심문화에서는 빈부의 격차해소 등에 상당부분 기여할 수 있는 반면, 성장중심문화에서는 경제성장을 하더라도 분배가 제대로 이루어지지 않으면 사회구성원의 의욕이 떨어질 수 있다. 그리고 전자에서는 당장 경제에 저해요인으로 작용할 수 있는 반면, 후자에서는 높은 수준의 경제효율 등을 가져와 국가경제에 기여를 할 수 있다.

결국, 분배중심문화에서는 자원배분이 사회복지조직에 치중되는 반면, 성장중심문화에서는 경제조직에 집중될 수 있는 것이다(〈표 5-3〉 참조).

〈표 5-3〉 분배중심문화와 성장중심문화의 비교

분배중심문화	구 분	성장중심문화
경기불황	전제	경기불황
분배 · 성장	우선 · 차선순위	성장 · 분배
저소득층 지원 등	대안	기업투자 등
지원 → 소득증가 → 소비증가 → 경기회복	경기회복	투자 → 고용증가 → 소비증가 → 경기회복
낮은 수준의 빈부격차	장점	높은 수준의 경제효율
낮은 수준의 경제효율	단점	높은 수준의 빈부격차

(5) 법적 환경

법적 환경은 사회복지조직이 클라이언트에게 서비스를 제공하는 것 등과 관련된 적지 않은 내용을 법률, 조례 등에 규정하고 있는 조건으로서, 이러한 법적 환경을 통해 조직에 영향을 주는 것이다.

전반적으로 우리나라 사회복지 관련법의 특징은 사회복지사업에서 국가책임과 자활조성을 원칙으로 하여 국가의 책임뿐만 아니라 개인의 책임도 강조하고 있으며, 중앙정부가 사회복지사업을 직접 관리하기보다는 지방정부나, 민간사회복지조직 등이 담당하기를 장려하고 있다.

법적 환경의 사례로는 사회복지사업에 관한 기본적 사항을 규정하여 사회복지를 필요로 하는 사람의 인간다운 생활을 보장하고, 사회복지의 전문성을 높이며, 사회복지사업의 공정 · 투명 · 적정을 기하고, 지역사회복지의 체계를 구축함으로써 사회복지의 증진에 이바지함을 목적으로 하는 사회복지사업법, 사회복지공동모금회의 공동모금을 통하여 사회복지에 대한 국민의 이해와 참여를 제고함과 아울러 국민의 자발적인 성금으로 조성된 재원을 효율적이고 공정하게 관리 · 운용함으로써 사회복지증진에 이바지함을 목적으로 하는 사회복지공동모금회법, 그리고 지방자치법 및 국민기초생활보장법의 규정에 의하여 노인, 장애인, 청소년 등 특정 계층과 저소득 시민의 복지증진을 위하여 사회복지기금을 설치 · 운용하는 데 필요한 사항을 규정하는 서울특별시 사회복지기금조례 등이 있다.

(6) 기술적 환경

기술적 환경은 일반적인 기술적 수준 등이 노인복지서비스, 장애인복지서비스, 그리고 여성복지서비스 등을 담당하고 있는 사회복지조직에 일정한 영향을 미친다는 조건이다. 심리학에서의 행동수정이론이 사회복지조직의 행동수정 관련 서비스를 향상시킨 것, 정신작용약물의 발견이 사회복지조직의 정신건강 관련 서비스를 높인 것 등이 이에 해당된다.

2) 과업환경

(1) 재정자원의 제공자

과업환경으로서 사회복지조직에 대한 재정자원의 제공자는 조직에 가장 큰 영향을 미치는 요인으로서, 중앙정부 · 지방정부 등의 공공부문과 개인 · 기업체 · 종교단체 등의 민간부문이 그것이다. 이 중 대부분의 재정은 중앙정부 · 지방정부 등의 정부보조에 의존하는 비율이 높다고 할 수 있으며, 이 외의 부분에 대해서는 재정자원의 제공자로부터 모금활동을 수행하고 사회복지조직에 배분하는 사회복지공동모금회 등이 있다.

(2) 정당성의 제공자

정당성의 제공자는 조직에 큰 영향을 미치는 요인으로서, 이는 법률, 조례 등의 법규에 의해서 부여되며, 이를 통해서 사회복지조직은 합법성과 권위를 갖게 되는 것이다.

[정부조직법] - 2017년 12월 말 기준

제26조(행정각부) ① 대통령의 통할하에 다음의 행정각부를 둔다.

1. 기획재정부 2. 교육부 3. 과학기술정보통신부 4. 외교부 5. 통일부 6. 법무부 7. 국방부 8. 행정안전부 9. 문화체육관광부 10. 농림축산식품부 11. 산업통상자원부 12. 보건복지부 13. 환경부 14. 고용노동부 15. 여성가족부 16. 국토교통부 17. 해양수산부 18. 중소벤처기업부

제38조(보건복지부) 보건복지부장관은 보건위생 · 방역 · 의정(醫政) · 약정(藥政) · 생활보호 · 자활지원 · 사회보장 · 아동(영 · 유아 보육을 포함한다) · 노인 및 장애인에 관한 사무를 관장한다.

[출처] 법제처〈http://www.moleg.go.kr〉를 근거로 구성.

예를 들어, 문재인정부의 정부조직법에서는 대통령의 통할하에 행정각부를 두고 있으며, 특히 대표적 공공사회복지조직인 보건복지부를 제38조에 규정하여, 사회복지조직에 정당성을 제공하고 있다. 또한 서울특별시 사회복지시설 설치 및 운영에 관한 조례에서는 대표적 민간복지조직인 사회복지시설의 목적, 정의, 그리고 설치 등을 규정하고 있다는 점에서, 마찬가지로 사회복지조직에 정당성을 부여하고 있다.

[서울특별시 사회복지시설 설치 및 운영에 관한 조례] - 2017년 12월 말 기준

제1조(목적) 이 조례는 사회복지시설을 설치·운영하는 데 필요한 사항을 규정함으로써 사회복지를 필요로 하는 시민이 인간다운 생활을 할 수 있도록 함을 목적으로 한다.

제2조(정의) 이 조례에서 사용하는 용어의 뜻은 다음과 같다.

1. "사회복지시설"이란 「사회복지사업법」 제2조 제1호에 따라 사회복지사업을 행할 목적으로 서울특별시(이하 "시"라 한다)에서 설치하는 노인·장애인·여성·아동복지 관련 시설, 사회복지관과 부랑인 및 노숙인 보호시설 등을 말한다.
2. "사회복지를 필요로 하는 자"란 「사회복지사업법」 제2조 제1호 각 목의 어느 하나에 해당되는 법률에 따라 보호 등을 받는 대상자를 말한다.

제3조(설치 등) 이 조례에 따라 설치·운영하는 사회복지시설의 명칭·위치 및 그 주요기능은 별표와 같다.

[출처] 서울특별시청〈http://www.seoul.go.kr〉을 근거로 구성.

이 외에 지역사회, 클라이언트집단, 그리고 전문가집단 등도 사회적 승인을 근거로 사회복지조직에 정당성을 제공하고 있다.

(3) 클라이언트의 제공자

클라이언트의 제공자는 조직에 큰 영향을 미치는 요인으로, 공공기관, 학교, 교회, 그리고 경찰 등으로 다양하며, 이들은 중증장애인 등의 클라이언트를 사회복지조직에 제공하여 사회적 정상수준으로 이끌기 위해 노력한다.

(4) 보충적 서비스의 제공자

보충적 서비스의 제공자 역시 조직에 큰 영향을 미치는 요인이다. 사회복지조직에서는 모든 서비스를 제공할 수 없다는 점에서, 다른 기관에 일부의 서비스를 의뢰할 수밖에 없다. 즉, 사회복지조직이 인간문제에 대한 포괄성의 원칙을 지향함으로써 서비스의 효과성과 효율성을 높일 수 있다는 점에서, 조직은 주된 서비스를 보충해줄 수 있는 보충적 서비스의 제공자와의 공식적 또는 비공식적 협조체계를 유지해야 한다.

(5) 조직산출물의 소비 · 인수자

조직산출물의 소비·인수자는 조직에 큰 영향을 미치는 요인으로, 사회복지조직은 문제나 욕구가 있는 클라이언트를 조직의 외부에서 내부로 투입하고, 상담기법 등의 기술을 활용하여 변화된 사회적 지위, 신체, 그리고 정신을 가진 인간을 산출하는 것이다. 이에 따라 변화된 상태의 클라이언트를 받아들일 수 있는 인수자 또는 소비자가 있어야 하는데, 학교, 기업, 그리고 가족 등이 이에 해당된다.

(6) 경쟁하는 조직들

경쟁하는 조직들 역시 조직에 큰 영향을 미치는 요인인데, 이들은 클라이언트나 재정자원 등을 둘러싸고 치열한 경쟁을 전개한다. 즉, 노인복지 유료시설인 실버타운의 경우, 노인들을 유치하기 위해 치열한 생존경쟁을 벌이고 있으며, 사회복지시설은 정부로부터의 재정지원이나 민간으로부터의 기부금 등을 다른 조직보다 좀 더 높은 수준으로 지원받기 위해 서비스의 개선 등을 통해 경쟁력을 높인다.

2. 사회복지조직과 환경과의 관계 흐름

전술한 사회복지조직을 둘러싼 일반환경 · 과업환경의 흐름을 조명해 보면 [그림 5−1]과 같다.

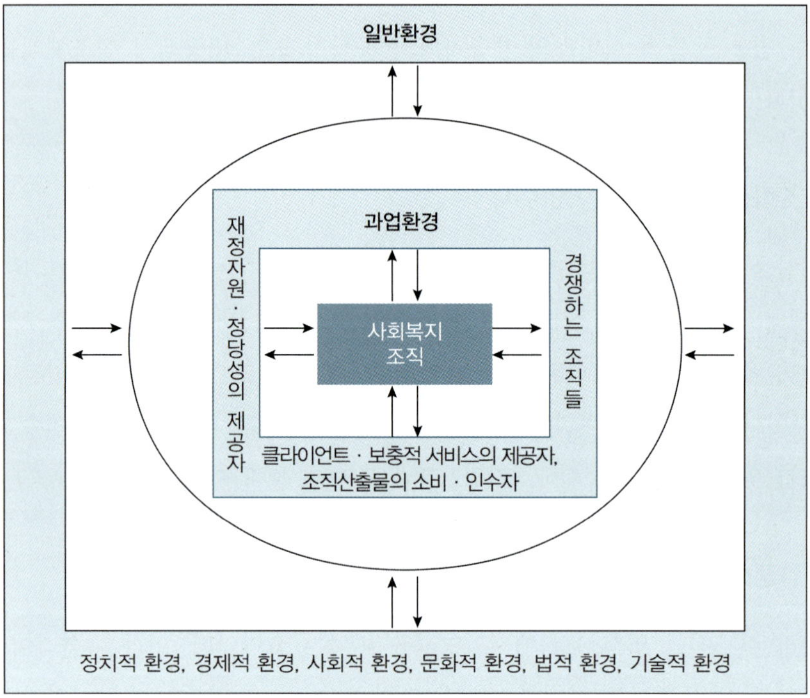

[그림 5−1] 사회복지조직과 환경과의 관계 흐름도

즉, 재정자원의 제공자 등 과업환경은 사회복지조직에 직접적으로 영향을 미치면서, 사회복지조직으로부터 영향을 받는 상호작용의 흐름을 보인다. 그리고 정치적 환경 등 일반환경의 경우도 과업환경뿐만 아니라 사회복지조직에 영향을 미치면서 이들에게 영향을 받는 행태를 보인다.

제 2 절 환경의존의 조건과 대응전략

1. 환경의존의 강화조건과 상쇄조건

환경의존을 강화하는 조건과 상쇄하는 조건을 살펴보면 〈표 5-4〉와 같다.

먼저, 환경에 대한 의존을 강화하는 조건인 환경의존 강화조건에는 사회복지시설 등 사회복지조직에 대해 정부 등 외부에서 정책을 강요하는 경우, 인적·물적자원을 낮은 수준으로 소유하는 경우, 대체서비스의 가용성이 낮은 수준인 경우, 이념의 승인에 있어서 필연적으로 정부 등 외부에서 승인을 받아야 하는 경우, 그리고 문제에 대한 부정확한 대안을 소유하는 경우 등이 있다.

반면, 환경에 대한 의존을 상쇄하는 조건인 환경의존 상쇄조건에는 사회복지시설 등 사회복지조직에 대해 정부 등 외부에서 정책을 강요하지 않고 자유를 주는 경우, 인적·물적자원을 높은 수준으로 소유하는 경우, 대체서비스의 가용성이 높은 수준인 경우, 이념의 승인에 있어서 자체승인이 가능한 경우, 그리고 문제에 대한 정확한 대안을 소유하는 경우 등이 있다.

〈표 5-4〉 사회복지조직의 환경의존 강화조건과 상쇄조건

환경의존 강화조건	분류기준	환경의존 상쇄조건
외부정책의 강요	외부정책	외부정책의 자유
낮은 수준의 소유	주요 자원의 소유	높은 수준의 소유
낮은 수준의 자체가용성	대체서비스의 자체가용성	높은 수준의 자체가용성
외부승인	이념의 승인	자체승인
부정확한 대안 소유	대안의 정확성	정확한 대안 소유

즉, 환경의존 강화조건이 낮은 수준이면 의존을 상쇄할 수 있고, 환경의존 강화조건이 높은 수준이면 의존을 상쇄하기가 어려워지는 것이다.

2. 환경의존에 대한 대응전략

일반적으로 사회복지조직이 환경에 지나치게 높은 수준으로 의존하게 되면, 조직에 불안감을 가져다주고, 외부압력에 대한 취약성을 갖게 되며, 조직 내부의 권위와 생존도 위협을 받게 된다. 문제는 조직이 자치권을 갖지 못하여 허수아비로 전락할 수도 있다는 것이다. 환경과의 관계에 있어서 이에 대한 대응전략으로는 권위주의적 전략, 경쟁적 전략, 협동적 전략, 그리고 방해적 전략 등이 있다.[4)]

1) 권위주의적 전략

환경의존에 대응한 권위주의적 전략(authoritarian strategy)은 조직이 우월한 자금과 권위 등을 관장함으로써 사회복지전달체계에서 높은 위치를 점하고 있을 때, 외부조직 등 환경과의 교환관계에서 유리한 위치를 차지하는 전략이라고 할 수 있다.

이러한 전략은 조직이 다른 조직에게 정확한 행동을 하도록 권력을 사용하고, 이들 행동을 권장한다는 점에서 권위주의적이라고 할 수 있는데, 이는 조직이 전달체계의 조직들 가운데 그러한 명령을 할 수 있을 정도로 높은 수준의 권력을 지니고 있다는 것을 말한다.

일례로, 중앙정부조직이 지방정부조직에게 보조금을 하달하고 지침을 시달하거나, 지방정부조직이 민간사회복지조직에게 보조금을 전달하고 지도·감독 등을 시행하는 것 등이 이에 해당된다.

권위주의적 전략을 활용하는 것은 조직의 자율성에 영향을 미치지 않고도 외부조직이 교환조건에 상응하도록 할 수 있기 때문에 효과적인 방법이라고 할 수 있는 반면, 본 전략을 사용할 수 있는 조직이 소수에 한정될 수밖에 없으며, 명령에 대한 순응여부를 감시하기 위한 비용이 수반될 수 있다는 점에서 한계가 있다.

---

4) 환경의존에 대한 대응전략은 전술한 자원의존론에서 톰슨과 맥퀸, 벤슨의 견해를 고찰하였으나, 여기에서는 이를 근거로 수정하여 일반적인 견해로 접근하고자 한다.

2) 경쟁적 전략

경쟁적 전략(competitive strategy)은 서비스의 질과 절차 등에 있어서 다른 외부조직들과 경쟁을 하여 세력을 증대시키는 전략으로서, 이를 통해 외부조직 등 환경과의 교환관계에서 유리한 위치를 차지할 수 있다.

일례로, 노인복지시설의 경우 경쟁을 통해 노인복지서비스의 성공확률이 높아지고, 고객지향성의 절차 등을 가지게 된다면, 본 조직에 대한 클라이언트의 수요가 높아지며, 정부 등의 보조금 확대 등으로 인해 양질의 조직을 갖추게 된다.

경쟁적 전략을 활용하는 것은 클라이언트로 하여금 선택의 폭을 넓혀주고 질 높은 서비스를 받게 하는 장점이 있는 반면, 권위와 명성이 경쟁적 지위를 향상시키기 위한 주요 변수가 된다는 점에서 사회복지조직은 성공률이 높은 클라이언트 위주로 받아들일 수 있고, 지나친 경쟁은 서비스의 중복과 자원낭비를 초래할 수 있는 한계를 지니고 있다.

3) 협동적 전략

협동적 전략(cooperative strategy)은 조직이 과업환경 내 외부조직에게 필요한 서비스를 제공하고, 또한 다른 서비스를 제공받음으로써 서비스를 획득하는 데 느낄 수 있는 불안감을 상호 간에 해소시키는 전략으로서, 사회복지조직에서 가장 많이 사용하는 전략이다.

세부적 유형은 계약, 연합, 그리고 흡수로 대별할 수 있는데, 계약(contract)은 두 조직 사이의 서비스 교환을 위한 공식·비공식적 협의로서, 정부가 사회복지시설에 운영자원을 제공하고 사회복지시설은 클라이언트에 대한 서비스를 실시하는 것 등이 있다. 그러나 본 세부전략은 조직의 서비스선택범위를 좁히고, 자율성을 침해하며, 조직의 목적과 부합하지 않는 서비스를 제공받을 우려가 있고, 부적절한 계약으로 인해 서비스가 부실해질 수 있는 한계가 있다.

연합(coalition)은 여러 조직들이 협동으로 사업을 추진하기 위하여 인적 및 물적

자원 등을 결합하는 것으로서, 민간사회복지조직들이 공동모금회의 재원을 배정받기 위해 연합하는 것 등이 이에 해당된다. 그러나 본 세부전략은 여러 조직의 연합으로 인해 자원이 낭비될 수 있고, 불화가 발생할 수 있으며, 이익배분과정에서 의견불일치 등이 나타날 수 있는 문제점이 있다.

마지막으로, 흡수(absorption)는 과업환경 내 외부조직의 대표자들을 조직의 지도층으로 흡수시켜 조직의 안정 및 생존에 대한 위협을 피하는 것으로서, 사회복지관에 지역주민대표자 등을 의사결정에 참여시키는 것 등이 이에 해당된다. 그러나 본 세부전략 역시 조직의 의사결정에 외부대표를 참여시키는 것이라는 점에서, 조직의 목적과 활동 등에 있어 자율성을 침해당할 수 있는 한계가 있다.

4) 방해적 전략

방해적 전략(obstructive strategy)은 외부조직의 자원생산능력을 위협하는 행동을 의도적으로 하는 전략으로서, 이를 통해 외부조직이 조정되기를 바라고, 더 나아가 의존관계를 상당부분 변화시킬 수 있는 것이다. 이러한 방해전략은 조직 간에 이루지는 경우도 있지만 대개는 힘이 없는 클라이언트나 잠재적 클라이언트가 사회복지조직에 대하여 사용하는 경우가 많다.

일례로, 장애인복지시설의 경우 이사진이 장애인수당을 횡령하고, 장애인에 대해 폭력을 가하여 이들이 상당부분 종속 · 고통에 노출되어 있다면, 이를 보건복지부 등에 탄원하여 정상적인 운영체계로 조정할 수 있다.

이처럼 방해적 전략은 빈민, 장애인 등 소외계층에 의해서 사회복지조직이 조정되는 데 효과적일 수 있는 반면, 그 효과가 미미한 것으로 끝나고 오히려 사회복지행정 내에 존재하는 근본적인 불평등, 즉 회생가능한 클라이언트와 회생불가능한 클라이언트에 대한 서비스제공의 보이지 않는 차별 등을 다른 쪽으로 돌리는 결과를 초래할 수 있는 것이다.

CHAPTER 06

사회복지행정의 전달체계

제1절 사회복지행정의 전달체계 의의

1. 사회복지행정의 전달체계 개념

사회복지행정의 전달체계(delivery system)란 사회복지서비스의 공급자(중앙정부·지방정부 등의 공공부문, 한국사회복지사협회·사회복지협의회·사회복지공동모금회 등의 민간부문 등) 간 또는 공급자와 소비자(클라이언트 등) 간을 연결시키는 조직적 장치로서, 궁극적으로는 이러한 시스템을 통해 클라이언트의 사회적 복귀 등을 도모하는 조직적 체계라고 할 수 있는 것이다.

2. 사회복지행정의 전달체계 원칙

사회복지행정에 있어서 그 전달체계는 다양하게 접근할 수 있으나 본 절에서는 전문성의 원칙 등 7가지로 조명하고자 한다(김영종, 2007 ; 김형식·이영철·신준섭, 2002 ; 최성재·남기민, 2007).

1) 전문성의 원칙

사회복지행정의 전달체계로서 전문성의 원칙(principle of professionality)이 있다. 사회복지행정의 제공업무는 그 특성에 따라 반드시 전문가가 행하지 않아도 되는 부분이 있지만 핵심적 주요 업무는 반드시 전문가가 담당해야 한다.

사회복지분야의 종사자는 전문성의 정도에 따라 전문가, 준전문가, 그리고 비전문가로 구분할 수 있다.

먼저, 전문가(professional)란 상식적으로 생각하는 경험과 지식이 많은 사람이 아니라 자격이 객관적으로 인정된 사람으로 자신의 전문적 업무에 대한 권위, 자율적 결정권, 그리고 책임성을 지닌 사람을 의미하는데 사회복지사 등이 이에 해당된다.

준전문가(para-professional)는 업무의 성질상 전문성을 덜 요하는 사람을 말하고, 비전문가(non-professional)는 비숙련업무 및 일반행정업무를 담당하는 사람으로서 자원봉사자 등이 이에 해당된다. 어쨌든, 사회복지행정의 서비스는 헌신적 자세, 경험, 교양, 그리고 상식만 있으면 누구나 할 수 있는 성질의 것이 아니라는 점에서, 이러한 원칙은 반드시 지켜져야 할 것이다.

2) 적절성의 원칙

사회복지행정의 전달체계로서 적절성의 원칙(principle of appropriateness)은 사회복지서비스가 클라이언트 등의 정신적·육체적 욕구라는 현실을 얼마만큼 충족시켰고 서비스의 목표는 얼마만큼 충분히 달성했는지를 나타내는 것이라고 할 수 있다.

이는 양적인 서비스뿐만 아니라 질적인 부분도 포괄하는 것으로, 사회복지서비스에서 복지사각지대에 놓여 있는 노인, 장애인, 여성 등의 욕구와 서비스 사이의 괴리가 적절했는지를 나타내는 원칙이다. 이러한 대상자들의 욕구에 대한 적절성은 시간과 공간에 따라 다르게 나타난다.

한국의 경우, 산업화 이전에는 절대빈곤시대였으나 이후에는 삶의 질이 상당부분 향상되었다는 점에서 대상자들의 욕구수준과 유형은 달라질 수밖에 없다. 또한 선진국가와 후진국가에 거주하는 대상들의 욕구 역시 같을 수가 없다는 점에서 획일적인 적절성은 존재하지 않는 것이다.

3) 통합성의 원칙

통합성의 원칙(principle of unification)은 클라이언트의 문제가 복합적이고 상호 연관되어 있기 때문에 이러한 문제의 해결을 위한 서비스들도 서로 연관시켜 통합적으로 제공해야 한다는 원칙이다.

즉, 한 클라이언트의 각각 다른 문제들을 해결하기 위한 서비스들이 서로 연결성 없이 제공된다면 클라이언트를 조각으로 분리하는 것과 같을 것이다. 양호·급식·영양교육·가족계획교육 등의 통합이 필요한 보육프로그램, 보육·보건·급식·사회사업서비스 등의 통합이 필요한 미혼모프로그램 등이 그것이다. 한편 서비스가 통합적으로 제공되기 위해서는 한 관리자 아래 서비스들이 제공되고, 서비스제공조직들이 지리적으로 서로 가까우며, 서비스프로그램 간 또는 서비스조직 간에 상호 유기적인 협조체제가 갖추어져 있어야 한다.

결국, 전술한 포괄성의 원칙이 한 클라이언트의 문제에 대한 세부문제들을 해결하기 위해서 포괄적인 다양한 서비스가 제공되어야 하는 원칙이라면, 본 원칙은 이들 서비스프로그램을 연계하고 통합하는 차원에 초점을 맞추고 있는 것이다.

4) 지속성의 원칙

지속성의 원칙(principle of continuity)은 한 개인의 문제나 욕구를 해결하는 과정에서 서비스의 종류와 질이 달라져야 하는 경우가 많다는 점에서, 이때 한 개인이 필요로 하는 다른 종류와 질을 조직 또는 지역사회 내에서 연속적이고 지속적으로 받을 수 있도록 하여야 한다는 원칙이다.

지속성의 원칙이 잘 적용되기 위해서는 같은 조직 내의 서비스프로그램 간 상호 협력이 잘 이루어져야 할 뿐만 아니라 지역사회 내의 사회복지서비스조직 간에도 유기적으로 연계가 이루어져야 한다.

그러나 클라이언트의 문제를 서비스전달자 어느 한 사람이 파악하고 필요한 서비스를 연결하며 사후 확인하는 절차와 방법을 취하지 못하는 경우가 많기 때문에 이러한 원칙이 제대로 적용되지 못하는 경우가 높은 수준으로 존재할 수 있다. 따라서 전술한 사례관리방법을 활용하는 것도 생각할 수 있을 것이다.

5) 평등성의 원칙

평등성의 원칙(principle of equality)은 저소득층을 위한 공공부조 등 특별한 경우를 제외하고는 기본적으로 성별, 연령, 소득, 지역, 종교, 지위 등에 관계없이 모든 국민에게 사회복지서비스를 제공하여야 한다는 것으로, 선별주의보다는 보편주의에 입각한 원칙이라고 할 수 있다.

현대사회에서는 사회적 변화에 의하여 개인의 경제적 형편에 관계없이 많은 문제들이 발생하고 있는데, 성폭력문제, 이혼문제, 산업재해문제, 그리고 교통사고에 의한 장애문제 등이 있다. 국가는 사회복지서비스를 이런 모든 사람들에게 평등하게 제공하여야 한다는 것이다.

6) 책임성의 원칙

책임성의 원칙(principle of accountability)은 사회복지조직 자체가 국가 및 사회로부터 사회복지서비스를 전달하도록 위임받은 조직이라는 점에서, 이들 조직은 사회복지서비스의 전달에 대하여 책임을 져야 한다는 원칙이다.

책임을 져야 할 주요 내용은 수혜자의 욕구에 대한 적절한 대응, 전달절차의 적합, 그리고 서비스의 전달과정에 있어서 불평과 불만에 대한 수렴장치의 적합 등이 이에 해당된다.

7) 접근성의 원칙

접근성의 원칙(principle of accessibility)은 클라이언트가 사회복지시설 등을 얼마만큼 편리하게 이용할 수 있는지를 나타내는 것이라고 할 수 있다. 복지사각지대에 놓여 있는 대상자들에게 복지시설 등은 필수적이라는 점에서 높은 수준의 접근성은 매우 중요한 가치가 되는 것이다.

접근성을 저해하는 장애요인으로는 서비스에 관한 낮은 수준의 정보적 장애, 원거리 또는 교통 불편 등의 지리적 장애, 자신의 문제노출에 대한 두려움·수치감 등의 심리적 장애, 클라이언트로 선정되는 데 있어서 자산조사의 엄격한 적용 등으로 인한 선정절차상의 장애, 그리고 상담자 부족 등의 자원적 장애 등이 있다.

이러한 장애요인들을 가급적 제거한다면 클라이언트가 사회복지시설 등에 쉽게 접근하여 서비스를 제공받을 수 있는 것이다.

3. 사회복지행정의 전달체계 유형

사회복지행정의 전달체계는 접근입장차이로 다양하게 정의되고 있으나, 본 절에서는 크게 기능별 유형, 서비스별 유형, 그리고 주체별 유형으로 대별하고자 한다.

1) 기능별 유형

기능별 유형(type classified by function)에 따르면 사회복지서비스의 전달을 기획, 지원, 그리고 관리하는 행정체계와 전달자가 수혜자와 상호접촉을 하면서 서비스를 직접 전달하는 집행체계로 나눌 수 있는데, 사회복지관의 관장·자문위원회·기획관리부 등은 행정체계에 속하며, 일선부서인 장애인복지부·노인복지부·아동복지부 등은 집행체계에 해당된다고 할 수 있다.

2) 서비스별 유형

서비스별 유형(type classified by service)은 서비스의 종류와 성격 등에 따라 분류할 수 있는데, 아동 관련 공공기관·보육시설 등의 아동복지서비스전달체계, 청소년 관련 공공기관·청소년시설 등의 청소년복지서비스전달체계, 노인 관련 공공기관·양로원 등의 노인복지서비스전달체계, 여성 관련 공공기관·여성복지관 등의 여성복지서비스전달체계, 그리고 장애인 관련 공공기관·장애인시설 등의 장애인복지서비스전달체계 등이 해당된다.

3) 주체별 유형

주체별 유형(type classified by subject)은 사회복지행정의 전달체계를 누가 운영하는가에 따른 것으로, 중앙정부 · 지방정부 등의 공공전달체계, 사회복지시설 · 기업복지재단 등의 민간전달체계, 그리고 이들의 혼합인 공공 · 민간전달체계 등이 해당된다.

한편, 주체별 유형은 공공전달체계를 중심으로 다시 종속형, 대등형, 그리고 동반형으로 유형화할 수 있다([그림 6-1] 참조).

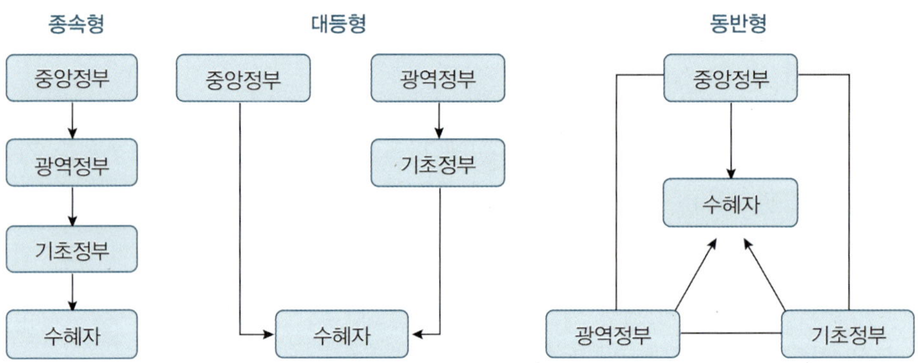

출처 : 홍석현 · 박은혜(2009)를 근거로 재구성.

[그림 6-1] 공공전달체계의 유형

(1) 종속형

종속형(dependent type)은 광역정부(시도 · 광역지방자치단체)가 중앙정부에 종속되어 있고, 다시 기초정부(시군구 · 기초지방자치단체)가 광역정부에 종속되는 행태를 취하는 것으로, 이는 지방정부가 중앙정부의 집행기관으로서의 역할을 수행하고 있다는 점에서 자치권이 위축되어 있는 행태인 것이다.

기본적으로, 종속형은 중앙정부에서 결정된 사회복지급여가 광역정부를 경유하여

기초정부에 전달되고, 다시 기초정부는 수혜자에게 전달하는 경로를 갖게 된다. 우리나라의 경우가 본 유형에 해당된다고 할 수 있다.

(2) 대등형

대등형(equal type)은 중앙정부와 광역정부가 대등한 관계를 유지하는 가운데 광역정부의 자치권이 뚜렷이 보장되지만 기초정부는 광역정부에 종속되는 관계를 유지하고 있어 자치권의 제한을 받는 유형을 의미한다.

기본적으로, 대등형은 중앙정부와 광역정부가 독자적으로 수혜자에게 사회급여를 제공한다.

(3) 동반형

동반형(partnership type)은 중앙정부, 광역정부, 그리고 기초정부가 동반자적 관계를 유지하는 행태로서, 본 유형에서는 광역정부뿐만 아니라 기초정부의 자치권도 보장되어 모든 정부는 협력적 관계를 갖게 된다. 즉, 정부 간 관계만으로 볼 때는 가장 이상적인 유형이라고 할 수 있는 것이다.

본 유형은 중앙정부, 광역정부, 그리고 기초정부가 독자적으로 수혜자에게 서비스를 제공하지만 파트너로서의 협의관계를 유지한다. 따라서 제공되어야 할 서비스의 공백이 최소화될 뿐만 아니라 보완적인 관계에 있기 때문에 중복급여도 최소화되는 것이다.

결국, 본 유형에서 중앙정부는 일관성 있게 수혜자에게 사회복지급여를 제공할 수 있고 지방정부는 지역경제적 여건을 고려하여 지역특성에 맞추어 사회복지급여를 제공할 수 있는 것이다.

제2절 사회복지행정의 공공전달체계

1. 공공전달체계의 주체

1) 중앙정부

보건복지부, 고용노동부, 여성가족부 등의 중앙정부는 사회복지행정의 주체로서 일정역할을 담당하고 있는데, 대략적으로 다음과 같은 역할을 수행한다(현외성, 2005).

첫째, 국가보조금을 지원하는 역할이다. 중앙정부는 지방정부나 민간사회복지기관 등에 국가보조금을 지원하여 이들의 복지활동을 돕는다. 중앙정부의 지원은 이들 기관에 직접 전달하는 직접지원형식과 세금감면이나 면제의 간접지원형식 등이 있다. 이러한 국가보조금의 지원은 사회복지의 기능 자체가 국가의 책임이라는 점, 재원조달에 한계가 있는 공급주체에 보조금을 지급하는 점 등에 근거해서 추진되고 있는 것이다.

둘째, 규제자로서의 역할이다. 중앙정부는 사회복지 관련 법규를 통해서 민간사회복지시설 등을 규제한다. 즉, 중앙정부는 관련 법규에 의해 민간사회복지시설의 활동범위 등을 통제하여 그들이 기대하는 정책목표를 달성하도록 유도하는 것이다.

셋째, 사회복지인력의 고용자로서의 역할이다. 중앙정부는 공공복지의 현장이라고 해도 과언이 아니라는 점에서, 사회복지인력을 직접 채용하여 사회복지실천 등을 수행하는 거대한 조직 중의 하나인 것이다.

전술한 내용에 착안하여 중앙정부가 담당하고 있는 복지업무현황을 살펴보면, 보건복지부는 노인복지 · 장애인복지 · 국민연금 · 건강보험 · 노인장기요양보험, 고용노동부는 산재보험 · 고용보험, 여성가족부는 여성복지, 청소년복지 등을 담당하고 있다. 그리고 안전행정부는 공무원연금, 교육과학기술부는 사립학교연금, 국방부는 군인연금 등을 맡고 있다는 점에서, 모든 중앙정부가 일정부분 복지정책의 주체로서의 기능을 담당하고 있는 것이다.

한편, 중앙정부 전달체계의 장단점 중 먼저 장점을 살펴보면, 중앙정부는 대량생산된 재화 등을 모든 수혜자에게 제공하므로 규모의 경제를 높일 수 있고, 중앙차원에서 사회복지급여를 전국에 균등하게 제공할 수 있으므로 사회적 평등성도 이룰 수 있다. 그리고 중앙정부는 다양한 사회복지요구를 바탕으로 다양한 프로그램을 통합·조정하여 모든 수혜자들을 포괄할 수 있는 프로그램을 산출하고 상대적으로 높은 수준의 재정이 존재하기 때문에 서비스의 지속성을 갖는다.

반면, 단점도 발견되는데, 중앙정부에서 제공하는 재화들은 일반적으로 수혜자의 다양한 선택요구를 반영하기가 어렵기 때문에 수혜자들의 효용을 극대화하는 데는 한계가 있고, 제공하는 재화들은 공급자가 독점적일 수 있기 때문에 재화의 질 등에 있어서 수혜자에게 불리할 수 있다. 그리고 수혜자들이 사회복지행정과 관련하여 중앙정부에 접근하기에도 한계가 있을 수 있다(〈표 6-1〉 참조).

〈표 6-1〉 중앙정부 전달체계의 장단점

장 점	단 점
높은 수준의 규모의 경제	낮은 수준의 효용성
높은 수준의 사회적 평등성	독점공급으로 인한 질 저하
높은 수준의 서비스 지속성	낮은 수준의 수혜자 접근성

2) 지방정부

공공전달체계의 주체인 지방정부 역시 중앙정부 못지않게 중요한 역할을 담당하고 있다. 특히, 지방자치제도가 발달한 국가일수록 이와 같은 현상은 두드러지는데, 수혜자인 지역주민에게 상대적으로 효율적이고 효과적인 급여를 제공할 수 있다는 것이다. 즉, 중앙정부는 지역과 상당부분 거리가 있고, 지역수혜자에게 맞는 사회복지서비스 등의 복지제공에 있어서 한계가 있는 반면, 지방정부는 지역이 가진 특수한 욕구에 신속하고 전문적으로 대응하여 현실을 반영할 수 있는 위치에 있다.

지방정부의 복지업무는 사회복지전담공무원이 담당하고 있는데, 이는 1987년 별

정직 49명 정원으로 시작되었다.

한편, 지방정부 전달체계의 장단점 중 먼저 장점을 살펴보면, 지방정부에서 제공하는 재화들은 일반적으로 지역수혜자의 다양한 요구를 반영시킬 수 있기 때문에 수혜자들의 효용을 극대화할 수 있고, 제공하는 재화들은 지방정부들 간의 경쟁을 유발시켜 경쟁논리에 의하여 재화의 질 제고 측면에서 유리할 수 있다. 그리고 지역 수혜자들이 사회복지행정과 관련하여 상대적으로 중앙정부에 비해 지방정부에 접근하는 것이 용이하다.

반면, 단점도 발견되는데, 지방정부는 중앙정부에 비해 상대적으로 소량 생산된 재화 등을 수혜자에게 제공하므로 규모의 경제는 낮을 것이고, 지역 간에 복지급여 제공 등이 다르기 때문에 불평등을 야기시켜 전체적으로 사회통합을 저해할 수도 있다. 그리고 중앙정부에 비해 지역수혜자들의 요구에 따른 기존 서비스의 변경이 빈번할 수 있으며 상대적으로 낮은 수준의 재정으로 인해 지속성에는 한계가 있을 수 있다(〈표 6-2〉 참조).

〈표 6-2〉 지방정부 전달체계의 장단점

장 점	단 점
높은 수준의 효용성	낮은 수준의 규모의 경제
경쟁공급으로 인한 질 제고	낮은 수준의 사회적 평등성
높은 수준의 수혜자 접근성	낮은 수준의 서비스 지속성

2. 공공전달체계의 흐름

공공전달체계는 보건복지부, 고용노동부, 행정안전부, 그리고 지방정부 등이 사회보험, 공공부조, 그리고 사회복지서비스 등을 수혜자에게 전달하는 체계이다.

사회보험은 중앙정부차원에서 전달되고, 공공부조와 사회복지서비스는 중앙정부뿐만 아니라 지방정부도 전달주체가 된다. 국민연금과 건강보험·노인장기요양보험은 보건복지부의 소관이 되고 산하에 있는 국민연금공단과 국민건강보험공단의 지부를 통해 가입자는 보험료를 납부하고 수혜자는 보험료를 수급하는 체계를 갖는다. 산재보험과 고용보험은 고용노동부의 소관이 되고 산하에 있는 근로복지공단의 지부를 통해 수혜자에게 전달하는 체계를 갖는다.

반면, 공공부조와 사회복지서비스는 보건복지부의 소관임에도 불구하고 산하에 지부조직이 부재하다는 점에서 행정안전부의 지침을 받는 시·도, 시·군·구 등 지방정부가 담당하고 있다. 즉, 보건복지부가 지방정부에 지침을 시달하고 예산을 지원하는 체계이다([그림 6-2] 참조).

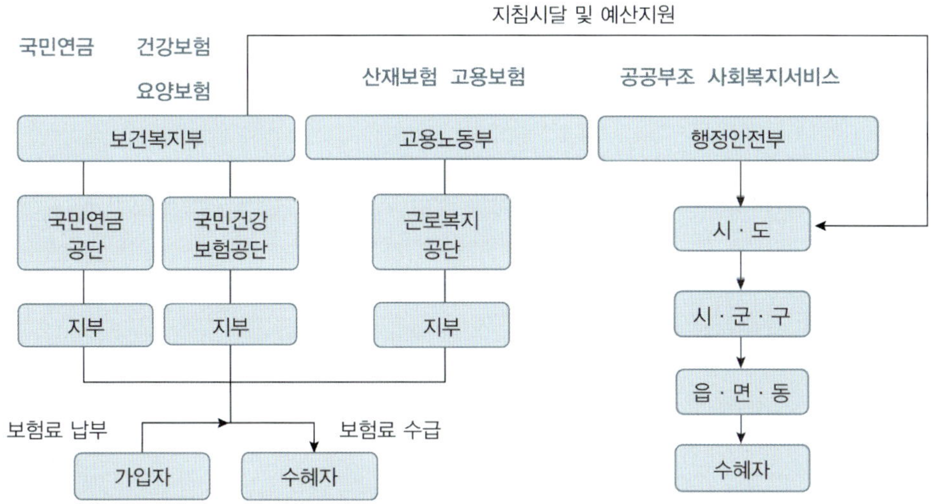

출처: 현외성(2005: 237)을 근거로 재구성.

[그림 6-2] 사회복지행정의 공공전달체계[1)]

1) 노인장기요양보험의 재원은 보험료, 본인부담, 그리고 정부(중앙·지방)의 지원으로 구성되며, 요양시설의 지도·감독 등은 보건복지부의 지침을 받아 지방정부에서 담당한다.

3. 공공전달체계의 문제점

공공전달체계의 문제점을 간략히 살펴보면 다음과 같다.

1) 상의하달식 수직전달체계

공공전달체계는 중앙정부에서 지침을 시달하고, 광역정부에서 기초정부로 이어지는 행태의 상의하달식 수직적 전달체계를 가지고 있기 때문에 중간 및 하부단계인 광역정부와 기초정부 등은 클라이언트의 욕구에 능동적·자율적으로 대처하기 어려운 문제를 가지고 있다.

2) 사회복지행정의 일반행정체계로의 편입

사회복지서비스의 전달을 위한 행정체계가 안전행정부의 지침을 받는 지방정부의 일반행정체계에 편입되어 있다는 점에서, 사회복지전문성을 살리지 못하고 있으며, 일부 사회복지전담공무원은 일반행정업무를 겸함으로써 전문성을 발휘하기가 어려워 효율성이 감소되고 있다.

3) 전문인력의 문제

사회복지행정의 수요는 팽창하고 있으나 현실적으로 사회복지전담공무원은 부족한 실정이고, 아울러 이들의 승진기회가 다른 직렬에 비해서 낮은 수준이라는 점에서 사기가 저하되고 있는 것이 사실이다.

4) 서비스의 통합성 결여

현재 18부 5처 17청(문재인정부)의 모든 중앙정부 공공전달체계 등은 일정부분 사회복지행정의 업무를 담당하고 있으나, 이들 조직은 독립적으로 분리되어 설치·운영되고 있다는 점에서 낮은 수준의 통합성을 나타내고 있다. 결국 이러한 점은 클라이언트 등에 대한 서비스의 단편성을 초래할 가능성이 높다.

5) 위원회 활동의 부진

사회복지행정의 전달체계 내에 자문 및 심의위원회 등 다양한 위원회가 존재하고 있지만 형식적으로 운영되고 있다는 점에서, 클라이언트의 삶의 질을 제고하는 데 한계로 작용하고 있는 것이 사실이다.

제 3 절 사회복지행정의 민간전달체계

1. 민간전달체계의 주체

사회복지행정에 있어서 민간전달체계의 주체는 접근입장자이로 다양하게 정의되고 있으나 본 절에서는 한국사회복지사협회 · 사회복지협의회 · 사회복지공동모금회 등의 전국망 민간복지조직, NGO, 기업 및 기업재단의 기업계, 그리고 한국종교계사회복지협의회 등의 종교계로 한정하여 조명하고자 한다.

1) 전국망 민간복지조직

전국에 조직망을 두면서 사회복지업무를 전담하는 대표적인 민간복지조직은 한국사회복지사협회, 사회복지협의회, 사회복지공동모금회 등으로, 이들 단체는 수혜자에게 급여를 직 · 간접적으로 제공하는 사회복지행정 주체로서의 역할을 담당한다.

(1) 한국사회복지사협회

한국사회복지사협회는 1967년 4월에 설립된 단체로 시도지부를 두고 있다. 역할을 살펴보면, 사회복지사 양성, 사회복지사자격증 발급, 사회복지사 관련 조사연구·출판·홍보, 그리고 국내외 사회복지 관련 전문가단체와의 교류·협력 등의 업무를 담당하고 있다.

(2) 사회복지협의회

사회복지협의회는 1952년 2월에 설립된 중앙협의회인 한국사회복지협의회와 독립적 법인체인 시도사회복지협의회, 시군구사회복지협의회가 설치되어 있으며, 한국사회복지협의회의 경우 직능단체, 전국규모단체, 보건의료단체, 그리고 경제·언론·종교계단체를 회원으로 두고 있다.

구체적으로 한국사회복지협의회의 역할을 살펴보면, 사회복지에 관한 조사·연구 및 정책건의, 교육훈련, 자료수집 및 간행물 발간, 계몽·홍보, 자원봉사활동의 진흥, 학술도입과 국제사회복지단체와의 교류, 시도사회복지협의회에 대한 업무지원 및 협력증진, 공동모금사업의 지원, 사회적 취약계층을 위한 지원사업, 그리고 보건복지부장관이 위탁하는 사회복지에 관한 업무 등을 담당하고 있다.

(3) 사회복지공동모금회

사회복지공동모금회는 1998년 11월에 설립된 단체로 시도지부를 두고 있다. 후원 등을 통해 모은 모금액은 전국의 사회복지시설 등의 지원신청을 받아 배분하는데, 배분의 투명성과 효율성을 높이기 위해 경제계·언론계·종교계·노동계 등 각계 전문가로 구성된 이사회와 위원회의 심사를 거쳐 배분하게 된다.

사회복지공동모금회의 역할은 사회복지공동모금, 공동모금재원의 배분·운용·관리, 사회복지공동모금에 관한 조사·연구·홍보 및 교육훈련, 그리고 사회복지공동모금과 관련된 국제교류 및 협력증진 등이다.

2) NGO

NGO(Non Governmental Organization)[2)]는 사회복지행정의 주체로서 적극적 역할을 담당하고 있는데, 대략적으로 다음과 같은 역할을 수행한다(현외성, 2000).

첫째, 직접적 사회복지서비스역할이다.

정부위탁, 자체개발 등을 활용한 NGO의 직접적 사회복지서비스는 높은 수준의 수혜자 접근성과 헌신성, 그리고 낮은 수준의 비용으로 서비스제공을 상당부분 지향할 수 있는 특징을 갖는다. NGO가 직접적 사회복지서비스를 담당하게 된 배경에는 공공부문의 책임분산과 사회복지서비스시설의 한계가 있다고 할 수 있는데, 전자의 경우 NGO에 대해 공공부문의 책임을 일부 또는 전부 전가시킴으로써 공공부문은 자체의 부담을 감소시킬 뿐만 아니라 NGO의 개혁마인드를 둔화시키는 효과까지 기대하는 것이다. NGO 등 민간부문의 정치적 활동에 부담을 느낄 수 있는 정부가 이것을 물리적으로 제재할 수 없을 경우, 시민사회 속에서 이들의 행동반경을 제한하는 가장 보편적인 방법으로 직접적 사회복지서비스의 공간에 이들을 몰입시킨다는 주장이 적지 않게 나오고 있다.

한편, 후자의 경우는 사회복지서비스시설들이 급변하는 상황 속에서 새롭게 등장하는 환경에 적응하지 못할 경우 NGO가 직접적 사회복지서비스의 공간에 참여하게 되는 것이다.

둘째, 여론화역할이다.

복지사각지대를 발굴하여 여론화함으로써 사회문제의 개선에 기여할 수 있는데, 차상위계층, 외국인 노동자, 노숙자, 윤락여성 등에 대한 여론확산을 통해 이들을

2) NGO에 대한 개념은 학자들마다 다양하게 정의되고 있지만, 본 절에서는 NGO를 민간단체이면서 공익을 추구하는 Ⅲ 부문으로 정의한다.
[참조] NGO의 개념틀

구 분		관민행태	
		공공단체	민간단체
이익행태	공익단체	Ⅰ 부문: 부·처·청 등	Ⅲ 부문: NGO 등
	사익단체	Ⅱ 부문: 공사 등	Ⅳ 부문: 이익단체 등

공적인 문제로 전환시키는 역할을 수행하는 것이다.

셋째, 복지운동역할이다.

이는 사회복지 수혜자를 조직하여 이들의 권익을 쟁취하는 데 도움을 주는 것으로, 수혜자는 다른 조직과 비교할 때, 낮은 수준의 힘을 보유하고 있고, 경우에 따라서는 이익집단화 할 수 없는 특성을 가짐에 따라 이들의 권익을 옹호하는 역할을 수행하는 것이다.

넷째, 정책과정에 대한 감시·비판역할도 담당한다.

이는 다원주의사회에서 흔하게 발견되는 복지 관련 예산의 적절성 등을 감시하는 기능, 즉 모니터링 혹은 평가기능으로서 정부의 정책과정 등을 견제하는 것으로 이해할 수 있다.

3) 기업계

사회복지재원이 부족한 상황에서 사회복지부문에 대한 기업 및 기업재단의 기여는 의미 있는 것으로 받아들여진다.

전경련(2006)이 조사한 기업 및 기업재단의 사회공헌에 대한 지출현황을 살펴보면, 기업의 경우 1998년에 3,327억 원을 지출했으나 2005년에는 1조 4,025억 원으로 상승했으며, 기업재단 역시 1,083억 원에서 7,517억 원으로 증가하였다. 이 중 순수한 사회복지부문은 기업의 경우 37.2%, 기업재단은 7.1%로 나타났으나 의료보건 등을 사회복지부문에 포함시킬 경우, 양적으로만 본다면 기업계의 사회복지에 대한 공헌도는 적지 않은 수준으로 파악된다(〈표 6-3〉 참조).

〈표 6-3〉 기업계의 사회공헌지출현황[3]

(단위: 년, 백만 원, %)

구 분		1998	2000	2002	2004	2005
기업	지출액	332,710	706,060	1,086,594	1,228,432	1,402,510
	증가율	−32.1	61.7	47.0	13.1	14.2
	2005년의 지출비중	사회복지(37.2), 의료보건(2.1), 교육・학교 및 학술연구(45.1), 문화예술 및 체육(7.4), 환경보전(1.6), 응급 및 재난구호(1.5), 국제구호활동(2.3), 기타(2.8)				
기업재단	지출액	108,326	164,425	445,456	718,240	751,722
	증가율	−	−	−	−	4.7
	2005년의 지출비중	사회복지(7.1), 의료보건(72.9), 교육・학교 및 학술연구(7.4), 문화예술 및 체육(11.8), 환경보전(0.2), 응급 및 재난구호(0.0), 국제구호활동(0.1), 기타(0.5)				

출처: 전경련(2006)을 근거로 재구성.

4) 종교계

종교계 역시 사회복지행정의 주체로서 중요한 역할을 담당하고 있는데, 사회통합과 사회비판의 역할 등이 그것이다.

먼저, 사회통합의 역할로서, 종교가 사회의 지배적인 가치와 규범을 정당화하면서 사회구성원들 사이에 공동체의식을 제고하여 사회통합을 유도할 수 있는 것이다. 즉, 종교는 믿음과 가치에 대한 권위적인 가르침을 통하여 다양한 의견과 견해 사이의 갈등과 모호성 가운데서 일정 틀을 마련해 줌으로써 빈부격차 등 사회분열을 사회통합으로 전환시킬 수 있는 것이다.

그리고 사회비판의 역할로서, 종교는 경제적 불평등 등에 대하여 날카롭게 비판하고 그 질서에 도전하면서 사회변혁을 촉구한다. 즉, 극심한 빈부격차 등은 사회구조적 요인 등에 기인하고 있다는 점에서, 이를 유발한 정부정책 등에 비판역할을 가

3) 2006년 이후의 자료는 확보상의 문제로 인해 생략하였다. 아울러, 증가율은 전년도 대비이다.

하는 것이다.

한편, 종교계에서 사회복지행정의 주체로서 활동하고 있는 대표적 단체가 한국종교계사회복지협의회라고 할 수 있다. 종교계사회복지협의회는 1998년 6월 출범한 한국종교계사회복지대표자협의회를 사단법인화하여 2004년 12월에 거듭난 사회복지단체로서, 여러 종단이 참여하고 있다.

본 단체의 구체적인 역할은 종단 간 사회복지에 관련된 협력, 사회복지에 관한 정책·학술·회원교육, 공공·민간 사회복지계와의 협력, 종교사회복지 관련 조사연구 및 출판, 회원의 권익보호, 그리고 사회복지에 관한 국민홍보 등으로 요약된다(한국종교계사회복지대표자협의회, 2004).

2. 민간전달체계의 흐름

민간전달체계는 한국사회복지사협회, 사회복지협의회, 그리고 사회복지공동모금회 등이 사회복지서비스를 중심으로 수혜자에게 전달하는 체계를 나타낸다.

민간전달체계는 노인복지, 장애인복지 등 사회복지서비스에 초점을 맞추는데, 일반적으로 보건복지부 등으로부터 예산을 지원받고 행정지도감독을 받는 체계를 이룬다. 한국사회복지사협회가 사회복지사 양성 등을 위해 공공전달체계와 업무협조를 하고, 사회복지협의회는 원활한 사회복지사의 충원 등을 위해 한국사회복지사협회와 협력하게 된다. 그리고 사회복지공동모금회는 후원을 통해 확보한 모금액을 사회복지협의회와의 협조를 통해 사회복지시설 등에 지원하여 수혜자에게 제공하도록 하는 체계를 이룬다([그림 6-3] 참조).

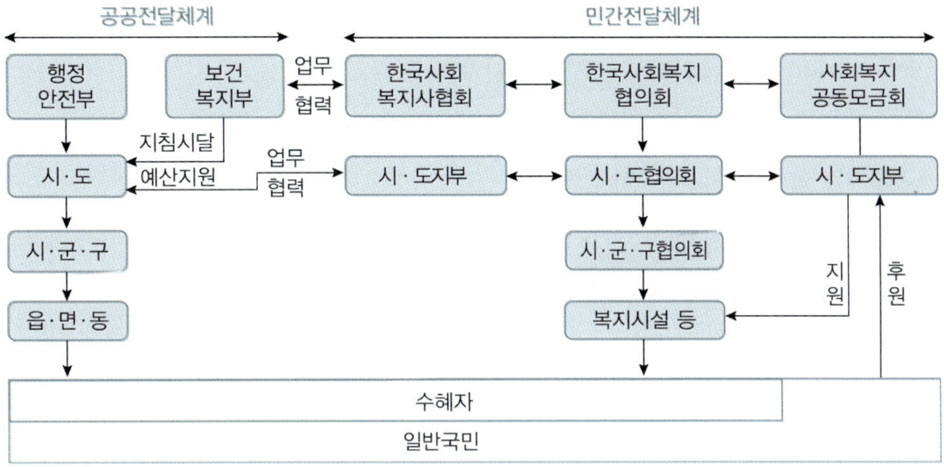

출처: 김형식·이영철·신준섭(2002: 87)을 근거로 재구성.

[그림 6-3] 사회복지행정의 민간전달체계[4]

3. 민간전달체계의 문제점

민간전달체계의 문제점을 사회복지협의체, 생활시설, 그리고 이용시설로 대별하여 살펴보면 다음과 같다(최성재·남기민, 2007: 130-135).

1) 사회복지협의체의 문제점

우리나라의 경우, 사회복지협의체로서 사회복지협의회와 지역사회복지협의체가 있는데, 전술한 대로 사회복지협의회는 중앙의 한국사회복지협의회, 시도사회복지협의회, 그리고 시군구사회복지협의회가 사회복지법인의 독립적 기구로 조직화되어 있으며, 사회복지에 대한 자료수집 및 조사, 사회복지시설의 서비스조정 등의 역할을 수행하는 순수 민간조직으로서 다음과 같은 문제점이 발견된다.

첫째, 사회복지협의회 직원의 전문적 수준이 높지 않아 협의조정업무에 대한 연

4) 본 민간전달체계는 표준화된 도식이라는 점에서 세부적인 전달체계를 모두 반영하지는 못했다.

구개발의 미흡 등으로 인해 지역사회 및 전국적 사회복지 관련 기관 간의 협의조정 역할을 제대로 수행하지 못하고 있는 한계가 있다.

둘째, 사회복지협의회가 자발적인 순수민간단체가 아니라 사회복지사업법에 의한 법정단체로 존재하고 있기 때문에 운영비의 대부분을 보건복지부에서 지원을 받고 있으며, 동시에 지도·통제도 받는 입장이라는 점에서 완벽한 민간조직협의체라고는 볼 수 없어 자율성에 한계가 있을 수 있다.

셋째, 한국사회복지협의회는 지방의 산하조직을 가지고 있지 않기 때문에 지방조직과의 유기적 협조가 부족하다.

한편, 지역사회복지협의체는 시·군·구에 조직화되어 있으며, 지역사회복지계획에 대한 심의 및 건의 등의 역할을 하는 민관협의체로서, 관이 같이 참여하고 관이 협의체의 위원장이 되는 경우가 많다는 점에서, 관의 영향력으로 인해 민의 의견이 제대로 반영되지 못하는 한계를 지니고 있다.

2) 생활시설의 문제점

생활시설은 장기간 집을 떠나서 또는 자기 집이 없기 때문에 불가피하게 집단으로 일상생활을 하면서 서비스를 받을 수 있는 일정한 조건을 갖춘 장기시설로서, 중증장애인 등을 위한 시설 등이 그것이다. 대략 다음과 같은 문제점이 있다.

첫째, 사회복지사업법 시행령에서 특정한 업무에만 사회복지사를 채용하도록 규정하고 있고, 다른 업무에는 이러한 규정이 언급되어 있지 않기 때문에 사회복지사 자격증을 가진 전문가의 비율이 낮은 상황이다.

둘째, 생활시설에서 제공되는 사회복지서비스의 질은 현실적 생활수준에 못 미치고 있으며, 특히 사회복지사에 의해 제공되는 전문적인 분야는 매우 열악한 상황이다.

셋째, 빈번한 시설직원의 교체 및 생활시설과 지역사회의 서비스가 제대로 연결되지 않아 시설생활자에게 지속적이고 통합적인 서비스가 제공되지 않고 있다.

3) 이용시설의 문제점

이용시설은 클라이언트가 하루 이상 약 1개월 정도까지 집을 떠나 일정한 조건을 갖춘 시설에서 서비스를 받고 다시 집으로 돌아가는 중단기시설로 사회복지관 등이 이에 해당된다. 대략 다음과 같은 문제점이 발견된다.

첫째, 생활시설이 경우보다는 양호하지만 서비스에 적합한 전문가의 수가 부족한 것은 마찬가지이다.

둘째, 이용시설 간의 협의조정체계가 거의 구축되어 있지 않아서 서비스 간 연계 부족으로 인한 낮은 수준의 통합서비스가 진행되고 있다.

셋째, 낮은 수준의 제공서비스 홍보로 인해 이용자들이 제대로 서비스에 접근하지 못하는 경우가 많다.

제 4 절 사회복지행정의 공공 · 민간혼합전달체계

사회복지행정의 공공 · 민간혼합전달체계는 각각의 체계가 가지고 있는 한계를 극복하여 사회복지행정의 목표를 효과적으로 달성할 수 있는 장점이 있는 반면, 복지를 국가가 책임진다는 복지국가의 기본목표 아래에서는 비록 민간부문의 장점이 존재한다 하더라도 단점을 고려하면 혼합체계를 통하여 제공될 수 있는 재화나 서비스는 제한적일 수밖에 없는 단점을 가지고 있는 것이다.

본 체계에 해당되는 사례로, 정부와 민간보험회사와의 계약을 통하여 운영되고 있는 미국의 산재보험, 정부의 일정한 규제하에서 일부에 대해 민간보험회사와의 계약을 통해 시행되고 있는 영국과 일본의 국민연금 등이 있다.

CHAPTER 07

사회복지행정의 역할분담

본 장에서는 중앙정부조직과 지방정부조직 간, 정부조직과 민간조직 간에 사회복지행정의 역할분담을 조명하고자 한다. 지방정부조직은 서울특별시 등 광역지방정부와 시군구 기초지방정부를 포괄하는 개념이며, 정부조직은 중앙정부조직과 지방정부조직을 합한 의미이다.

한편, 민간조직은 민간단체이면서 공익단체인 NGO(비정부기구 : Non Government Organization)와 민간단체이면서 사익단체인 IG(이익단체 : Interest Group) 등을 포함하는 개념으로서, 본 장에서는 이들 민간조직을 축약 · 종합해서 NIG로도 명명하고자 한다.

제1절 중앙정부조직과 지방정부조직 간 역할분담

본 절에서는 중앙정부조직과 지방정부조직 간 역할분담을 원칙, 재원조달의 방법 등으로 조명하고자 한다.

1. 역할분담의 원칙

1) 분권성의 원칙

분권성의 원칙(principle of decentralization)은 지방정부조직 중에서도 기초지방정부 우선의 원칙이라고 할 수 있는데, 기초지방정부는 주민들의 욕구를 가장 근접한 거리에서 가장 정확하게 파악할 수 있다는 점에서, 주민들의 복지문제를 정책으로 연결하는 데 가장 중요한 위치에 있다.

2) 현실성의 원칙

현실성의 원칙(principle of reality)은 지방정부조직의 규모, 능력 등에 맞춰 적절하게 기능 배분을 해야 한다는 원칙으로서, 서비스의 실행가능성 등을 위해서는 역할분담 시 본 원칙을 심도 있게 고려해야 한다.

3) 전문성의 원칙

전문성의 원칙(principle of professionality)은 중앙정부조직의 복지업무가 지방정부조직으로 이양되었을 때, 이러한 업무를 담당할 수 있는 행정인력의 전문성이 확보되어야 한다는 원칙으로서, 이러한 원칙이 실현될 때 효율적인 역할분담이 이루어질 수 있는 것이다.

4) 조정성의 원칙

조정성의 원칙(principle of coordination)은 지방자치하에서 중앙정부조직과 지방정부조직 간은 물론, 광역지방정부와 기초지방정부 간에도 업무상 조정의 협력체계가 이루어져야 하고 설계와 집행의 분업체계가 이루어져야 한다는 원칙으로서, 이러한 조정체계가 부재할 경우에는 업무상의 혼돈과 중첩현상이 발생하여 서비스의 효율성이 저하될 수 있는 것이다.

5) 책임성의 원칙

책임성의 원칙(principle of responsibility)은 행정책임 명확화의 원칙으로서, 주어진 권한에 걸맞은 책임이 주어져야 한다는 것이다. 다만, 권한보다 과도한 책임만이 부과될 경우에는 소신 있는 행정업무를 기대할 수 없다.

6) 단순성의 원칙

단순성의 원칙(principle of simplicity)은 중앙정부조직과 지방정부조직 간 높은 수준의 계층 수를 줄여 단순화하는 원칙으로서, 이를 통해 복지서비스 행정업무의 효율성을 지향하는 것이다.

7) 수평성의 원칙

수평성의 원칙(principle of horizontality)은 중앙정부조직과 지방정부조직 간 관계를 지시적·감독적 관계에서 상호보완적·협동적 관계로 전환하여야 한다는 원칙으로서, 사회복지조직의 필요성은 지역주민들의 사회복지서비스 욕구를 효과적으로 제공하는 데 있다는 점에서, 조직의 존속에 필요한 최소한의 수직적 관계를 제외하고는 조직 간에 가능한 한 수평적 협력관계를 통해 이를 실현해야 한다는 것이다.

2. 재원조달의 방법

중앙정부조직이 지방정부조직에게 재정을 지원하는 방법은 일반적으로 항목별 보조금, 기능별 보조금, 그리고 특별보조금 등이 있다.

먼저, 항목별 보조금(categorial grants)은 재원이 사용될 세부적 항목을 지정하여 제공하는 방법이고, 기능별 보조금(block grants)은 프로그램의 기능별로 지원하는 것이라는 점에서, 상대적으로 포괄적으로 제공하는 방법이다.

그리고 특별보조금(special revenue sharing)은 중앙정부조직의 예산 가운데 일정부분을 구체적인 조건 없이 지방정부에게 넘겨주는 방법으로서, 이들 3가지 방법을 전체적으로 살펴볼 때 특별보조금, 기능별 보조금, 항목별 보조금 순으로 지방정부조직의 재량권이 낮아진다고 할 수 있다(최성재·남기민, 2007 : 191-201).

제2절 정부조직과 민간조직 간 역할분담

본 절에서는 정부조직과 민간조직 간 역할분담의 필요성과 기준, 유형 등을 조명하고자 한다.

1. 역할분담의 필요성과 기준

1) 역할분담의 필요성

(1) 욕구의 다양화

정부조직과 민간조직 간 역할분담의 필요성에 대한 근거로서 욕구의 다양성을 들 수 있는데, 이는 제한된 자원에 비해 사람들의 욕구는 다양하기 때문에 역할분담이 필요하다는 것이다.

기초적 욕구는 모든 사람에게 공통되지만 기초적 욕구가 충족되고 나면 사람들에 따라 특수한 욕구가 발생한다는 점에서, 정부의 획일적 서비스로는 이러한 개별적이고 특수한 욕구를 충족시킬 수 없고 자원도 낭비될 수 있는 것이다. 따라서 NIG 등의 민간조직이 이러한 욕구에 보다 유연성 있는 역할을 할 수 있다.

(2) 사회통합

정부조직과 민간조직 간 역할분담의 필요성에 대한 근거로서 사회통합을 제시할 수 있는데, 이는 연대성 강화 등을 지향하기 위해 역할분담이 필요하다는 것이다. 즉, 사회구성원들의 기초적 욕구에 대하여 정부조직이 직접 개입하여 서비스를 제공하지만, 정부는 관료적 조직체로서 획일적 서비스를 주로 행할 수 있다는 점에서, 민간조직과 적절히 역할을 분담하여 상위계층과 하위계층 간 등의 사회통합을 성취할 수 있다.

2) 역할분담의 기준

(1) 공공재적 성격

노숙자에 대한 무료급식서비스 등의 경우, 공공재적 성격이 강하다는 점에서 노숙자들은 높은 수준으로 이용할 수밖에 없다. 따라서 이러한 행정업무는 NIG 등의 민간조직보다는 상대적으로 재정적 안정체계를 가지고 있는 정부조직이 담당해야 하는 것이다.

(2) 외부효과

일정지역에서 높은 수준의 체계적인 상담기법을 발명하고 발표한다면 다른 지역에도 의도하지 않은 혜택이 주어지는 외부효과[1)]가 나타날 수도 있는데, 이러한 긍정적인 외부효과를 확산시키기 위해서는 투입 대 산출에 따른 위험성 등을 고려하여야 한다는 점에서, 민간조직보다는 정부조직의 지원역할이 필요한 것이다.

(3) 정보

클라이언트가 어떤 서비스를 선택하는 데 있어서 정보가 부재하거나 정보를 이용하는 데 높은 수준의 비용이 수반된다면, 정부조직에서 포괄적으로 정보를 제공하는 것이 효율적이라고 할 수 있는 것이다.

(4) 강제적 가입

국민연금 등 사회보험 등의 경우, 속성상 강제적으로 가입시켜야 하는데, 이러한 부분을 민간조직에서 자발적 가입행태로 제공할 경우 상당부분 유지하기가 어렵다는 점에서, 민간조직보다는 정부조직에서 담당하는 것이 바람직하다는 것이다.

1) 외부효과(external effect)란 어떤 사람의 행동이 다른 사람에게 의도하지 않은 혜택을 주거나 손해를 끼쳤음에도 불구하고 이에 대해 대가를 받지도 않고, 손해에 대한 보상금도 지불하지 않는 현상을 의미한다.

(5) 평등

어떤 서비스가 추구하는 가치가 평등인 경우, 평등의 가치가 무시될 수 있는 민간조직보다는 전체적인 관점에서 수량적 평등을 지향할 수 있는 정부조직의 역할이 본 기준의 행정업무에서 중요하다고 할 수 있는 것이다.

(6) 지속성

서비스제공에 있어서 일시적 제공이 아닌 지속적 제공을 지향할 때, 재정이 불안정한 민간조직보다는 상대적으로 재정이 안정되어 있는 정부조직이 본 기준의 행정업무에서 중요한 역할을 담당할 수 있는 것이다.

(7) 공평성

어떤 서비스가 추구하는 가치가 공평성인 경우, 민간조직이 수직적 공평성, 즉 개별적 공평성의 가치를 크게 반영시킬 수 있다는 점에서, 정부조직보다는 민간조직에서 본 기준의 행정업무를 담당하는 것이 바람직한 것이다.

(8) 욕구변화

오늘날과 같은 복잡한 산업사회에서 사람들은 사회복지서비스에 대한 욕구행태가 시간이 지남에 따라 급속도로 변한다는 점에서, 일반적으로 변화를 싫어하고 새로운 것을 받아들이기 싫어하는 관료제적 속성을 지닌 정부조직보다는 이러한 변화에 상대적으로 유연하게 대처할 수 있는 민간조직의 역할이 본 행정업무에서 중요하다고 할 수 있는 것이다(최성재 · 남기민, 2007 : 204-207).

2. 역할분담의 유형

정부조직과 민간조직 간 역할분담에 따른 유형은 학자들의 접근입장차이로 다양하게 제시되고 있으나 본 절에서는 상대적으로 체계적인 유형을 제시하고 있는 Kramer(1981)의 유형을 좀 더 현실에 맞게 수정・제시하고자 한다.

Kramer의 정부조직과 민간조직 간 역할분담 유형을 근거로 수정한 역할분담 유형을 살펴보면, 국유화모형, 정부주도모형, 동반자모형, 민간주도모형, 민영화모형 등 다섯 가지가 있다.

먼저, 국유화모형(nationalization model)은 복지재정과 복지서비스 모두 정부조직이 독점하고 NIG 등 민간조직의 역할은 최소한에 그치는 행태이고, 정부주도모형(government initiative model)은 재정과 서비스에 있어서 정부조직이 상대적으로 높은 수준의 역할을 담당하며 주도를 하는 행태이며, 동반자모형(partnership model)은 정부조직이 재정을 담당하면서 민간조직에게 이를 제공하면 민간조직은 서비스를 수행하는 상호 협력적 행대이다.

그리고 민간주도모형(private initiative model)은 복지국가 위기론 이후 영국과 미국에서 주목한 모형으로서 재정과 서비스에 있어서 민간조직이 정부조직보다 상대적으로 높은 수준의 역할을 담당하면서 전반적으로 주도하는 행태이고, 민영화모형(privatization model)은 민간주도모형과 마찬가지로 복지국가 위기론 이후 영・미에서 주목한 모형으로서 복지재정과 복지서비스 모두 민간조직이 독점하고 정부조직의 역할은 최소한에 그치는 행태라고 할 수 있다(〈표 7-1〉 참조).

본 모형을 전체적으로 살펴볼 때, 국유화모형, 정부주도모형, 동반자모형, 민간주도모형, 민영화모형으로 갈수록 사회복지행정에 대한 정부조직의 영향력이 줄어드는 반면, 민간조직의 영향력은 높아져가는 것을 알 수 있다.

〈표 7-1〉 수정한 Kramer의 정부조직과 민간조직 간 역할분담 유형

<table>
<tr><th colspan="2" rowspan="2">구 분</th><th colspan="5">모 형</th></tr>
<tr><th>국유화모형</th><th>정부주도모형</th><th>동반자모형</th><th>민간주도모형</th><th>민영화모형</th></tr>
<tr><td rowspan="2">기능</td><td>복지재정</td><td>정부조직</td><td>정부조직
(높은 수준)
+
민간조직
(낮은 수준)</td><td>정부조직</td><td>민간조직
(높은 수준)
+
정부조직
(낮은 수준)</td><td>민간조직</td></tr>
<tr><td>복지서비스</td><td>정부조직</td><td>정부조직
(높은 수준)
+
민간조직
(낮은 수준)</td><td>민간조직</td><td>민간조직
(높은 수준)
+
정부조직
(낮은 수준)</td><td>민간조직</td></tr>
</table>

출처: Kramer(1981)를 근거로 구성.

PART 03 Social Welfare Administration

사회복지행정의 관리론

CHAPTER 08

리더십

제1절 리더십의 의의

사회복지조직에 있어서 지도자, 조직구성원, 자원봉사자에 이르기까지 리더십은 매우 중요하다. 리더십은 조직의 잠재성을 일깨우고 구성원의 사기를 진작시킬 뿐만 아니라 자원봉사자에게는 자원봉사의 능력을 증진시키고 일의 보람을 느끼게 하기 때문이다.

1. 리더십의 개념

리더십(leadership)의 개념은 매우 다양하다. 리더십은 조직의 지도자들(leaders)이 갖는 성향, 행동, 상황 등과 관련되어 있으며, 보통 지위, 능력, 그리고 과정 등의 여러 차원에 적용되는 다차원적 개념으로 분류되기도 한다.

먼저, 지위(position)로서의 리더십은 한 사람이 특정한 상황에 대한 통제의 책임을 지고 지휘 또는 지도자적인 지위에 있는 것을 의미한다. 따라서 지위로서의 리더십은 조직의 공식적 및 비공식적 통제 구조상의 한 위치를 의미한다. 이 경우, 공식적 리더십은 과업달성에 초점을 두고 있으며, 비공식적 리더십은 인간관계 유지에 그 일차적 기능을 두고 있다.

능력(ability)으로서의 리더십은 다른 사람과의 관계에 영향을 미칠 수 있는 역량이나 기술을 의미하기도 한다. 리더십의 능력차원은 지위로서의 리더십이 달성하고자 하는 기능이 조직 안에서 발달하는 일반화된 역할기대(generalized expectation of roles)의 충족에 있음을 보여준다. 즉, 구성원들이 공식적 구조에서 지도자라는 역할을 향하여 품게 되는 일반화된 기대의 충족이 곧 공식적 과업달성에 대한 지도자의 능력이며, 구성원들이 비공식적 구조에서 인간관계의 원만한 유지에 있어서 크게 의존하는 비공식적 지도자에게 품게 되는 기대의 충족이 인간관계적 비공식적 지도자의 능력이 된다.

마지막으로, 과정(process)으로서의 리더십은 비강압적인 영향력을 사용해서 집단 구성원들이 목적성취를 달성하도록 지휘하고 조정하는 것을 의미한다(장천식, 2006 : 140). 과정으로서의 리더십이 강압을 배제하는 이유는, 대체로 리더십이 존재하는 조직들이 관료제에 의해서 과업이 절차적으로 확립되어 있고 그런 절차들이 구성원들에게 업무지침으로서 내면화되어 있기 때문이거나, 근대 조직이 대체로 그 내부에 민주적 의사소통구조를 일부나마 허용하고 있기 때문이기도 하다. 그러므로 과정으로서의 리더십은 지배복종의 철저한 일방향적인 관계가 근대적 조직에서는 불가능함을 나타내는 용어이기도 하다.

2. 리더십의 특성

다양한 사회, 문화, 그리고 과업에 따라 나타나는 리더십의 다양성을 포착하는 것이 중요하기는 하지만, 다양성을 관통하는 보편성과 일반성에 따라 리더십을 이해하는 것도 중요하다. 리더십의 일반적 특성은 다음과 같이 제시될 수 있다(Shortell & Kaluzny, 1994 ; 김형식 · 이영철 · 신준섭, 2007).

첫째, 리더십은 사람에 의해서 만들어지는 활동이며, 조직이 직면하는 환경과 과업의 다양성에 따라 보통 다양한 활동양식으로 나타나게 된다.

둘째, 리더십은 과정이다. 즉, 리더십은 정적인 것이 아닌 리더와 추종자 간에 만들어지는 역동적인 상호작용이다.

셋째, 리더십은 사람에게 영향력을 주기 위한 활동이다. 즉, 리더십의 초점은 개인이나 집단과 같은 추종자들이다. 그러므로 리더십은 인간의 환경적 적응에 심대한 영향을 미친다.

넷째, 리더십의 가장 중요한 요인은 '영향력'이며, 영향력을 받는 대상은 추종자들이고, 그들의 감정 및 행동에 대한 영향력을 만들어내기 위한 활동이 리더십이기 때문에, 리더십의 영향력은 단순히 조직 내부에 그치지 않고 인간생활 전반으로 확장된다.

다섯째, 리더십의 목적은 목표달성이다. 리더십은 조직이나 개인이 추구하는 목표달성을 위해 이루어지는 것이 일반적이다. 이와 같이 리더십이 인간행위에 목표를 제공하기 때문에, 리더십은 인간행위의 자발성과 자유라는 가치에 매우 심원한 의미를 갖는다.

여섯째, 리더십은 의도적인 것으로서, 리더십 행위는 우발적 행위가 아닌 특정한 목적의 달성을 위한 것이다. 그럼에도 불구하고 인간의 모든 행위와 마찬가지로 리더십도 우발적 요인으로 많은 영향을 받는데, 이러한 이유로 인해 인간행위의 의도성과 우발성이 리더십 속에서 어떤 방식으로 결합되어 나타나는가가 리더십의 중요한 특성을 이루게 된다.

결국, 리더십은 개인과 개인 사이의 영향력 행사과정으로부터 시작하여 거대한 사회조직의 장이 조직구성원에게 영향력을 행사하는 매우 폭넓은 범위로서, 사회복지행정에 있어서 리더십은 조직이나 집단에 영향을 주어 구성원들로 하여금 사회복지의 조직적인 목표달성을 이끌어내도록 하는 의식적인 행동을 중요한 특성으로 하는 것이다.

3. 리더십의 필요성

사회복지조직에 있어서 리더의 능력은 보통 조직에서 생산된 산출물(프로그램, 평가, 만족도, 친절도 등)에 의해 평가되기 때문에 조직을 더욱 더 유지·발전시켜 나가기 위해서는 사회복지조직에도 리더십이 절대적으로 필요하게 된다.

특히, 사회복지조직의 리더는 한정된 예산과 인적자원으로 사회복지 수요자에게 최대한의 서비스를 제공한다는 과업을 가지기 때문에, 사회복지조직은 일반적인 조직과는 상당히 다른 특수한 리더십이 요구된다.

Neugeboren(1985)이 제시한 사회복지조직에서 리더십의 필요성을 보완하여 설명하면 다음과 같다.

첫째, 사회복지조직의 많은 전문가는 자율성을 추구하는 욕구를 가진 반면, 조직은 이들을 통제하려는 욕구가 있다. 이 두 욕구 사이에 긴장이 존재할 수밖에 없으므로 조직구성원들에게 조직의 규칙과 규정을 준수하도록 동기를 부여할 리더십이 필요하다.

둘째, 사회복지서비스 분야에는 끊임없이 변화하는 환경적인 압력이 증가하는데, 이 같은 외부요구를 모두 고려한 조직체계를 갖추는 것은 불가능하기 때문에, 사회복지조직은 이에 적절히 대응할 다양한 리더십을 필요로 한다.

셋째, 사회복지서비스 분야에서 새로운 기술이나 새로운 구조의 도입과 같은 중요한 내부적 변화가 조직에 통합될 수 있도록 리더십을 필요로 한다. 이때 리더십의 변화는 특정 리더의 변화뿐만 아니라 리더의 교체도 필요로 한다.

넷째, 사회복지조직의 목표와 조직구성원의 전문적 목표가 완전히 일치하지 않을 수 있다. 이때 두 목표 사이에 가능한 한 많은 부분이 일치하도록 노력하는 리더십이 필요하므로 리더십은 사회복지조직에 충원되는 구성원들의 이차적 사회화에 막대한 역할을 담당하게 된다.

제2절 리더십의 이론

리더십연구는 1900년대 초부터 진행되어 왔으며, 사회조직이나 집단의 목표를 효과적이고 효율적으로 달성하는 이론이 무엇인가를 규명하는 데 초점을 맞추어 왔다. 본 절에서는 리더십의 이론을 널리 알려진 특성론, 행동론, 그리고 상황론 등으로 조명하고자 한다.

1. 특성론

특성론(trait theory)은 1940년대와 1950년대의 초기 리더십이론으로서 개인적 특성(personal trait)에 초점을 두고 리더의 특징과 자질을 탐구하는 이론이다. 본 이론은 성공적인 리더와 성공하지 못한 리더 간에는 뚜렷하게 구분되는 보편적인 특성이 있기 때문에 어떤 특정한 특성을 갖추게 되면 성공적인 리더가 될 수 있다는 것을 전제로 하고 있다. 따라서 이 이론은 용모와 같은 신체적 특징, 판단력, 그리고 언어능력 등을 강조한다(김치영 · 최용민, 2006 : 118).

특성론의 대표적인 연구자 Stogdill(1974)은 리더십을 결정짓는 특성으로 육체적 특성, 사회적 배경, 지능, 퍼스낼리티(Personality), 과업과 관련된 특성, 그리고 사회적 특성 등 6가지를 강조하였다.

그러나 일반적으로 특성론은 다음과 같은 문제점들을 포함하고 있는 것으로 판단된다(최성재 · 남기민, 2000).

첫째, 특성이 모든 리더에게 있다는 주장을 입증할 만한 보편적인 증거가 결여되어 있다는 점, 즉 특성이 항상 존재하지는 않는다는 것이다.

둘째, 추종자나 하위자들도 좋은 특성을 가지고 있다는 것이다.

셋째, 여러 가지 특성들의 상대적 중요성을 밝히지 못하고 있다는 것이다.

넷째, 조직이 리더십을 유지하는 데 기여하는 상황적 요소들을 무시하고 있다는 것이다.

다섯째, 성격을 나타내는 특성을 쉽게 측정할 수 없다는 것 등이다.

2. 행동론

리더십의 특성론에 대한 대안으로 나타난 행동론(behavioral theory)은 리더에게 있어서 중요한 것은 특성이 아니라 오히려 다양한 상황에서 리더가 행동하는 것이며, 성공한 리더는 그들의 특별한 행동에 의해 결정된다는 이론이다.

행동론은 지도자의 행동에 의해 효과적인 리더와 비효과적인 리더가 구별된다는 것을 강조하는 이론으로서, 지도자의 행동이 지도력을 결정하는 요인이 됨을 의미한다. 많은 학자들이 지도자의 행동 관련 연구를 제시했는데, 이를 간략히 조명해 보면 다음과 같다.

1) 오하이오 연구

오하이오 연구(Ohio State Studies)는 오하이오 주립대학교의 경영연구소에서 1945년 이후에 행해진 리더십에 관한 연구로서, 본 연구는 리더행동의 서술설문(leader behavior description questionnaire)을 작성하여 리더에 관한 다양한 정보를 다년간 수집하고 분석하여 리더의 행동을 구조주도행동과 배려행동의 두 가지 차원으로 구분하였다.

먼저, 구조주도행동(initiating structure behavior)이란 리더가 과업을 조직화하고 정의하며 업무를 할당하고 의사소통망을 확립하며 업무집단의 성과를 평가하는 행동 등을 말하고, 배려행동(consideration behavior)은 신뢰, 상호존중, 우정, 지원, 그리고 구성원의 복지를 위한 관심을 나타내는 행동 등을 의미한다(김치영 · 최용민, 2006 : 118).

2) 미시간 연구

미시간 연구(The Michigan Studies)는 1940년대 후반 미국 미시간대학교의 조사연구소에서 행해진 리더십에 대한 연구로서, 본 연구에 따르면 높은 생산을 만들어내는 직장은 피고용인 중심의 지도자가 있으며 그들은 일반적으로 슈퍼바이저 같은 행동유형을 가지고 있다고 보았다.

결국, 지도력의 유형에는 직무 중심적 지도력 유형과 피고용인 중심적 지도력 유형이 있다고 강조하였다(Graham & Hays, 1993 ; 최성재 · 남기민, 2000). 이 두 지도력 유형의 구분에는 앞서 제시되었던 구조주도행동과 배려행동의 구분과 마찬가지로 생산에 대한 관심과 인간에 대한 관심의 내용이 포함되어 있으며 그 내용은 다음과 같이 요약된다.

첫째, 직무 중심적 지도력 유형(job-centered leadership style)은 세밀한 감독과 합법적이고 강제적인 권력을 활용하며 업무계획표에 따라 이를 실천하고 업무성과를 평가하는 데 초점을 둔다.

둘째, 피고용인 중심적 지도력 유형(employee-centered leadership style)은 인간 지향적이며 책임의 위임과 구성원의 복지, 욕구, 승진, 개인적인 성장에 대한 관심을 강조한다.

3) Blake와 Mouton의 관리격자론

〈표 8-1〉 Blake와 Mouton의 관리격자론 리더십 유형

인간에 대한 관심			
높음(9) ↑	1.9형 관리 (컨트리 클럽형) 인간의 욕구에 대한 깊은 관심은 조직의 분위기를 편하게 하며, 목적과 임무의 달성보다는 추종자들과의 관계 설정을 강조하는 리더십		9.9형 관리 (팀형) 조직의 목표와 인간에 대한 신뢰를 모두 갖춘 사람들에 의해 목표가 달성되며, 추종자의 참여를 강조하고 팀지향적인 리더십
인간에 대한 관심		5.5형 관리 (중도형) 작업수행과 사기의 균형을 이루면서 적절하게 운영하는 중도형 리더십	
↓ 낮음(1)	1.1형 관리 (무기력형) 목표달성과 사기유지에 최소한의 노력만 기울이는 무관심한 리더십		9.1형 관리 (과업형) 인간적 요소에는 별로 관심이 없고 극단적인 목적과 임무달성에 초점을 두며 철저한 지시와 통제를 통한 효율성과 생산성만을 강조하는 리더십
	낮음(1) ←	생산에 대한 관심	→ 높음(9)

출처: Blake & Mouton(1964)을 근거로 구성.

전술한 리더십 행동론에 대한 오하이오와 미시간 연구를 기초로 하여 Blake와 Mouton(1964)이 제시한 관리격자론(managerial grid theory)은 관리자의 인간에 관한 관심과 생산에 관한 관심을 두 개의 축으로 하여 이 두 축 사이의 상호작용에 관심의 초점을 두는 분류방식이다(〈표 8-1〉 참조).

4) Carlisle의 행동론

Carlisle(1987)은 리더십의 유형을 독재형, 민주형, 그리고 자유방임형으로 구분하고 각 유형이 동반하기 쉬운 긍정적 혹은 부정적 가치부여를 피하기 위해 이들을 다시 직접적 유형, 참여적 유형, 그리고 자유적 유형으로 구분하였는데, 이들 구분은 다음과 같이 〈표 8-2〉로 나타낼 수 있다.

〈표 8-2〉 Carlisle의 행동론 리더십 유형

구 분	직접적 유형 (독재형)	참여적 유형 (민주형)	자유적 유형 (자유방임형)
초점	지도자 중심	집단 중심	개개인 중심
결정	지도자가 대부분의 결정을 함	하급자들이 결정에 개입함	하급자들이 결정을 함
독립성	거의 자유행동이 허락되지 않음	독립성이 조성됨	거의 완전한 독립성이 있음
의사소통	일방의 의사소통	양방의 의사소통	자유롭고 열린 의사소통
힘	힘과 규율을 사용	강제에 의하지 않고 설득하는 것을 시도	자체컨트롤에 의존
하급자들에 대한 감정	하급자들의 감정을 거의 고려하지 않음	하급자들의 감정이 고려됨	하급자들의 감정이 주됨
업무의 방향	과업 중심	사람과 집단 중심	개인적 성취 중심
지도자의 역할	직접적 감독을 수행	집단의 참여유도	지지자원을 제공
심리적 결과	복종과 의존	협조와 참여	독립성과 개인의 수행능력

출처: Carlisle(1987)을 근거로 구성.

5) Fulmer의 행동론

Fulmer(1988)는 지도력을 결정짓는 행동론으로서 다음과 같은 두 가지 이론, 즉 인자독재론과 연속론을 제시했다.

먼저, 인자독재론(benevolent-autocracy theory)은 지도자가 조직구성원들의 견해를 경청하지만 결정할 때에는 혼사 결정을 한다는 것이고, 연속론(continuum theory)은 인자독재론과 관련이 있지만, 그로부터 진일보한 이론이다. 즉, 연속론에 따르면 특정 지도자의 유형은 하나의 연속선상의 한 지점에 놓여 있으며, 연속체의 한쪽 끝 편에는 권위주의적 지도자가 있고, 다른 한쪽 끝 편에는 자유방임적 지도자가 있다는 것이다.

3. 상황론

상황론(contingency theory)은 1960년대 말부터 1970년대에 이르기까지 행동론의 한계성을 인식하고 등장한 새로운 이론이다. 이 이론에 의하면 리더란 상황의 산물이기 때문에 상황에 따라 성공적인 리더십 유형이 다르다는 것이다. 그리고 리더십이 리더의 특성뿐만 아니라 그가 처한 상황에도 관련되어 있고, 특정 상황에 따라 리더십의 효과성이 다르게 나타나며, 성공적인 리더십도 조직이나 집단의 상황에 따라 상이하게 나타날 수 있다는 것이다.

따라서 리더에 의한 상황의 진단은 리더의 특성, 구성원의 특성, 집단구조와 과업의 성격, 그리고 조직의 요소와 같은 여러 영역들에 대한 검토를 필요로 한다. 여기에서 상황이란 리더가 속해 있는 조직의 목표와 성격, 규모, 역사, 유형, 발전의 강도, 구성원의 자질과 행동, 그리고 기대와 욕구 등의 산물을 의미한다(김치영 · 최용민, 2006 : 120).

1) Friedler의 상황론

상황론의 대표적 학자인 Friedler(1967)는 상황론이 상황에 대한 적응의 경로를 강조한다고 주장하였다. 그는 지도력이 세 가지의 상황에 의존한다고 강조하였는데, 그에 따르면 세 개의 상황은 지도자와 추종자(직원)와의 관계, 완성되어야 하는 직무 또는 과업구조, 그리고 지도자의 직위에서 나오는 힘이라고 정의하였다. 이들 상황은 다음과 같은 내용들을 포함하고 있다.

첫째, 지도자와 추종자(직원)와의 관계, 즉 관계의 친근성, 지지성의 정도, 그리고 직원들이 지도자들에게 충성하고 신뢰하는 정도를 의미한다.

둘째, 완성되어야 하는 직무 또는 과업구조, 즉 집단의 과업이 일상적이고 예측가능한가의 정도를 말한다.

셋째, 지도자의 직위에서 나오는 힘, 즉 직위의 힘은 지도자가 가지고 있는 권위의 명확성, 권위의 자원, 그리고 직원들이 명령에 부응하도록 하는 지도자의 능력을 의미한다.

2) Hersey와 Blanchard의 복합상황론

Hersey와 Blanchard(1984)의 상황론은 복합상황론으로도 불리고 추종자 중심 이론이라고도 불린다. 이들은 'Friedler의 상황론'에 기초하여 지도자를 따르는 추종자와 리더십과의 관계를 강조하였으며 지도자는 타고나는 것일 뿐만 아니라 추종자들에 의해서 만들어진다고 주장하였다. 이들은 추종자들의 성숙도 또는 성숙수준(maturity level)이라는 개념을 이용하여 추종자들의 성숙도가 지도력에 적절한 영향을 미친다는 것을 강조하였다.

그들에 따르면, 성숙수준은 지도자에게 협조하려는 의지를 나타내는 수준이라고 정의하였다. 따라서 그들은 리더십이란 타고난다기보다는 오히려 추종자들에 의해서 만들어지는 것이라고 강조하였다. 그들은 성숙수준을 네 단계(매우 낮은 수준, 낮은 수준, 높은 수준, 매우 높은 수준)로 구분하여 지도력을 설명하였다.

이에 따르면 직원들의 성숙도에 따라서 지도력의 유형은 달라질 수 있으며 지도자는 직원들의 성숙도 수준에 따라 즉, 상황에 따라 다양한 유형의 지도력을 수행할 수 있게 된다.

다시 말해서, 성숙수준이 낮으면 지도자가 하급자들의 역할을 규정하고 과업을 어떻게 성취하는지를 설명하며 수행을 감독하게 되는데, 이는 과업지향이나 생산을 위한 관심과 비슷하다. 그리고 추종자들의 성숙수준이 증가하게 되면 지도자들은 상대적으로 낮은 수준의 과업 지향적인 행동을 하게 되고 더 많은 배려행동을 하게 되는 것이다(〈표 8-3〉 참조).

〈표 8-3〉 Hersey와 Blanchard의 복합상황론 리더십 유형

성숙도 수준		지도력유형	내 용
매우 낮은 수준	직원들은 작업을 수행할 의지도 없고 능력도 없음	지시형	지도자는 직원들의 역할을 규정하고 어떻게 과업을 성취하는지를 설명하며 수행력과 순응 정도를 검토함
낮은 수준	직원들은 작업을 수행할 능력은 없지만 할 의지는 가지고 있음	제시형	지도자는 직원들의 의지와 열정을 강화시키기 위해서 지시적 그리고 지지적 행동을 병행하여 사용하고 양방향 의사소통을 함
높은 수준	직원들은 작업을 수행할 능력이 있지만 의지가 부족함	참여형	의사결정은 공유되며 지도자의 일차적 역할은 의사소통과 역량강화를 통해서 직원들의 직무과정을 촉진시키는 것에 있음
매우 높은 수준	직원들은 작업을 수행할 의지와 능력을 모두 가지고 있음	위임형	지도자는 낮은 태도를 취하지만 목적과 문제를 확인하는 역할을 수행하고, 직원들에게 과업의 성취를 위임함

출처: Hersey & Blanchard(1984)를 근거로 구성.

4. 기타 이론

1) House의 경로목표론

House(1971)에 의해서 주장되었던 경로목표론(path-goal theory)은 직원들이 목표를 성취할 수 있도록 경로를 만들어주는 것을 강조하는 이론이다. 경로목표론의 특징은 지도자의 행동과 고용인들의 동기부여를 연계시킨다는 점에 있다.

본 이론은 지도자를 조직적 목적을 이루어야 하는 리더인 동시에, 조직원 개개인들이 추구하는 길에 서 있는 방해물을 제거해야 하는 사람으로 바라본다.

2) Burns의 거래적-변환적 리더십론

리더십론으로서 거래적-변환적 리더십론(transactional-transformational leadership theory)이 있다. Burns(1978)는 리더십을 서로의 동기수준을 높이기 위한 리더와 구성원 간의 상호작용 또는 교환과정으로 정의하였는데, 이에 따라 그는 리더십을 거래적 리더십과 변환적 리더십의 행태로 구분하였다.

(1) 거래적 리더십

거래적 리더십(transactional leadership)은 구성원의 이기적이며 개인적인 관심에 호소한다. 그리고 거래적 리더는 조직의 목적달성을 위한 추종자의 역할과 임무를 명확히 제시하는 특성을 가지고 있으며, 아울러 이와 같은 역할과 책임에 대한 구성원들의 순응(compliance) 행위를 강조하고 이에 대한 보상을 강조하는 유형이다.

(2) 변환적 리더십

변환적 리더십(transformational leadership)은 개인적 관심보다는 조금 더 차원이 높은 도덕적인 가치와 이상에 호소하여 추종자들의 의식을 변화시키는 리더십 유형이다. 따라서 교환을 중심개념으로 보는 거래적 리더십과는 달리 변화를 중심개념으로 본다. 변환적 리더는 추종자들에 대한 권한부여(empowerment)를 강조하여 그들의 변화를 도모하며, 이를 통해 궁극적으로는 조직이나 집단의 목표달성을 위한 과업수준의 향상을 지향한다.

전술한 거래적 리더십과 변환적 리더십의 특성을 비교하여 제시하면 〈표 8-4〉와 같다.

〈표 8-4〉 Burns의 거래적-변환적 리더십론 유형

구 분	거래적 리더십	변환적 리더십
목 적	현상 유지	변화
활 동	규정 또는 규칙에 의거	규정 또는 규칙의 변화
보 상	개인적	집단적
리더-추종자의 관계	상호 의존적	상호 독립적
과 업	일상적	비일상적

출처 : Burns(1978)를 근거로 구성.

3) Quinn의 가치경쟁적 리더십론

가치경쟁적 리더십론(value competitive leadership theory)은 리더십에 관한 지나친 단순화나 이분화의 경향으로 인한 폐해를 극복하고 통합적 관점을 유지하는 리더십론의 필요성이 강조되면서 나타나게 되었다.

Quinn(1988)은 사회집단이나 리더의 다양한 역할을 규정하기 위하여 사회학자 Parsons(1960)의 행위체계인 AGIL 모델을 기초로 통합적 관점을 가진 가치경쟁적 리더십론을 제시하였는데, Parsons는 사회체계를 포함하는 일반 행위체계를 네 가지의 기능적 필수요건, 즉 적응, 목표달성, 통합, 그리고 잠재성(AGIL : Adaptation, Goal-attainment, Integration, Latency) 등의 기능들에 따라 이론화했다.

〈표 8-5〉 Quinn의 가치경쟁적 리더십론 유형

구 분		지향점	
		외부지향적 성격	내부지향적 성격
통제성 여부	통제성 위주	목표달성(goal attainment)	잠재성(latency)
	유연성 위주	적응(adaptation)	통합(integration)

출처: Quinn(1988)을 근거로 구성.

즉, Quinn은 Parsons의 일반 행위체계론의 AGIL 모델을 조직에서 리더십의 형성과 유지를 설명하기 위한 토대로 이용하였던 것이다. 본 이론은 리더십의 초점을 한 축은 외부지향적·내부지향적 성격, 다른 한축은 통제성·유연성 위주로 하는 네 가지 영역으로 제시하였다(〈표 8-5〉 참조).

본 이론에서 리더는 네 가지 기능을 수행하기 위하여 각각의 영역에 맞는 리더십을 발휘해야 한다는 것으로서, 그 영역에서 필요한 리더십 유형을 살펴보면 다음과 같다.

(1) 적응

적응(adaptation)을 위한 비전제시자(vision setter)의 리더십 유형은 외부지향적이며 조직활동의 유연성을 추구하고 개방성을 추구하는 리더십을 발휘한다.

(2) 목표달성

목표달성(goal attainment)을 위한 과업주도자(task master)의 리더십 유형은 조직생산성을 극대화하기 위한 통제와 규율 위주의 공식적인 리더십을 지향한다.

(3) 통합

통합(integration)을 위한 동기부여자(motivator)의 리더십 유형은 조직구성원의 인간관계 향상에 관심을 둔 비집권적 특성을 가진 리더십을 추구한다.

(4) 잠재성

잠재성(latency)을 위한 분석가(analyzer)의 리더십 유형은 내부지향적이며 구조화된 통제 위주의 가치에 중점을 두는 리더십을 발휘한다.

이와 같은 가치경쟁적 리더십론의 특성은 사회복지조직에도 적용될 수 있다.
일례로, 기관 효율성과 생산성 향상의 추구는 클라이언트의 욕구에 대한 보다 인간적이고 효과적인 서비스 공급의 강조와 상반될 수 있다. 결국, 리더는 이와 같이 상반된 가치의 리더십을 주어진 상황에 맞게 적절히 구사해야 한다는 것이 본 이론의 핵심인 것이다.

CHAPTER 09

기획과 의사결정

사회복지조직은 노인, 장애인, 아동 등 사회적 약자에 대한 문제나 욕구를 해결하기 위한 서비스를 제공하기 위해 노력을 기울인다. 조직이 효과적인 서비스를 제공하기 위해서는 무엇보다도 적절한 기획과 의사결정이 중요하다.

제1절 기획

1. 기획의 의의

1) 기획의 개념

일반적으로 기획(planning)은 목표를 달성하기 위한 장래의 행동에 관하여 일련의 결정을 하는 과정이라고 할 수 있다. 기획과 유사한 개념에 계획(plan)이 있다. 이 둘은 상당부분 혼용되어 사용되고 있는데 좀 더 구체적으로 살펴보면 다소 다른 의미를 지니고 있다. 즉, 기획은 계획을 세워가는 과정을 가리키며, 계획은 구체적인 사업에 대한 연속적인 의사결정의 결과라는 점에서 기획에서 도출된 최종적인 결론을 의미하는 것이다(권육상 · 전대성 · 홍석자 · 서상범 · 조미영 · 홍전희, 2004 : 139).

한편, 몇몇 학자들의 의견을 살펴보면, 먼저 길버트와 스펙트(Gilbert & Specht)는 기획에 대해 몇몇 행동대안들을 선택하는 데 있어 가치선호의 적용, 통찰력, 체계적인 사고, 조사 등에 의해서 미래에 일어날 것 같은 일들을 통제하고 문제를 해결하기 위한 의식적인 시도라고 정의하였고, 요크(York)는 미래지향적이고 계속적인 과정이며 의사결정과 연결되어 있고 목표 지향적이며 목표를 위한 수단이라고 규정하였다. 드로(Dror)는 최적의 수단을 가지고 목적을 성취하기 위해 지시된 미래의 행동을 위한 일련의 결정을 준비하는 과정이라고 정의하였고, 이웰(Ewell)은 행동이 요청되기 이전에 무엇을 하고 어떻게 할 것인가를 결정하는 것이라고 규정하였다.

그리고 최성재와 남기민은 목표달성을 위한 장래의 행동에 대한 일련의 결정을 하는 과정으로 정의하였다(〈표 9-1〉 참조).

〈표 9-1〉 학자별 기획의 개념

구 분	개념정의
Gilbert & Specht	문제를 해결하고 미래의 사건들에 대한 경로를 통제하려는 의식적인 시도로서 예견, 체계적 사고, 조사, 가치선호를 통해 대안을 선택해 나가는 과정
York	미래지향적이고 계속적인 과정이며, 의사결정과 연결되어 있고 목표지향적이며 목표를 위한 수단
Dror	최적의 수단을 통하여 목표를 달성하기 위해서 미래의 행동에 대한 의사결정을 준비하는 과정
Ewell	행동이 요청되기 이전에 무엇을 하고 어떻게 할 것인가를 결정하는 것
최성재·남기민	목표달성을 위한 장래의 행동에 관하여 일련의 결정을 하는 과정

출처: 장천식(2006: 166)을 근거로 구성.

결론적으로, 기획은 조직의 계획된 목적을 달성하고 유지, 발전시키기 위하여 내부 및 외부환경 변화에 대해서 현재와 미래의 합리적인 행위를 하기 위해 계획을 수립하는 과정이라고 정리할 수 있는 것이다.

2) 사회복지조직의 기획

기획의 중요성은 사회복지문헌에서 다수의 학자들에 의해 강조되고 있다.

먼저, Skidmore(1990)는 조직구성원들의 사기진작을 위한 기획의 중요성을 지적한다. 즉, 구성원들이 기획활동에 참여함으로써 기관의 미래방향을 정확히 인식할 수 있으며, 이는 곧 조직의 목표달성을 위한 그들의 역할을 수용하는 과정에서 높은 수준의 동기와 사기를 유지하게 하는 긍정적 요인으로 작용한다는 것이다.

Hassenfeld(1992)는 사회복지조직의 효율성, 효과성, 그리고 책임성을 제고하기 위한 수단으로서 기획의 중요성을 강조하였다.

성규탁(1993)은 사회복지조직의 기획과정이 효과적 서비스 전달의 기초가 되며, 아울러 최근과 같이 조직의 환경변화가 급속한 경우에 이런 환경에 적응하기 위한 효과적인 수단으로서 기획활동의 가치를 강조하고 있다.

한편, Ehlers와 Austin, Prothero(1976) 등에 의하면, 사회복지조직의 기획은 자원기획, 프로젝트기획, 그리고 개인기획의 세 가지 형태로 분류하기도 한다. 이를 살펴보면 다음과 같다.

(1) 자원기획

자원기획(resource planning)은 인적·물적자원과 관련된 기획으로서, 재정에 관한 기획, 시설 및 장비에 관한 기획, 소비물자에 관한 기획, 그리고 인적자원에 관한 기획 등 네 가지로 구분할 수 있다.

① 재정에 관한 기획

재정에 관한 기획은 조직이나 프로그램의 재정상태를 예측하기 위한 기획이다. 성공적인 재정기획을 위해서는 특정한 기획기관을 통하여 프로그램의 재정상태를 예측하는 능력이 필요하다. 조직이나 프로그램의 재정모델은 이러한 목적을 위하여 중요하며, 전산화된 회계제도는 그러한 모델이 될 수 있다. 또한 신속한 자료운용을 위해서는 회계의 전산화도 요청된다. 만약, 재정이 부족할 경우에는 다음과 같은 조치를 취할 수 있다.

첫째, 서비스의 양이나 범위를 축소 또는 수정하여 자금수요를 줄인다.

둘째, 기업의 기부금, 재정원조기관으로부터의 지원확보 등 모금운동을 한다.

② 시설 및 장비에 관한 기획

시설 및 장비에 관한 기획은 사회복지조직의 목표달성을 위해서 필요한 시설이나 장비의 구매 · 임대 등에 관한 기획이다. 오늘날 시설이나 장비에 관련된 기술은 비교적 잘 개발되어 있으며, 대부분 조사방법의 체계적 적용이나 네트워크 장비, OR 기법[1] 등으로 발전하였다.

③ 소비물자에 관한 기획

소비물자란 서류용지, 필기용구, 기록보관철 등과 같은 것이다. 이러한 품목들을 구매하는 일은 일상적인 업무가 되어야 하며 이를 위한 구매자금이 필요할 때에는 언제든지 이용할 수 있도록 항상 고려해야 한다.

④ 인적자원에 관한 기획

본 기획은 인적자원관리에서 다루어지는 기획으로서 인적자원의 확보, 인적자원의 개발, 인적자원의 보상, 유지관리, 노사관계 등에 관련된 기획이다. 여기에서는 기관의 목표를 달성하기 위하여 필요한 최소한의 직원(전문직, 준전문직, 서기 등)의 수, 매 기획년도에 충원되어야 할 직원의 수, 새로 고용된 직원이 배치되어야 할 부서나 프로그램 등에 대한 내용을 포함한다.

(2) 프로젝트기획

프로젝트기획(project planning)은 지속적 기획이라기보다는 전문성을 가지고 기간을 정해 놓고 일시적 기획을 추진하는 것인데, 이를 추진하는 이유는 노력에 대한 질적 성과가 상대적으로 높은 수준으로 나타나고 프로젝트 달성에 시간이 적게 걸

1) OR기법에서 OR은 Operations Research의 약자로서, 여기서 Operations라는 단어가 뜻하는 바는 군사작전이다. 즉, OR을 우리말로 직역하면 작전연구라 해야 할 것이나, 그 내용이 MS(Management Science)와 같기 때문에 우리말로는 경영과학이라고도 한다. OR기법은 합리적인 의사결정이 요구되는 모든 분야를 대상으로 하는데, 그중에서도 정부나 기업과 같이 시스템의 목표가 분명한 조직의 시스템 평가, 관리, 개선 등의 분야에 주로 적용되고 있으며, 그 핵심적인 역할은 의사결정자에게 최적의 의사결정을 할 수 있도록 체계적인 정보를 제공하는 데 있다.

리기 때문이다.

따라서 개별적인 프로젝트이든 집단적인 프로젝트이든 미리 계획을 세우지 않으면 활동연결이 잘 되지 않을 뿐만 아니라 각 단계에 필요한 시간도 제대로 할당할 수 없게 된다. 특히, 집단적인 프로젝트의 계획을 세우지 못하면 노력의 중복, 성취불능, 접근방법 중복 등의 결함이 부가된다. 적절하게 계획된 프로젝트가 주어진 시간 안에 최소의 비용으로 성공적으로 달성되기 위해서는 다음과 같은 일련의 단계에 따라 진행되어야 한다.

즉, 프로젝트 요구사항의 인식과 명확화, 이전의 경험 · 조사 · 견해 등과 같은 기술을 사용한 자료수집, 기본적인 접근방법에 관한 잠정적인 결정, 기본적인 활동계획의 설계, 프로젝트 계획의 검토, 집단적인 프로젝트의 경우 과업할당과 프로젝트 시작일자의 결정, 종료일자와 보고서 전달방법의 결정 등이 그것이다.

(3) 개인기획

개인기획(personal planning)은 개인적인 차원에서 진행하는 것인데, 관리자는 조직의 프로그램과 프로젝트에 관한 전반적인 기획책임도 있지만 자신의 개인적인 과업도 계획해야 한다. 따라서 개인기획이란 자신의 목표를 설정하고 취해야 할 활동과정을 기술하는 것을 포함한다. 개인적인 목표를 성취하기 위하여 계획을 수립하는 것으로 고려해야 할 요소는 다음과 같다.

첫째, 시간적 요소, 가용한 자원, 장애물, 자신이 하는 일에 영향을 미칠 수 있는 타인의 기대되는 행동 등의 요소를 이해하고 계획을 수행하면서, 일어날 수 있는 불가피한 변화들을 예상할 수 있어야 한다.

둘째, 유사한 과업이나 프로젝트를 가진 다른 사람들의 이전 경험을 활용하여 계획을 설계해야 한다.

셋째, 계획이 실현 가능한지를 알아보아야 한다. 실현 가능성 여부는 다음 질문에 대한 대답을 통해 알 수 있다. 즉, 가용한 자원과 시간을 고려할 때 목표달성이 가능한가? 필요한 시간과 자원이 있다면 목표를 성취할 능력이 있는가? 이 두 가지 질문 가운데 하나라도 부정적인 대답이 나온다면 목표를 수정하거나 다른 목표를 계획해야 한다.

넷째, 계획 속에 점검지점을 확인해 두어야 한다. 점검지점에 도달할 때마다 정보를 평가하고 필요한 경우 계획을 수정해야 한다.

2. 기획의 특성과 훌륭한 기획

1) 기획의 특성

기획의 특성은 일반적으로 미래지향적, 과정지향적, 그리고 적응지향적 등 3가지로 분류할 수 있는데, 이를 요약하면 다음과 같다(김형식 · 이영철 · 신준섭, 2007).

첫째, 미래지향적이라는 것이다.

즉, 기획활동은 미래의 조직목표를 설정하고 이를 달성하기 위한 미래의 행동을 규정한다. 조직에는 과거지향적 활동도 적지 않지만, 기획활동은 명백히 미래지향적 활동이다.

둘째, 과정지향적이라는 것이다.

즉, 기획활동은 미래의 활동에 대한 연속적인 준비과정이다. 따라서 단일과업이 아닌 계속적으로 진행되는 의사결정활동인 것이다. 다시 말해서, 조직의 단일시점적인 활동과 달리, 기획은 연속적인 과정이다.

셋째, 적응지향적이라는 것이다.

즉, 기획활동은 조직의 외부환경 변화에 적응하기 위한 노력이다. 대다수의 조직은 자신이 직면하는 환경을 전적으로 자신의 의지대로 통제할 힘이 부족하기 때문에, 기획활동은 기본적으로 기존의 환경 및 그 변화에 적응하기 위한 노력이다.

이와 같은 기획의 특성을 고려할 때 기획(planning)과 계획(plan)은 구별이 필요한 개념임을 알 수 있다. 즉, 계획은 기획에서 도출된 결론, 기획의 산출물 또는 결과로서의 정적인 특성이 강한 반면, 기획활동은 계획을 세워 나가는 연속적인 행동으로서의 동적인 특성이 보다 강한 것이다.

2) 훌륭한 기획

효과적인 관리를 수행하는 조직의 기획과정에는 공통특성들이 나타나고 있으며, 이런 기획의 특성을 찾아내기 위한 학문적 시도들이 있어왔다. Trecker(1977)는 훌륭한 기획의 특성을 다음과 같은 6가지로 기술하였다.

첫째, 기획은 고위층의 관리기능을 나타내는 것으로 그것을 타인에게 위임하거나 소홀히 다룬다면 기관에 악영향을 초래할 것이다. 즉, 훌륭한 기획이란 조직기획의 책임을 담당한 부서에서 적합하게 이루어지는 기획이어야 한다.

둘째, 기획이란 현재에서 시작해서 미래까지 연장되는 것이다. 오늘의 결정은 내일의 조직을 이룬다는 것을 생각해야 한다. 즉, 훌륭한 기획이란 조직 및 기관의 장기적 환경적응을 충분히 고려하여 이루어지는 기획이어야 한다.

셋째, 기획은 질서정연해야 한다. 그것은 목표설정으로부터 목표달성에 필요한 프로그램으로서 합리적인 방법으로 전환하는 것이고 우연적이거나 비공식적일 수 없다. 즉, 훌륭한 기획은 체계적이고 공식적으로 이루어지는 조직 내 성찰석 과성이어야 한다.

넷째, 효과적인 기획은 목적, 프로그램, 책임, 관계 등이 명확해야 한다. 다시 말해서, 결과가 뚜렷해야 한다는 것이다. 결과의 명확성은 기획의 결과에 따른 보상과 책임의 귀인도 명확해야 함을 의미한다. 즉, 훌륭한 기획은 결과와 책임의 명확성을 유지해야 한다.

다섯째, 기획은 역동적이어야 한다. 변화하는 조건들과 새로운 발전들을 고려하고 변화에 상응하기 위한 적응성을 길러야 한다. 기획은 구성원들을 지도할 수 있을 만큼 견실해야 하며 기관의 변화하는 욕구를 충족시킬 만큼 융통성이 있어야 한다. 역동적인 기획은 조직의 리더십에 역동성을 부여하면서 즉흥성을 배제한다. 즉, 훌륭한 기획은 밋밋성보다는 역동성을 추구하여야 한다.

여섯째, 행동위주이어야 한다. 기획은 그 자체가 목적이 아니고 청사진도 아니며 목적을 위한 수단에 불과하다는 점에서 효과적인 활동과 적극적인 성취로 이끈다.

기획은 목적과 프로그램을 결정하는 과정이 실제로 목적달성을 위해 필요한 활동을 일으키도록 돕는 방법으로 수행되어야 한다. 즉, 훌륭한 기획은 그 자체가 목적이 아니며, 최종목표에 대한 성찰과 소통을 촉진하는 기획이어야 한다.

3. 전략기획과 기획과정

1) 전략기획의 의의

(1) 전략기획의 개념

Berman(1998)은 전략기획(strategic planning)이란 새로운 기회와 변화하는 조건 속에서 조직과 지역의 우선권을 조정하기 위해 그것들을 돕는 일련의 절차라고 정의하였다. 그는 전략기획을 조직적 관점과 지역적 관점에서 바라보았는데, 그에 따르면 전략기획은 다음을 위해서 이용된다.

첫째, 전략기획은 조직과 지역의 욕구를 보다 더 확실하게 해결하는 미래를 설계하기 위해서, 그리고 진로와 지침을 개발하기 위해서 사용된다. 전략기획의 초점은 핵심역량의 유지와 지배적 환경변화의 수용이다.

둘째, 전략기획은 상이한 견해를 가지고 있는 개인과 조직 사이에 동의를 도출하기 위해서, 그리고 클라이언트, 상급직원, 하급직원, 지역들로부터 오는 상이한 관점을 서로 상관시키고 소통시키기 위해서 사용된다. 그러므로 전략기획은 불가피하게 일정부분 민주적 소통구조를 수립하게 된다.

셋째, 전략기획은 변화하는 환경에 응답하도록 조직을 동기부여하기 위해서 사용된다. 목표가 동기부여에 있기 때문에, 전략기획은 인간주의적 관심사에 부응해야 하며 인간의 본성과 그 보편적 고충에 대한 심도 깊은 이해를 전제로 한다.

넷째, 전략기획은 강화, 재조직, 그리고 조직이 제공하는 다양한 서비스 사이의 균형을 위한 욕구를 해결하기 위해서 사용된다. 그러므로 전략기획은 조직활동을 결합시키고 있는 가시적이고 공식적인 구조 이외에 현실적으로 조직과 그 구성원에게 영향을 미치고 있는 비가시적이고 비공식적인 구조에도 일정한 안목을 갖는 것을 전제로 한다.

(2) 전략기획의 중요성

사회복지조직은 빠르게 변화하는 환경 속에서 존재한다. 조직이 봉사하는 클라이언트의 욕구변화, 새로운 욕구집단의 출현, 재원확보의 불안정성, 조직구성원의 잦은 교체, 그리고 조직의 활동에 대한 지역사회의 관심변화 등이 그 예가 될 수 있다(Brody, 1993 : 41). 따라서 환경변화에 대한 적응의 노력인 전략기획이 사회복지조직에 갖는 활용가치는 매우 큰 것이다(김형식 · 이영철 · 신준섭, 2007 : 164).

2) 기획과정

사회복지행정의 기획과정을 비교적 널리 알려진 Skidmore(1995)의 과정, 즉 목표의 선택, 조직 가용자원의 고려, 대안의 모색, 최선의 계획결정, 우선순위하, 구체적 프로그램계획의 수립, 그리고 변화에 대한 개방성 유지 등 7단계로 제시하면 다음과 같다.

(1) 목표의 선택

목표란 사회복지조직이 달성하고자 하는 활동지표 내지 활동목표이다. 목표는 현재의 것은 아니지만 현재의 활동에 중요한 영향을 미치는 힘을 지니고 있다. 이는 마치 한 인간의 삶의 목표나 특정 인생주기상의 목표가 현재의 여러 가지 활동들을 조직화하는 힘을 갖고 있는 것에 비유할 수 있다.

사실 사회복지조직에서는 조직목표가 바람직한 사회적 가치와 중첩하는 경향이 많기 때문에 사회복지조직에서 운영목표를 설정함에 있어 고려해야 할 점은 다음과 같이 일반적인 조직에서는 보통 무시되기 쉬운 가치이념을 포함해야 한다는 것이다.

첫째, 민주적 과정이어야 한다.

즉, 조직 내에서뿐만 아니라 관계기관 및 지역사회 주민 등과의 활발한 의사소통을 통한 폭넓은 민주적 과정 속에서 사회적 욕구를 발견해야 한다. 민주적 과정은 그 범위에 있어서는 참여민주주의의 이념을 최대한 구현하고, 그 의사결정적 초점에 있어서는 심의민주주의(審議民主主義)의 이념과 절차에 부합해야 하는 것이다.

둘째, 조직 내외에 있는 여러 분야의 전문가들과 광범위한 의견교환을 통하여 그들의 전문적인 지식과 경험을 적극적으로 활용하여야 한다.

즉, 인간복지의 여러 측면들에 대해서 전문적 식견과 경험이 적합하게 고려되지 않으면, 단기적으로는 비효율성이 은폐될 수 있지만 장기적으로는 효과성과 효율성에 있어서 심각한 침식이 초래될 수 있는 것이다.

셋째, 사회복지조직에서 설정되는 목표는 사회복지수준을 현재보다 높은 수준으로 끌어올릴 수 있는 바람직한 것이어야 한다.

즉, 특정 사회복지조직은 대체로 범사회적으로 소통될 수 있는 계량적 목표치와 함께 해당 클라이언트와 지역사회에서 수용할 만한 특수한 목표치 모두를 염두에 두고 사회복지수준을 설정해야 하는 것이다.

넷째, 조직에서 목표를 설정할 때에는 관리자의 가치관, 기관의 전통성, 기관 내외의 갈등 등 환경적 요인들이 영향을 미칠 수 있다는 것을 고려하여 신중히 설정해야 한다.

즉, 사회복지적 목표에 대한 지나친 규범적 몰입을 경계하면서, 현실적인 제약여건들과 자체 의사결정 구조상의 불가피한 결함 등을 인정하고, 각 단계마다 실현 가능하면서도 인간관계적 갈등을 상대적으로 덜 유발하는 타산적 고려사항의 중요성을 충분히 인정해야 하는 것이다.

(2) 조직 가용자원의 고려

조직 가용자원의 고려란 조직의 물적자원은 물론 전문요원들을 포함하는 인적자원을 고려하는 것이다. 이와 관련하여 목표를 기관의 설비, 가용예산 및 서비스에 대한 지역사회의 후원 등과 연결시키는 것은 매우 중요하며, 활용 가능성이 높은 직원의 수는 물론 그들의 자질, 능력, 태도, 그리고 감정 등도 고려되어야 한다.

(3) 대안의 모색

목표설정과 자원 고려 이후에는 목표달성의 방식을 고려해야 한다. 유능한 행정가는 다양한 대안적 방법들을 고려한 다음, 각각에 대한 결과를 주의 깊게 입안하고 예상해 본다. 이러한 단계에서 창의력이 특히 중요한데 자유로운 집단토의 및 개인들 간의 대화를 통하여 새로운 가능성을 발견할 기회를 마련할 수 있다.

(4) 최선의 계획결정

최선의 계획결정은 조사된 여러 가지 대안들을 수집한 후 이들을 비교하고 결과를 예측한 후에 가장 지혜로운 선택을 하는 기획과정으로서, 이를 통해 목표달성에 근접하도록 노력하는 것이다.

(5) 우선순위화

대안들이 기록되고 가능한 목표에 대한 선택사항들이 인식되면 다음으로 중요성과 실현 가능성에 관한 가중치를 부여한다. 이때 가장 어려운 문제는 우선순위를 정하는 일이다. 즉, 가장 중요한 것, 즉각적인 조치를 요구하는 것, 그리고 연기되어야 할 것 등을 정하는 것이 그것이다.

(6) 구체적 프로그램계획의 수립

이 단계는 합의된 목표달성을 위해 구체적인 프로그램을 형성하는 단계이다. 청사진, 도표, 시간표 작성을 포함하여 단계적 행동개요가 나타나고 기록된다. 진척상황 검토, 보고, 그리고 프로젝트 완성을 위하여 구체적인 시간이 계획되어야 한다.

(7) 변화에 대한 개방성 유지

최종적인 프로그램계획이 수립된 이후에도 환경의 변화에 따라 클라이언트 등에 대한 현실에 맞는 계획을 수정 · 수립하기 위하여 개방성을 유지하는 자세도 필요하다.

제 2 절 의사결정

사회복지조직은 조직을 둘러싸고 있는 과업환경과 일반환경에 의존적이며 도덕성과 윤리성을 고려해야 하는 인간에게 서비스를 제공한다는 특수성 때문에 의사결정은 매우 중요하면서도 어려운 것이 사실이다.

그러나 변화하는 환경과 상황 속에서 사회복지조직이 생존하고 발전하기 위해서는 사회적 요구에 대처하고 장래의 방향을 예측하며 신속하고도 적절한 의사결정을 하지 않으면 안 된다. 그러므로 사회복지조직을 운영 · 관리하는 행정가에게는 의사결정에 대한 특별한 지식과 기술이 필요한 것이다(최성재 · 남기민, 2000 ; 신복기 · 박경일 · 장중탁 · 이명현, 2002).

1. 의사결정의 의의

1) 의사결정의 개념

의사결정(decision-making)은 조직의 목표달성을 위한 여러 대안 중에서 가장 바람직한 행동경로를 선택하는 과정이다. 좁은 의미에서 본다면 특정한 문제해결을 위한 대안선택을 의미하지만 좀 더 넓은 의미에서는 조직활동을 수행하기 위해 어떻게 조직을 구성하고, 어떤 인력을 어느 곳에 배치하며, 또 어떠한 통제 및 조정의 노력이 필요한가를 결정하는 총체적 관리과정으로 규정할 수 있다(Weihrich, 1994).

이 같은 맥락에서 Simon(1971)은 의사결정을 조직관리를 위한 가장 기본적인 활동으로 규정하였고, 더 나아가 의사결정과정 자체를 경영(management)으로까지 표현하기도 하였다. 한편, Skidmore(1995)는 의사결정과정이 기관구성원의 사기와 밀접한 관계를 갖는다는 것을 지적하며, 이는 곧 사회복지조직의 서비스 전달의 효과성을 좌우할 수 있는 중요한 요인임을 강조하기도 하였다.

2) 의사결정의 유형

의사결정의 유형은 다양하게 접근할 수 있으나 여기에서는 의사결정의 주체에 따라 개인적 의사결정과 집단적 의사결정으로 분류할 수 있으며, 의사결정의 구조화 정도, 즉 의사결정이 정해진 일정한 절차를 따르느냐 그렇지 않느냐에 따라 정형적 의사결정과 비정형적 의사결정으로 구분할 수 있다.

(1) 의사결정의 주체에 따른 유형

① 집단적 의사결정

집단적 의사결정(group decision-making)이란 최고책임자가 의사결정을 함에 있어 부하직원이나 전문가들의 의견을 종합하여 결정을 내리는 것인데, 상호작용집단기법, 명목집단기법, 그리고 델파이기법 등이 있다.

가. 상호작용집단기법

상호작용집단기법(face-to-face interacting group technique)은 가장 보편적인 행태의 집단의사결정 방법이다.

자유스러운 분위기 속에서 공개적으로 여러 대안들에 대해 토론하고 논쟁하여 최선의 대안에 합의하는 의사결정기법인 것이다. 다시 말하면, 위원회집단이나 일반적인 회의집단들과 같이 다양한 사회적 배경(정보, 지식, 경험, 아이디어 등)을 지닌 사람들로 구성된 집단에서 특히 쟁점사안에 대한 최선의 의사결정안을 도출하기 위해 사용하는 전통적인 의사결정기법인 것이다.

이 기법은 여러 집단적 의사결정기법들 가운데 가장 구조화되지 않은 기법으로, 토론에 참여하는 사람들이 집단의사결정이나 타인들과의 상호작용에 있어서 상당한 경험과 지식을 소유하고 있을 때 적절하게 사용할 수 있다.

나. 명목집단기법

명목집단기법(nominal group technique)은 의사결정의 사회심리학적 연구를 토대로 하여 사람들이 함께 아이디어를 제시하고, 투표 등을 통해 그 아이디어들이 조직 내에서 어느 정도나 지지를 받는지를 확인하여 우선순위를 결정하는 방법이다.

다. 델파이기법

델파이기법(Delphi technique)이란 합의적 의사결정에 도달하기 위하여 아이디어들을 익명으로 결정함으로써 창의성을 증진시키는 기법으로, 원래 Rand 기업연구소의 의사결정자들에 의해서 개발되었다.

이 기법은 명목집단기법에 비해 보다 복잡하고 시간이 많이 소요되는 대안적 방법으로 집단구성원들의 출석을 요구하지 않는다는 점을 제외하고는 명목집단기법과 매우 유사하다(권육상 · 전대성 · 홍석자 · 서상범 · 조미영 · 홍전희, 2004 : 155-156).

즉, 본 기법은 전문가 또는 관련자들로부터 우편으로 의견이나 정보를 수집하여 그 결과를 분석한 후 다시 응답자들에게 보내 의견을 묻는 식으로 만족스러운 결과를 얻을 때까지 계속하는 방법으로써, 어떤 불확실한 사항에 대한 전문가들의 합의를 얻으려고 할 때 적용될 수 있다.

② 개인적 의사결정

개인적 의사결정(individual decision-making)이란 최고책임자가 수집한 자료, 정보, 그리고 자신의 경험 · 판단에 의해 혼자 의사결정을 내리는 방법인데, 의사결정나무분석, 대안선택흐름도표 등이 그것이다.

가. 의사결정나무분석

의사결정나무분석(decision tree analysis)은 개인이 가능한 여러 대안을 발견하여 나열하고 선택했을 때와 그렇지 않았을 때의 결과를 그림으로 그려 생각하는 개인적 의사결정방법이다.

나. 대안선택흐름도표

대안선택흐름도표(alternative choice flow chart)는 목표가 분명하고 예상 가능한 사항의 선택에 적용될 수 있는 것인데, "yes"와 "no"로 답할 수 있는 질문을 연속적으로 만들어 예상되는 결과를 결정하도록 하는 개인적 의사결정방법이다.

전술한 집단적 의사결정과 개인적 의사결정을 비교하여 조명해 보면 〈표 9－2〉와 같다.

〈표 9-2〉 집단적 의사결정과 개인적 의사결정의 비교

구 분	집단적 의사결정	개인적 의사결정
문제 및 과업의 유형	• 다양한 지식과 기술이 요구될 때 • 문제가 개별적으로 나뉘어져 언급될 수 있는 다차원적인 부분으로 이루어져 있을 때 • 문제를 평가해야 할 때	• 능률성이 요구될 때 • 비교적 단순한 지식과 기술이 요구될 때
결정사항에 관한 수용	• 집단구성원들에 의한 수용이 중요시될 때	• 수용이 중요하지 않을 때
해결책의 질	• 몇몇 조직구성원에 의해서 해결책이 도출될 수 있을 때	• 최선의 해결책을 제시할 수 있는 구성원을 파악할 수 있을 때
사람들의 특성	• 조직구성원들이 함께 일한 경험이 있을 때	• 사람들이 협력할 수 없을 때
의사결정 분위기	• 집단의 문제해결에 대해 우호적인 분위기일 때	• 경쟁적인 분위기일 때
시간 정도	• 비교적 많은 시간을 활용할 수 있을 때	• 비교적 활용할 수 있는 시간이 적을 때

출처: 권육상 · 전대성 · 홍석자 · 서상범 · 조미영 · 홍전희(2004: 156)를 근거로 구성.

(2) 의사결정의 구조화에 따른 유형

① 정형적 의사결정

정형적 의사결정(programmed decision-making)이란 결정자가 일상적으로 반복되는 업무에 대한 것과 발생한 문제에 대한 대안과 방법이 사전에 미리 정해져 있는 결정을 행하는 것이다. 일례로, 인사규칙이나 조례 등 조직에 정해져 있는 특별한 절차에 의한 결정이다.

② 비정형적 의사결정

비정형적 의사결정(non-programmed decision-making)은 새로운 사태의 발생을 비롯하여 예측이 어려운 중대한 사건 등에 대처하기 위한 의사결정을 말한다. 환경에 크게 영향을 받고 의존하는 사회복지조직에서는 비정형적 의사결정 사항이 많이 발생하게 되므로 사회복지조직의 행정책임자를 포함한 조직요원들은, 특히 의사결정 훈련이 크게 요구된다고 하겠다(권육상 · 전대성 · 홍석자 · 서상범 · 조미영 · 홍전희, 2004 : 157).

전술한 정형적 의사결정과 비정형적 의사결정을 전통적 기법과 현대적 기법을 적용하여 간략히 비교해보면 〈표 9－3〉과 같다.

〈표 9-3〉 정형적 의사결정과 비정형적 의사결정의 비교

구 분	기 법	
	전통적	현대적
정형적 의사결정(일상적이고 반복적인 결정, 조직에서는 이러한 사항의 처리를 위하여 특별히 절차를 마련하고 있음)	• 습관 • 일상적 사무규정 • 표준운영절차(내규) 등	• OR기법 • 전자자료 처리 등
비정형적 의사결정(일회적이고 비조직적인 새로운 정책결정, 문제해결적 절차로 처리함)	• 판단, 직관, 창의성 • 경험에 의한 처리 • 책임자의 엄선 및 훈련 등	• 의사결정절차의 훈련 • 자기발견적 컴퓨터 프로그램 제작 등

출처 : Simon(1971 : 196), 최성재 · 남기민(1993 : 194-195)을 근거로 구성.

2. 의사결정모형의 의의

1) 의사결정모형의 개념

일반적으로 의사결정모형은 복잡한 사회현상 속에서 다양하게 나타나는 의사결정의 행태적 틀이라고 할 수 있다.

조직내부의 과정에서 의사결정이 상시적으로 어떤 모습을 가지고 있는가의 문제, 즉 조직의 의사결정모형을 도출해 보는 것도 이론적 및 실천적 중요성을 가지고 있는 것이다. 조직의 의사결정모형이 이론적 관심의 초점이 되는 이유는 조직의 의사결정이 항상 어떤 모형에 따라 이루어지고 있다는 지식이 있을 때, 우리가 조직 내에서 이루어지는 다양한 활동들에 의사결정이 미치는 역할을 더욱 쉽게 이해할 수 있기 때문이다. 또한 의사결정모형을 이해하게 되면, 무수히 많은 조직들로 이루어진 현대사회의 일반적 특성을 추론해 볼 수 있기 때문이다.

아울러, 의사결정모형은 실천적 중요성도 가지고 있다. 조직적 의사결정의 일반적 패턴은 인간의 자유의지와 사회적 결정론에 대한 규범적 및 윤리적 질문에 대하여, 우리가 찾아야 할 정당한 답변에 대하여 기초적인 사료를 제공한다. 왜냐하면 현대인은 일상 대부분의 시간을 조직과정 속에서의 상호작용을 통해서 영위하기 때문이다.

2) 의사결정모형의 유형

(1) 합리모형

합리모형(rational model)은 다른 의사결정모형들이 이를 비판하거나 현실에 맞게 수정하는 과정에서 나왔기 때문에 대다수 의사결정모형의 원형이라고 할 수 있다. 합리모형은 인간이 이성과 합리성에 입각하여 의사를 결정한다는 이론을 의미하는데, 기본전제는 의사결정가가 문제를 완전히 이해하고, 해결을 위한 모든 대안을 파악하며, 대안선택의 기준이 명확히 존재하고, 자원이 충분하며 합리적으로 최선의 대안을 선택하는 것을 전제로 하고 있다.

(2) 만족모형

March와 Simon(1958)에 의해 제기된 만족모형(satisficing model)[2)]은 인간의 제한된 합리성에 기초하여 최적대안보다는 현실적으로 만족할 만한 대안의 선택에 타당성을 두고 있는 이론이다. 인간의 절대적 합리성보다는 제한된 합리성을 기준으로 삼고 있다는 점이 본 모형의 특징이라고 할 수 있다.

(3) 점증모형

Lindblom(1980)과 Wildavsky(1966)에 의해 제기된 점증모형(incremental model)은 합리모형을 전적으로 거부하고, 행정의 실현 가능성을 중요시하는 이론이다. 본 모형은 의사결정가에 주로 적용되는 이론으로서, Lindblom은 의사결정에서 선택되는 대안들은 기존의 결정을 점진적으로 개선해 나가는 것이며, 의사결정은 부분적・순차적으로 진행되고, 의사결정의 과정에서 대안분석의 범위는 크게 제약을 받는다고 보았다. 즉, 본 모형에서는 기존 의사결정에 약간의 수정만 가하면 되는 것이다.

(4) 혼합모형

Etzioni(1968)에 의해 제기된 혼합모형(mixed model)은 적극적인 의사결정접근법으로서, 합리모형과 점증모형을 혼합・절충한 제3의 모형이다. 이는 합리모형의 이상주의적 성격을 지양하고, 점증모형의 보수성, 즉 반혁신성을 탈피하기 위하여 이 양자를 변증법적으로 합(synthesis)하려는 것이다.

다시 말해서, 합리모형과 점증모형 양 이론에 대해 비판을 하면서 하나의 적극적인 의사결정접근법으로서 혼합모형을 설명하고 있다. 그는 상상력이 부족한 의사결정가를 위한 하나의 지침으로서 혼합전략을 제시하고 있는데, 이는 행위자가 확고한 전략이 없는 상황에서 과거의 정책을 근본적으로 재검토해야 하는 위기에 직면했다고 가정하는 것이다.

2) satisficing은 satisfying과 sufficing의 결합으로, '충분히 만족스러운 수준이다, 그 정도면 충분하다'라는 의미의 합성어이다.

(5) 최적모형

Dror(1971)에 의해 제기된 최적모형(optimal model)은 의사결정과정을 하나의 체제이론적 관점에서 파악하고, 의사결정체제의 성과를 최적화하려고 한 것이다. 여기서 최적화란 의사결정형성체제로부터의 산출이 투입보다 큰 경우를 의미하는데, 이러한 개념이 순수 경제적으로만 규정된 것처럼 보이지만, 실제로는 정치체제맥락에서 질적인 내용을 담고 있는 것이다. 최적모형의 주요 특징은 양적이 아니라 질적이고, 합리적 요소와 초합리적 요소를 동시에 고려하며, 상위 의사결정을 중요시하고, 환류작용을 중요시하는 점 등으로 정리할 수 있다.

(6) 쓰레기통모형

Cohen과 March, Olsen(1972)이 제기한 쓰레기통모형(garbage can model)은 '조직화된 무정부 상태(organized anarchies)'를 나타내는 것으로, 이는 의사결정이 어떠한 일정한 규칙에 따라 움직이는 것이 아니라 쓰레기통처럼 뒤죽박죽 움직인다는 것을 나타내고 있는 것이다.

이와 관련하여 본 모형은 불확정적 선호, 불명확한 기술, 그리고 유동적 참여자 등을 전제하고 있는데, 먼저 불확정적 선호(indefinite preference)는 기존 모형들이 조직 내에서 자신이 어떤 목적을 가지고 의사결정에 참여하는지를 알고 있다고 가정하지만, 실제로는 어떤 목적을 가지고 결정에 참여하는가를 모르는 경우가 많아서 자신이 무엇을 선호하는지도 제대로 알지 못한다는 것이다. 불명확한 기술(unclear technology)은 목표와 대안 사이에 존재하는 인과관계가 명확하지 않아 의사결정에 참여하는 결정가가 목표를 명확히 알아도 이를 실행할 구체적인 대안을 잘 모르고 있는 경우가 많다는 것이다. 마지막으로, 유동적 참여자(fluid participant)는 동일한 개인이 시간의 흐름에 따라 문제의 성격에 근거해서 어떤 경우에는 결정에 참여했다가, 어떤 경우에는 참여하지 않는 상황을 의미하는 것이다.

제3절 의사소통

1. 의사소통의 개념

커뮤니케이션(communication)은 통상 의사전달 또는 의사소통이라 부르며, 현재 한국사회에서는 약칭해서 소통이라는 용어가 점점 더 자주 사용되고 있다. 일반적 의미의 의사소통은 의사전달자가 의사수신자의 행위를 변화시키기 위한 목적으로 의미를 전달하는 과정을 뜻한다. 따라서 의사소통은 의사전달자(sender), 의사수신자(receiver), 메시지(message), 매체(media) 등의 기본 요소들로 구성된다(Lewis, 1987 ; 김형식 · 이영철 · 신준섭, 2007).

2. 의사소통의 중요성

사회복지조직에서 의사소통은 매우 중요한 요소이다. 사회복지조직의 의사소통은 크게 조직 내의 의사소통, 조직과 지역사회 사이의 의사소통으로 나눌 수 있는데 성공적인 서비스의 전달을 위해서 이 두 차원의 의사소통이 모두 중요하다.

Skidmore(1995)는 사회복지조직에서 의사소통이 중요한 이유를 다음의 세 가지로 들고 있다.

1) 효과성

사회복지조직에서 서비스를 효과적으로 전달하기 위해서는 조직구성원 상호 간에 의사소통이 원활하게 이루어져야 한다. 조직에서 효과성은 직원 상호 간, 특히 상위직과 하위직 사이에 생각과 감정을 서로 공유하는 데 달려 있다.

쌍방적인 의사소통(two-way communication)은 민주적 과정의 일부이며 바람직한 의사결정을 하고 효과적인 정책을 결정하는 데 필수적이다. 또한 의사소통은 생각

같은 인지적 차원뿐만 아니라 감정 같은 정서적 차원도 가지고 있음에 유의해야 한다.

한편 클라이언트나 지역사회의 다양한 인식에 있어서는 특정 사회복지조직의 원활한 의사소통 자체가 서비스의 한 항목으로 지각될 수 있는 것이다.

2) 효율성

효율성은 조직구성원 간의 의사소통이 공개적이고 개방적일 때 높아진다. 사회복지조직 내에서 구성원들이 업무와 관련된 절차, 방법, 사례, 정책, 목적 그리고 자신들이 기대하는 바에 대하여 서로의 생각과 느낌을 공유하는 것은 매우 중요하다. 효율적인 서비스기법을 알고 있는 직원의 경우, 상대적으로 알지 못하는 다른 직원들과 정보를 공유함으로써 업무의 효율성을 높일 수가 있고, 비효율적인 어떤 절차에 대해서도 다른 직원에게 알려줌으로써 서비스 전달상의 시행착오를 줄일 수 있는 것이다.

3) 사기

조직의 운영에 있어서 사기는 특히 중요하다. 최고관리층과 조직구성원 간에 의사소통이 잘 되면 훨씬 더 지지적이 되고 기관의 목적을 달성하는 것도 원활하게 된다.

사기의 성공적인 고취에는 많은 요소가 개입되어 있다. 경우에 따라서는 조직의 사기문제에 민감한 일부 구성원들이 의사소통의 원활함을 대폭 증대시키거나 원천적으로 봉쇄할 수도 있으므로, 사기문제의 중요성을 인식하기 위해서는 종래의 계량적 접근만으로는 충분하지 않으며 상황에 맞는 질적인 접근법을 필요로 하게 된다.

사기의 적합한 고취를 위해서는 조직이 처한 정서적·문화적 차원에 대한 고려와 함께, 조직과 그 구성원들이 경험해 온 전기적 삶에 대한 상호주관적 인식과 경청의 태도 또한 긴밀히 요구된다. 그리고 의사소통구조에 대해 충분히 고려하지 않은 상태에서 사기고취의 활동을 전개하게 되면, 그런 활동에 대한 습관화된 불신과 무력감이 반복되기 때문에, 의사소통의 원활을 통한 사기의 고취는 매우 신중하고 심층적으로 이루어져야 한다.

3. 의사소통의 원칙, 과정, 유형

1) 의사소통의 원칙

효과적인 의사소통을 위한 원칙은 학자들의 접근입장차이로 다양하게 정의되고 있지만 다음과 같은 공통적 요인을 포함한다(이평원, 2000 ; 김형식 · 이영철 · 신준섭, 2007).

(1) 명료성

의사소통은 수신자가 그 의미를 정확하게 이해할 수 있도록 해야 한다. 애매한 의사소통은 불신을 초래하는 경향이 있다.

(2) 일관성

의사소통은 전후의 메시지가 모순되지 않고 일관성을 유지해야 한다. 좋은 의사소통은 좋은 말만 하는 것이 아니라, 적합한 말을 일관되게 하는 데에 있다.

(3) 적시성

의사소통은 적절한 시점에서 이루어져야 한다. 시간과 장소에 따라 의사소통하고자 하는 메시지 내용이 달리 해석될 수 있음은 모든 의사소통 담당자들에게 거듭 환기되고 훈련되어야 할 항목이다.

(4) 배포성

정보는 정확한 수신자에게 전달되어야 한다. 무관한 수신자를 많이 만들어내는 의사소통구조를 피하고 관련된 수신자에게는 관련된 메시지가 반드시 전달되는 의사소통구조의 확립이 필요하다.

(5) 적정성

전달된 정보의 양이 너무 많거나 적어 수신자의 이해를 어렵게 하면 안 된다. 따라서 의사소통 담당자들은 정보의 양을 적절하게 조정하여 이해를 제고시켜야 한다.

(6) 관심과 수용

의사소통은 수신자가 관심을 갖고 수용적인 태도를 보일 때 가장 효과적으로 이루어질 수 있다. 따라서 수신자의 관심에 부합하는 메시지를 전달하기 위하여 노력할 필요가 있는 것이다.

2) 의사소통의 과정

의사소통은 세 가지의 과정 즉, 공유, 이해, 그리고 명확화가 있는데, 이를 살펴보면 다음과 같다(Skidmore, 1990 ; 권육상 · 전대성 · 홍석자 · 서상범 · 조미영 · 홍전희, 2004).

(1) 공유

공유(sharing)는 메시지를 보내고 받는 과정을 말하는 것으로 언어적 · 비언어적으로 또는 문서 등의 방법으로 다양하게 이루어지며, 수직적 또는 수평적 통로를 통해 이루어진다. 공유의 과정은 의사소통 공학기술의 발전수준에 의해서도 많은 영향을 받기 때문에, 의사소통 담당자는 총괄적인 기획과정에서 공유의 문제를 진지하게 취급해야 한다.

(2) 이해

이해(understanding)는 메시지를 이해하는 과정으로 주고받는 말의 내용이 동일함을 의미한다. 만일 양자가 다르다면, 의사소통은 이루어지지 않는 셈이므로 이해의 과정은 메시지를 사실 그대로 들으려는 명확화의 과정에 의해 완전해진다.

이해의 과정은 조직의 인력구조가 내재하고 있는 구성적 이질성에 의해서 많은 영향을 받는다. 이질성이 너무 높으면 적정 이해수준이 교란을 받는 경우가 많으며, 이질성이 너무 낮으면 조직의 환경으로부터 조직의 생존에 필수불가결한 정보가 조직으로 유입되지 않는 경우가 발생할 수 있다.

(3) 명확화

명확화(clarifying)는 효과적인 의사소통을 하는 데 특히 중요하다. 이는 들은 내용을 정확히 이해하기 위한 질문이나 반복의 과정인 것이다. 명확화는 다른 무엇보다도 민주적 조직문화로부터 많은 영향을 받는다. 이 경우 광범위한 민주적 과정이 모든 경우에 항상 순기능만 수행하는 것은 아니다. 적절한 수준의 민주적 참여와 함께 민주적 리더십의 적절한 개입과 질서부여가 의사소통의 명확화에 기여하는 것이다.

3) 의사소통의 유형

(1) 제도적 절차에 따른 의사소통 유형

① 공식적 의사소통

공식적 의사소통(formal communication)은 공식적 조직에서 공식적인 수단(공문서, 협조전 등)에 의해 의사가 전달되는 것을 말하다. 공식적 의사소통의 목적은 조직구성원에게 목표, 정책결정, 지시, 이행을 전달하거나 관리자에게 보고하고 의견을 전달하는 데 있다.

② 비공식적 의사소통

조직의 의사소통체계가 아무리 잘 마련되어 있다 하더라도 그것이 조직구성원들이 필요로 하는 모든 정보를 다 전달하기에는 부족하다. 그래서 항상 비공식적 의사소통(informal communication)을 통해 공식적 의사소통을 보완해 주는 것이며, 이는 조직과 관계없이 비공식 수단(소문, 자신의 판단 등)에 의해 의사가 전달되는 것이다.

전술한 공식적 의사소통과 비공식적 의사소통을 개념, 수단, 그리고 장·단점 차원에서 살펴보면 〈표 9-4〉와 같다.

〈표 9-4〉 공식적 의사소통과 비공식적 의사소통의 비교

공식적 의사소통	구 분	비공식적 의사소통
• 공식조직 내에서 계층제적 경로와 과정을 거쳐 공식적으로 행하여지는 의사소통으로서 고전적 조직론에서 강조	개념	• 계층제나 공식적인 직책을 떠나 조직구성원 간의 친분·상호신뢰와 현실적인 인간관계 등을 통하여 이루어지는 의사소통
• 공문서, 협조전 등	수단	• 소문, 자신의 판단 등
• 상관의 권위유지 • 의사소통의 확실 • 책임소재가 명확	장점	• 전달이 신속하고 적응성이 강함 • 배후사정을 상세히 전달 • 긴장과 소외감 극복 • 관리자에 대한 조언 • 공식적 의사소통을 보완
• 법규에 근거하므로 의사소통의 신축성이 낮은 수준 • 배후사정을 전달하기가 곤란 • 변동하는 사태에 신속한 적응 곤란	단점	• 책임소재가 불명확 • 의사결정에 활용할 수 없는 점 • 공식적 의사소통을 마비시킴 • 수직적 계층 하에서 상관의 권위손상 우려 • 조정 · 통제가 곤란

출처: 기존의 여러 자료를 근거로 구성.

(2) 상하 간에 따른 의사소통 유형 – 수직적 의사소통과 수평적 의사소통

상하 간에 따른 의사소통 유형에는 수직적 의사소통(vertical communication)과 수평적 의사소통(horizontal communication)이 있는데, 전자가 상하 간의 종적 의사전달인 반면, 후자는 같은 수준의 횡적 의사전달로서, 이들의 차이점은 〈표 9-5〉와 같다.

〈표 9-5〉 수직적 의사소통과 수평적 의사소통의 비교

수직적 의사소통		수평적 의사소통
상향적	하향적	
보고, 제안제도, 면접, 면담, 고충조사전달 등	명령, 구내방송, 게시판 등	회의, 위원회, 회람 등

출처: 장천식(2006: 189)을 근거로 구성.

전술한 의사소통들을 근거로 살펴볼 때, 의사소통 시 고려해야 할 사항은 사실과 감정을 있는 그대로 전달해야 하고 중요한 문제와 사소한 일에 대한 의사전달의 시간을 고려해야 한다는 것이다. 또한 기억의 한계가 있으므로 반복적으로 전달할 필요성이 있고, 효과적인 청취자가 되기 위해 경청하는 것이 필요하다.

아울러, 의사소통의 저해요인도 발견되는데, 이는 조직의 불신 분위기, 언어의 장애, 부하가 상사의 관심분야나 자신의 공로만 보고하는 의사전달자의 자기방어, 상사의 정보독점으로 인해 필요한 정보가 다른 부하나 다른 부서에 전달이 되지 못하는 문제, 지나친 전문화로 인해 자기 부서에 대해서만 맹목적으로 충성하고 다른 부서에 필요한 정보를 공유하지 않는 부서 간 이기주의, 비공식 통로의 발달로 공식 통로가 단절되는 비공식 통로의 역기능 상태 등을 들 수 있다(장천식, 2006 : 189).

CHAPTER 10

홍보와 마케팅

제1절 홍보

홍보(public relations)는 지역사회 내 존재하는 조직과 집단 간의 쌍방석 의사소통을 원활하게 만들어주는 것으로, 조직의 이미지와 능력을 증진시키는 측면이 강하다. 이런 측면에서 홍보는 사회복지조직 같은 조직에서는 그 자체가 바로 서비스가 된다. 즉, 사회복지조직을 둘러싼 이해당사자와 좋은 관계를 형성하는 것은 자원개발, 조직에 대한 지지 및 획득 등에 중요한 요소가 되는데, 이를 위해서는 홍보가 중요한 것이다.

기본적으로 홍보는 시각적 매체, 청각적 매체, 시청각적 매체 등을 다양하게 활용하고, 특히 TV, 라디오, 신문, 인터넷 등과 같은 대중매체를 활용하는 것이 효과적이다.

다음 절에서 설명할 마케팅이 잠재적 클라이언트 혹은 소비자에 대한 직접적인 활동인 동시에 서비스프로그램에 대한 정보의 효율적인 제공을 주된 내용으로 하는 것인 반면, 홍보는 상대적으로 간접적인 활동이라고 할 수 있다.

제2절 마케팅

1. 마케팅의 의의

1) 마케팅의 개념

마케팅(Marketing)이란 시장(market)과 진행(ing)이 결합된 말로서 계속적으로 시장을 창조하고 시장이 경직되지 않고 유연성을 갖도록 계속적으로 순환시키는 노력과 활동이라고 할 수 있다. 즉, 생산자가 상품 또는 서비스를 소비자에게 유통시키는데 관련된 모든 체계적 경영활동이라고 할 수 있는 것이다.

마케팅은 영리를 목적으로 하는 일반 기업조직에서 고도로 발전한 분야인데, 이는 기업의 경영환경이 자유경쟁의 시장경제체제로 변화됨에 따라 고객중심의 경영활동을 통하여 고객을 만족시키고 고객을 감동시킬 수 있는 특화된 상품과 서비스 창출이 요구되고 있기 때문이다.

그러나 마케팅은 과거와는 달리 현재는 일반기업에만 국한된 것이 아니라 비영리조직은 물론 학교, 병원 등에서도 중요한 기능과 활동이 되고 있다. 단지, 마케팅활동의 목적에 있어 일반기업은 이윤극대화를 최종 목적으로 하지만, 비영리조직인 사회복지조직은 기관이 지향하는 공익적인 목적과 가치를 달성하기 위하여 고객(클라이언트), 재원제공자, 자원봉사자, 자격부여기관, 그리고 지역사회 등이 사회복지조직에 대해 좀 더 많은 관심과 요구를 갖도록 하기 위한 종합적인 제반활동으로 볼 수 있는 것이다(장천식, 2006 : 280).

즉, 마케팅은 사회복지조직 등이 행하는 사회복지마케팅과 일반기업 등이 시행하는 기업마케팅으로 대별할 수 있는데, 이를 비교해서 살펴보면 〈표 10－1〉과 같다.

기본적으로, 사회복지마케팅은 클라이언트 등의 욕구 등 사회복지조직의 외부욕구를 강조하는 반면, 기업마케팅은 이윤욕구 등 기업의 내부욕구에 초점을 맞춘다. 목적에 있어서 전자의 경우 사회이익을 위해 봉사하는 비영리를 추구하는 반면, 후자의 경우는 이윤추구에 초점을 맞추고 있고, 마케팅의 대상에 있어서는 전자의 경우 노숙자문제 등 사회의 이슈나 이념 등이 대상이 되는 반면, 후자의 경우는 상품과 용역 등이 대상이 된다.

관심사에 대해서는 전자의 경우 상품과 서비스뿐만 아니라 사람, 장소, 조직에도 관심이 있는 반면, 후자의 경우는 주로 상품과 서비스에 초점을 두고 있고, 교환에 있어서는 전자의 경우 무형의 행태로 이루어지는 반면, 후자의 경우는 일반적으로 화폐 행태로 이루어질 수 있다.

이익지불에 있어서는 전자의 경우 정부 등에서 지불할 수 있다는 점에서 수혜자와 관련이 없을 수도 있는 반면, 후자의 경우는 이익이 보통 고객의 지불과 관련되고, 시장분할에 있어서는 전자의 경우 경제적 가능성이 없는 사회복지분야에도 시장분할을 위해 노력하는 반면, 후자의 경우는 현재 또는 잠재적으로 가능성이 있는 시장분할을 위해 노력하게 된다.

마지막으로, 고객에 있어서 사회복지마케팅은 수혜자, 후원자 등 복합적 시장으로 구성되는 반면, 기업마케팅은 소비자라는 단일시장으로 구성되는 등 일정부분 차별성이 나타난다고 할 수 있는 것이다.

〈표 10-1〉 사회복지마케팅과 기업마케팅의 비교

구 분	사회복지마케팅	기업마케팅
특징	사회복지조직의 외부욕구 강조	기업의 내부욕구 강조
목적	비영리 추구, 사회이익을 위해 봉사	이윤추구
마케팅의 대상	사회의 이슈나 이념 등이 대상	상품과 용역 등이 대상
관심사	상품과 서비스뿐만 아니라 사람, 장소, 조직에도 관심	상품과 서비스에 관심
교환	무형(지지, 노력, 시간 등)의 형태로 이루어질 수 있음	일반적으로 화폐형태로 이루어질 수 있음
이익지불	수혜자와 관련이 없을 수도 있음	이익이 보통 고객의 지불과 관련됨
시장분할	경제적으로 가능성이 없는 시장분할도 기대되거나 요구됨	현재 또는 잠재적으로 가능성이 있는 시장분할을 위해 노력
고객	복합적 시장(수혜자, 후원자 등)	단일시장

출처: Kotler(1982), 장천식(2006)을 근거로 구성.

2) 마케팅의 목적

사회복지조직은 비영리 또는 이타주의적 성향이 강하므로 사회복지조직의 마케팅은 영리적인 상업적 마케팅보다는 고도의 윤리성을 기대하게 된다. 즉, 마케팅의 이념이나 목적이 윤리적 기준을 넘어서는 안 된다는 것이다.

한편, 사회복지조직이 필요한 자원봉사자를 모집하고 후원자 개발을 위한 마케팅에 있어서 강요를 하거나 불충분한 정보하에서 교환이 이루어져서는 안 된다. 따라서 전통적으로 마케팅기술이 적용되어오던 영리부문에서만이 아니라 사회복지조직의 많은 활동들도 마케팅이론의 관점에서 보려는 노력들이 시도되었는데, 사회복지조직도 체계적으로 마케팅을 도입하고 활용할 필요가 있는 것이다(권육상 · 전대성 · 홍석자 · 서상범 · 조미영 · 홍전희, 2004 : 295).

이에 착안하여 사회복지조직의 마케팅 목적을 간략히 살펴보면 다음과 같다.

첫째, 개인의 발전을 도모하기 위해서이다.

둘째, 사회적인 아이디어를 제시하고 설득하기 위함이다.

셋째, 조직 내 새로운 정보와 실천을 전파하기 위함이다.

넷째, 행동의 변화를 유도하기 위함이다.

3) 마케팅의 필요성

마케팅의 개념 자체가 영리목적의 기업조직 관리기법으로 먼저 소개되고 활용됨에 따라 사회복지현장에 있어서는 적지 않은 비판과 거부감을 갖게 되었다. 하지만 사회복지조직 역시 영리기업과 마찬가지로 고객(클라이언트)과의 관계, 서비스의 존재, 교환의 발생, 그리고 시장 및 경쟁의 존재 등과 같이 본질적으로 유사한 성격이 많기 때문에 마케팅은 사회복지조직에서도 필요하며 중요한 의의를 갖는 것이다.

사회복지조직이 필요한 자원봉사자를 모집하고, 더 많은 후원자를 개발하며, 후원금을 확보하기 위해 노력해 왔다는 사실은 마케팅이라는 용어를 사용하지 않았다 하더라도 이미 오래 전부터 마케팅을 실행해 오고 있음을 보여주는 단편적인 사례이다. 따라서 사회복지조직 역시 체계적으로 마케팅을 도입, 활용할 필요성이 있는 것이다(신복기 · 박경일 · 장중탁 · 이명현, 2002 : 377).

2. 마케팅의 과정

마케팅의 과정은 다양하게 정의되고 있으나 일반적으로 시장기회의 분석, 표적시장의 선정, 그리고 마케팅믹스의 개발 순으로 이루어진다(신복기 · 박경일 · 장중탁 · 이명현, 2002 : 381-382).

1) 시장기회의 분석

사회복지조직도 시장성이 있는 새로운 기회를 포착할 수 있어야만 계속 사회복지조직으로서 존속할 수 있다. 시장기회를 파악하기 위해서는 우선 마케팅환경을 분석해야 한다.

마케팅환경이란 사회복지조직이 서비스를 계획하고 제공하는 등의 관리활동에 영향을 미칠 수 있는 모든 환경을 말한다. 여기에는 직접적으로 영향을 미치는 정부, 사회복지시설, 고객뿐만 아니라 정치적 · 경제적 환경, 기술변화 등도 분석대상이 된다.

이러한 환경분석과 더불어 고객의 행동이 어떠한지를 분석해야 한다. 이것은 기본적으로 고객의 욕구가 어떻게 변화하는가를 파악하는 것이다. 이러한 분석을 통해 사회복지조직이 제공하게 될 서비스가 시장기회, 즉 시장성을 갖는지를 판단하게 된다.

2) 표적시장의 선정

전술한 과정을 통해 시장성이 있다고 판단되면, 그 다음으로 해야 할 일은 시장세분화를 통한 표적시장의 선정이다. 특히, 고객을 세분화하고 표적고객을 선택한다는 것은 마케팅활동의 필수과정에 해당된다. 일반적으로, 사회복지조직의 고객들은 계층이 매우 많고 다양하여 그들의 다양한 요구사항 등을 하나의 사회복지조직이 모두 충족시킨다는 것은 상당히 어렵다.

따라서 사회복지조직이 마련한 특정 서비스를 가장 필요로 하고, 이를 적극적으로 이용하거나 활용할 수 있는 고객들을 중심으로 시장세분화를 해야 한다. 시장세분화를 평가한 후, 그 가운데에서 표적시장을 선정하게 된다. 표적시장을 선정한다는 것은 사회복지조직의 서비스를 필요로 하거나 관심을 가지는 고객들이 구체적으로 누구인가를 찾아내는 것을 의미하는 것이다.

3) 마케팅믹스의 개발

서비스 등의 시장성이 확인되고 표적시장이 대략적으로 정해지면, 이를 기초로 한 마케팅믹스를 개발한다. 마케팅믹스(Marketing Mix)란 표적시장에서 마케팅목표를 달성하기 위해 상품, 가격, 유통, 촉진을 종합적으로 결정하는 전략을 말한다.

3. 마케팅의 유형

1) 다이렉트마케팅

다이렉트마케팅(DM : Direct Marketing)은 우편을 이용하여 고객에게 상품과 조직의 정보를 전달하는 방법으로서, 잠재적 후원자 등에게 현재의 기관운영현황이나 이용할 수 있는 서비스와 프로그램에 대한 다양한 정보를 전달하는 마케팅기법이다.

2) 고객관계관리마케팅

고객관계관리마케팅(CRM : Customer Relationship Management Marketing)은 신규 후원자의 개발, 기존 후원자의 관리, 그리고 잠재적 후원자의 개발을 위해 그들의 욕구를 파악하여 이른바 '맞춤서비스'를 지속적으로 제공함으로써 모금효과를 극대화하는 방법으로, 개인은 기부를 함으로써 사회에 공헌하며 사회적으로는 기부문화의 확산이라는 측면에서 바람직하고 사회복지조직은 자금을 조달할 수 있다는 점에서 윈-윈 전략(win-win strategy)을 달성할 수 있는 것이다.

3) 기업연계마케팅

기업연계마케팅(CRM : Cause-Related Marketing)은 기업이 사회복지조직에 기부함으로써 이윤을 사회에 환원한다는 철학을 달성하고, 세제혜택을 누린다는 개념보다 더욱 광범위한 의미를 가지고 사회복지조직에 기부함으로써 기업의 이미지가 좋아지며, 그것은 바로 상품의 판매를 촉진시킬 수 있는 하나의 홍보전략이라고 할 수 있다.

비영리조직에서 기업연계마케팅을 효과적으로 달성하기 위해서는 먼저 기업의 욕구를 정확히 파악하고 기업의 생산성을 향상시킬 수 있는 측면을 강조하여 모금프로그램을 개발하고 접근한다면 소위 사회복지조직이나 기업 모두 윈－윈 전략이 되는 것이다.

4) 데이터베이스마케팅

데이터베이스마케팅(DM : Database Marketing)은 고객의 지리적 · 인구통계적 · 심리적 특성, 행동양식이나 구매기록 같은 개인적인 정보를 데이터베이스화하여 구축함으로써 수익공헌도가 높은 고객에게 마일리지와 같은 차별적인 서비스를 제공하는 등 개별고객의 정보를 바탕으로 동등하지 않는 전략을 펼치는 방법이다.

5) 인터넷마케팅

인터넷마케팅(IM : Internet Marketing)은 인터넷을 통해 고객에게 정보를 전달하고 전자우편이나 홈페이지 등을 통해 이익을 극대화하는 마케팅기법으로서, 조직의 사업과 프로그램을 알릴 수 있는 홍보, 기부금모집 등이 가능하며 메일링서비스를 통해 개별적인 고객관리를 할 수 있다.

6) 사회마케팅

사회마케팅(SM : Social Marketing)은 공공의 행동변화를 위한 마케팅기법으로서, 공익을 실현하기 위한 집단적이고 조직적인 노력을 의미한다.

4. 마케팅의 전략

마케팅의 전략을 마케팅믹스 4P's, 즉 상품전략, 가격전략, 유통전략, 촉진전략 차원에서 살펴보면 다음과 같이 조명할 수 있다.

1) 상품전략

상품전략(Product Strategy)은 어떤 상품을 제공할 것인가를 고려하는 전략으로서, 비영리조직의 상품은 프로그램과 서비스라고 할 수 있는데 영리조직의 브랜드와 같은 상품의 구성요소를 강조함으로써 마케팅을 더욱 효과적으로 수행할 수 있다. 일례로, 사회복지공동모금회의 사랑의 열매처럼 기부문화를 확산시키게 하는 전략이 이에 해당된다.

2) 가격전략

가격전략(Price Strategy)은 가격을 어떻게 결정할 것인가를 고려하는 전략으로서, 가격은 사회복지조직에서 제공하는 프로그램 및 서비스에 참여하거나 이를 얻기 위해 지불하는 대가를 의미한다. 대개 가격은 경합관계에 있는 사회복지조직 간의 가격정책, 정부의 규정, 조직의 내규나 정책, 그리고 고객의 소득 정도 등에 따라 결정되는데, 기본적으로 수요자 중심의 가격결정이 되어야 한다.

3) 유통전략

유통전략(Place Strategy)은 고객이 가장 많이, 가장 쉽게 사회복지조직을 찾을 수 있도록 하는 전략이다. 비영리조직의 유통경로는 상품 또는 서비스가 조직에서 클라이언트에게 직접적으로 전달되는 행태로서 중간상의 개입이 없는 것이 특징이다. 본 전략에 있어서 중요한 것은 적극적으로 고객을 찾아 나서거나 고객이 쉽게 접근할 수 있도록 새로운 유통경로를 개발하는 것이다.

4) 촉진전략

촉진전략(Promotion Strategy)은 고객에 대한 정보전달 및 설득활동을 계획하고 실천하기 위한 방안을 마련하는 전략이다. 이는 기본적인 마케팅활동으로서 잠재적 고객에게 서비스를 알리고 필요시에는 서비스가 제공된다는 것을 확신시켜 주는 것이다.

5. 모금

모금은 사회복지조직의 마케팅활동 중 중요한 부분으로서, 이를 간략히 조명해 보면 다음과 같다.

1) 모금의 유형

(1) 인터넷모금

인터넷모금은 이용자 중심의 기관홈페이지를 개설하여 이용자가 많은 포털사이트와 협력하면서, 배너교환이나 공익연계캠페인 등을 통해 후원자를 개발하는 기법이다.

(2) ARS 모금

ARS 모금은 연말 불우이웃돕기, 수재의연금모금 등 TV프로그램을 통해 실시되는 모금기법으로서, 전화 1통화에 2,000원이 기부되는 것 등이 이에 해당된다.

(3) 이벤트모금

이벤트모금은 이벤트를 통해 홍보를 하면서 모금을 하는 기법으로서, 불우이웃돕기 연예이벤트 등이 이에 해당된다.

(4) 정기후원

정기후원은 시민사회단체의 모금방법 중 가장 바람직한 기법으로서, 시민들의 안정적이면서 장기적인 자원개발기법이다.

(5) 캠페인모금

캠페인모금은 사회복지재원의 모금을 위하여 조직적이고도 지속적으로 행하는 운동기법으로서, 이에 대한 성공여부는 시민들의 관심과 참여를 얼마만큼 유발하느냐에 달려 있다.

2) 모금의 과정

한편 전술한 모금의 유형을 근거로 체계적인 모금활동을 전개해야 되는데, 모금활동에는 크게 기부가능자 분석 · 기부가능자를 기부예상자로 전환 · 기부예상자를

〈표 10-2〉 모금의 과정

구 분	과 정	활 동
모금활동	기부가능자 분석	• 모든 기관 이해관계자들에 대한 분석 • 기부가능자 명부 작성
	기부가능자를 기부예상자로 전환	• 기부가능자와의 연결 가능성 분석 • 기부예상자의 선정
	기부예상자를 기부자로 전환	• 기부예상자의 흥미, 능력에 대한 분석 • 개별방문, 전화접촉, 우편접촉, 특별행사 등을 활용하여 기부 요청
모금 후 활동	기부자에 대한 기록	• 기부자의 흥미, 능력 기록 • 기부액 기록 • 기부금 사용내역을 기부자에게 알림
모금 후 활동	기부확대	• 감사편지 • 기부자의 흥미, 능력에 기초한 추가적 기부 요청

출처: 기존의 여러 자료를 근거로 구성.

기부자로 전환하는 등의 모금활동과 기부자에 대한 기록·기부확대 등의 모금 후 활동이 있는데, 이에 대한 구체적인 설명은 〈표 10－2〉와 같다.

6. 마케팅의 과제

마케팅으로 인한 사회복지조직 등 비영리조직에서의 효과는 조직의 향상과 발전에 영향을 줄 뿐만 아니라 조직과업의 틀을 제공할 수 있다. 이를 정리하면 다음과 같다.

첫째, 마케팅은 클라이언트의 만족을 얻는 수준을 향상시킬 수 있다.

둘째, 마케팅은 비영리조직의 자원동원에 도움을 줄 수 있다.

셋째, 마케팅의 전문적인 접근을 채택하는 경우 차별화된 조직의 발전에 도움이 된다.

한편, 비영리조직에시 마케팅 지향적 조직을 이루기 위해서는 다음과 같은 전제조건이 요구된다(장천식, 2006 : 298-299).

첫째, 최고관리자의 지원이다.

즉, 최고관리자가 신뢰하고 이해하며 또 다른 상급경영자의 지지를 얻기 시작하면 강력한 마케팅 지향적 조직이 형성된다. 따라서 최고관리자는 조직 최고의 마케팅 담당 임원이므로 마케팅에 대해 자주 언급함으로써 마케팅을 수용할 분위기를 조직 내에 환기시켜야 한다.

둘째, 효과적인 조직설계이다.

즉, 최고관리자가 모든 마케팅 직무를 수행할 수 없기 때문에 마케팅 담당 부장과 마케팅 담당 이사를 추가적으로 조직에 포함시켜야 한다. 따라서 담당 부장은 기본적으로 자원관리자로서 마케팅 자원계획과 마케팅 활동계획을 수립하고 조정하는 책임이 있다. 이를 토대로 마케팅기능을 조직 내에 적절히 위치시켜야 한다.

셋째, 조직 내 마케팅 훈련이다.

즉, 마케팅 담당 부장의 최초 과업은 조직의 여러 부서에 마케팅을 소개하는 일련의 워크숍을 개최하는 일이다. 왜냐하면 각 부서는 마케팅에 대해 잘못 생각하고 있거나 마케팅의 유용성에 대해 대부분 이해하지 못하고 있기 때문이다. 이러한 마케팅 훈련을 통해서 마케팅이 조직에서 효과를 발휘하도록 하는 것이 중요하다.

넷째, 보다 훌륭한 직원 고용이다.

즉, 비영리조직은 자원을 높은 수준으로 생산해 내지 못하므로 적극적인 자원개발이 필요하다. 이러한 자원개발을 하고, 프로그램을 실행하는 주체가 바로 비영리조직의 직원이다. 비영리조직에서는 다른 어떤 기관보다도 인적자원이 재원이며 자산이기 때문에 이는 매우 중요하다고 할 수 있다. 따라서 조직의 발전을 위해 보다 훌륭한 인적자원을 확보하는 것은 조직의 발전과 연결된다고 할 수 있다.

다섯째, 시장 지향적인 직원 포상이다.

즉, 조직의 직원에게 시장 지향의 중요성을 이해시키기 위해 최고관리층이 할 수 있는 한 방법은 시장 지향적 태도를 보이는 직원을 포상하는 일이다. 고객에게 가장 뛰어난 활동을 수행한 직원을 포상하는 것이 바람직하다는 것이다.

여섯째, 시스템 개선 계획 수립이다.

즉, 조직을 마케팅 지향적으로 만드는 가장 효과적인 방법은 조직의 계획 시스템을 개선하는 것이다. 그러기 위해서는 조직의 현재 상태를 파악하여 사업계획 시스템을 발휘하도록 해야 하는 것이다.

CHAPTER 11

인사관리

제1절 인사관리의 개념

인사관리(personnel management)란 조직유지를 위해 적시에 직무요건에 맞는 인원을 계획하고 채용, 개발, 활용, 유지, 배치, 이용하며 평가·관리하는 과정을 의미하는데, 일반적으로 인사관리의 목적은 조직 경영목적의 효율적인 달성에 기여하는 데 있고, 조직구성원 각자의 욕구를 충족시켜줌으로써 조직에의 협동적 의욕을 높이는 데 있다. 그리고 신체장애자의 고용, 정실주의의 배제, 성별·학력별 차별의 폐지, 지역사회의 복지향상 지향 등과 같은 사회적 책임의 수행과도 관련을 갖는다.

특히, 사회복지조직에서 인사관리를 하는 주된 목적은 효율적이고 적합한 서비스를 필요로 하는 사회적 약자인 클라이언트의 복지를 증진시킬 수 있도록 자질과 능력을 갖춘 직원을 양성하는 것이라 할 수 있다(권육상·전대성·홍석자·서상범·조미영·홍선희, 2004 : 242-243).

제2절 인사관리의 과정

1. 인사계획

인사계획(personnel plan)이란 조직의 목적달성을 위해 어떤 기술을 소유한 인력을 어느 정도 필요로 하고, 언제 선발할 것인가 등에 대한 인력충원의 전반적 계획을 의미하며, 인사계획과정에서 직무분석, 직무기술서, 그리고 직무명세서와 같은 필수적인 활동이 이루어져야 한다. 인사계획은 사회복지서비스 품질관리의 핵심사항이기 때문에, 직무와 관련된 세 가지의 사전분석은 양적 평가와 질적 평가의 양 측면에서 주도면밀하게 이루어져야 한다.

첫째, 직무분석은 기관의 모든 직무를 대상으로 각각의 직무를 수행하는 데 따른 책임과 업무내용을 수집 · 분석하여 종합적으로 분류한 것으로서, 직무에 관한 합리적이고 체계적인 정보를 제공하여 인사관리의 기반을 마련하는 것이다.

둘째, 직무기술서는 특정한 직무 및 직위에 부가된 임무와 책임을 구체적으로 기술한 것으로서, 직무의 성격, 내용, 수행방법, 직무에서 기대되는 결과를 간략하게 정리한 것이다.

셋째, 직무명세서는 특정 직무를 적절히 수행하는 데 요구되는 최소한의 자격요건을 기술하는 것이다.

즉, 직무기술서는 직무 자체에 관한 기술서이고, 직무명세서는 직무수행자의 요건과 관련된 사항으로서, 직무분석의 구체적인 내용에 비추어서 이해될 수 있도록 작성되어야 한다(김치영 · 최용민, 2006 : 163).

2. 채용

1) 모집

모집(recruitment)이란 선발을 전제로 신규채용 희망자에게 채용에 대한 정보를 제공하여 유능한 인재들이 지원하도록 유도함으로써 공석 중인 직위에 유치하는 과정이다.

모집의 목적은 전문적으로 유능하고 클라이언트 및 다른 직원들과 원만한 대인관계를 맺을 수 있는 능력을 지닌 직원을 고용하려는 데 있다. 직원의 전문적 능력의 여부는 그 사람이 받은 훈련 및 이전의 경험과 관련되어 있다. 또한 다른 사람과 원만한 대인관계를 맺을 수 있는 능력은 퍼스낼리티(personality)의 특성뿐만 아니라 경험과 훈련으로부터도 나타난다.

채용에 대한 정보제공은 각종 매스미디어를 활용할 수 있고, 최근에는 인터넷을 통한 홍보가 증가하고 있다. 또한 대학의 사회복지학과와 같은 사회복지교육기관에 공문을 발송하여 추천을 의뢰하기도 한다.

한편, 지원자를 어디서 모집하느냐에 따라 기관의 내부모집과 외부모집의 방법이 있는데, 두 방법의 장·단점을 살펴보면 〈표 11-1〉과 같다.

〈표 11-1〉 기관의 내부모집과 외부모집의 장·단점

구 분	장 점	단 점
내부모집	• 지원자에 대한 정확한 자료 확보 가능 • 지원자에 대한 정확한 평가 가능 • 저렴한 모집 비용	• 지원자의 참신성 부족 • 지원자의 현재 업무에 지장 초래 • 모집범위의 제한
외부모집	• 참신한 응모자의 확보 • 새로운 기술과 경험을 소유한 지원자 확보 • 다수의 인력 확보에 유리	• 모집비용의 과다 • 지원자에 대한 정확한 자료 부족 • 내부인력의 사기저하

출처: French(1987), 김형식·이영철·신준섭(2007)을 근거로 구성.

2) 선발

실질적인 선발(selection)과정은 기관에 따라 다양하게 진행될 수 있으나, 일반적으로 서류 전형, 선발시험, 선발면접, 경력조회, 신체검사, 선발결정으로 진행된다(French, 1987 : 234-241).

이 중 서류전형, 선발시험, 그리고 선발면접을 중심으로 살펴보면 다음과 같다.

(1) 서류전형

이력서 및 각종 지원서류 등과 같은 입사원서(application blank form)를 통해 지원자의 개인적 정보를 확보할 수 있다. 즉, 지원자의 개인적 성장과정, 학력, 그리고 근무경력 등을 종합하여 서류전형에 활용하는 것이다.

(2) 선발시험

지원자의 능력, 성격, 흥미 등에 대한 자료 확보를 위해 필기시험방법을 활용할 수 있다. 또한 지원자로 하여금 직무의 일부를 수행케 하는 실무능력검사도 병행할 수 있다.

(3) 선발면접

선발면접은 지원자의 선정과정에서 가장 많이 활용되는 도구이다. 면접의 목적은 지원자의 지식, 기술, 그리고 능력을 평가하는 데 있다. 동시에 기관과 특정 직무에 대한 정보를 지원자에게 제공하는 목적도 있다.

선발과정에는 객관도(objectivity), 타당도(validity), 그리고 신뢰도(reliability)가 있어야 한다. 표면적으로는 이러한 속성을 확보하기 쉬운 것 같지만 실제로는 어렵다는 데 문제가 있다.

한편, 면접에 이르러서 정점에 이르는 인력충원의 과정은 그 전반에 걸쳐서 기회의 공정한 평등(fair equality of opportunities)이라는 사회정의의 요구사항을 담고 있어야 한다.

3) 임명

임명(appointment)은 선발된 인원 중에서 조직이 필요한 사람을 고용하겠다는 공식적 과정을 의미한다.

유능한 관리자는 임명된 직원에게 분명한 목표의식과 책임의식을 심어주는 것이 중요하다. 모호한 역할혼동과 책임결여는 조직이 추구하는 목표를 제대로 인식하지 못하는 데서 나오기 때문이다. 또한, 조직의 잠재력에 대해 적극적으로 말해주는 관리자는 기관과 개인 모두에게 큰 이득이 될 것이다(권육상 · 전대성 · 홍석자 · 서상범 · 조미영 · 홍전희, 2004 : 246).

3. 직원개발

1) 직원개발의 개념

직원개발(staff development)은 사회복지조직 구성원의 소양과 능력을 개발하고, 직무수행에 필요한 지식과 기술을 향상시키며 가지관과 태노를 바람직한 방향으로 변화시키기 위한 교육 및 훈련활동을 말한다(성규탁, 1989).

아무리 유능한 직원을 선발했다 하더라도 이들을 업무에 즉각 개입하도록 하는 것은 바람직하지 않다. 또한, 조직의 긴급한 상황으로 현업에 직접 투입하였다 하더라도 소정의 교육기간을 통하여 부여된 업무에 적응할 수 있도록 하는 과정이 반드시 필요하다. 새로운 업무에 대한 적응훈련은 신입직원뿐만 아니라 기존의 업무 담당자에게도 필요하다. 새로운 사회복지환경의 변화에 대응한 정책과 기술, 고객과 지역사회의 욕구변화 등과 같은 내용은 기존의 인력들도 새로운 환경에 대응하는 노력이 필요하기 때문에 인적자원개발은 신입이나 기존 직원들의 업무적응을 위한 체계적인 노력이라 할 수 있다.

2) 직원개발의 방법

(1) 강의

직원개발을 위한 가장 공통적인 도구로 쓰여 지는 것이 강의(lecture)인데, 이는 일정한 장소에서 직원들을 모아놓고 사회복지에 대한 전문적 지식, 기술, 그리고 태도를 전달해 줄 수 있다. 강의가 끝난 후에는 질문 및 토론할 시간을 허락해 주는 것이 바람직하다(Skidmore, 1990 : 229).

강의에 있어서 중요한 것은 강의의 콘텐츠를 단기적인 사회적 유행에 따라 선정할 것이 아니라 사회복지조직의 장기적인 인력개발의 관점에서 마련된 장기적 교육 및 강의계획에 따라 각각의 강의를 설계해야 한다는 점이며, 이러한 설계방식에 따라 직원 나름대로 자가학습을 위한 기회를 열어주게 된다는 점이다.

(2) 회의

어떤 주제에 대해 논의 및 토의가 이루어질 수 있는 모임이 회의(conference)이다. 피교육자들은 토의를 통해서 자신들의 생각과 감정을 정립할 수 있으며 토의 후에 이루어지는 평가를 통해서 잘못된 생각들을 고칠 수도 있다. 회의에서 중요시되는 것은 토론자 간 정보의 상호교환으로, 단지 일반적인 지식이 전달되는 것이 아니라 서로 간의 의견교환이 이루어지면서 많은 것들을 배우게 된다.

즉, 일방향회의가 아니라 양방향회의로 진행되어야 한다는 것이다.

(3) 토의

한 주제에 대하여 소수의 사람이 먼저 주제발표를 한 다음 여러 사람이 의견제시를 하는 것이 토의(discussion)라고 할 수 있다. 토의방법은 다양하게 제시되고 있으나 근소한 차이에 따라 자유토의(free discussion),[1] 포럼(forum),[2] 그리고 심포지엄(symposium)[3] 등으로 나눌 수 있다.

(4) 계속교육

계속교육(continuing education)은 학교교육이 끝난 사회복지조직의 직원들을 대상으로 그들의 전문성을 유지하고 향상시키기 위해 계속적으로 필요에 맞게 교육하는 것을 의미한다(성규탁, 1989 : 289).

계속교육이 안고 있는 문제점은 교육기관과 현장의 사회복지기관 간에 원만한 협조가 제대로 이루어지지 않고 있어 큰 효과를 거두기가 어렵다는 것이다.

1) 일반적으로, 문제를 제시하면 이 문제에 대하여 고정된 절차 없이 서로가 자유로이 상호의견을 교환하여 공통된 결론에 이르는 토의방법이라고 할 수 있다.
2) 일반적으로, 소수의 발표자(한 사람 또는 두 사람 이상)가 의견을 제시하고 청중이 토론에 참가해 의견을 종합하는 토의방법이라고 할 수 있다.
3) 일반적으로, 특정한 문제에 대하여 두 사람 이상의 전문가가 서로 다른 각도에서 의견을 발표하고 참석자(다른 전문가 또는 청중)의 질문에 답하는 토의방법이라고 할 수 있다.

(5) 슈퍼비전

실제 자신이 일하고 있는 현장에서 윗사람으로부터 직무에 대해 지도감독을 받는 것이 슈퍼비전(supervision)인데, 사회복지서비스를 맡아 실천하고 있는 일선직원들이 슈퍼바이저로부터 조금 더 분명한 방향 제시로 슈퍼비전을 받게 된다면 자신의 기술과 능력을 향상시킬 수 있는 기회가 될 것이다.

(6) 사례발표

직원개발의 공통적인 방법으로 일선현장에서는 사례발표(case presentations)가 활용되는데, 일반적으로 사례발표는 직원들이 돌아가면서 하는 것이 보통이다. 사례발표를 통해서 직원들은 그들의 직무에 대한 이해와 능력의 향상을 배우게 되며 사례에 대해 조금 더 체계적이며 개입에 대한 적절한 기법 등을 배우는 데 도움이 될 수 있다.

또한, 분석적 사고능력과 문제에 대한 해결능력을 함양할 수 있지만 잘못된 사례 선정으로 인해 흥미와 관심이 결여되어진다면 비효과적이 될 수도 있다. 그러나 리더십에 의한 적절한 사전설계와 신중한 개입이 있다면, 사례발표는 직원들의 직무능력을 향상시킴과 동시에 사기를 고취하는 중요한 도구가 되는 것이다.

(7) 역할연기

역할연기(role playing)는 선정된 사례를 여러 사람들 앞에서 두 사람 이상의 직원들이 실제의 상황과 같이 연기한 후 여러 사람들이 이 연기자들의 연기를 평가하고 토론한 후 사회자가 연기에 대한 결론적인 평가와 설명을 해주는 것이다.

역할연기의 장점이라면 서로 간의 인간관계훈련에 효과적이지만 연기에 소질이 없는 사람의 경우에는 직접 연기하는 데 힘들 것이며, 또한 사전준비가 많이 요구된다는 단점이 있다.

지금까지 조명한 직원개발의 방법을 정리해 보면 〈표 11－2〉와 같다.

〈표 11-2〉 직원개발의 방법

구 분	내 용
강의	• 일정한 장소에 직원을 모아 놓고 전문지식과 기술을 전달 • 경비를 절약할 수 있지만 강사가 무능할 경우 효과가 떨어짐
회의	• 어떤 주제에 관해 논의하고 토론하는 공식모임 • 토론과정 중 자신의 생각을 정립·평가·수정할 수 있음 • 참여자들이 주제에 대한 사전지식이 있어야 함
토의	• 한 주제에 대해 소수의 사람이 주제발표하고 난 후 여러 사람이 토의하는 것 • 자유롭고 공개적인 분위기에서 집단사고를 모을 수 있으나 토의의 초점을 잃을 우려가 있음
계속교육	• 학교교육이 끝난 사회복지조직의 직원들을 대상으로 교육시키는 것
슈퍼비전	• 중간관리자가 일선직원에게 지도, 감독, 교육하는 것
사례발표	• 직원들이 돌아가면서 사례를 발표함으로써 계획과 개입기법을 배우는 것
역할연기	• 어떤 사례를 여러 직원들 앞에서 직접 연기한 후 직원들이 평가, 토론하고 사회자가 결론을 내는 방법

출처: 권육상·전대성·홍석자·서상범·조미영·홍전희(2004: 250-251)를 근거로 구성.

4. 직원평가

직원평가는 조직이 목표로 하는 과업수행의 능력과 산출결과에 대하여 점검하고, 조직이 가지고 있는 미래의 비전을 공유할 수 있는 인재인가를 재확인하는 과정이다. 또한, 평가를 통해 목표달성의 정도에 따른 보상체계가 형성되는 과정이기도 하다.

직원평가의 필요성을 간략히 제시하면 다음과 같다.

첫째, 직원들이 어떻게 일하고 있는지를 알기 위해서이다.

둘째, 임금상승의 정도를 결정하기 위해서이다.

셋째, 승진을 위한 대상자를 알기 위해서이다.

넷째, 일의 수행에서 나타나는 문제점이나 장벽을 인지하기 위해서이다.

제3절 슈퍼비전과 슈퍼바이저

1. 슈퍼비전의 의의

1) 슈퍼비전의 개념

전술한 바와 같이 슈퍼비전은 사회복지조직에서 직원이 서비스를 효과적이고 효율적으로 전달하기 위하여 지식과 기술을 잘 사용할 수 있도록 도움을 주는 활동이라고 할 수 있다.

슈퍼비전(supervision)을 수행하는 사람이 슈퍼바이저(supervisor)인데, 그 역할은 슈퍼비전을 받는 상대방(supervisee)을 지지하고, 용기를 북돋워 주며, 정보를 제공하고, 말을 들어 주는 것 등이다(Skidmore, 1990 : 206).

슈퍼비전은 잘 훈련되고 경험과 능력이 있고 전문지식과 기술을 갖추고 있는 사람이 경험, 지식, 기술이 부족한 사람들에게 도움을 줄 수 있다는 전제 위에서 이루어진다. 사회복지조직에서 슈퍼바이저는 직원들의 일을 조직하고 모니터링하며 평가하고 정서적 · 사회적인 지지까지도 제공하며 업무담당자들의 전문성 개발에도 기여한다.

2) 슈퍼비전의 기능

일반적으로 슈퍼비전의 기능은 크게 교육적 기능과 행정적 기능으로 구분할 수 있으며, 더 나아가 업무수행을 위한 직원의 의욕과 동기를 고취시키기 위한 지지적 기능도 포함한다.

(1) 교육적 기능

교육적 기능에 있어서 슈퍼비전의 핵심은 직원의 지식과 기술의 향상인데, 슈퍼바이저는 조직의 기본가치, 임무, 그리고 목적 등에 대한 교육과 함께 다양한 서비스실천론 및 모델에 대한 교육을 통해 직원의 문제해결과 실천기술의 향상을 도모한다.

즉, 교육적 차원에 있어서 슈퍼비전의 기능은 전문인으로서 직원의 능력을 향상시키는 데 초점을 두고 있는 것으로서, 정보제공 등이 이에 해당된다.

(2) 행정적 기능

관리자로서 슈퍼바이저는 조직의 규정과 절차에 맞는 서비스를 제공한다. 즉, 적합한 직원에게 특정한 클라이언트의 사례를 위임하는 것을 비롯하여 직원의 사례관리 및 서비스제공을 감독하고 평가하는 것인데, 상하 간의 의사소통 촉진, 기관활동에 대한 조정과 통제 등이 이에 해당된다.

(3) 지지적 기능

전술한 교육적 기능과 행정적 기능과는 다르게 지지적 기능은 직원의 개별적 욕구에 관심을 갖는다.

즉, 슈퍼바이저는 직원에게 스트레스를 유발하는 상황을 제거하고 이에 대처하는 것에 관심을 갖고 이를 위해 직원의 동기와 사기를 진작시키며 불만족과 좌절을 해결함으로써 업무만족을 제고하는 것에 초점을 맞추는 것이다. 다시 말해서, 지지적 기능은 직원의 직무만족에 높은 수준의 영향력을 행사할 수 있는데, 신뢰형성, 스트레스 대처원리 등이 이에 해당된다.

2. 슈퍼바이저의 조건

1) 지식구비

기본적으로 슈퍼바이저는 전문직에 대한 지식과 아울러 조직에 대한 태도, 실천 등의 종합적인 지식을 갖추어야 한다.

2) 경험구비

슈퍼바이저는 자신이 클라이언트에 대한 문제를 해결해 본 실천경험을 갖추고 있어야 한다. 즉, 사회복지의 일반적 실천에 대한 능력과 특별한 실천방법에 대한 경험을 갖추고 있어야 한다는 것이다.

3) 개방적 접근의 허용

예기치 못한 상황에서 직원이 쉽게 접근하여 질문을 하고 어떤 지도를 받을 수 있도록 하는 개방적 접근을 허용해야 한다. 이를 통해 신속한 상황대처를 제고하여야 하는 것이다.

4) 헌신적인 사명감

슈퍼바이저가 조직, 직원, 자신 간의 역동적 관계에 대하여 진실하고 지속적인 관심을 갖게 되면 직원에게 적극적인 동기부여를 제공할 수 있고, 이를 통해 지식과 기술을 향상시키는 데 큰 도움을 줄 수 있다.

5) 솔직한 태도

직원이 제기한 질문이나 문제해결에 대한 해답을 제시할 수 없을 때에는 자신의 입장을 솔직히 밝히고, 실수가 있을 때에도 그것을 솔직히 인정할 수 있는 태도를 가져야 한다.

6) 감사와 칭찬의 태도

사람은 인정받고 칭찬받기를 갈망하기 때문에 가능하면 감사와 칭찬의 태도를 가지고 직원의 동기를 유발하며 전문적 업적의 발전을 도모하여야 한다. 특히, 직원에 대한 감사하는 태도를 보이는 데 인색하면 슈퍼비전의 효과가 줄어들 수 있고 직원의 능력도 저하시킬 수 있는 것이다.

3. 사회복지조직에 있어서의 슈퍼비전

사회복지조직에서의 슈퍼비전은 직원과 실습생에 대한 지도·감독이 주가 된다. 사회복지조직에서의 실무자 지도·감독과 실습지도는 사회복지사의 자질향상과 사회복지조직의 전문성 증진에 직접적인 영향을 미치게 된다.

사회복지실습은 사회복지에 관한 실무를 직접 경험하면서 배우는 기회가 된다. 실습의 목적은 학생, 학교, 실습기관 차원으로 구분하여 생각해 볼 수 있다. 사회복지실습은 효과적인 슈퍼바이저의 지도·감독이 중요하지만 학생, 학교, 실습기관들 간의 긴밀한 유대관계와 공동의 노력이 더해질 때 그 효과를 배가시킬 수 있을 것이다(신복기·박경일·장중탁·이명현, 2002 : 291).

한편, 사회복지서비스의 상당부분은 사회복지사가 아니더라도 전달할 수 있는 것이다. 그렇기 때문에 사회복지서비스 전달에 있어서 자원봉사자를 이용하는 것은 매우 중요하다. 특히, 사회복지서비스가 단순히 개인 또는 소집단 위주의 문제해결적 임상적 서비스 외에도 자원의 동원 및 연결, 정보제공, 구체적인 도움의 일 등으로 다양해짐에 따라 자원봉사자의 필요성과 참여가 계속 증가하고 있다.

자원봉사자를 이용하는 것은 여러 가지 면에서 바람직하지만, 다만 이용해서는 안 될 곳에서도 이용하는 것과, 특별한 훈련이나 슈퍼비전도 없이 이용하고 있는 것이 문제이다.

자원봉사자들은 대부분의 경우 단지 누구를 돕겠다는 봉사정신을 가지고 상식적인 수준에서 사회복지서비스 전달에 참여하고 있다. 그런데 이들에 대한 전반적인 교육도 필요하지만, 무엇보다도 중요한 것은 그들에게 남을 돕는 일은 단순한 봉사정신과 상식만으로는 제대로 되지 않고 효과성을 달성할 수 없다는 것과 사회복지사로부터 훈련과 지도를 받을 필요가 있다는 것을 깨달을 수 있도록 지도하는 것이다.

자원봉사자들에게도 사회복지사와 같은 정도의 지식과 기술을 훈련시키고 그러한 수준에 도달하기를 바라기는 어렵지만 조직의 사회복지사와 자원봉사자와의 관계도 조직 내에서의 슈퍼바이저와 사회복지사와 같은 전문적 관계가 될 수 있도록 해야 한다. 따라서 사회복지사는 자원봉사자들의 지식과 기술을 향상시키기 위해서 노력해야 하고, 자원봉사자도 전문직업적인 태도와 윤리를 지킬 수 있도록 노력해야 할 것이다(김치영 · 최용민, 2006 : 159).

제 4 절 계급제와 직위분류제

인사관리와 관련해서 계급제와 직위분류제는 중요한 위치를 점하고 있는데, 계급제(personal rank system)가 직무수행에 필요한 전문성, 직무의 난이도, 그리고 조직 내에서의 책임도 등을 고려하지 않고 학력이나 경력 등에 따라 하위직급에서 상위직급으로 인적자원을 분류하는 시스템인 반면, 직위분류제(position classification system)는 전문성, 난이도, 그리고 책임도 등에 따라 직위를 분류하는 제도로서, 직급이 같더라도 서로 다른 보수를 받고, 권한과 책임의 영역이 명확하며, 객관적인 실적평가가 가능한 시스템이다.

이러한 계급제와 직위분류제는 비교를 통해서 이해도를 높일 수 있는데, 〈표 11-3〉에서 조명할 수 있다.

즉, 보수에 있어서 계급제의 경우 호봉제 등과 관련된 생활급인 반면, 직위분류제의 경우는 연봉제 등과 관련된 직무급으로 정해져 있고, 행정주체에 있어서는 전자의 경우 일반행정가인 반면, 후자는 전문행정가라고 할 수 있다.

인간과 직무의 비중에 있어서는 전자의 경우 인간중심의 분류라고 할 수 있는 반면, 후자의 경우는 직무중심의 분류라고 할 수 있고, 채용에 있어서는 전자의 경우 일반 교양지식을 가진 장기적 발전 가능성과 잠재력을 가진 사람을 채용하는 반면,

후자의 경우는 특정 업무와 관련된 전문지식을 가진 사람을 채용한다.

교육훈련에 있어서는 전자의 경우 낮은 수준의 전문성으로 인해 높은 수준의 재직훈련을 받는 반면, 후자의 경우는 높은 수준의 전문성으로 인해 낮은 수준의 재직훈련을 받는 경우가 많고, 인사이동에 있어서는 전자의 경우 일반적인 업무수행으로 인해 인사이동이 높은 수준인 반면, 후자의 경우는 전문적인 업무수행으로 인해 그 업무에 정착해서 수행하는 경우가 많다.

신분보장에 있어서는 전자의 경우 폐쇄형으로 인한 신분보장이 가능한 반면, 후자의 경우는 개방형으로 인한 신분보장이 곤란한 경우가 많고, 행정조정에 있어서는 전자의 경우 조정·협조가 원활한 반면, 후자의 경우는 각 부분의 전문성을 지향하는 장벽으로 인해 조정·협조가 곤란한 경우가 있는 등 두 가지 인사제도는 전체적으로 극명한 대조를 보이고 있는 것이다.

〈표 11-3〉 계급제와 직위분류제의 비교

계급제	구 분	직위분류제
생활급	보수	직무급
일반행정가	행정주체	전문행정가
인간중심 분류	인간과 직무	직무중심 분류
일반 교양지식을 가진 장기적 발전 가능성과 잠재력을 가진 사람 채용	채용	특정 업무와 관련된 전문지식을 가진 사람 채용
높은 수준의 재직훈련	교육훈련	낮은 수준의 재직훈련
높은 수준의 인사이동	인사이동	낮은 수준의 인사이동
폐쇄형으로 인한 신분보장 가능	신분보장	개방형으로 인한 신분보장 곤란
조정·협조 원활	행정조정	조정·협조 곤란

출처: 기존의 여러 자료를 근거로 구성.

제 5 절 동기부여론

동기부여(motivation)는 사회복지서비스를 관리하는 데 중요한 요소이다. 사람이 어떠한 경우에 근무의욕이 생기고, 사기가 높아져 열성적으로 일을 하는가에 관한 몇 가지 동기부여론을 살펴보면 다음과 같다.

1. Maslow의 욕구단계론

Maslow(1943)는 인간의 기본적인 욕구를 생리적 욕구, 안전욕구, 소속감과 애정욕구, 존경욕구, 그리고 자아실현욕구 등 다섯 가지의 계층으로 구분하는 욕구단계론(need hierarchy theory)을 제시했다. 이들 욕구는 하위욕구로부터 상위욕구로 발달한다고 보았다.

1) 욕구단계론의 5계층

(1) 생리적 욕구

생리적 욕구(physiological needs)는 가장 기초적인 욕구로서, 음식·휴식에 대한 욕구, 성적 욕구 등이 그것이다. 관리전략으로서는 적정보수제도, 휴양제도, 그리고 탄력시간제 등이 있다.

(2) 안전욕구

안전욕구(safety needs)는 위험·위협에 대한 안정, 경제적 안정, 그리고 질서유지에 대한 욕구 등을 말하며, 관리전략으로서는 고용 및 신분의 안정화, 퇴직금 등의 연금제 활성화 등이 있다.

(3) 소속감과 애정욕구

소속감과 애정욕구(belongingness and love needs)는 다른 사람과의 친밀한 인간관계, 집단에의 소속감, 애정 · 우정을 주고받는 것 등에 대한 욕구로서, 관리전략으로서는 인간관계의 개선, 고충처리 및 상담, 그리고 커뮤니케이션의 활성화 등이 있다.

(4) 존경욕구

존경욕구(esteem needs)는 긍지 · 자존심 · 인정 · 명예 · 위신 등에 대한 욕구이다. 관리전략으로서는 참여의 확대, 권한의 위임, 제안제도의 실시, 공정한 근무성적평정, 그리고 포상금제도 등이 있다.

(5) 자아실현욕구

자아실현욕구(self-actualization needs)는 자기의 잠재력을 최대한으로 발휘해 보려는 자기발전 및 창의성과 관련된 욕구로서, 가능한 한 인간이 될 수 있는 모든 것이 되어 보려는 욕망이라고 할 수 있다. 관리전략으로서는 합리적 승진제도 구비, 공무원단체의 승인, 그리고 공직에 대한 사회적 평가제고 등이 있다.

2) 욕구단계론의 체계

전술한 다섯 가지의 욕구단계론을 근거로 본 이론의 체계를 살펴보면, 하위욕구인 생리적 욕구의 경우 일반요소는 공기, 의, 식, 주 등으로 나타나며, 조직요소는 안전하고 건전한 작업환경 등으로 조명된다.

그리고 상위욕구인 자아실현욕구의 경우 일반요소는 자율성, 성장 등이며, 조직요소는 창의적 업무, 성취감 등으로, 전체적으로 살펴보면 생리적 욕구, 안전욕구, 소속감과 애정욕구, 존경욕구, 그리고 자아실현욕구 순으로 발달되는 것이다(〈표 11-4〉 참조).

〈표 11-4〉 Maslow의 욕구단계론 체계

욕구계층	일반요소	조직요소	발달흐름
자아실현욕구	자율성, 성장 등	창의적 업무, 성취감 등	△
존경욕구	인정, 자존심 등	상관·동료·부하로부터의 인정 등	△
소속감과 애정욕구	교제, 친분, 친애 등	집단소속감 등	△
안전욕구	안전, 안정 등	안정된 직장 등	△
생리적 욕구	공기, 의, 식, 주 등	안전하고 건전한 작업환경 등	

출처: Maslow(1943)를 근거로 구성.

3) 욕구단계론의 문제점

Maslow의 욕구단계론은 일정부분 문제점이 발견된다. 이를 간략히 조명해 보면 다음과 같다.

첫째, 욕구계층은 고정되어 있는 것이 아니라 하위욕구와 상위욕구 간의 경계가 애매하고 중복되어 있다는 것이다.

둘째, 하나의 행동은 단일의 욕구가 아니라 복합적 욕구에 의해서 부여될 수 있는 것이다.

셋째, 본 이론은 사람이 욕구 이외에 사회규범, 의무, 이념 등에 따라서도 행동한다는 것을 간과하였다.

넷째, 어느 계층의 욕구가 완전히 충족되어야만 다음 단계의 욕구가 나타나는 것은 아니며, 어느 정도 충족되면서 상위욕구가 나타나게 되는 것을 간과하였다.

다섯째, 하나의 욕구가 모든 사람에게 동일한 반응을 일으킨다고 볼 수는 없는 것이다.

여섯째, 장기간 어느 욕구가 계속 충족되면 다른 욕구는 과소평가될 수도 있는 것이다.

2. Skinner의 행정수정론

Skinner(1953)는 행동수정론을 제시했는데, 행동수정론(behavioral modification theory)은 개별 또는 집단에서의 인간행동은 보상과 처벌기대에 의하여 영향을 받으므로 지속적인 처벌과 지속적인 보상을 통해서 인간의 행동은 변화될 수 있다는 것이다. 보상을 일반적으로 처벌보다 더 바람직한 것으로 바라보는 것이 본 이론의 특징이다. 특히, 아동들은 어떤 행동이 보상받는다는 것을 깨달을 때 일정기간을 거치면서 그들의 행동에 변화를 일으킨다는 것이다.

행동수정론에 따른 조직의 기본적 규칙을 간략히 살펴보면 다음과 같다.

첫째, 바람직한 행동을 얻기 위한 중요한 수단으로 처벌사용을 피하라는 것이다.

둘째, 바람직한 행동을 적극 강화하고 가능한 한 바람직하지 않은 행동을 무시하라는 것이다.

셋째, 반응수준을 확인하고 복합적인 반응을 얻기 위한 구체적 절차를 사용하라는 것이다.

넷째, 개인이 경험하는 상황들을 확인하라는 것이다.

다섯째, 명백한 용어로 바람직한 행동을 명시하라는 것이다.

3. Herzberg의 동기부여-위생론

Herzberg(1966)는 동기부여－위생론(motivation-hygiene theory)을 제시했는데, 그는 직무가 두 종류의 요인을 포함한다고 했다. 그중 하나는 위생요인(또는 정황요인, context factor)이고 다른 하나는 동기부여요인(또는 내용요인, content factor)이라고 규정하였다.

위생요인은 노동자들이 수행하는 직무와 직접적으로 관련이 없고 밖에 있는 외부적 요인으로서 조직의 정책이나 행정, 슈퍼비전, 상급자 · 하급자 그리고 동료들과의 개인적 관계, 높은 임금, 직업안전, 지위, 좋은 작업환경, 개인적 생활 등이 포함되는데, 그에 따르면 이러한 위생요인들이 인간에게 높은 동기를 부여하는 것은 아니라고 하였다. 즉, 이러한 요인들은 단지 일시적인 만족 등을 나타낸다고 본다. 다시 말해서, 이러한 위생요인들이 인간의 동기를 유발하는 것이 아니라 불만족을 감소시키는 역할 등을 한다고 본 것이다.

한편, 그는 인간의 동기를 유발시키는 동기부여요인을 들었는데 이 요인은 직무에 내재해 있으며 인간의 자기실현을 위한 욕구와 연관이 있다고 보았다. 동기부여요인으로는 도전, 작업에 대한 흥미, 자유, 책임감, 그리고 성장을 위한 잠재력 등이 포함된다고 규정하였다. 즉, 이러한 요인들은 근본적인 만족 등을 나타낸다고 보았다.

4. Alderfer의 ERG론

Alderfer(1969)는 ERG론(ERG theory)을 제시했는데, 그는 기존 Maslow의 욕구단계론을 비판 · 수정하여 경험적인 연구를 통하여 3가지의 욕구단계를 제시하였다.

즉, 생리적 욕구와 안선욕구를 포괄하는 생존욕구(Existence needs), 소속감과 애정욕구 및 존경욕구 일부를 포괄하는 인간관계욕구(Relatedness needs), 그리고 존경욕구의 일부와 자아실현욕구를 포괄하는 성장욕구(Growth needs) 등이 그것이다.

5. Ouchi의 Z론

Ouchi(1981)는 Z론(theory Z)을 제시했다. 그는 일본에서 경영을 공부한 후 Z론을 강조했는데, 일본기업(특히, Toyota 등)이 질에 대한 공통의 비전과 특징적인 조직구조를 가지고 있다고 보았다. 그에 따르면 일본조직은 공통의 관심과 수행을 중요시하고, 개인은 조직에게 조직은 개인에게 충성심을 갖고 있으며, 결정은 동의에 의해서 이루어지고 책임도 공동으로 지며 관리자들의 견해가 조직의 성공에 생동감을 불러일으킨다고 보았다.

다시 말해서, Z론은 전술한 X·Y론에 포함시킬 수 없는 인간의 단면을 부각시키기 위해 사용하는 이론으로서, 자유방임적이고 자율적이며, 관리자는 구성원의 자유의지에 따라 행동하도록 분위기만 조성한다는 것이다.

6. 기타 동기부여론

전술한 동기부여론 이외에 기타 동기부여론을 살펴보면 다음과 같이 간략히 정리할 수 있다(〈표 11-5〉 참조).

〈표 11-5〉 동기부여 관련 기타 이론

이 론	학 자	주요 내용
성취동기론	McClelland	• 권력욕구, 친화욕구, 성취욕구의 행태로 파악
공정성론	Adams	• 동기부여에 있어서 중요한 요소는 구성원 개인이 보상체계를 공정하다고 인식하고 있는지의 여부 • 공정하다고 인식된 보상은 직무만족도와 성과를 향상시킴
기대론	Vroom	• 동기부여에 기대론 적용 • 동기부여는 어떤 사람의 활동에 거는 기대가치와 목표가 성취될 수 있다고 믿는 인지된 확률의 산물
참여동기론	Schachter	• 인간은 사회적 동물이기 때문에 참여동기가 필요함 • 참여동기는 유아기부터 길러지는 것이 요구됨

출처: 신복기·박경일·장중탁·이명현(2002: 270-271)을 근거로 구성.

제6절 직무만족과 소진

1. 직무만족의 의의

1) 직무만족의 개념

직무만족에 대한 개념정의는 〈표 11-6〉과 같이 다양하게 정의되고 있다.

〈표 11-6〉 제 학자들의 직무만족에 대한 개념정의

구 분	직무만족에 대한 정의
McCormick	직무수행자가 직무 수행과정에서 경험하거나 직무 수행결과로 얻게 되는 성취감 등의 욕구만족
Smith	개별적 직무를 통해서 경험되는 모든 감정의 총화 내지 균형상태에 좌우되는 태도
Locke	종업원 자신의 직무에 대한 평가결과에서 발생되는 유쾌하고 긍정적인 정서상태
Beatty	조직구성원의 직무가치를 달성하고 촉진시키는 것으로서 개인별로 직무평가에서 얻는 감정적 상태
Porter & Lawler	실제로 얻은 보상이 정당하다고 인정되는 보상의 수준을 초과한 정도

출처: 신복기 · 박경일 · 장중탁 · 이명현(2002: 276)을 근거로 구성.

전술한 정의들은 학자들 간에 다소 차이가 있으나 대체로 직무만족(job satisfaction)이란 '직무와 관련된 욕구충족의 정도'라는 측면과 '정당하다고 인정되는 보상의 수준을 초과한 정도'라는 공통점을 가지고 있다. 즉, 자신의 직무에 대해 만족하는 정도를 의미하는 것이다.

2) 직무만족과 사회복지

Barber(1986)는 휴먼서비스종사자(human service worker)를 대상으로 한 직무만족의 상관관계에 관한 연구를 통해 많은 종사자들이 직무에 불만족하고 있다는 사실을 밝혀냈고, 봉급과 업무할당이 직무만족에 있어 중요한 예측인자라고 주장하였다.

윤혜미(1991)의 연구에서는 사회복지전담공무원들을 대상으로 직무만족에 영향을 미치는 요인들을 이해하기 위하여 단계별 다중회귀분석을 실시한 결과, 성별이나 연령, 그리고 근무기간은 사회복지전담공무원들의 직무만족과는 무관한 반면, 물리적 환경, 도전, 봉급, 역할갈등 등은 직무만족 변량의 48%를 설명한다고 분석하였다. 특히, 현재의 물리적 환경이 직무를 수행하기에 적합한가의 여부가 직무만족에 가장 중요한 결정요인으로 나타났다.

이상의 연구들을 근거로 살펴보면, 사회복지사의 역할갈등과 직무만족은 부(−)적 상관관계를 가지고 있고, 봉급·승진·업무·관계 등과 관련된 근무조건은 사회복지사의 직무만족에 정(+)적인 영향을 미친다는 것을 알 수 있다.

2. 소진의 의의

1) 소진의 개념

소진(burnout)은 헌신적이었던 전문직업인이 직업에서 경험하는 스트레스와 고통으로 인해 직무에서부터 멀어져가는 과정을 의미하는 것으로서, 주로 밀접한 인간관계와 관련된 직무스트레스가 많은 직종의 종사자들에게서 나타나는 부정적 현상이라고 할 수 있다.

본 현상은 대상자에 대한 감정이입을 전제로 하는 서비스업종, 즉 사회복지사, 간호사 등과 같이 타인을 돕는 일과 관련된 직종에서 나타나기 쉬운 현상으로 이해되며, 특히 사회복지사는 소진의 위험이 다른 직업군에 비해 높은 상황이라고 할 수 있다.

2) 소진의 단계

(1) 열성의 단계

열성의 단계는 사회복지사가 자신의 일에 대해 희망, 정열, 때로는 비현실적인 기대를 가지고 많은 시간과 정력을 투자하는 단계이다.

(2) 침체의 단계

침체의 단계는 근무는 하되 업무가 다른 모든 것을 대체할 만큼 흥미 있는 것으로 느껴지지 않는 단계로서, 사회복지사는 오히려 보수, 근무시간 등 근무환경에 신경을 쓰고 개인적인 욕구충족을 더 중요하게 여기게 된다.

(3) 좌절의 단계

좌절의 단계는 자신의 직무수행능력과 일 자체의 가치에 대한 의문을 갖게 되고, 업무환경 내 여러 제한점을 자신이 하는 일에 대한 위협으로 보게 되며, 노력에 비해 성과가 적다고 불평하게 된다.

(4) 무관심의 단계

무관심의 단계는 자신을 좌절로부터 방어하기 위해 냉담해지는 단계로서 정신적·육체적인 기권상태에서 클라이언트에게 무관심해지거나 아예 그 작업을 떠나는 단계이다.

3) 소진의 예방

사회복지조직의 수준에서 소진을 예방하는 전략은 다양하게 접근할 수 있으나, 일반적인 예방전략을 간략히 살펴보면 다음과 같다.

첫째, 소진을 유발하는 조직구조적인 요인에 대응하여 자율성과 통제성을 확대하는 방법이 있다.

둘째, 중요한 의사결정에 사회복지사의 참여기회를 보장하고 수직적 의사소통의 경로를 마련하는 방법이 있다.

셋째, 사회복지사 대 클라이언트의 비율을 낮추는 방법이 있다.

넷째, 정신적 · 정서적 부담이 가중될 때 휴식을 주는 방법이 있다.

다섯째, 적절한 교육훈련의 기회를 정기적으로 제공하는 방법이 있다.

제 7 절 직원의 갈등관리

1. 갈등관리의 개념

갈등(conflict)이 발생하는 상황이 매우 복잡하고 다양하기 때문에 갈등에 대한 정의 또한 여러 가지로 규정되고 있다.

먼저, Miles(1980)는 갈등에 대해 "어떤 개인 또는 집단의 목표지향적 행동이나 기대가 다른 집단구성원에 의해서 좌절되거나 방해를 받을 때 나타나는 상태"라고 정의했고, Thomas(1992)는 "어떤 개인이 관심을 갖고 있는 것에 대하여 다른 사람이 부정적으로 영향을 주거나 영향을 줄 것으로 지각할 때 일어나는 과정"이라고 정의했다.

이를 근거로 갈등관리(conflict management)의 개념정의를 살펴보면, 갈등의 원인과 성격 · 정도 등을 분석하고 갈등을 해소 · 억제 또는 조장하는 것이라고 할 수 있다.

한편, 조직에서 갈등이 거의 없거나 반대로 그 정도가 너무 높은 것은 모두 바람직한 현상이 아니며, 조직의 유효성을 향상시킬 수 있는 집단의 바람직한 행동을 유발하기 위해서는 적당한 정도의 갈등을 조성 · 유지하는 것이 필요하다고 할 수 있다. 그러므로 갈등관리란 갈등을 제거시키는 것이 아니라 적정수준의 갈등을 유지시키는 것이라고 할 수 있다.

2. 갈등의 요인

1) 목표의 비양립성

갈등의 요인 중 하나로 목표의 비양립성을 들 수 있다. 목표의 비양립성이란 활동의 방향 및 과업달성 평가기준이 서로 불일치함을 뜻한다. 조직 내 종사자 간 서로 다른 목표나 목적을 지닐 때 갈등의 가능성은 그만큼 높아진다. 목표차이는 조직체의 규모가 크고 기능이 다양해질수록 조직 내의 분화와 더불어 그 정도가 더욱 심화된다. 뿐만 아니라 기능의 다양화로 인하여 상호작용의 범위도 넓어짐으로써 갈등의 가능성이 더욱 증대되는 것이다.

2) 제한된 자원경쟁

갈등의 요인 중 또 다른 하나는 제한된 자원경쟁이다. 갈등은 일반적으로 각 조직 내 종사자 간 희소한 자원을 소유하고자 함으로써 발생하는 경우도 있다. 이 희소한 자원에는 돈과 같은 물질적인 것과 지위, 위신, 명성, 권력 등과 같은 비물질적인 것이 모두 내포된다. 사실 인간의 욕망이란 한 가지가 충족되면 또 다른 새로운 욕망의 꼬리를 물고 일어나 이것이 무한으로 연결된다. 이에 반하여 욕망을 만족시켜 줄 자원은 상대적으로 부족하기 때문에 여기에 자원의 효율적인 배분문제가 발생하는 것이다.

3) 상호의존성

갈등은 기본적 관계 때문에 발생하는 경우가 많다. 이 기본적 관계란 종사자 간 상호의존의 상태를 말한다. 상호의존성이란 둘 이상의 직원에서 각각의 과업을 수행하는 과정에 있어서 지원, 정보, 상응 및 기타 협동적인 분위기를 위해 서로 간에 의존하는 정도이다. 상호의존성의 정도가 높으면 높을수록 그만큼 갈등발생의 기회는 높아진다. 특히, 둘 이상의 직원 간 영역이 애매모호할 때에는 그만큼 갈등기회가 커진다. 상호의존적 관계가 여러 기능을 다하기 위해서는 직원 간 관계를 분명히 하여야 하는 것이다.

3. 갈등의 기능

1) 갈등의 순기능

적절한 갈등에는 순기능이 존재하는데, 이를 간략히 살펴보면 다음과 같다.

첫째, 갈등은 실제문제의 소재를 분명하게 한다는 것이다.

즉, 직원이나 조직이 그들의 관심사나 차이점을 표시할 경우 표면상에 드러난 문제와 실제문제를 파악하는 데 도움이 된다. 갈등 없이는 많은 조직 내의 문제가 알려지지 못하거나 해결되지 못한 상태에 빠지게 되는 것이다.

둘째, 갈등은 가치창조를 촉진한다.

즉, 갈등은 우위를 점하기 위해 여러 가지 아이디어와 견해를 제시하게 되는 것이다.

셋째, 갈등은 그 부서를 개편시킬 수 있다.

즉, 어떤 부서의 구성원들이 외부반대자와 대립할 경우, 그들은 그에 대처하기 위해 부서를 개편·환기시키는 방법을 사용하기도 한다.

넷째, 갈등은 부서 간 견제와 균형의 역할을 한다.

즉, 두 부서 중 한 부서가 권력을 독점하고 있을 때 갈등을 통해서 권력이 적당하게 배분되는 것이다.

다섯째, 갈등은 직원 간 관계를 공고히 한다.

즉, 갈등이 성공적으로 관리되면 직원 간 관계가 더욱 공고해질 수도 있는 것이다.

2) 갈등의 역기능

높은 수준의 갈등은 역기능으로 표출되는데, 이를 간략히 조명해 보면 다음과 같다.

첫째, 직원 간 서로에 대하여 적대시한다는 것이다.

즉, 직원은 다른 직원을 그들의 목표지향적인 행동을 방해하는 적으로 간주하게 되는 것이다.

둘째, 지각이 왜곡된다.

즉, 직원은 자신의 조직에 긍정적인 지각을 갖게 되나 타 조직에 대해서는 부정적인 지각을 갖게 되는 것이다.

셋째, 의사소통이 감소된다.

즉, 갈등상황에 빠지게 되면 조직구성원들은 다른 조직의 구성원들과의 상호작용을 피한다. 부득이 서로 관계를 가져야 할 경우 그들은 서로에 대하여 적의와 공격성을 보이는 경우가 많다.

넷째, 해당 직원은 두 가지 기준을 적용한다.

즉, 각 직원은 상대편의 모든 바람직하지 못한 행동을 분명하게 따지려 하지만 그들 자신의 조직이 행한 행동은 완전히 눈감아 주려 하는 것이다.

4. 갈등관리의 전략

일반적으로 갈등관리의 전략은 다양하게 제시되고 있으나 여기에서는 다음과 같이 세 가지를 통해 조명하고자 한다.

첫째, 갈등상황이나 근원을 근본적으로 변동시키지 않고 사람들을 적응시키는 방법이다.

이 방법은 현실적으로 불가피하게 자주 시도되는 방법이지만, 근원적 해결책의 마련을 위한 예비단계로서 간주되어야 한다.

둘째, 조직상의 배열을 적극적으로 변동시켜 갈등상황을 제거하는 방법이다.

이 방법은 갈등관리의 필요성이 주기적으로 돌출할 수밖에 없는 조직에서 갈등을 해결하면서도 갈등의 의미와 현저함이 조직문화를 해체시키는 힘을 완화시키기 위해서 자주 사용되는 전략이다. 그러나 이 방법은 조직 내 정치적 힘들의 충돌에 의해서 악용될 수 있다는 약점도 가지고 있다.

셋째, 조직의 순기능적인 갈등을 조장하는 방법이다.

이 방법은 갈등이 갖는 순기능에 관하여 심층적 식견과 오랜 경험을 연마한 리더십에 의해서 제한적으로만 활용되어야 하는 방법으로서, 항상 위험이 뒤따르기는 하지만 종종 조직의 의사소통 구조에 바람직한 변화를 가하는 계기가 되기도 한다.

CHAPTER 12

재정관리

제1절 재정관리의 의의

1. 재정관리의 개념

재정관리(financial management)는 필요한 재원을 합리적이고 계획적으로 동원·배분하고 이를 효율적으로 사용·관리하는 과정으로서, 사회복지행정에 있어서 재정관리는 조직의 목표달성을 촉진하고 전문직의 윤리 및 지역사회의 수준과 일치하는 방향에서 재원을 통제하고 계획적으로 사용하는 것을 의미한다. 기본적으로 재정관리는 조직의 생존과 직결된다는 점에서 매우 중요한 의미를 갖는 것이다.

한편, 정부 및 민간기부자 등을 비롯한 재원의 제공자들은 그들이 사회복지조직에 직·간접적으로 제공하는 재원이 어떻게 사용되는가에 대한 관심을 갖는다. 따라서 재정을 제공받는 조직의 입장에서도 재정의 투명한 운영을 위해서 이에 대한 원칙설정과 노력이 필요하다.

2. 재정의 원천

재정의 원천은 다양하게 기술할 수 있으나 본 절에서는 정부의 보조금, 클라이언트의 이용료, 그리고 민간의 기부금 등으로 조명하고자 한다.

1) 정부의 보조금

정부의 보조금은 정부의 과제를 민간사회복지조직을 통해 행함으로써 민간의 전문성을 활용하고자 하는 데서 배분된다. 대부분 보조금에 따른 계약은 사업내용의 제한점을 갖거나 강제적인 보고를 요구함으로써 많은 양의 관리업무를 부과하고 재량권을 제한하는 등의 통제가 주어진다.

한편, 정부의 보조금은 지방정부도 자금을 할당할지라도 가장 큰 액수는 중앙정부의 기관들을 통해 가능하다. 그리고 보조금신청은 위원회에서 검토하여 경쟁을 통해 지급되어야 하며, 특히 어떤 재량적인 자금은 우선순위에 있지 않은 혁신적 프로그램의 아이디어에 제공되기도 한다.

2) 클라이언트의 이용료

클라이언트의 이용료는 시장기제를 통해서 재원을 벌어들이는 것으로서, 자본주의사회에서 매우 매력적인 방법 중의 하나이다. 특히, 본 방법은 클라이언트에 대해 사회복지조직이 시간, 구조, 내용, 그리고 스텝자원의 할당 등을 직접적으로 관리하는 것을 가능하게 함으로써 선호될 수 있다.

한편, 클라이언트에게 서비스의 대가로 이용료를 받는 만큼 이들의 서비스욕구에 민감하게 반응하도록 끊임없이 변화를 추구하여야 하며, 클라이언트의 확보를 위해 보다 유능한 서비스인력을 확보하고 개발하는 데 노력해야 한다.

3) 민간의 기부금

민간의 기부금은 프로그램예산의 부족한 부분을 보충할 수 있는 중요한 재원이다. 이 기금은 예산을 편성할 당시에 그 규모와 성질을 예측할 수 없는 경우가 많기 때문에, 당해 회계연도 예산편성의 고려사항에서는 일반적으로 제외하는 것이 상례이다. 그러나 선진적 복지문화에서는 기부금의 규모와 성질이 특정 계층과 직업집단에 따라 일정한 수준에서 확보되어 있기 때문에, 사회복지조직은 평상시의 복지실천활동의 일부로서 기부금의 확보를 위한 별도의 프로그램을 꾸준히 진행할 필요가 있다.

한편, 전술한 정부의 보조금이 사회복지조직의 고유영역을 제한하기 쉽고, 클라이언트에 대한 이용료는 재원확보를 통한 경쟁이 치열해짐에 따라 영리적인 행태라는 비난을 받기 쉽다는 점에서, 기부금은 이러한 단점을 해소할 수 있는 방법인 것이다.

제 2 절 재정관리의 과정

본 절에서는 재정관리의 과정을 예산차원에서 살펴보고, 예산수립, 예산집행, 결산, 그리고 회계 및 회계감사 순으로 조명하고자 한다.

한편, 예산(budget)이라는 말의 어원은 '작은 가방'이라는 의미의 불어 'bougette'인데 영국의 재무장관이 의회에서 예산안의 서류를 작은 가방에서 끄집어내어 제출하는 동작을 서술하는 것에서 만들어진 말이다. 예산은 어떤 독립적인 실체의 장래 일정기간 동안의 계획된 지출과 그 지출을 위한 자금조달 계획의 서술이라 할 수 있다. 일반적으로, 예산이라 하면 다음 1년간의 재정계획을 말하는데, 이런 의미에서 예산은 다음 1년간의 조직의 목표를 금전적으로 표시한 것이고 일 년 동안의 재정활동의 감시장치를 제공하는 것이 된다(Gross, 1978 : 233-234 ; 김지영 · 최용민, 2006 : 182).

1. 예산수립

1) 예산수립의 개념

예산수립(establishment of budget)이란 사업과 계획에 사용될 재원을 추계하고 각종 사업을 지원할 지출규모 등을 확정하는 것을 의미한다. 즉, 한 회계연도의 세입 · 세출을 미리 계산하여 수립하는 것이다. 예산수립은 조직이 실행하는 활동 중에서 가장 기본적이고 중요한 활동으로서, 예산편성(budget preparation), 예산결정(budget decision) 등과 유사한 맥락이라고 할 수 있다.

2) 예산수립의 규정

사회복지법인과 대표자는 회계연도 개시 1개월 전까지 예산편성요령을 정해야 한다. 대표자 이외에 법인 또는 시설의 소재지를 관할하는 시장·군수·구청장도 필요하다고 인정되는 사항에 대해서는 예산편성요령을 정할 수 있다. 이때는 회계연도 개시 2개월 전까지 법인에 통보하여야 한다.

사회복지법인의 회계연도는 정부의 회계연도에 근거하므로 매년 1월 1일 시작하여 12월 31일에 종료된다. 법인의 대표이사는 법인회계에 속하는 예산을 편성하여 이사회의 의결을 거쳐 확정한 후 시설회계에 관계되는 예산내역을 당해 시설의 장에게 통지하여야 한다. 이와 같은 통지를 받은 시설의 장은 시설회계의 예산안을 편성하여 매 회계연도 개시 전까지 이를 당해 법인의 대표이사에게 제출하고 대표이사는 이를 회계연도 개시 전까지 이사회의 의결을 거쳐 확정하여야 한다.

이때 법인회계 및 시설회계의 예산은 별도의 규정에 의한 세입·세출예산 과목에 따라 편성하여야 한다. 또한, 법인의 대표이사는 매 회계연도 개시 5일 전까지 법인회계 외 시설회계의 예산을 시장·군수·구청장 등에게 제출하여야 한다(국가법령정보센터 ; 신복기·박경일·장중탁·이명현, 2002 : 296-297).

3) 예산수립의 절차

일반적으로, 예산수립의 절차를 살펴보면, 목표설정, 자료수집, 대안고려, 우선순위, 잠정확정, 원천확인, 그리고 최종확정 등으로 조명할 수 있다.

(1) 목표설정

조직의 목표에는 장기적이고 일반적인 목표와 단기적이고 구체적인 목표가 있는데, 예산수립에서는 주로 단기적이고 구체적인 목표에 초점을 맞춘다. 조직의 단기적 목표는 장기적 목표와 부합되는지, 새로운 단기적 목표를 설정하는 경우 장기적 목표와의 관계는 어떠한지를 명시하여야 한다. 한편, 조직의 단기적·구체적 목표는 그 달성의 정도를 정기적으로 평가할 수 있도록 관찰 가능하고 측정 가능하게 제시되어야 한다.

(2) 자료수집

조직의 과거 및 현재의 운영전반에 관한 정보를 수집해야 하는데, 여기에는 조직 전체, 부서별, 개인별 업무, 프로그램실적, 프로그램평가, 조직 내외의 가용자원, 그리고 재정사항 등에 관한 정보가 포함되어야 한다.

(3) 대안고려

기존의 운영방법이나 프로그램의 능률성과 효과성뿐만 아니라 새로운 대안의 능률성과 효과성을 검토해 보아야 한다. 이때 운영대안들에 대한 비교가 가능한 기준을 만들고 그러한 기준에 의하여 각 대안을 고려하여야 한다.

(4) 우선순위

각각의 운영대안들을 비교・검토하여 조직의 장기적 및 단기적 목표와의 관련성, 조직으로서의 필요성, 시급성, 효과성, 효율성, 그리고 재정가용성 등을 비교한 후에 우선순위를 정하여야 한다.

(5) 잠정확정

우선순위에 따라 지출예산을 운영단위, 프로그램단위, 기능단위에 배정하여 지출예산안을 잠정적으로 확정하되, 다양한 수입원에 대한 정보를 수집하여 재정자원의 동원 가능성을 검토하고 지출예산을 잠정적으로 확정하는 것이다.

(6) 원천확인

수입이 불확실하면 프로그램계획과 예산계획을 확정할 수가 없다는 점에서 잠정적으로 확정된 예산안을 가지고 가능하다고 생각되는 재정원천과 접촉하여 재정수입을 확인하여야 한다.

(7) 최종확정

재정원천과 접촉하여 수입의 확인이 이루어지면 수입예산 및 지출예산을 삭감 또는 증액 등 수정하여 최종적으로 확정하고 이사회에 제출하여 승인을 얻도록 하여야 한다.

4) 예산수립의 모형

예산수립에서 무엇을 가장 중요한 요소로 삼느냐에 따라 예산체계는 주로 품목별예산, 성과주의예산, 기획예산, 그리고 영기준예산 등 네 가지 모형으로 분류할 수 있다. 이 행태는 실제로 어느 한 모형이 전적으로 적용되기보다는 두 가지 이상의 모형이 결합되어 적용되는 경우가 많다. 예산수립에서 어떤 예산체계를 택하느냐 하는 결정은 관리방식에도 크게 영향을 미친다(황성철 · 정무성 · 강철희 · 최재상, 2005 ; 성규탁, 1993 ; 김치영 · 최용민, 2006).

(1) 품목별예산

품목별예산(LIB : Line Item Budget)은 20세기 초 미국에서 예산지출에 대한 통제를 강조하면서 개발된 것으로서, 지출대상을 품목별로 분류하여 지출대상과 한계를 명확히 규정하는 통제 지향적 예산편성방법이며 가장 오래되고 전통적이고 일반화된 예산체계이다.

(2) 성과주의예산

성과주의예산(PB : Performance Budget)은 기능주의예산(Functional Budget) 또는 사업예산(Program Budget)이라고도 부르는데, 1912년에 미국행정부의 한 위원회에서 처음으로 도입하여 행정부의 각 부서에 이용하게 되었다. 이 성과주의예산은 점증주의예산을 기반으로 한 품목별예산의 단점을 보완하기 위한 방법으로서, 조직의 활동을 기능별 또는 사업별로 나누고 이를 다시 세부사업으로 나누어 세부사업 단위의 원가를 계산하고 여기에 업무량을 곱하여 예산액을 정하고 있다.

(3) 기획예산

기획예산(PPBS : Planning Programming Budgeting Systems)은 1954년 미국의 Rand연구소에서 처음으로 개발되어 1965년 이후 미국행정부에 채택된 바가 있다. 이는 장기적인 사업계획을 세우고 실천하기 위한 당해 연도의 사업계획과 이를 뒷받침하는 예산을 통합하여 수립하는 예산체계이다. 이 예산체계의 핵심적인 특징은 바로 사업계획과 예산을 통합하는 것이다.

(4) 영기준예산

영기준예산(ZBB : Zero Based Budgeting)은 1960년대 초에 미국행정부의 농무성에서 처음 시험되어 1960년대 중반부터 미국행정부 내에서 채택되고 있던 기획예산(PPBS)에 통합되어 사용되었고, 1970년대 초에 기획예산이 폐기된 이후에도 미국행정부 조직 및 주정부 등에서 사용되었다.

이 예산체계는 대규모 조직들에서 잘 나타나는 문제들, 즉 예산이 전년도의 예산에 대한 점증식으로 책정되어 매년 반복되는 현상에 대처하기 위한 목적으로 사용되어 왔는데, 지금까지의 관행이나 전년도 사업의 계속성과는 무관하게 처음부터 새로 사업을 시작한다는 전제하에서 예산을 세우는 것을 말한다.

다시 말하면, 조직은 모든 사업을 매년 처음 시작한다는 전제하에 매년 사업의 필요성에 대한 정당성을 제시하고 다른 사업과의 경쟁적인 상태에서 우선순위에 입각하여 예산을 수립하는 것이다.

한편 전술한 예산수립의 모형을 개념, 특징, 그리고 장・단점 등으로 구분하여 살펴보면 다음 표와 같다(〈표 12-1〉 참조).

〈표 12-1〉 예산수립모형의 비교

구 분	품목별예산(LIB)	성과주의예산(PB)	기획예산(PPB)	영기준예산(ZBB)
정의	구입하고자 하는 물품 또는 서비스별로 편성하는 예산(투입중심 및 통제중심 예산)	활동을 기능별 또는 사업별로 구분한 후에 이를 다시 세부사업으로 나누고 각 사업의 단위원가와 업무량을 계산하여 편성하는 예산(과정중심 및 관리기능중심 예산)	목표달성을 위한 장기적 기본계획을 수립하고 기본계획을 연차적으로 실행하기 위하여 당해 사업별로 편성하는 예산(산출중심 및 계획기능중심 예산)	전년도 예산을 전혀 고려하지 않고 계속사업 또는 신규사업의 정당성을 매년 새로이 마련하고 다른 사업과의 경쟁적 기반 위에서 우선순위를 정하여 편성하는 예산(감축중심 예산)
특징	• 전년도예산이 주요 근거가 됨 • 구입품목별로 편성 • 통제적 기능이 강함 • 회계자에 유리한 예산임	• 단위원가× 업무량 = 예산으로 계산함 • 장기적 계획을 고려하지 않음 • 관리기능이 강함 • 관리자에 유리한 예산임	• 장기적 계획과 단기적 예산편성을 구체적인 사업 실행계획을 통하여 유기적으로 연결시킴 • 장기적 계획을 전제로 함 • 목표를 분명히 하고 달성을 강조함 • 계획기능이 강함 • 계획자에 유리한 예산임	• 매년 사업목표와 수행능력을 새로 고려함 • 목표달성을 위한 다양한 사업을 고려함 • 사업의 비교평가에 기초하여 우선순위를 정하여 사업을 선택함 • 성과(결과)의 한계 증가량에 관심을 둠 • 의사결정기능이 강함 • 소비자에게 유리한 예산임
장점	• 지출근거를 명확히 하므로 효과적임 • 회계에 용이함	• 자금분배를 합리적으로 할 수 있음 • 사업별 통제가 가능함	• 장기적 사업계획을 신뢰할 수 있음 • 사업계획과 예산편성의 괴리를 막을 수 있음	• 예산절약과 사업의 쇄신에 기여함 • 재정운영과 자금배분의 탄력성을 기할 수 있음 • 관리자의 참여를 확대할 수 있음
단점	• 예산의 신축성을 저해할 우려가 있음 • 예산증대의 정당성 부여의 근거가 희박함 • 결과나 목표달성에 대한 고려 부족 • 사업내용을 알기 어려움	• 예산통제가 어려움 • 비용산출의 단위설정과 비용책정이 어려움	• 단기적인 목표설정이 어려움 • 결과에만 치중하므로 과정을 상대적으로 무시함 • 권력과 의사결정이 중앙 집중화될 경향이 있음	• 정치적 및 심리적 요인을 무시함 • 장기계획에 의한 사업수행이 곤란함

출처: 김영종(2000), 김치영 · 최용민(2005)을 근거로 구성.

2. 예산집행

1) 예산집행의 개념

예산집행(budget execution)이란 세입·세출예산이 담고 있는 정책목표와 프로그램을 성취하는 데 필요한 수입과 지출을 실행하는 일체의 행위를 말한다. 모든 예산은 사업을 수행해서 업적을 올려야 할 많은 계획을 내포하고 있는데, 이러한 사업계획을 실천에 옮기는 것이 예산집행인 것이다. 아울러, 예산집행에는 효율성차원에서 집행통제라는 의미도 강하게 내포하고 있다.

2) 예산집행통제의 원칙

예산집행통제에는 다음과 같은 원칙이 준수되어야 한다(신복기·박경일·장중탁·이명현, 2002 : 310-312).

(1) 개별성의 원칙

재정통제체계는 개별기관 그 자체의 제약조건, 요구사항, 그리고 기대사항에 맞게 고안되어야 한다.

(2) 강제성의 원칙

재정통제체계는 강제성을 띠는 어떤 명시적인 규정이 있어야 한다. 즉, 강제성이 없는 규칙은 효과성이 없다. 강제성은 때로는 개별성을 무시할 수 있으나 규칙의 동일한 적용을 통한 공평성과 활동을 공식화하는 것이다.

(3) 예외의 원칙

규칙은 반드시 예외상황을 고려하여야 하고 그러한 상황에 적용되는 다른 규칙도 명시되어야 한다.

(4) 보고의 원칙

재정통제체계는 보고의 규정을 두어야 한다. 재정활동에 대한 보고의 원칙이 없으면 재정 관련 행위를 공식적으로 감시하고 통제할 수가 없다. 예를 들면, 예산의 남용이나 개인적 유용, 그리고 항목변경 등의 사실들이 있는 그대로 보고되지 않으면 재정활동에 큰 문제가 생길 수 있는 것이다.

(5) 개정의 원칙

규칙은 일정한 기간 동안만 적용할 수 있도록 제한되어 있거나, 적용할 때 부작용이 나타날 경우를 대비하여 일정한 기간이 지난 후에는 규칙을 새로 개정할 수 있어야 한다.

(6) 효율성의 원칙

재정통제는 시간과 비용이 높은 수준으로 소요되는 경우가 있다. 따라서 통제는 비용과 노력을 최소화하는 정도에서 이루어질 수 있어야 한다.

(7) 의미의 원칙

효과적인 통제가 되기 위해서는 규칙, 기준, 의사소통 및 계약 등에 있어서, 관계되는 모든 사람들이 잘 이해할 수 있도록 전달되어야 한다. 그러므로 규칙은 명확하게 쓰여지고, 통제자료는 쉽게 얻을 수 있어야 하며, 절차의 분류와 해석을 위한 사항도 명확히 명시되어야 한다.

(8) 환류의 원칙

재정통제에 관한 규칙, 기준, 의사소통, 계약 등을 적용할 때 발생할 수 있는 여러 가지의 부작용 및 장·단점 등을 관련자들로부터 들어서 개정과 개선의 기초가 되도록 해야 한다.

3) 예산집행통제의 기제

예산집행을 통제하는 기제는 여러 가지로 접근할 수 있지만 여기에서는 주로 많이 활용되는 기제를 살펴보고자 한다(김치영 · 최용민, 2006 : 194-195).

(1) 분기별 할당

수입예산이 계획된 대로 들어오지 않을 경우도 있고, 또는 한 기간에 집중되어 들어오는 경우가 있는가 하면, 비용의 지출이 월별로 또는 분기별로 동일하지 않고 어떤 시기에 집중되는 경우도 있다. 이러한 경우 수입예산의 수입과 지출예산의 지출을 분기별로 조정하여 수입과 지출의 균형을 유지할 필요가 있다. 행정책임자는 이러한 재정집행의 사정을 하부활동 책임자에게 이해시키고 상의하여 할당의 효과가 나타나도록 하여야 할 것이다.

(2) 지출의 사전승인

조직에서 일정액 이상의 지출을 할 경우 최고 행정책임자의 사전승인을 받도록 하거나, 또는 지출액수에 따라 중간 행정책임자의 사전승인을 받도록 하는 것이 일반적이다. 이와 같은 사전승인은 수입과 지출의 균형을 유지하는 데 도움이 되고 때때로 승인을 의도적으로 연기하여 지출을 억제할 수도 있다.

(3) 자금지출의 취소

예상된 재정원칙으로부터의 수입이 인가되지 않거나, 또는 삭감정책에 의하여 예상된 수입액이 입금되지 않을 경우는 자금지출을 잠정적으로 취소하거나, 또는 최종적으로 취소할 수밖에 없다.

(4) 정기적 재정현황보고

행정책임자는 월별, 분기별로 재정현황을 보고받아 검토하여야 한다. 보고서의 내용은 수입지출의 현황, 변제비용, 인원당 비용, 기능별 비용, 그리고 서비스 단위당 비용 등이 포함되는 것이 바람직하다.

(5) 대체

회계연도 말쯤에 재정현황이 사업별 또는 계정별로 과도지출이 되었거나 또는 과소지출이 된 경우에는 과소지출분에서 과다지출분을 메우기 위하여 대체할 필요가 있다. 이러한 대체는 조직의 구조와 액수에 따라 중간 행정책임자 또는 최고 행정책임자의 승인을 받아야 한다.

(6) 지불연기

이 방법은 조직의 내·외부로부터의 지불요청에 대하여 의도적으로 적당한 방법을 통해 연기를 함으로써 수입예산의 입금여유를 갖는 것이다. 특히, 지불연기로 벌칙이나 벌금이 없는 경우는 요청자의 양해를 얻어 최대한으로 지불연기를 할 수 있다.

(7) 차용

차용은 은행 또는 특별단체(협회, 연합회, 정부기관 등)로부터 자금을 빌리는 것을 말한다. 다시 말하면, 수입예산이 계획대로 확보되지 않은 상황에서 불가피하게 지출을 하기 위해서는 일반적으로 은행, 사회복지 관련 특별단체, 또는 정부의 기금으로부터 장기적 또는 단기적인 대부를 받을 필요가 있는 것이다.

3. 결산

1) 결산의 개념

결산(closing)이란 한 회계기간이 끝남에 따라 그 기간의 재정상태를 정리하여 그

기간의 수입과 지출을 확정하는 과정이다. 즉, 한 회계연도 내에 발생한 수입과 지출을 확정하고 계수로 표시하는 절차로서, 세입・세출결산보고서는 공공관서의 장이나 법인의 대표이사 등이 작성하며, 이러한 과정을 거쳐 예산집행이 마무리되는 것이다.

결산이 필요한 이유는 법인의 경우 이사회의 의도대로 법인이나 시설이 예산을 집행하였는지를 규명하고, 흑자나 적자의 크기를 확인하며 결산결과를 다음해 예산에 반영시키기 위해서이다.

2) 결산의 보고절차

사회복지법인 재무회계규칙에 의한 결산보고는 다음과 같은 절차에 의한다([그림 12−1] 참조).

주요 내용	주체	일정
• 법인회계와 시설회계의 세입・세출 결산보고서 작성	법인 대표이사	출납완료 시
⇩		
• 결산보고서 의결	법인 이사회	결산보고서 작성 시
⇩		
• 시・군・구청장에게 결산보고서 제출	법인 대표이사	익년도 3월 31일까지
⇩		
• 법인과 시설의 세입・세출 결산개요와 후원금품의 수입 및 사용내역의 개요를 시・군・구, 법인, 시설의 게시판에 20일 이상 공고 ※ 게시판 공고는 일간신문 또는 정기간행물의 등록 등에 관한 법률 규정에 의한 정기간행물 게재로 갈음 가능	시・군・구청장, 법인 대표이사	결산보고서 제출 후 20일 이내

출처: 국가법령정보센터〈http://www.law.go.kr〉를 근거로 구성.

[그림 12−1] 결산의 보고절차

즉, 법인의 대표이사가 법인회계와 시설회계의 세입·세출 결산보고서를 작성하고, 법인의 이사회가 결산보고서를 의결하며, 법인의 대표이사가 시·군·구청장에게 결산보고서를 익년도 3월 31일까지 제출하게 된다. 그리고 시·군·구청장, 법인의 대표이사가 법인과 시설의 세입·세출 결산개요와 후원금품의 수입 및 사용내역의 개요를 시·군·구, 법인, 그리고 시설의 게시판에 20일 이상 공고하게 된다.

4. 회계와 회계감사

1) 회계의 개념

회계(accounting)는 재정적 거래를 분류, 기록, 요약하고 그 결과를 해석하는 표준화된 기술적 방법으로서, 목적에 따라 재무회계와 관리회계로 나뉜다.

먼저, 재무회계(financial accounting)는 내부 및 외부 정보이용자의 경제적 의사결정에 유용하도록 일정기간 동안의 수입과 지출항목을 측정하여 보고하는 것인데, 거래자료 기록, 시산표[1] 작성, 그리고 분개[2] 작성 등을 주요 내용으로 한다.

그리고 관리회계(managerial accounting)는 행정책임자가 행정적 의사결정을 하는데 필요하도록 재정관계 자료를 정리하는 것인데, 예산단위의 비용을 계산하여 예산의 실행성과를 분석하는 것 등을 주요 내용으로 한다.

2) 회계감사의 개념

회계감사(accounting audit)란 조직의 수입·지출의 결과에 관한 사실을 확인·검증하고 이에 관한 보고를 하기 위하여 장부 및 기타 기록을 체계적으로 감사하는 행위를 말한다. 즉, 작성한 회계기록을 제3자가 검사하는 것을 의미하는 것이다.

1) 시산표란 대차평균의 원리를 이용하여 원장기입이 정확한가의 여부를 조사하기 위해서 원장의 각 계정과 금액을 모아 작성한 표라고 할 수 있다.
2) 분개는 부기에서 거래내용을 차변과 대변으로 나누어 적는 일을 의미한다.

회계감사는 사회적으로 할당된 자원들에 대하여 조직이나 프로그램들이 제 기능을 수행하고 있는가를 확인하는 과정으로 규정준수 회계감사와 운영 회계감사가 있다(Anthony & Herzlinger, 1984 : 16).

먼저, 규정준수 회계감사(compliance accounting audit)는 기관의 재정운영이 적절한 절차에 따라 시행되고, 재정이나 다른 보고서들이 적절하게 구비되었는지, 그리고 조직에 적용된 각종 규칙과 규제들을 조직이 잘 따르고 있는지 등을 확인하는 과정이다.

본 회계감사는 전통적인 품목별 예산형식에서 요구하는 방식이다. 즉, 주어진 자금이 규정된 항목별로 올바르게 사용되었는지를 확인하는 것이다. 본래 본 회계감사의 목적은 개인의 욕심으로 재원이 잘못 사용되는 것을 방지하려는 데 있었으며 공적인 목적과 수단들이 점차 복잡하게 되면서 감사기능으로 확대된 것이다.

규정준수 회계감사는 실제로 업무의 효과성이나 능률적인 경비지출 여부를 중요시 여기는 것이 아니라 규칙과 절차, 항목의 규정에 맞게 집행되었는가 하는 데 관심을 둔다. 따라서 지나치게 형식에 집착하여 문제해결을 어렵게 만들어 관료적 병폐를 드리니게 할 수도 있다.

반면, 운영 회계감사(operational accounting audit)는 예산과 관련하여 바람직한 프로그램 운영의 산출여부, 조직목표를 달성하는 데 있어서 효과성과 능률성 등의 문제에 관심을 나타내어 규정준수 회계감사의 약점을 보완하는 감사이다.

본 회계감사를 위해서는 기능별 예산이 프로그램 예산과 같은 형식으로 이루어져야 한다. 이러한 양식에 의해 목표달성을 하였는지, 또는 어느 정도의 산출물이 예산비용과 관련하여 발생하였는지를 판단할 수 있는 것이다.

한편, 회계감사의 방식으로서 감사의 시기에 따른 사전감사와 사후감사, 감사의 대상에 따른 일반감사, 상업감사, 그리고 종합감사가 있는데, 이는 〈표 12-2〉에서 조명할 수 있다.

〈표 12-2〉 회계감사의 방식

<table>
<tr><th colspan="2">구 분</th><th>내 용</th></tr>
<tr><td rowspan="2">감사의 시기</td><td>사전감사</td><td>지출이 있기 전 감사</td></tr>
<tr><td>사후감사</td><td>지출이 있는 후 감사(일반적 행태)</td></tr>
<tr><td rowspan="3">감사의 대상</td><td>일반감사</td><td>회계공무원의 회계책임 및 비리를 규명하는 감사로서, 정부조직 등이 주 대상</td></tr>
<tr><td>상업감사</td><td>대차대조표 등 숫자상 정확성을 확인하는 감사로서, 공기업 등이 대상</td></tr>
<tr><td>종합감사</td><td>회계기법, 절차, 프로그램, 법령, 제도 등에 대한 전반적 감사로서, 내부통제를 확립시키고 있는 정부조직 등이 대상</td></tr>
</table>

출처: 기존의 여러 자료를 근거로 구성.

CHAPTER 13

정보관리

제1절 정보관리의 의의

1. 정보관리의 개념

정보관리(information management)란 각종의 정보를 가장 능률적이며 합리적으로 정확하게 수집·분류·정리·분석·전달하고 이용해서 처분하는 일련의 과정이며 정보를 그 목표달성의 수단으로 이용하는 관리방식이다. 오늘날 모든 조직들은 막대한 정보를 수용하는 정보망을 형성하고 있으며 이러한 제반 정보의 효율적인 관리를 위해 정보관리를 필요로 하고 있다.

사회복지서비스 및 유지활동에 관한 막대한 양의 정보를 획득하고 보관해서 필요할 때 즉시 활용하는 능력을 갖춰주는 이러한 정보관리는 인간이 가지는 인지능력과 시간적 한계성을 극복하도록 도와주며 대량의 복잡한 정보를 신속하고 효율적으로 활용하도록 도와줌으로써 효과적인 관리를 가능케 하는 것이다(권육상·전대성·홍석자·서상범·조미영·홍전희, 2004: 197).

2. 정보관리의 필요성

사회복지조직에서 정보관리가 필요한 이유는 다음과 같다.

1) 정보 자체의 요인

사회복지서비스를 제공함에 있어 엄청난 양의 정보를 적시적소에 이용하기 위해서는 정보관리가 필요하다.

2) 합리적인 정책결정

사회복지조직에서 합리적인 정책결정에 도움이 될 수 있는 정보를 수집·분석·가공하여, 필요한 경우 즉시 정책결정자에게 제공하여 도움을 줄 수 있어야 한다.

3) 복지서비스 요구의 증가

오늘날 사회복지조직이 요청받고 있는 다양한 복지서비스(원격진료, 상담, 교육, 쇼핑, 뱅킹, 재택근무 등)를 효과적으로 전달하기 위해서는 정보관리가 중요하다.

4) 복지서비스 전달체계의 효율성 향상

사회복지조직의 정보관리는 다양한 사회복지조직과 자원을 상호 연계시켜 줌으로써 서비스 전달체계의 효율성을 향상시키는 데 필요하다.

5) 복지서비스의 참여기회 확대

사회복지조직의 정보관리는 정보사회에서 서비스의 제공자와 소비자 간의 의사소통장애를 제거함으로써 복지서비스의 참여기회를 확대한다.

6) 모든 국민의 삶의 질 향상

사회복지조직의 정보관리는 정보사회에서 사회적 약자를 포함한 모든 국민의 삶의 질을 향상시킬 수 있는 기회를 제공한다.

3. 정보관리의 부작용

전술한 바와 같이 효율성 등의 차원에서 정보관리는 반드시 필요하지만, 다음과 같은 부작용도 나타난다.

1) 비밀보장의 어려움

컴퓨터의 전산화를 통해 모든 정보를 공유하기 때문에 조직은 물론 클라이언트의 사적 부분까지 과다 노출될 가능성이 있다.

2) 정보의 소외현상

정확하고 시의 적절한 정보를 얻기 위해서는 정보기술에 접근이 용이해야 되는데, 이때 컴퓨터를 잘 다루지 못하는 사람의 경우는 정보에서 소외될 수 있다. 더욱이 정보의 접근성이 곧 조직의 위치가 될 수도 있다는 점에서 이것이 곧 삶의 격차로 작용할 수도 있다.

3) 잘못된 정보의 획득

조직에서 정보를 공유함에 있어서 잘못된 정보를 그대로 받아들임으로써 클라이언트 등에게 혼선을 자아낼 수 있다.

4) 기준행동의 유발

전산화된 일정형식에 의거하여 자료를 정리할 때 발생할 수 있는 문제로서, 더욱 많은 자료를 정리할 수도 있겠지만, 일정형식에 따라서 이 정도면 되겠지라는 나름의 기준을 결정하게 된다는 것이다.

4. 사회복지조직의 요구정보

사회복지조직에서 필요로 하는 요구정보는 클라이언트 및 지역사회정보, 욕구정보, 그리고 서비스와 자원정보 등으로서 구체적인 내용은 〈표 13-1〉과 같다.

〈표 13-1〉 사회복지조직의 요구정보 유형

정보 종류	내 용
클라이언트 및 지역사회정보	클라이언트의 인구학적 특성, 기관의 이용현황 등
욕구정보	지역사회주민과 클라이언트의 복지욕구 내용 등
서비스와 자원정보	제공하는 서비스의 종류와 내용, 서비스의 질에 관한 것 등
처우정보	처우계획, 실시내용 등
기술정보	사회복지사의 전문적 지식, 활용 가능한 기술 등
참가정보	후원자, 자원봉사자활동, 이벤트와 강좌 등
규범정보	조직 내 규칙과 지침서 등
환경정보	정부시책, 행정방침, 관련 정책과 제도의 변화추이 등
관리정보	조직의 재무, 인사, 타 조직에 관한 사항 등

출처: 신복기 · 박경일 · 장중탁 · 이명현(2002: 348)을 근거로 구성.

제2절 정보관리시스템

1. 정보관리시스템의 개념

정보관리시스템(MIS: Management Information System)은 조직의 내부 및 외부환경에서 발생하는 정보자료를 정형화된 구조를 통해 수집, 저장, 처리하여 경영자가 효율적인 의사결정을 행할 수 있게끔 유용한 정보로 전환하는 정보체계를 의미한다.

기본적으로, 정보관리시스템은 법적인 규제를 확인할 수 있도록 하고, 각종 거래에서 수반되는 요구조건들이 충족되고 있는지를 확인시켜주며, 기획 · 통제 · 의사결정 등에 필요한 경영정보를 산출시켜 주고, 외부에서 요구하는 다양한 종류의 보고서들을 제공해 줄 수 있다.

아울러, 바람직한 정보관리시스템을 지향하기 위해서는 정보체계에 대한 전담직원이 별도로 확보되어야 하고, 전체 직원은 일상 업무에 정보체계를 이용하여 데이터를 저장하고 사용하며 관리자는 고유사업의 수행과 정보체계의 활용을 모니터링하여 필요한 경우 업무조정을 해야 한다.

그리고 직원교육을 위한 예비예산을 확보하여야 하며, 직원회의 때 정보체계를 사용하는 직원의 태도 및 감정을 모니터링하고 직원들이 업무수행과정에서 정보체계를 활용하는 것이 조직의 사업목적을 달성하기 위해서 가치 있는 것임을 강조하여야 할 것이다.

2. 정보관리시스템의 종류

정보관리시스템의 종류는 다양하게 정의할 수 있으나 여기에서는 클라이언트정보관리시스템 등 3가지로 살펴보고자 한다.

1) 클라이언트정보관리시스템

클라이언트정보관리시스템(Client MIS)은 프로그램 이용자들에게 서비스를 제공하기 위한 시스템으로서, 클라이언트에 관한 정보, 클라이언트와 서비스 프로그램 간의 상호작용에 관한 정보 등을 생성, 조직, 보고하기 위한 것이다.

2) 조직정보관리시스템

조직정보관리시스템(Organization MIS)은 기획, 예산, 보고, 비용통제 등과 같은 기본적인 행정기능들을 보조하는 역할을 수행하는 시스템이다. 기본적으로 본 시스템의 기능에는 욕구사정, 시설 및 운영에 관한 기획, 조사연구, 직원 및 임금대장, 그리고 통계보고 및 예측 등이 있다.

3) 수행정보관리시스템

수행정보관리시스템(Performance MIS)은 의사결정의 향상을 위하여 프로그램의 생산성 및 효과성과 같은 다양한 측면들을 평가하는 데 필요한 정보들을 제공하는 시스템이다. 기존의 클라이언트정보관리시스템과 조직정보관리시스템이 자료들을 호환하거나 공유할 수 있는 통합성을 갖고 있을 때 합성하여 본 시스템을 만들 수 있는 것이다.

제3절 문서관리

1. 문서의 개념

문서(document)는 의사소통을 하기 위해 고안된 정보를 물리적으로 묶어 놓은 것을 의미하는데, 서류 또는 문건이라고도 한다. 오늘날에는 종이로 된 것을 주로 문서라고 부르지만, 역사적으로는 돌(비석 또는 암벽), 나무(비석 또는 목간), 풀(죽간 또는 파피루스), 금속, 그리고 베(피륙) 등 여러 곳에 기록하였다. 한편, 현대에 있어서는 인터넷혁명에 의해서 전자문서도 각광을 받고 있는 것이 주지의 사실이다.

2. 문서의 종류

문서의 종류는 다양하게 구분될 수 있으나 사회복지조직에서 주로 사용되는 것만을 살펴보면 다음과 같다(신복기 · 박경일 · 장중탁 · 이명현, 2002 : 368).

1) 접수문서

접수문서는 외부에서 접수되는 문서로서 문서 주관 부서에서 일정한 절차에 의하여 접수되는 문서를 의미한다.

2) 기안문서

기안문서는 결재문서라고도 하며, 사전에 결재권자의 결재를 얻기 위하여 기안서식에 따라 사무처리 초안을 기재한 문서를 말한다.

3) 시행문서

시행문서는 발송문서라고도 하며, 결재문서의 내용을 시행하기 위하여 규정된 서식에 의하여 작성된 문서를 의미한다.

4) 보존문서

보존문서는 행정관리, 의사결정 등 자료적 가치가 있어 보존을 필요로 하는 문서를 말한다.

5) 합의문서

합의문서는 기안문서 중 그 내용과 관계되는 다른 부서와의 협조를 얻기 위하여 합의하는 문서를 의미한다.

6) 폐기문서

폐기문서는 보존기간이 종료되어 문서의 가치가 상실되어 폐기처분되는 문서를 말한다.

7) 마이크로필름문서

마이크로필름문서는 지면이 아닌 마이크로필름에 중요한 내용의 문서나 영구보존의 필요성이 있는 문서를 담아놓은 문서를 의미한다.

PART 04 Social Welfare Administration

사회복지행정의 프로그램론

CHAPTER 14

욕구조사

사회복지조직은 인간의 생존을 위한 기본욕구 및 자기 발전적 욕구를 지역사회나 국가적인 차원에서 충족시켜 주기 위해 서비스를 전달하는 조직체이다. 즉, 사회복지조직은 사회구성원이 필요로 하는 서비스를 사회로부터 위임받아 전달하는 공익조직체인 것이다. 따라서 이러한 사회복지조직이 사회구성원의 욕구를 파악하여 이를 충족시키기 위한 서비스를 책임성 있게 전달하는 것은 매우 중요한 것이다(최성재 · 남기민, 2000 : 347).

제1절 욕구의 개념

욕구(need)는 인간의 생존과 성장발전을 위해 무엇을 얻거나 무슨 일을 하고자 바라는 일인데, 예를 들면 적절한 음식, 주택, 소득, 지식, 사회참여, 개인의 자유 등이 그것이다. 이러한 것들이 특정 개인 또는 소수 개인에 국한될 때에는 개인적 욕구가 되고, 사회의 다수인에게 확대되면 사회적 욕구가 되는 것이다. 욕구는 충족되어야 할 문제, 즉 해결되어야 할 문제로 간주된다.

사회복지는 사회적 욕구를 집단적인 차원에서 해결하려는 노력이므로 욕구의 개념을 명확히 하는 것이 필요하다. 사회복지의 관점에서 볼 때, 욕구란 무엇이 객관적 기준에 미달되어 그것을 필요로 하는 상태를 의미하는 것으로서, 여기서 기준의 객관성은 특정의 재화와 서비스가 한 국민에 대해 최소한의 준수한 삶을 보장하게 되는 일정한 수준을 의미하는 것이다.

제2절 욕구조사의 의의

1. 욕구조사의 개념

욕구조사(need assessment)는 일정한 지역 내에서 거주하는 주민의 욕구를 계량적으로 측정하기 위한 방법이다. 따라서 사회복지서비스를 계획하고자 할 때는 어디의 누가, 어떤 서비스를 필요로 하는지를 정확히 측정해야 한다.

욕구조사는 다음과 같이 네 가지의 목적 가운데 한 가지 이상의 목적을 달성하기 위하여 행해진다(김치영 · 최용민, 2006 : 214 ; 최성재 · 남기민, 2000 : 351).

첫째, 지역주민들 및 주요 클라이언트들이 필요로 하는 각종 서비스 또는 프로그램을 식별해 우선순위를 정한다.

둘째, 프로그램 운영에 필요한 예산할당 기준을 마련하다.

셋째, 현재 수행 중인 사업의 평가에 필요한 보조자료를 마련한다.

넷째, 프로그램을 수행하는 지역사회 내에 기관들 간의 상호의존 및 협동상황을 파악한다.

2. 욕구조사의 접근방법

욕구조사는 그것을 행하는 사회복지조직의 행태나 프로그램의 행태에 따라 클라이언트 중심(client oriented)의 욕구조사, 서비스 중심(service oriented)의 욕구조사, 그리고 지역사회 중심(community based)의 욕구조사로 나눌 수 있다(Gates, 1980 : 112-113).

특히, 클라이언트 중심의 욕구조사는 특정 인구집단(노인, 장애인 등)을 위하여 서비스나 프로그램을 제공하는 조직에 의하여 행해지는 조사로서, 이 조사에서 먼저 특정 인구집단을 규정하고 그 집단 내에서 빈번히 나타나고 있는 문제를 확인하며 이러한 문제를 해결하기 위하여 필요한 서비스의 수준을 산정하게 된다(최성재 · 남기민, 2000 : 351).

3. 욕구조사의 관점

Bradshaw(1972 : 640-643)는 욕구인식의 기준에 따른 욕구조사를 규범적 관점, 감촉적 관점, 표현적 관점, 그리고 비교적 관점 등 네 가지로 대별하였다.

1) 규범적 관점

규범적 관점(normative viewpoint)은 전문가, 행정가 또는 사회과학자 등이 욕구의 상태를 규정하는 것이다. 다시 말하면, 상황이나 환경이 질적·양적으로 측정되어 문제로서 인정되기 위한 어떤 기준이나 규범에 부합하는 관점이며, 사회적 관습, 권위, 일반적 여론에 의해 확립된 표준이나 기준, 유사한 지역사회에 대한 조사나 전문가들의 의견으로부터의 목표수립, 기존자료의 서비스 수준과 비교 가능한 비율로 표시되는 관점 등을 의미한다.

이는 바람직한 욕구충족의 수준을 정해 놓고 이 수준과 실제 상태와의 차이에 의하여 욕구의 정도를 규정하거나, 또는 최고의 욕구수준을 정해 놓고 실제의 상태와의 차이에 의하여 욕구의 정도를 규정하는 것이다. 전자의 예는 정상영양 기준을 설정해 놓고 그 기준에 의하여 영양의 상태를 파악하는 것인 반면, 후자의 예는 거동불능 기준을 정해 놓고 그 기준에 의하여 노인의 거동 정도를 파악하는 것이다.

한편, 규범적 관점은 절대적인 것이 되지 못하고, 실제로 기준을 정하는 자에 따라 달라질 수 있으며, 지식의 발전과 사회의 가치기준 변화에 따라 변동될 수 있다.

2) 감촉적 관점

감촉적 관점(felt viewpoint)은 욕구상태에 있는 당사자의 느낌에 의하여 인식되는 욕구이다. 즉, 사람들이 욕구로 생각하는 것, 또는 욕구되어야 한다고 느끼는 것을 의미한다. 이 방법은 어떤 욕구의 상태에 있는지, 또한 어떤 서비스를 필요로 하는지를 물어보아서 파악하는 관점이다.

이와 같은 감촉적 관점은 실제적인 욕구의 측정이 되지 못하고 개인의 인식 정도에 따라 달라질 수 있다.

3) 표현적 관점

표현적 관점(expressed viewpoint)은 의료 및 건강의 욕구파악에 많이 이용되며 주로 대기자 명단에 의하여 파악된다. 다시 말하면, 개인이 실제로 서비스를 얻기 위해 노력했는지의 여부, 어느 정도 지역사회에서 충족되었는가의 여부로 욕구를 측정한다.

4) 비교적 관점

비교적 관점(comparative viewpoint)은 어떤 서비스를 받고 있는 사람들과 비슷한 특성을 갖고 있으면서 서비스를 받지 않고 있는 사람들을 욕구의 상태에 있는 것으로 규정하는 것을 말한다.

즉, 본 관점은 욕구충족을 위한 급여수준을 미리 정하고 이 수준에 의하여 욕구를 파악하는 것이라고 할 수 있는데, 급여수준은 욕구충족의 수준과 일치하지 못하는 경우가 많은 것이 문제이다. 이는 한 지역사회 내의 자원분배와도 관계가 있다.

4. 욕구조사의 자료수집방법

욕구조사의 자료수집방법은 사회지표분석, 주요 정보제공자 조사, 지역사회 서베이, 그리고 지역사회 공개토론회 등이 있다. 이를 간략히 살펴보면 다음과 같다(김형식 · 이영철 · 신준섭, 2007 ; 성규탁, 1993 ; 김치영 · 최용민, 2006).

1) 사회지표분석

사회지표분석은 일정한 행정지역 또는 지역사회의 상태를 파악하기 위해서 기존

공용자료를 이용하는 것이다. 경우에 따라서는 사회조사에 사회지표를 포함해서 얻은 자료를 사용할 수도 있다. 사회지표분석은 계획의 첫 단계에서 해당지역의 사정을 파악하는 데 매우 적절한 방법이다.

사회지표분석은 소득, 인구밀도, 영아사망률 같은 단순한 지표에서부터 요인분석과 같은 통계처리를 요하는 매우 복잡한 설계까지 있다. 지표는 신뢰성과 타당성이 있어야 하며 실제로 욕구를 파악할 수 있는 공인된 지표라야만 한다. 일반적으로, 사람들이 일상생활상의 문제와 사회상태에 관한 자료를 얻기 위해서 가장 많이 사용하는 지표는 다음과 같은 것이 있다.

첫째, 경제(소득수준, 운영경리, 자금관리, 자금대출 등이다.)

둘째, 고용(직업종류, 근무연수, 직업만족도, 직업교육의 필요성 등이다.)

셋째, 가정생활(부모-자녀관계, 아동적응문제, 부부관계문제, 이혼율 등이다.)

넷째, 교육(교육 정도, 교육의 필요성, 학교성적, 아동의 학교적응 등이다.)

다섯째, 주택(밀집도, 주택의 소유상태, 크기 등이다.)

여섯째, 레크리에이션(여가활동, 운동, 문화적 활동 등이다.)

일곱째, 일상생활에 대한 만족(지역사회와의 연대감, 자아평가 정도 등이다.)

여덟째, 사법(성인범죄율, 소년비행율, 범죄에 대한 공포, 사법기관과의 관계 등이다.) 등이다.

2) 주요 정보제공자 조사

주요 정보제공자는 조직의 서비스 제공자, 인접 직종의 전문직 종사자, 지역 내 사회복지조직의 대표자, 그리고 공직자 등을 포함하는 지역사회 전반의 문제에 대하여 잘 알고 있는 것으로 인정되는 사람들이다.

주요 정보제공자 조사의 장점은 비용이 적게 들고 표본을 쉽게 선정할 수 있으며 지역의 전반적인 문제를 쉽게 파악할 수 있다는 것이다. 반면, 단점은 의도적 표집으로 표본의 편기현상(bias phenomenon)이 나타날 수 있고, 이들이 지적하는 문제점들이 정치의식에 민감한 문제가 될 수 있으며, 따라서 실제적으로 많은 주민들의 문제가 제외될 가능성이 크다는 것이다.

3) 지역사회 서베이

서베이는 조사에 전체를 대표할 수 있는 표본을 선정하여 질문지, 또는 면접을 통하여 자료를 수집하는 방법이다. 욕구조사에서 서베이는 지역사회의 일반인구, 또는 특정 표적인구의 욕구를 조사하기 위하여 이들 전체 인구를 대표할 수 있는 표본을 선정하여 이들이 생각하거나 느끼는 욕구를 조사하면서 조사대상 전체의 욕구를 추정하는 것이다.

표본에서 나타난 욕구가 전체 대상을 대표하는 정확성을 갖기 위해서는 표본이 확률적 표집방법으로 선정되어야 하고 표본의 크기가 적절해야 하며 조사척도인 질문지 및 면접에 있어서 신뢰도와 타당도가 있어야 된다.

서베이의 대상은 지역의 일반주민 전체가 되는 경우와 일부 특정 표적인구가 되는 경우가 있는데, 전자의 경우는 지역사회 중심의 욕구조사 접근방법에서 이용되고, 후자의 경우는 클라이언트 중심의 욕구조사 접근방법에서 이용된다.

서베이의 장점은 실제적인 서비스 수혜자, 또는 잠정적인 수혜자가 인식하는 욕구를 직접 파악할 수 있고 표본을 통하여 대상자 전체의 욕구를 파악할 수 있다는 것이다. 반면, 단점으로는 비용이 많이 들고, 우편 질문지방법을 사용하는 경우 회수율이 낮으며 현실적으로 불가능한 응답을 얻게 되는 문제가 발생할 수 있다는 점 등이 있다.

4) 지역사회 공개토론회

지역사회 공개토론회는 지역사회에 거주하거나 활동하는 사람들이 그들의 생활경험이나 관찰, 또는 정보를 통하여 지역의 사회적 욕구나 문제 등을 잘 알고 있다는 전제하에 조사자가 지역사회의 모든 사람들이 참여할 수 있는 공개적인 모임을 주선하여 이 모임에서 논의되는 지역사회의 욕구나 문제들을 파악하는 방법이다.

지역사회 공개토론회의 장점은 적은 비용으로 광범위한 지역, 계층 및 집단들의 의견을 들을 수 있고, 문제에 대한 인식과 관심을 개인, 집단 또는 기관에 따라 식별

할 수 있으며, 서베이를 위한 사전준비의 기회가 될 수 있다는 점이다.

반면, 단점은 관심 있는 사람들만 참석하여 자기선택으로 인한 표본의 편기현상이 나타나고, 참석자의 소수만이 의견을 발표하게 되는 것이다. 이러한 단점을 개선하기 위하여 특정 문제에 대한 소규모회의를 여러 번 개최하거나 지역사회 내 다른 장소에서 여러 번 회의를 개최할 수 있다.

5. 욕구조사의 결과분석 활용

욕구조사는 조직이나 프로그램의 계획에 중요한 정보를 제공한다. 지역사회문제를 분석함에 있어 욕구의 성격과 수준 등을 파악할 수 있게 하고 그러한 욕구들의 위계적인 우선순위 등도 확인하게 한다.

프로그램의 의사결정과정에 욕구조사는 목표와 관련된 프로그램의 우선순위 결정, 서비스 활용에 대한 예상치 제공으로 예산의 규모 추정, 서비스프로그램의 평가, 프로그램이나 조직들 간의 조정을 위한 근거 등으로 활용된다.

그리고 욕구조사가 가지고 있는 잠재적 기능에는 서비스 제공자의 관점에서 프로그램을 임의로 규정하는 성향 방지, 욕구사정의 과정을 통한 프로그램의 홍보와 지지 획득, 프로그램에 필요한 자원이나 인력의 증대 요청 시 필요성의 정당화, 프로그램 변화에 대한 정당성의 근거활용 등이 있다.

CHAPTER 15

사회복지프로그램의 개발과 평가

전술한 욕구조사를 근거로 사회복지프로그램을 개발하고 평가하게 되는데, 이는 다음과 같이 살펴볼 수 있다.

제1절 사회복지프로그램의 의의

1. 사회복지프로그램의 개념

사회복지프로그램(social welfare program)은 사회복지사 등이 사회적·경제적 약자 편에서 사회정의를 실현하기 위해 노력하는 최첨병의 역할을 수행하는 데 있어서 무엇을 가지고 구체적으로 어떻게 사회정의를 실현할 수 있을지에 대한 대답이며, 가장 확실한 도구라고 할 수 있다(김병식, 2003).

즉, 사회복지프로그램은 욕구조사를 근거로 개발되고 평가되며, 서비스 전달을 위한 도구라고 할 수 있다. 정책이 의도하는 변화를 실천에 옮기는 모델로서의 역할을 수행하는 것이다. 정책이 당위성을 다룬다면, 프로그램은 방법론을 다루고 있는 것이다. 그러므로 사회복지프로그램이란 사회복지정책이 서비스로 구체화되어 전달되는 과정에 대한 것이라고 할 수 있다.

2. 사회복지프로그램과 정책 · 조직

1) 사회복지프로그램과 정책

정책이 목적적인 개념이라면 사회복지프로그램은 수단에 해당되는 개념이다. 하지만 사회복지프로그램은 목적과 수단의 측면을 동시에 지니고 있으며, 상대적인 관점에 따라 상위의 프로그램에 대해서는 목적 등이 되며, 하위의 프로그램에 대해서는 수단 등이 되는 이중적인 성격을 가진다고 볼 수 있다.

따라서, 한 사회복지프로그램의 성격을 규정할 때 절대적인 의미에서 목적 혹은 수단이라고 구분하는 것은 타당치 않고, 상대적인 의미로 규정하는 것이 바람직하다(권육상 · 전대성 · 홍석자 · 서상범 · 조미영 · 홍전희, 2004 : 315).

2) 사회복지프로그램과 조직

사회복지서비스를 실행하는 데 있어서 사회복지프로그램과 조직은 매우 중요하다. 즉, 사회복지프로그램의 구조에서 상위에 위치하는 프로그램들의 경우에는 단일의 프로그램이 다수의 조직들로 구성될 수 있다.

그러나 대부분의 사회복지프로그램들은 조직과의 관련성에 있어서 하위에 위치하는 경우가 많다. 이러한 경우에, 프로그램은 종종 조직의 목표달성과 관련되어 있는 하위체계 혹은 도구가 된다. 특히, 직접서비스를 실천하는 조직들로 갈수록 사회복지프로그램과 조직의 관계는 수단과 목적으로 형성되기가 쉽다(권육상 · 전대성 · 홍석자 · 서상범 · 조미영 · 홍전희, 2004 : 316).

3. 사회복지프로그램의 중요성

전술한 바와 같이, 사회복지행정적 관점에서 볼 때, 사회복지프로그램은 서비스

전달을 위한 도구이며 정책이 의도하는 변화를 실천에 옮기는 모델로서의 역할을 수행한다. 다시 말해서, 사회복지프로그램은 사회복지정책들이 서비스로 구체화되어 전달되는 과정에 대한 것이다. 정책이 주로 '무엇이 되어야 하는가'라는 당위성을 이루고 있다면, 프로그램은 '어떻게 그것을 실현할 것인가'에 대한 방법론을 담고 있는 것이다.

사회복지를 다루는 사회정책들은 개인을 공동체에 통합시키는 데 주된 목적이 있으며, 따라서 사회복지프로그램은 공동체 통합의 목적을 위해 쓰이는 방법론적인 도구인 것이다. 결국 사회복지프로그램은 일종의 변화모델로서 의도적인 개입을 통해 개인, 집단 혹은 사회에 대한 변화를 시도한다는 점에서 중요성을 갖는 것이다(김영종, 2000 ; 남일재, 2005).

제 2 절 사회복지프로그램의 개발

1. 사회복지프로그램의 개발 시 고려해야 할 요소

사회복지프로그램은 참여자가 잠재능력을 가지고 있고 시간의 경과에 따라 성장・변화할 수 있다는 기본 전제하에서 만들어져야 할 것이다. 따라서 프로그램 관리자들은 이러한 전제를 고려하여 이를 개발하여야 한다(정무성, 1998).

프로그램의 개발에 있어서 고려해야 할 요소로서 5P(Person, Problem, Purpose, Process, Place)를 들 수 있는데, 그 요소를 살펴보면 다음과 같이 요약할 수 있다(신복기・박경일・장중탁・이명현, 2002 ; 남일재, 2005).

1) Person : 능력수준과 흥미의 적합성

사회복지프로그램의 내용은 무엇보다도 대상자에 맞게 심사숙고하여 선정하여야 한다. 프로그램의 내용에는 대상자의 능력수준과 흥미의 적합성 등을 고려하여야 하며, 아울러, 프로그램의 대상자는 물론 그 가족들도 포함하는 것이 양질의 프로그램을 지향하는 데 더욱 바람직하다.

2) Problem : 프로그램의 통합성

사회복지프로그램의 통합성이란 프로그램에 참여하는 대상자의 문제해결이나 목표달성을 위한 단편적인 프로그램이 아니라 인간의 경제적 · 사회적 · 심리적 · 문화적 제반 측면들을 통합적으로 고려하는 프로그램인 것이다.

예를 들어, 비행청소년이나 범죄자의 경우 그들의 비행감소와 재범방지를 통한 사회복귀에만 그치는 것이 아니라 대상자와 그 가족의 사회적 관계망 유지와 회복, 정서적인 안정, 자립 및 갱생 등에 도움이 될 수 있는 대인적 서비스도 고려되어야 할 것이다.

3) Purpose : 합목적성 및 목표의 일관성

사회복지프로그램의 내용은 목표에 입각하여 결정되어야 한다. 참여자로 하여금 협동심을 고취시킨다는 목표를 세워 놓고 그 내용에는 경쟁상태의 활동내용만을 포함시켰다면, 프로그램의 내용과 목표가 일치하지 못한 경우인 것이다.

아울러, 프로그램의 내용에 지나치게 치중하여 수단이 목적이나 목표에 전도되는 목표전치현상이 발생되지 않도록 유의하여야 하며, 이를 위해서는 프로그램을 진행하는 도중에 목적과 목표에 대한 점검이 필요한 것이다.

4) Process : 프로그램의 지속성과 네트워크화

사회복지프로그램은 지속적이고 제도적인 안정성을 가져야 한다. 프로그램들은 일시적이고 일회적인 것이 아니라 장기적이고 체계화된 일정 계획 아래 지속적이고 제도적인 것이 되어야 한다는 것이다. 또한 프로그램 내용의 구성에 있어서도 지식, 이해, 기능, 태도 등의 측면이 프로그램에 반영되게끔 하여 공통목표의 달성에 기여할 수 있어야 한다.

예를 들어, 비행청소년이나 범죄자의 재범방지나 원만한 사회복귀 및 갱생을 위하여 공공시설, 기업, 민간 및 종교단체 등과 같은 다양한 인적 · 물적자원을 연결시키는 체계적인 서비스지원시스템의 구축을 통하여 프로그램의 네트워크가 형성되도록 하는 것이다.

5) Place : 지역성

사회복지프로그램 실시기관의 지역석 · 문화적 상황이 다르기 때문에 프로그램의 내용 선정에서도 지역적 특성을 반영하고, 각 지역의 독특한 특성을 발굴해 내는 것이 중요하다.

특히, 그 지역의 문화적 특성이나 전통, 관습, 방언 등을 발굴하여 프로그램명이나 집단명으로서 활용할 때 프로그램의 참여자나 팀 구성원 및 지역사회 주민들이 프로그램에 보다 쉽게 접근할 수 있고 많은 호응도를 불러일으킬 수 있는 것이다.

2. 사회복지프로그램의 개발과정

일반적으로 사회복지프로그램의 개발과정은 예비단계, 계획단계, 실행단계, 그리고 평가단계로 나누어 조명할 수 있다(권육상 · 전대성 · 홍석자 · 서상범 · 조미영 · 홍전희, 2004 : 318-330).

1) 예비단계

예비단계는 사회복지프로그램을 구체적으로 계획하기 이전에 지역주민의 상황과 조건들을 파악하고, 프로그램 개발의 정당성과 필요성 등을 증거해 줄 수 있는 기초

자료들을 수집하는 단계이다. 이러한 상황들은 사회복지프로그램의 기본방향 설정에 영향을 미치게 된다.

2) 계획단계

계획단계는 사회복지프로그램의 성격을 규명하고, 프로그램이 실행될 수 있도록 기본 틀을 짜는 단계이다. 프로그램의 계획은 프로그램의 목적을 구체적인 과업과 활동으로 전환하는 과정이며, 각 과업과 활동의 순서 및 적절한 시기를 정하는 단계이다.

3) 실행단계

실행단계는 이전까지의 계획을 행동화하는 단계이다. 이 단계에서는 클라이언트 집단과의 좋은 관계형성을 위한 노력과 프로그램이 계획대로 진행되는지를 확인·점검·관리하는 것이 매우 중요하다. 그 결과에 따라 프로그램 계획을 수정·보완하는 것이다. 프로그램 운영 시 주요 점검사항은 적절한 운영절차의 여부, 자원 및 서비스전달의 여부, 그리고 의도했던 대상집단의 실시여부 등을 알아보는 것이다.

4) 평가단계

평가단계는 사회복지프로그램에 있어서 계획된 목표가 달성되었는가를 알아보기 위한 단계이다. 평가란 한 기관의 전체 또는 선별된 프로그램의 효율, 효과 및 적절성을 철저하고 비판적으로 검토하는 과정이라고 할 수 있는 것이다. 즉, 평가는 사회과학적 조사방법론을 사용해서 프로그램이 성취하려는 목적을 얼마나 달성하였는지를 프로그램이 소속되어 있는 정치·사회·경제적 조건하에서 조사하는 것이라고 할 수 있다.

제3절 사회복지프로그램의 평가

1. 사회복지프로그램의 평가목적

사회복지프로그램의 평가목적은 다양하게 접근할 수 있으나 본 절에서는 프로그램의 계획이나 운영과정에 필요한 환류적 정보제공, 책임성의 이행, 그리고 이론형성에 기여 등으로 조명하고자 한다.

1) 프로그램의 계획이나 운영과정에 필요한 환류적 정보제공

평가는 프로그램의 중단, 축소, 유지, 확대여부를 결정하는 데 필요한 정보를 제공하고, 프로그램의 내용을 수정하거나 보다 효율적인 운영에 필요한 정보도 제공해 준다.

이에 근거한 프로그램평가는 프로그램의 효과성을 평가함으로써 효과성이 어느 정도인지를 파악해서 효과성이 낮으면 중단하거나 축소할 수 있고, 효과성이 높으면 유지 또는 확대할 수 있는 근거가 되는 것이다. 그리고 프로그램의 능률성과 효과성을 동시에 고려하여 좀 더 바람직한 목표를 수정하여 설정할 수 있는 것이다.

2) 책임성의 이행

오늘날의 복지활동은 개인이나 단체에 의한 자선적 활동이 아니라 사회적 또는 국가적인 차원에서 제도화된 활동이 되고 있다. 사회복지가 사회의 제도적 활동이 되고 있다는 것은 사회복지조직이 사회로부터 사회복지활동을 할 수 있도록 인가를 받았고 인가를 받은 사회복지조직은 사회에 대하여 책임을 져야 하는 것을 의미한다. 즉, 사회복지비용의 제한적 공급 때문에 능률성과 효과성을 기반으로 하는 책임성이 더욱 강조되고 있는 추세에 있는 것이다.

이렇게 볼 때, 프로그램평가는 사회복지조직이 어느 정도 책임성을 발휘하고 있는지를 평가할 수 있는 중요한 자료가 되며 이러한 평가는 프로그램 담당자로 하여금 더욱더 책임성을 다하도록 하는 자극제가 된다. 이러한 평가의 결과는 사회복지조직의 이사회, 재정지원기관 등에 보고되고, 서비스수혜자에게도 전달된다는 점에서, 그 사회복지조직이 어느 정도 책임성 있게 활동하고 있는지를 증명하는 중요한 자료가 되는 것이다.

3) 이론형성에 기여

프로그램평가는 프로그램운영방법에서부터 프로그램결과까지 이르는 인과경로를 검토, 확인, 검증하는 것이다. 따라서 검증결과에 있어서 타당성이 있는 것으로 확인된 가설들은 이론으로 발전되고 그렇지 못한 경우는 이론을 수정하는 데도 기여하게 된다.

2. 사회복지프로그램의 평가유형

사회복지프로그램의 평가유형은 다양하게 정의되고 있으나 여기에서는 평가시기모형 등 두 가지로 나누어 살펴보고자 한다.

1) 평가시기모형

평가시기모형은 사전평가, 과정평가, 그리고 사후평가로 대별된다.

먼저, 사전평가는 프로그램을 실행하기 전에 수행하는 평가로서 프로그램의 개념적합성, 실현가능성, 재정적 지원 등을 평가하기 위한 것이다. 과정평가는 프로그램을 집행하는 과정에서 이루어지는 평가로서, 기존의 목표가 제대로 달성될 수 있도록 실행이 되고 있는지, 단계별·과정별 전략과 하위목표가 적절하게 진행되고 있는지 등을 판단하는 과정이다.

그리고 사후평가는 프로그램 집행 후에 당초 목표로 하였던 결과 및 영향을 평가하는 것으로, 이에 따라 프로그램을 유지, 수정, 그리고 종결하는 데 영향을 미치기도 한다.

2) 평가주체모형

평가주체모형은 자체평가, 내부평가, 그리고 외부평가로 대별된다.

먼저, 자체평가는 담당자가 직접 자신들의 활동 전반에 대해 실시하는 평가로서, 프로그램에 대해 많은 정보를 가지고 있으나 실패에 대해 책임을 회피할 가능성이 있다. 내부평가는 기관내부의 책임자나 동료에 의해 실시되는 평가로서 이 또한 객관성에 한계가 나타날 수 있다.

그리고 외부평가는 외부의 평가자에 의해서 이루어지는 평가로서 언급한 평가들에 비해서 공정성과 일관성의 유지가 가능하지만 프로그램에 관한 정보획득에는 한계가 있을 수 있다.

PART 05 Social Welfare Administration

사회복지행정의 응용론

CHAPTER 16

사회복지사례와 행정이론의 결합 A

서울특별시 무상급식을 적용한 선별주의와 보편주의 간 지방복지의 갈등 분석

제1절 서론

지금까지 정책갈등에 대한 연구는 공식적인 법적 권한을 가지고 있는 제도적 참여자 간 위주로 진행되어온 것이 주지의 사실이다. 전자정부정책을 둘러싼 행정자치부와 정보통신부 간 정책갈등, 수사권독립정책을 둘러싼 검찰청과 경찰청 간 갈등, 그리고 종합부동산세정책을 둘러싼 중앙정부와 지방자치단체 간 갈등 관련 연구 등이 그것이다.

하지만 권위주의적 체제에서 다원주의적 체제로 급격히 변화하면서 복잡한 사회현상과 맞물려 공식적인 법적 권한은 없지만 정책과정에 적지 않은 영향을 미치는 시민단체, 이익집단 등 비제도적 참여자의 출현이 높은 수준으로 나타나고 있다. 즉, 서울추모건립정책을 둘러싼 서울특별시와 청계산지키기시민운동본부 등 제도적 참여자와 비제도적 참여자 간 갈등, 의약분업정책을 둘러싼 의사회와 약사회 등 비제도적 참여자 간 갈등 등이 그것이다. 또한 제도적 참여자와 비제도적 참여자가 연합을 하여 다른 연합과 갈등을 벌이는 것도 흔한 현상이 되고 있다.

이러한 현상은 탈권위주의를 맞고 있는 현재에 있어 그 비중이 더욱 높아질 것이며, 이에 따라 비제도적 참여자가 관여하는 복잡한 정책갈등을 논리적으로 분석하는 것은 중요한 과제일 것이다.

이에 근거해서 본 연구에서는 서울특별시 무상급식정책을 중심으로 선별주의와 보편주의를 둘러싼 지방복지정책의 갈등을 분석하고자 한다. 무상급식정책은 제도적 참여자뿐만 아니라 비제도적 참여자도 적지 않게 정책과정에서 주요 변수로 작

용했다는 점에서, 전술한 부분을 이해하는 데 조금이나마 도움이 될 것이라고 판단된다.

아울러, 본 연구에서 선별주의와 보편주의를 둘러싼 정책갈등을 이론주제로 선정한 이유는 우리나라뿐만 아니라 전 세계적으로 복지정책의 대상범위에 대해 끊임없는 논쟁이 이어져 오고 있다는 점에서, 분석으로서 가치가 있다는 판단 때문이다. 그리고 서울특별시 무상급식정책을 사례주제로 선정한 이유는 지방자치단체 중 서울특별시가 가장 대표성을 가질 수 있고, 무상급식정책을 둘러싸고 가장 치열한 정책갈등을 노정했다는 점에서 분석의 대상으로 적합했기 때문이다.

즉, 높은 수준의 역동성을 나타냈던 서울특별시 무상급식정책에 선별주의와 보편주의를 둘러싼 정책갈등을 적용하는 것은 결합에 있어서 연구정당성을 갖는 것이고, 동시에 기존 연구와 차별성을 나타내고 있는 것이다.

어쨌든, 본 연구는 전술한 부분을 근거로 서울특별시 무상급식정책에 참여하는 조직 등을 선별주의와 보편주의 지지연합으로 각각 구분한 후 시기별로 정책갈등과정을 조명해 보고, 이를 통해 참여자의 성격을 기준으로 정책갈등 유형을 도출한 후 그 요인을 고찰하여, 정책적 추진방향 등 제 시사점을 도출하는 데 목적이 있다.

제 2 절 이론적 배경 및 분석틀

1. 정책갈등의 의의

정책갈등(policy conflict)에 대한 개념정의는 학자들의 접근입장차이로 다양하게 제시되기도 하지만, 일반적으로 정책형성과정에서 선택을 둘러싸고 곤란을 겪는 상황을 의미하는데, 둘 이상의 행동주체 사이에서 상호이해나 목표가 상충하거나 희소가치의 획득을 둘러싸고 서로 다투는 현상이라고 정의할 수 있는 것이다. 이를 근거로 정책갈등의 유형과 요인을 조명해 보면 다음과 같다.

1) 정책갈등의 유형

현재 정책갈등의 유형에 대한 다양하고 적극적인 논의는 미비한 것이 사실이다. 다만, 정책갈등의 초기 이론을 제공하고 있는 정책의 유형에 있어서는 다양한 의견이 제시되고 있는데, Lowi(1964 ; 1972)는 정책이 사회에 미치는 영향과 정책결정에 관여하게 되는 사람들 간의 관계에서 나타나는 특성을 기준으로 분배정책, 재분배정책, 규제정책, 구성정책으로 유형화했고, Almond와 Powell(1978)은 기능주의적 관점을 기준으로 분배정책, 규제정책, 추출정책, 상징정책으로 나누었다. 그리고 Ripley와 Franklin(1982)은 정책유형이 정책형성뿐만 아니라 정책집행의 성패에도 큰 영향을 미친다는 것을 기준으로 분배정책, 재분배정책, 경쟁적 규제정책, 보호적 규제정책으로 유형화하였다.

이러한 정책 유형은 정책갈등의 유형으로 발전하고 있는데, 먼저, 홍성만(2000)은 경쟁조직의 성격에 따라 정책경쟁의 유형을 9가지로 도출했다.

〈표 16-1〉 경쟁조직의 성격을 기준으로 한 정책갈등의 유형

구 분		경쟁조직 A		
		정부조직	비정부조직	시장조직
경쟁조직 B	정부조직	Ⅰ 유형 (동일영역 간 경쟁 Ⅰ)	Ⅱ 유형 (상이영역 간 경쟁 Ⅰ)	Ⅳ 유형 (상이영역 간 경쟁 Ⅱ)
	비정부조직	Ⅱ 유형 (상이영역 간 경쟁 Ⅰ)	Ⅲ 유형 (동일영역 간 경쟁 Ⅱ)	Ⅴ 유형 (상이영역 간 경쟁 Ⅲ)
	시장조직	Ⅳ 유형 (상이영역 간 경쟁 Ⅱ)	Ⅴ 영역 (상이영역 간 경쟁 Ⅲ)	Ⅵ 유형 (동일영역 간 경쟁 Ⅲ)

출처 : 홍성만(2000 : 36-38)을 근거로 재구성.

즉, Ⅰ 유형은 정부조직 간 정책경쟁을 의미하고, Ⅱ 유형은 정부조직과 비정조부조직 간, Ⅲ 유형은 비정부조직 간, Ⅳ 유형은 시장조직과 정부조직 간, Ⅴ 유형은 정부조직과 시장조직 간, Ⅵ 유형은 시장조직 간 정책경쟁으로 유형화하여 제시하였다. 이 중 Ⅰ 유형이 정책을 둘러싸고 가장 흔하게 나타나는 유형이라고 전제하고 있다(〈표 16−1〉 참조).

그리고 이민창(2010)은 유인과 규범을 기준으로 정책갈등의 유형을 조작화했다.

즉, Ⅰ 유형은 정책순응 혹은 협력이 발생하는 상황이고, Ⅱ 유형은 유인이 강하지만 규정이 거의 없는 상황을 나타낸다. 그리고 Ⅲ 유형은 유인은 약하지만 규범의 강도는 높은 수준을 나타내고, Ⅳ 유형은 유인의 제공과 규범의 강도가 모두 낮은 수준을 나타낸다. 이 중 Ⅰ 유형에서 정책갈등이 가장 낮게 나타나고, Ⅳ 유형은 가장 높게 나타난다(〈표 16−2〉 참조).

〈표 16-2〉 유인과 규범을 기준으로 한 정책갈등 유형

구 분		유인의 제공	
		높은 수준	낮은 수준
규범의 강도	높은 수준	Ⅰ 유형	Ⅲ 유형
	낮은 수준	Ⅱ 유형	Ⅳ 유형

출처: 이민창(2010: 40-41)을 근거로 재구성.

전술한 정책갈등의 유형, 즉 일정한 기준에 의한 체계적인 매트릭스화(3×3, 2×2), 경쟁조직의 성격 등을 근거로 본 연구에서 활용할 유형을 살펴보면 〈표 16−3〉과 같다.

즉, 선별주의 지지연합과 보편주의 지지연합에 각각 제도적 참여자, 혼합적 참여자, 비제도적 참여자를 배치하여, 9가지의 유형을 도출한 후 정책갈등의 정체성 등을 명확히 하고자 하는 것이다.

여기서 제도적 참여자란 정책과정에 공식적인 법적 권한을 가지고 참여하는 조직 등을 의미하는 것으로 지방자치단체의 장・지방의회의 지방자치단체, 사법부 등을 의미한다. 그리고 비제도적 참여자란 공식적인 법적 권한은 없지만 공식적 참여자와 밀접한 관계를 가지고 정책과정에 영향을 미치는 조직 등을 의미하는 것으로 시민단체, 이익단체, 여론 등을 말한다(류지성, 2010 : 85-107). 한편, 혼합적 참여자란 제도적 참여자와 비제도적 참여자가 함께 지지연합을 형성하는 것을 의미한다. 아울러, 이들은 자신들의 주장을 선점하기 위해 각종 정책전략(policy strategy)[1)]을 지향하게 된다.

〈표 16-3〉 정책참여자의 성격을 기준으로 한 정책갈등 유형

구 분		선별주의 지지연합		
		제도적 참여자	혼합적 참여자	비제도적 참여자
보편주의 지지연합	제도적 참여자	제도－제도적 참여자 간 갈등	혼합－제도적 참여자 간 갈등	비제도－제도적 참여자 간 갈등
	혼합적 참여자	제도－혼합적 참여자 간 갈등	혼합－혼합적 참여자 간 갈등	비제도－혼합적 참여자 간 갈등
	비제도적 참여자	제도－비제도적 참여자 간 갈등	혼합－비제도적 참여자 간 갈등	비제도－비제도적 참여자 간 갈등

2) 정책갈등의 요인

정책갈등의 요인에 대한 논의는 학자들의 입장차이로 다양하게 제시되고 있다. 먼저, Gervers(1989)는 이에 대해 목표의 비양립성, 비민주적 선정절차, 상호불신, 비공개성과 비협조성, 상호의존성, 정치적 압력, 제한된 자원경쟁 등으로 보고 있고, Mazmanian과 Morell(1990)은 상호의존성, 비용－편익의 비형평성, 정책주체에 대한 불신, 목표의 비양립성, 제한된 자원경쟁 등을 들고 있다. 그리고 Kunreuther와 Easterling(1992)은 목표의 비양립성, 제한된 자원경쟁, 정부에 대한 신뢰부족, 비용－편익의 비형평성, 상호의존성 등을 제시하였다.

1) 정책전략은 일정한 상황에서 참여자들이 비슷한 행위를 반복적으로 하면서 형성된 행동으로서 정치적 상호작용의 절차, 즉 정책경로를 통해 사용되는 갈등해결의 방법들이다.

국내학자들도 여러 의견을 제시하고 있는데, 이창원과 최창현(1997)은 정책갈등의 요인에 대해 목표의 비양립성, 제한된 자원경쟁, 상호의존성 등을 제시하고 있다. 아울러, 이종열과 권해수(1998)는 갈등의 환경적 요소, 동원화 기제 등을 선정하여 거시적으로 접근하고 있다.

이렇게 볼 때, 전술한 정책갈등의 요인에서 가장 자주 공통적으로 언급되는 의미를 근거로, 본 연구에서 활용할 요인을 조명해 보면, 목표의 비양립성, 제한된 자원경쟁, 상호의존성이라고 할 수 있다.

먼저, 목표의 비양립성(imbalance of goal)이란 활동의 방향 및 과업달성 평가기준이 서로 불일치함을 말한다. 정책참여자들이 서로 다른 목표나 목적을 지닐 때 갈등의 가능성은 그만큼 높아진다. 정책참여자 간 목표 차이는 연합의 규모가 크고 기능이 다양해질수록 연합 내의 분화와 더불어 그 정도가 더욱 심화된다. 뿐만 아니라 기능의 다양화로 인하여 정책참여자 간 상호작용의 범위도 넓어짐으로써 갈등의 가능성이 더욱 증대되는 것이다.

제한된 자원경쟁(restrictive resource competition)은 자원의 부족으로 인해 발생하는 정책갈등이다. 정책참여자 간 갈등이 일반적으로 각 정책참여자가 희소한 자원을 소유하고자 함으로써 발생한다는 점에서, 이 희소한 자원에는 돈과 같은 물질적인 것과 지위, 위신, 명성, 권력 등과 같은 비물질적인 것이 모두 포함된다. 연합상의 문제 역시 자원의 희소성에서 연유되는 경우가 많다고 할 수 있다. 사실, 인간의 욕망이란 한 가지가 충족되면 또 다른 새로운 욕망이 꼬리를 물고 일어나 이것이 무한으로 연결된다. 이에 반하여 그것을 만족시켜 줄 자원은 상대적으로 부족하기 때문에 자원의 효율적인 배분의 기본문제가 발생하는 것이다. 특히, 정책참여자 간 갈등에는 어떤 참여자가 다른 참여자보다 권력을 더 많이 가짐으로써 정책참여자 간 갈등이 발생하는 경우가 많은데, 이는 권력의 균형이라는 변수가 나타나 있다.

상호의존성(mutual dependency)이란 둘 이상의 정책참여자가 각각의 과업을 수행하는 과정에서 지원, 정보, 상응 및 기타 협력적인 분위기를 위해 서로 간에 의존하는 정도를 의미한다. 상호의존성의 정도가 높으면 높을수록 그만큼 갈등발생의 기회는 높아진다. 특히, 둘 이상 연합 간의 영역이 애매모호하거나 양쪽의 주장이 지나칠 때 그만큼 갈등기회가 커진다. 상호의존적 관계가 여러 기능을 다하기 위해서는 정책참여자 간의 관계를 분명히 해야 한다. 여기서 계층, 공식구조 및 비공식 조직의 필요성이 대두된다. 이 세 가지는 조직의 목표달성을 위해 꼭 필요한 것이지만 동시에 갈등의 요인이 될 수도 있다. 계층 간의 관계를 어느 정도 명확히 하고 공식구조를 조직의 특성에 맞게 얼마나 효율적으로 활용하였느냐에 따라 그 정책참여자 간에는 갈등분위기가 조성되기도 하고 반대로 협력분위기가 조성되기도 하는 것이다.

2. 선별주의와 보편주의의 개념

복지정책에 대한 선별주의와 보편주의에 대한 시각은 학자들마다 다양하게 제시되고 있으나, 일반적으로 다음과 같은 공통된 논의가 진행되고 있다(Alvin, 1986; Nicholas, 1996; Gilbert & Terrell, 1998).

선별주의와 보편주의는 복지정책이 시작된 이래 끊임없이 논쟁이 이어져 왔는데, 전자가 자산조사 등을 통해 엄격히 선별된 저소득층 등 복지기본선 이하의 국민을 대상으로 한다면, 후자의 경우는 나이, 자녀유무 등 특정 자격에만 해당되면 소득이나 자산에 상관없이 모든 국민이 대상이 되는 시각이다.

자산조사 등을 통해 복지기본선 이하라고 입증되는 가구에 대해 혜택이 주어지는 국민기초생활보장제도 등 공공부조 등이 이에 해당되는 반면, 일정 이상의 나이가 되면 모든 국민에게 연금이 지급되는 국민연금제도, 일정한 수의 아동을 가진 모든 가구에 대해 수당을 지급하는 가족수당제도, 모든 노인에게 지급되는 노인수당제도, 그리고 전 국민을 대상으로 무료의료서비스를 제공하는 의료공영제 등은 후자에 해당된다(〈표 16-4〉 참조).

〈표 16-4〉 선별주의와 보편주의의 상반된 시각

선별주의	구 분	보편주의
복지기본선 이하 국민	대상	모든 국민
낮은 수준의 자원낭비(비용효과성), 낮은 수준의 의존성, 높은 수준의 소득재분배, 높은 수준의 민간부문의 복지참여	장점	수혜자의 수치심 부재, 단순한 행정절차, 급여의 공정성 · 사회통합(사회효과성), 정치적 지지에 따른 안정된 운영
수혜자의 수치심, 복잡한 행정절차, 급여의 불공정성 · 사회분열, 정치적 불지지에 따른 불안정된 운영	단점	높은 수준의 자원낭비, 높은 수준의 의존성, 낮은 수준의 소득재분배, 낮은 수준의 민간부문의 복지참여
높은 수준의 사회통합 가능(사회효과성)	단점에 대한 반박	높은 수준의 소득재분배, 낮은 수준의 자원낭비 가능(비용효과성)
국민기초생활보장제도 등 공공부조	해당제도	국민연금제도, 가족수당제도, 노인수당제도, 의료공영제도 등
미국 등	해당국가	스웨덴, 오스트리아 등

이를 근거로 본 연구에서는 선별주의와 보편주의를 다음과 같이 정의하고자 한다. 즉, 선별주의(selectivism)는 자산조사 등을 통한 복지기본선 이하의 학생에게만 무상급식을 제공하는 것인 반면, 보편주의(universalism)는 별도의 자산조사 없이 모든 학생들에게 무상급식을 제공하는 것을 의미하는 것이다.

한편, 정책참여자들은 이러한 선별주의와 보편주의에 지지하는 연합을 형성하게 되는데 무상급식정책을 둘러싸고 선별주의 지지연합과 보편주의 지지연합은 다양한 전략을 활용하여 자신들의 정체성을 쟁취하기 위해 치열한 게임의 장을 펼치게 된다. 본 연구에서 지지연합은 전술한 바와 같이, 제도적 참여자, 비제도적 참여자, 그리고 이들의 결합인 혼합적 참여자 등으로 조작화하고자 한다.

3. 정책갈등 관련 선행연구

좀 더 한국적 현실에 근접하는 연구를 통해 정책갈등 관련 이해를 제고하고자 비교적 체계적으로 분석한 최근의 국내연구를 중심으로 선행연구를 조명해보면 다음과 같다.

먼저, 조만형과 김이수(2010)는 그동안 정책변화나 정책과정을 설명하는 분석틀로서 유용했던 옹호연합 틀을 활용하여 교육정책을 둘러싼 정책이해관계자 간 갈등을 분석하였다. 이를 위해, 옹호연합 틀의 이론적 측면으로는 옹호연합 틀의 개념, 행위자 신념체계, 연합행태, 자원 등을 살펴보았다.

김경윤(2010)은 정책갈등 분석모형을 활용하여 교육과학기술부와 한국 최대 교원단체인 한국교총 간에 공모교장제 도입과 확대정책을 둘러싸고 전개되어 온 갈등과 조정과정을 미시적으로 분석하여 향후 발생할 정책갈등의 예방과 사후관리에 시사점을 제시하였다.

김동욱과 성욱준(2010)은 IPTV 정책의 갈등구조는 부처 간, 사업자 간, 부처-사업자 간의 갈등이 중층적으로 얽혀 있었으나 갈등구조의 핵심은 부처수준의 관할권 갈등이었다고 설명하였다. IPTV 정책갈등에서 서비스 성격의 모호성과 각종 법제화 관련 쟁점, 서비스를 관할할 부처의 선정문제 등은 통신-방송의 수직적 규제체계의 한계를 보여주며 갈등해소를 지연시켰다는 것이다.

김정수(2011)는 정부와 국민 간의 소통 및 갈등관계를 '감정'이라는 요소를 통해 해석하고 개선방안을 모색하였다. 전통적으로 사회현상 및 정책과정을 설명하고 분석함에 있어 감정은 논의에서 제외되거나 혹은 합리적 의사결정을 위해 극복되어야 할 역기능적 요소 정도로 취급되었다고 전제하면서, 본 논문은 정책문제를 둘러싼 정부와 국민 간의 정책갈등을 이해하기 위해서는 감정에 대한 고려가 필요하다고 주장하였다. 정부와 국민 사이의 소통부재와 갈등증폭의 주된 요인은 국민의 감정에 대한 정부의 무관심과 몰이해라는 것이 본 논문의 기본 주장이다.

마지막으로, 손화정(2011)은 Sabatier와 Weible의 옹호연합모형의 일부 구성요소와 Quirk의 정책갈등모형을 결합하여 헌정역사상 국보법의 실질적 정책변동의 가능성이 가장 높았던 참여정부에서조차 정책변동이 실패된 요인을 미시적 및 거시적 측면에서 규명하고자 했다.

지금까지 살펴본 정책갈등 관련 선행연구의 일반적인 분석내용은 정책갈등과정을 통해 그 특징을 살펴보고, 요인 등을 조명함으로써 본 분야에 나름대로 의미 있는 기여를 하고 있다. 하지만, 선행연구는 선별주의와 보편주의를 둘러싸고 정책갈등의 유형과 요인을 조명하는 데는 미치지 못하고 있다. 즉, 양 이념을 둘러싸고 제도적 참여자, 혼합적 참여자, 비제도적 참여자에 초점을 맞춘 유형을 시기별로 살펴보고, 동시에 이에 대한 요인을 조명하고 있지는 않다는 점에서, 이러한 부분에 초점을 맞춰 지향하고 있는 본 연구는 선행연구와 차별성을 갖고 있는 것이다.

4. 연구의 분석틀

전술한 선별주의와 보편주의는 명확하게 갈등의 기제가 된다는 점에서, 정책갈등의 유형과 요인을 조명할 수 있는 토대가 되고, 이에 따라 이들은 연구에 있어 밀접한 관계가 있으며, 이를 근거로 한 분석틀을 도식화해 보면 [그림 16-1]과 같다.

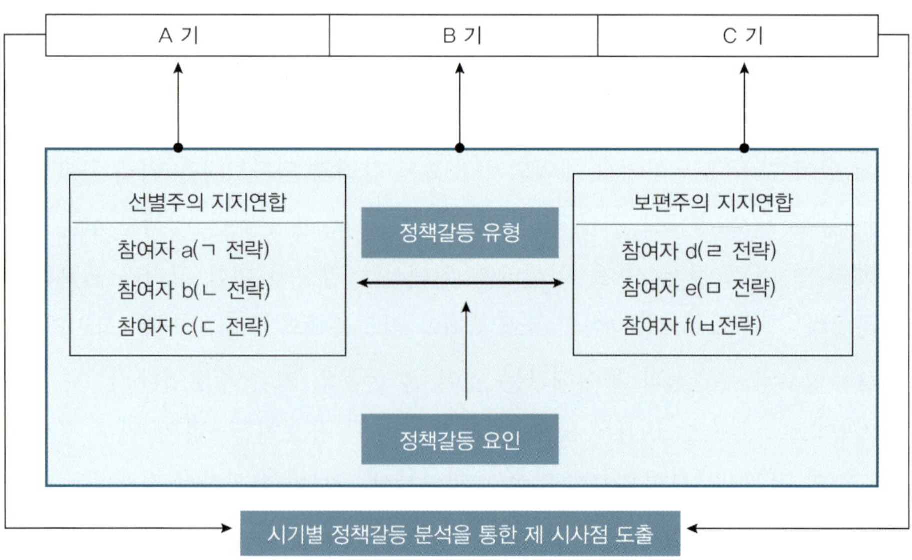

[그림 16-1] 분석틀의 구성

즉, 서울특별시 무상급식정책을 둘러싸고 선별주의 지지연합과 보편주의 지지연합은 제도적 참여자, 혼합적 참여자, 비제도적 참여자의 성격을 가지고 제 전략을 활용하여 높은 수준의 정책갈등을 벌이게 된다. 이러한 과정에서 참여자의 성격을 가지고 정책갈등 유형을 분석할 수 있으며, 이에 대한 정책갈등 요인을 조명하는 것이다. 이러한 틀을 시기별 무상급식정책에 적용하여 정책적 추진방향 등 제 시사점을 도출하는 것이다.

이제부터는 이러한 분석틀을 가지고 본격적으로 선별주의와 보편주의를 둘러싼 서울특별시 무상급식정책의 의의와 갈등을 분석하고자 한다.

제 3 절 선별주의와 보편주의를 둘러싼 서울특별시 무상급식정책의 갈등 분석

1. 서울특별시 무상급식정책의 의의

1) 무상급식정책의 추진경과

무상급식정책(free school meals policy)은 세금을 재원으로 학생들에게 무상으로 제공하는 급식정책을 의미하는 것으로서, 저소득층과 사회적 약자를 대상으로 실시하는 경우에는 선별주의에 입각한 것이며, 소득에 관계없이 모든 학생들에게 제공하는 경우에는 보편주의에 근거한 것이다.

이를 토대로 서울특별시 무상급식정책의 추진경과를 간략히 살펴보면 다음과 같다(〈표 16-5〉 참조).

〈표 16-5〉 서울특별시 무상급식정책의 추진경과

일시	주요 내용
2010.08.02	운영위원장, 서울특별시의회 친환경 무상급식지원 특별위원회 구성결의안 발의
2010.10.05	김종욱의원 외 85명, 서울특별시 친환경 무상급식 등 지원에 관한 조례안 발의
2010.12.01	시의회 민주당, 무상급식조례 의결
2010.12.21	오세훈시장, 무상급식조례 재의요구
2010.12.30	시의회 민주당, 무상급식조례 재의결
2011.01.06	시의회 의장, 무상급식조례 직권공포
2011.01.10	오세훈시장, 시의회에 무상급식조례 관련 주민투표 제안
2011.01.18	오세훈시장, 대법원에 무상급식조례 무효 확인소송 제출
2011.08.21	오세훈시장, 주민투표결과에 시장직 연계 표명
2011.08.24	최종투표율 25.7%로 주민투표 무효
2011.10.26	박원순후보, 서울특별시장 당선
2011.12.16	박원순시장, 대법원에 무상급식조례 무효 확인소송 취하 제출
2011.12.19	서울시의회, 무상급식조례 수정의결
2012.01.05	박원순시장, 무상급식조례 공포

출처: 연합뉴스〈http://www.yonhapnews.co.kr〉를 근거로 구성.

한편, 이러한 추진경과는 시발기, 과도기, 확정기 등 세 시기로 나눌 수 있는데, 대략적으로 시발기는 무상급식정책을 도입하려는 시기를 의미하고, 과도기는 이를 둘러싸고 양 지지연합 간 찬반대결을 펼치는 시기를 말하며, 확정기는 무상급식정책이 최종적으로 시행되게 되는 시기를 의미한다. 이러한 시기별 기준은 촉발기제와 정책산출이다. 즉, 한 시기는 촉발기제부터 정책산출까지로 구성되는데, 여기서 촉발기제(triggering mechanism)는 해당 시기를 결정적으로 여는 사건을 의미하며, 정책산출(policy output)은 그 촉발기제가 연계되어 나타나는 산출물을 말한다.

2) 무상급식정책 관련 선행연구

무상급식 관련 선행연구를 본 연구사례와의 균형적인 비교를 위해 체계적으로 분석한 최근 국내연구를 위주로 살펴보면 다음과 같다.

먼저, 이덕난(2010)은 학교급식 경비지원에 관한 법적 근거를 조사·분석하고 관련 입법현황 및 쟁점을 분석하였다. 분석 결과, 의무교육단계의 모든 학생에게 국가 및 지방자치단체가 급식경비의 일부 또는 전부를 지원할 수 있는 법적 근거는 헌법 제31조에서 찾을 수 있다는 것이다. 하지만, 국가의 추가적인 급식경비 지원을 현실적으로 가능하게 하기 위해서는 관련 법령의 개정을 검토할 필요가 있다.

하봉운(2010)은 양질의 학교급식에 대한 지역주민들의 열망은 급식시설에 대한 지방자치단체의 지원에서 더 나아가 학교급식비에 대한 요구에 이르게 되었으나 지방자치단체 살림살이에 따라 지원이 없거나 적어 취지를 제대로 살리지 못하고 있는 실정이라고 가정하였다. 따라서 급식경비의 절대적 비중을 학부모가 부담하는 상황에서 지방자치단체는 급식지원의 우선순위를 설정하여 정책적으로 접근할 필요가 있다는 것이다.

임순미(2011)는 무상급식논쟁을 둘러싼 보수와 진보의 담론이 구체적으로 표출되고 있는 언론 미디어를 분석함으로써 무상급식논쟁이 어떤 정치적 배경 속에서 생성되고 확산되고 있는지를 살펴보았다. 그리고 논쟁의 과정에서 이 담론을 둘러싸고 보수와 진보미디어들이 어떤 입장에서 지지, 반대를 표명하고 있는지를 구체적으로 분석하였다.

마지막으로, 장진용과 정가원(2011)은 선별적 무상급식제도에서 발생할 수 있는 낙인문제에 대하여 2011년 1월에 시설아동 40여 명에 대한 설문조사 및 개별상담을 실시하였다. 그 결과, 무상급식과 관련하여 다른 아동들로부터 놀림을 받거나 차별(낙인)받는 일은 없는 것으로 조사되었다. 영국과 미국의 무상급식제도를 조사한 결과, 양국 모두 선별적 무상급식제도를 시행하고 있으며(무상급식률 영국 11%, 미국 52.2%), 영국에서는 낙인문제를 고려하여 식권제(호명제)에서 카드제로 변경하고 있고, 낙인문제보다는 영양식 공급에 더 많은 관심을 쏟고 있다. 미국은 무상급식 아동들에게 별실에서 중식을 제공하고 있어 낙인문제가 제기되고 있다는 것이다.

지금까지 전술한 선행연구를 조명해 보면, 무상급식을 둘러싸고 벌어지는 제 쟁점에 대해 분석을 해 보고 앞으로 나아가야 할 처방적 해법에 초점을 맞추고 있다는 점에서, 본 분야에 적지 않은 기여를 하고 있는 것으로 판단된다. 하지만, 선행연구는 무상급식정책을 정책갈등의 유형과 요인에 적용시키는 틀로서는 접근하지 못하고 있다. 즉, 서울특별시 무상급식정책의 참여자를 이분법적으로 나눠 유형을 살펴보고, 그 요인을 조명하여 정책분석에 초점을 맞추고 있지는 않다는 점에서, 이를 지향하고 있는 본 연구는 선행연구와 차별성을 갖고 있는 것이다.

2. 선별주의와 보편주의를 둘러싼 서울특별시 무상급식정책의 갈등 분석

본 갈등 분석에서는 선별주의 지지연합과 보편주의 지지연합 간 치열한 상호작용이 펼쳐지게 된다.[2)]

1) 시발기(2010.08.02~2011.01.06)

시발기는 서울특별시 무상급식정책의 시작을 알리는 시기로서, 그 촉발기제는 2010년 8월 2일 민주당[3)] 소속의 시의회 운영위원장이 서울특별시의회 친환경 무상급식지원 특별위원회 구성결의안을 발의한 시점부터이다(발의전략).

본 구성결의안은 본회의의 의결을 거치게 되는데 민주당이 압도적 과반수를 차지하고 있는 상황에서 서울시와 서울시교육청으로부터 업무보고를 받게 된다. 업무보

2) 본 연구에서 지지연합은 해당시기에 보수성향(조선일보, 동아일보), 진보성향(한겨레신문, 경향신문), 중도성향(한국일보, 연합뉴스)에 모두 언급된 참여자를 기준으로 선정하였다.

3) 2010년 7월 1일부터 시작한 민선5기에 있어 서울특별시의회는 재적의원 114명 중 민주당 79명, 한나라당 27명, 교육위원인 무소속 8명으로 구성되어, 민주당이 압도적 과반수를 점유하고 있었다.

고에서 서울시 경영기획실은 저소득층가정을 중심으로 소득하위 30%까지 단계적으로 무상급식을 실시하겠다는 입장을 보인 반면, 서울시교육청 평생교육국은 모든 초・중・고에 대해 전면적 무상급식을 실시하여야 하며, 특히 2011년도에는 초등학생을 대상으로 한 무상급식 총액이 2,321억 원이라면서, 이 중 교육청이 50%, 서울시가 30%, 그리고 자치구가 20%를 부담해야 한다는 보고를 하게 된다. 이에 대해 서울시 경영기획실은 산적한 사업으로 인해 30%를 모두 부담할 수 없다는 논리를 펼치게 되지만, 이에 대해 특별위원회는 서울시교육청의 입장을 지지하게 된다(보고전략, 2010.09.15).

이러한 갈등흐름 속에서 시의회민주당은 보편주의에 입각한 무상급식을 실현하고자 서울특별시 친환경 무상급식 등 지원에 관한 조례안을 발의하게 된다. 본 조례안의 주요 내용은 보육시설, 유치원, 초・중・고 등 모든 서울시 학생들에게 무상급식을 제공하되, 의무교육기관에 대한 무상급식은 초등학교는 2011년부터, 중학교는 2012년부터 시행하는 것으로 규정하고 있다(발의전략, 2010.10.05). 본 조례안은 일부 자구수정 등을 거쳐 재정경제위원회를 통과한 후 다수당인 시의회 민주당이 한나라당의 필사적인 물리적 지지를 뚫고 날치기로 의결하게 된다. 의결과정에서 민주당은 선별적으로 무상급식을 하게 되면 학생들에게 '눈칫밥'을 먹이게 한다는 이유 등을 들어 보편주의적 무상급식을 주장한 반면, 한나라당은 보편주의적 무상급식은 재원을 고려하지 않은 무책임한 포퓰리즘이라고 주장하면서, 이에 따라 선별주의적 무상급식이 되어야 한다는 의견을 피력하였다(의결전략・의결저지전략, 2010.12.01).

이러한 날치기통과에 대해 오세훈서울시장은 크게 반발하며 시정협의 중단 및 시의회 출석 거부를 선언하게 된다(거부선언전략, 2010.12.02). 아울러, 기자회견을 통해 복지의 탈을 쓴 망국적 포퓰리즘을 거부한다며 시의회 민주당과 서울시교육감을 강하게 비판하게 된다(기자회견전략, 2010.12.03). 이에 대해 곽노현서울시교육감도 기자회견을 통해 전국 16개 시・군・구 중에서 전면 무상급식을 채택한 광역자치단체가 11곳이나 되고, 229개 기초단체 중 181곳에서 전면 무상급식을 실시하고 있다며, 이는 시대적 흐름을 말해주는 것이라는 의견을 피력하게 된다(기자회견전략, 2010.12.

06). 이에 대해 오세훈시장은 무상급식에 대한 TV토론까지 제안하여 끝장토론을 하자는 의견을 내게 된다(제안전략, 2010.12.07). 이러한 치열한 상호작용 속에 오세훈시장은 날치기 통과된 무상급식조례에 대하여 재의요구를 하게 된다(재의요구전략, 2010.12.20). 아울러, 기자회견을 통해 디자인서울 등 서울시 미래투자사업이 중단 없이 계속되기 위해서는 복지포퓰리즘을 경계해야 한다는 입장을 피력하며, 보편주의 지지연합에 역공을 펼치게 된다(기자회견전략, 2010.12.21).

하지만 이러한 갈등으로 인해 여론이 나빠지자, 서울시와 시의회 민주당 간 시정협의회가 열리게 된다. 제1차 시정협의회에서 서울시 경영기획실 등은 무상급식을 소득하위 30%까지 범위를 늘려가며 시행하겠다는 입장 등을 피력한 반면, 시의회 민주당은 빈곤층뿐만 아니라 중산층과 서민을 위한 보편주의적 복지정책이 가계지출을 줄임으로써 가처분 소득을 늘릴 수 있다는 등의 의견을 밝히며, 입장차만 보이게 된다(협의전략, 2010.12.25). 제2차 시정협의회에서는 1차 협의의 입장차만 더욱더 노출하며 갈등이 극에 달해 협의 자체가 결렬되었고(협의전략, 2010.12.29), 심지어 시의회 민주당이 오세훈시장을 시의회 출석거부 등 직무유기로 서울중앙지방검찰청에 고발하는(고발전략, 2010.12.29) 등 상호절충을 모색하고자 열렸던 시정협의회는 갈등을 고조시키는 역할만 한 것이다.

이에 더 나아가 시의회 민주당은 오세훈시장이 재의요구한 무상급식조례를 재의결하였으며(재의결전략, 2010.12.30), 무상급식 서울시 부담금 695억 원(30%) 등이 포함된 2011 회계연도 예산안을 의결하게 된다(의결전략, 2010.12.30). 이에 격분한 오세훈시장이 무상급식조례의 공포를 거부함에 따라(공포거부전략, 2011.01.05), 법에 근거해 민주당 소속인 시의회의장이 2011년 1월 6일 본 조례를 직권으로 공포하게 된다(직권공포전략). 결국, 직권공포는 시발기의 정책산출로서 보편주의적 무상급식의 시행에 있어 토대를 마련하려는 것이었다(경향신문, 동아일보, 연합뉴스, 조선일보, 한겨레신문, 한국일보를 근거로 구성).

지금까지 조명한 시발기의 정책갈등과정을 통해 참여자 간 갈등관계를 구성해 보면 [그림 16-2]와 같다.

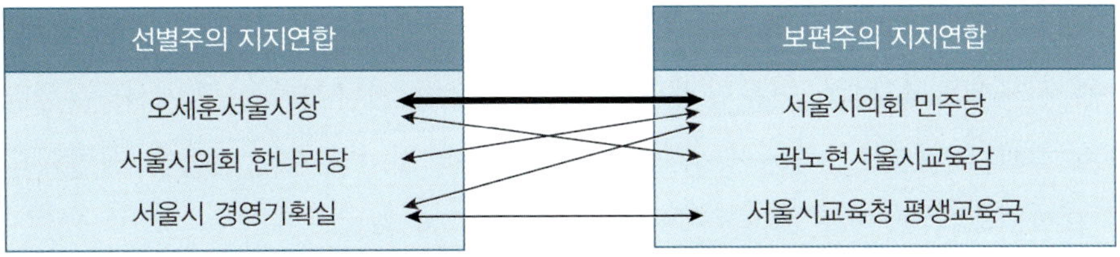

[그림 16-2] 시발기의 지지연합 간 정책갈등 관계도[4]

한편, 이를 근거로 시발기 정책갈등의 유형과 요인을 살펴보면, 선별주의 지지연합은 오세훈서울시장, 서울시의회 한나라당, 서울시 경영기획실 등 공식적인 법적 권한을 가진 제도적 참여자로 구성되었고, 보편주의 지지연합 역시 서울시의회 민주당, 곽노현서울시교육감, 서울시교육청 평생교육국 등 제도적 참여자라는 점에서, '제도-제도적 참여자 간 갈등'으로 조명할 수 있다.

그리고 시발기는 오세훈서울시장과 서울시의회 민주당이 무상급식조례를 가지고 의결, 재의요구, 재의결, 공포거부, 직권공포 등 적지 않은 상호작용을 펼쳤다는 점에서, 이들 간 정책갈등이 강도가 상대적으로 가장 높았다고 할 수 있다.

아울러, 양 지지연합의 갈등은 목표의 비양립성, 제한된 자원경쟁, 상호의존성으로 인해 발생했다고 할 수 있다.

먼저, 선별주의 지지연합은 저소득층 학생을 대상으로 무상급식을 실시하자는 목표인 반면, 보편주의 지지연합은 모든 학생을 대상으로 시행하자는 목표를 갖는다는 점에서, 목표의 비양립성을 나타냈다. 아울러, 재정상의 한계로 인해 전자는 무상급식 부담금 695억 원을 디자인서울 등에 주로 투입해야 한다는 입장인 반면, 후자는 이를 보편주의적 무상급식에 투입해야 한다는 점에서, 제한된 자원경쟁을 노

4) ↔는 갈등관계를 의미하고, 이후 시기에서도 동일하게 적용된다. 한편, 본 시기에 있어서 오세훈서울시장과 서울시 경영기획실, 곽노현서울시교육감과 서울시교육청 평생교육국은 같은 맥락에서 한 참여자로 제시할 수도 있었으나 오세훈서울시장과 곽노현서울시교육감은 주로 정무적 참여를 했고, 서울시 경영기획실과 서울시교육청 평생교육국은 실무적 참여를 했다는 점에서, 각각 구분하여 제시하였다. 한편, 굵은 선은 높은 수준의 정책갈등 강도를 나타내고, 가는 선은 상대적으로 낮은 수준의 강도를 보이는 것으로서, 이는 이후 시기에서도 동일한 의미로 적용된다.

출했다. 마지막으로, 갈등의 당사자인 양 지지연합은 시정협의회를 통해 협력적인 모습을 시도했으나 너무 이분법적으로 양쪽 주장이 지나쳤다는 점에서, 갈등만 초래하는 결과를 낳았고, 이는 상호의존성을 나타낸 것이다. 즉, 이들은 시발기의 갈등을 유발하는 요인으로 작용한 것이다([그림 16-3] 참조).

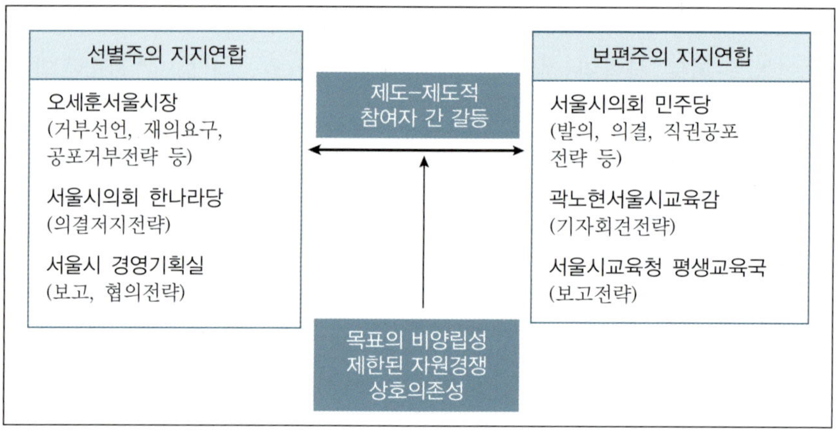

[그림 16-3] 시발기의 정책갈등 분석도

2) 과도기(2011.01.06~2011.08.24)

과도기는 선별주의에서 보편주의로 연계되는 매개적 시기로서, 선별주의적 무상급식을 도입하느냐 보편주의적 무상급식을 시행하느냐에 있어 혼돈적 모습을 보이는 시기이다. 그 촉발기제는 시발기의 정책산출이 과도기를 여는 결정적인 사건으로도 작용하고 있다는 점에서, 시의회의장이 2011년 1월 6일 본 조례를 직권으로 공포하게 된 시점으로 선정했다.

직권공포로 인해, 서울시는 복지포퓰리즘이며 민주주의에 대한 폭거라는 공식입장을 발표하기에 이른다(발표전략, 2011.01.06). 이에 더 나아가 오세훈시장은 시의회에 무상급식조례 관련 주민투표[5]를 제안(제안전략, 2011.01.10)하게 되지만, 시의회

5) 주민투표는 주민청구, 지방의회의 청구, 그리고 지방자치단체의 장에 의한 직권에 의하여 실시할

민주당은 무려 182억 원이나 소요되는 주민투표는 경비만 낭비할 가능성이 높다며 즉각적으로 거부하게 된다(거부전략, 2011.01.10). 여기에 멈추지 않고 오세훈시장은 무상급식예산 695억 원이 포함되어 의결된 2011 회계연도 예산안을 재의요구했으며(재의요구전략, 2011.01.13), 대법원에 무상급식조례에 대한 무효확인소송을 제기하기에 이른다(소송전략, 2011.01.18). 즉, 시의회 민주당이 추진한 무상급식조례에 포함하고 있는 다수의 위법조항, 예를 들면 교육청소관을 서울시 소관으로 규정하고 있는 조항 등에 대한 사법부의 판단을 묻도록 하겠다는 것이다.

한편, 서울시는 다수당인 시의회 민주당의 거부로 주민투표를 주민청구에 의한 방법으로밖에 추진할 수 없게 되었는데, 이에 따라 51만 명 이상 청구 시 주민투표 실시 가능 등의 주민청구에 의한 무상급식 주민투표 절차에 대한 설명회를 하게 된다(설명회전략, 2011.01.31). 하지만 서울시교육청은 이에 개의치 않고 우선 초등학교 1~4학년에 대한 무상급식 실시를 발표하게 된다(발표전략, 2011.02.01). 이에 대응하여 복지포퓰리즘추방국민운동본부[6]는 무상급식 주민투표에 대한 시민서명을 시작하게 된다(서명전략, 2011.02.09). 이를 통해 청구인 80만 1,263명이 포함된 주민투표 청구서를 서울시에 제출하게 되며(제출전략, 2011.06.16), 이에 발맞춰 서울시는 무상급식 주민투표 청구사실을 공표하게 된다(공표전략, 2011.06.17).

아울러, 서울시는 2014년부터 소득 하위 50%까지 무상급식을 추진하겠다는 입장을 밝혔는데, 이는 기존 30%보다 높아진 모습이다(발표전략, 2011.06.20). 한편, 청구사실이 공표되자 무상급식 주민투표 서명부를 철저하게 검증하기 위한 시민검증

수 있는데, 주민청구의 경우, 19세 이상 주민 중 주민투표청구권자 총수의 20분의 1이상 5분의 1 이하의 범위 안에서 지방자치단체의 조례로 정하는 수 이상의 서명으로 그 지방자치단체의 장에게 주민투표의 실시를 청구할 수 있고, 지방의회는 재적의원 과반수의 출석과 출석의원 3분의 2 이상의 찬성으로 그 지방자치단체의 장에게 주민투표의 실시를 청구할 수 있으며, 단체장이 직권에 의해 주민투표를 실시하고자 하는 때에는 그 지방의회 재적의원 과반수의 출석과 출석의원 과반수의 동의를 얻어야 한다(법제처〈http://www.moleg.go.kr〉를 근거로 재구성).

6) 본 운동본부는 2011년 1월 21일에 설립되었으며, 보수성향의 시민사회단체연합이라고 할 수 있다. 기본적으로, 이들은 보편주의적 무상급식 등을 총선과 대선을 앞둔 특정 정당의 표몰이 복지포퓰리즘이라고 규정하고 있다.

단[7]이 추진됐는데(검증전략, 2011.06.22), 검증결과 청구인 중 67%인 54만 8,342명이 유효로 판정되어 주민투표는 성립되기에 이르며, 이를 서울시가 발표하게 된다(발표전략, 2011.07.12). 하지만, 서울시교육청은 서울시의 의지대로 주민투표가 통과되면 보편적 무상급식을 할 수 없다는 논리의 설명자료를 배포하게 된다(배포전략, 2011.07.21).

이런 상황에서 오세훈시장은 무상급식 주민투표를 발의하게 되고(발의전략, 2011.08.01), 선별주의 지지연합인 복지포퓰리즘추방국민운동본부와 보편주의 지지연합인 나쁜투표거부시민운동본부[8]가 서울시선관위에 주민투표 대표단체로 등록함에 따라 투표운동을 하게 된다(등록전략, 2011.08.02).

한편, 민주사회를 위한 변호사모임은 오세훈시장의 무상급식 주민투표의 위법성에 대한 6문 6답 자료를 발표했는데, 그 주요 내용은 무상급식의 시행여부와 규모, 시기 등의 결정은 교육감 소관이라는 것, 주민투표법상 예산에 관한 사항은 주민투표의 대상이 아니라는 것, 주민투표법상 재판 중인 사안은 주민투표의 대상이 아니라는 것 등이다(발표전략, 2011.08.11). 이에 대해 서울시는 주민투표법을 너무 협소하게 해석하는 것이라며, 즉각적으로 반박입장을 발표하게 된다(발표전략, 2011.08.11). 아울러, 오세훈시장은 유효투표율과 자신들의 입장으로 주민투표를 마무리하기 위해 2012년 대선불출마를 기자회견을 통해 선언하기에 이른다(기자회견전략, 2011.08.12).

그리고 같은 날 열린 오세훈시장과 곽노현교육감의 〈SBS 시사토론〉에서 무상급식 주민투표와 관련하여 치열한 격론을 벌였는데, 오세훈시장은 과잉복지의 망령과 포퓰리즘의 광풍이 부는데 우리는 눈 뜬 장님이 아니라는 점에서 현명한 유권자들이 사탕발림에 넘어가지 않는다는 것을 확실히 보여줘야 한다며, 복지혜택은 꼭 필요한 만큼 필요한 곳에 우선적으로 가야하는 것이라고 주장했다. 반면, 곽노현교육

7) 시민검증단은 2011년 6월 22일부터 추진되었으며, 진보성향의 시민사회단체연합이라고 할 수 있다. 이들은 주민투표 대상인지, 서명을 받는 과정에 문제가 없었는지 등을 철저히 검증할 것이라는 입장이다.

8) 본 운동본부는 2011년 8월 4일에 설립되었으며, 진보성향의 시민사회단체연합이라고 할 수 있다. 기본적으로, 이들은 무상급식 주민투표는 오세훈시장의 대권행보를 위해 민주주의제도를 악용한 나쁜 투표라며 투표율 33.3%를 원천봉쇄하기 위해 투표거부운동에 적극적으로 나설 것을 선언했다.

감은 보편주의적 무상급식에 대해 차별 없는 식탁을 차리자는 것이며, 정치이념이 아닌 교육, 특히 의무교육의 문제라고 공격했다. 아울러, 곽노현교육감은 같은 날 오전 오세훈시장이 선언한 대선불출마선언이 무상급식 주민투표율을 높이기 위한 수단이라고 폄하하기도 했다(토론전략, 2011.08.12).

이러한 상황에서 오세훈시장은 주민투표율을 올려 승리하기 위해 다양한 전략을 펼치게 되는데, 선별주의적 무상급식의 부작용인 학생들의 낙인방지를 위한 낙인감 방지법 처리를 국회에 촉구하는 기자회견을 연 것이 그것이다(기자회견전략, 2011.08.15). 아울러, 서울시는 지금까지 서울시교육감·교육청, 서울시의회 민주당, 나쁜투표거부시민운동본부 등 보편주의 지지연합이 주장해 온 허구에 대해 반박을 했는데, 182억 원을 들여 주민투표를 하는 것은 혈세낭비라는 주장에 대해 이번 투표는 한 번 시행하면 중단할 수 없는 초대형 복지프로젝트에 대한 정책투표인 만큼 182억 원은 유권자 1인당 2천 170원의 판단비용이라는 것, 아이들 상처와 낙인감 때문에 보편주의적 무상급식을 해야 한다는 주장에 대해 낙인감 방지법으로 제도개선이 가능한데도 이를 감춘 채 오로지 보편주의적 무상급식을 해야 낙인감이 해소되는 것처럼 선전하는 것은 허구라는 것을 주장하였고, 아이들 밥 한 끼 주자는데 시장이 반대한다는 주장에 대해서도 이번 급식논쟁의 본질과 진실을 가리기 위한 감성 홍보전략 등이라고 일축하였다(발표전략, 2011.08.17).

더 나아가 오세훈시장은 투표율 제고와 승리를 위해 광화문과 을지로역 부근에서 1인 피켓홍보를 하게 되는데(홍보전략, 2011.08.15·17), 이에 대해 나쁜투표거부시민운동본부는 오세훈시장의 1인 피켓홍보는 공무원으로서 금지돼 있는 주민투표운동이라며 서울중앙지검에 고발하기에 이른다(고발전략, 2011.08.17). 아울러, 서울시선관위 역시 시장의 1인 피켓홍보를 중지하라고 권고하자 이를 포기하게 된다.

이러한 상황에서 서울시교육청은 투표에 참여하지 않는 것이 보편주의적 무상급식을 이룰 수 있는 것이라며 유관기관 등에 메일을 발송하게 된다(메일발송전략, 2011.08.17·18). 이에 대해 서울시는 서울시 학교장의 투표권은 물론 부재자투표까지 박탈하는 교육감은 위법행위를 하고 있다는 논평을 발표하게 된다(발표전략, 2011.08.

18). 더 나아가 복지포퓰리즘추방국민운동본부는 곽노현교육감을 주민투표법 위반으로 중앙지방지검에 고발하게 된다(고발전략, 2011.08.19). 결국, 서울시선관위도 관련자 2명을 고발하게 된다. 아울러, 등록단체 사이에서도 갈등이 벌어졌는데, 복지포퓰리즘추방국민운동본부는 나쁜투표거부시민운동본부에 대해 투표 자체를 거부하므로 대표단체로 등록할 수 없다며 서울행정법원에 소송과 함께 집행정지신청을 냈는데(소송전략, 2011.08.17), 이에 대해 서울행정법원은 주민투표는 여러 참여자의 다양한 행위가 단계별로 쌓여 주민의 총의를 확인해 나가는 과정이라는 점에서, 하나하나 문제 삼아 건별로 효력을 다툴 수 있게 하면 절차의 안정성을 해친다는 이유로 기각을 판결한다.

한편, 오세훈시장은 투표율 제고와 승리를 위해 정치생명을 걸게 된다. 즉, 기자회견을 통해 주민투표를 시장직과 연계하겠다는 입장을 밝히게 되는 것이다(기자회견전략, 2011.08.21). 하지만, 2011년 8월 24일 주민투표[9]에서 최종투표율이 25.7%에 머물러, 유효투표율 33.3%를 넘지 못해 주민투표는 무효처리되기에 이른다(경향신문, 동아일보, 연합뉴스, 조선일보, 한겨레신문, 한국일보를 근거로 구성).

지금까지 조명한 과도기의 정책갈등과정을 통해 참여자 간 갈등관계를 구성해 보면 [그림 16-4]와 같다.

한편, 이를 근거로 과도기 정책갈등의 유형과 요인을 조명해 보면, 선별주의 지지연합은 오세훈서울시장, 서울시 등 제도적 참여자뿐만 아니라 복지포퓰리즘추방국민운동본부 등 비제도적 참여자도 지지연합을 구성하고 있다는 점에서 혼합적 참여자로 명명할 수 있고, 보편주의 지지연합 역시 곽노현서울시교육감, 서울시교육청, 서울시의회 민주당 등 제도적 참여자뿐만 아니라 나쁜투표거부시민운동본부, 시민

9) 주민투표 용지에는 '소득하위 50%의 학생을 대상으로 2014년까지 단계적으로 무상급식실시'와 '소득구분 없이 모든 학생을 대상으로 초등학교는 2011년부터, 중학교는 2012년부터 전면적 무상급식 실시'로 나누어져 있는데, 전자는 선별주의 지지연합, 후자는 보편주의 지지연합의 입장이다. 다만, 전자의 '단계적'이 후자의 '전면적'보다 주민들에게 호소력 있게 접근할 수 있다는 점에서, 이에 위기감을 느낀 보편주의 지지연합은 주민투표 무효화운동을 전개하기도 했다.

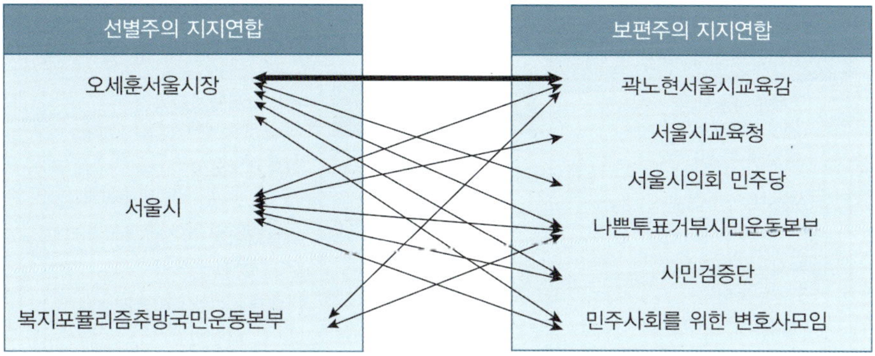

[그림 16-4] 과도기의 지지연합 간 정책갈등 관계도

검증단, 민주사회를 위한 변호사모임 등 비제도적 참여자도 지지연합을 이루고 있어 혼합적 참여자로 말할 수 있나. 결국, 과도기의 정책갈등 유형은 '혼합－혼합적 참여자 간 갈등'으로 도출할 수 있는 것이다.

아울러, 과도기는 오세훈서울시장과 곽노현서울시교육감이 주민투표를 둘러싸고 TV토론 등을 통해 실질적으로 치열한 갈등을 빌였나는 점에서, 이들 간 정책갈등의 강도가 상대적으로 가장 높았다고 할 수 있다.

그리고 양 시시연합의 갈등은 목표의 비양립성, 제한된 자원경쟁으로 인해 발생했다고 할 수 있다.

먼저, 선별주의 지지연합은 2014년까지 50%의 저소득층 학생을 대상으로 무상급식을 시행하자는 목표인 반면, 보편주의 지지연합은 당장 초등학생을 시작으로 모든 학생에게 실시하자는 목표를 갖고 있어, 목표의 비양립성을 나타내고 있는 것이다. 또한 재정상의 한계 등으로 인해 전자는 상위 50%에 해당되는 재원을 성장중심의 사업 등에 사용해야 한다는 입장인 반면, 후자는 이 또한 낙인방지 등을 위해 보편주의적 무상급식에 투입해야 한다는 점에서, 제한된 자원경쟁을 나타낸 것이다. 한편, 본 시기에 있어 협력적인 모습을 시도한 협의체 등은 발견되지 않았다는 점에서, 갈등의 요인을 상호의존성에서 찾지는 못했다. 즉, 상호의존성을 제외한 이들은 과도기의 갈등을 유발하는 요인으로 작용한 것이다([그림 16－5] 참조).

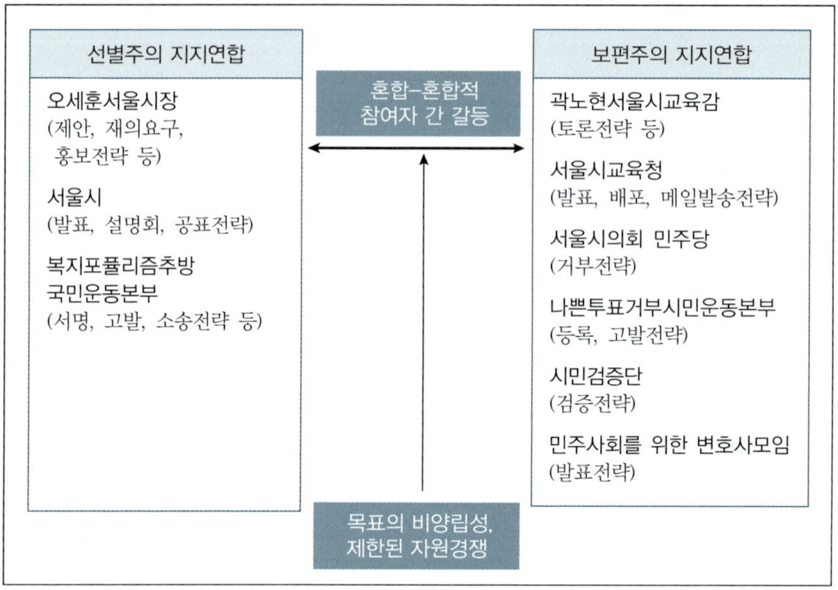

[그림 16-5] 과도기의 정책갈등 분석도

3) 확정기(2011.08.24~2012.01.05)

확정기는 보편주의적 무상급식이 실질적으로 결정되는 시기로서, 그 촉발기제는 과도기의 정책산출이 확정기를 여는 결정적인 사건으로도 작용하고 있다는 점에서, 2011년 8월 24일 주민투표 무효로 선정했다.

주민투표가 무효처리되자 불과 이틀 후 오세훈시장은 주민투표율 제고 등을 시장직과 연계하겠다는 약속에 따라, 기자회견을 통해 5년여 동안 지켜온 시장직을 사퇴하겠다는 입장을 밝힌다(기자회견전략, 2011.08.26).

이에 따라 서울시장 재선출을 위한 보궐선거가 열리게 됐는데, 시민사회단체에서는 박원순변호사와 안철수교수의 협의에 근거하여 서울시장후보로 박원순변호사를 단일후보로 선출하게 된다(후보단일화전략, 2011.09.06). 더 나아가 박원순변호사는 제1야당인 민주당의 박영선후보와의 경쟁에서도 이겨 야권 단일후보로 확정되게 된다(후보단일화전략, 2011.10.03). 결국, 박원순변호사는 진보진영 시민사회단체대표로 무소속으로 후보등록을 하게 되고(후보등록전략, 2011.10.07), 한나라당의 나경원의원도 후보등록을 마침으로써(후보등록전략, 2011.10.06), 무상급식정책을 둘러싸고 치열한 격돌이 예상됐다. 실제로, 이는 정책공약발표에서도 나타나는데, 서울시복지정책에 있어 박원순후보는 무상급식 확대, 서울시민 생활 최저선 설정 등을 우선시한 반면, 나경원후보는 교육 인프라 확충, 공공 보육시설 확대 등을 중요시했다는 점에서, 박후보는 무상급식을 우선순위 1순위로 설정하였고, 나후보는 최하위로 꼽아 대조를 이뤘다(공약발표전략, 2011.10.09).

이러한 상황에서, 지상파 3사의 TV토론이 열리게 되는데, 먼저 SBS토론에서 나경원후보는 오세훈 전 시장 전에는 와이셔츠를 하루밖에 못 입었는데 오 전 시장이 취임한 이후 3일씩 입어도 될 만큼 서울 공기가 좋아졌다고 주장하며, 지난 시정으로 인해 서울 도시경쟁력이 세계 9위로 올라섰다는 점에서, 오 전 시장의 전반적인 정책방향은 옳았다고 생각한다는 입장을 피력하였다. 박원순후보는 이에 대해 서울시는 과거 10여 년 동안 전시·토목사업에 돈을 쏟아 부은 반면, 보편주의적 무상급식 등 복지는 외면해 왔나고 주장하며, 시민의 삶을 담는 시정이 돼야 한다는 입장을 피력하였다(토론전략, 2011.10.09).

또한, KBS토론에서 박후보는 당장 중학교까지 무상급식을 확대하겠다고 포문을 열었고, 이에 대해 나후보는 전면적으로 무상급식을 하는 데 있어 재정을 우선적으로 쓰는 데 반대한다며, 한정된 서울시 예산으로 전면적 무상급식에 투자하기보다는 교육격차를 해소해 질 높은 교육을 받게 하는 것이 옳다는 입장을 밝혔다. 그러자 박후보는 아이들 먹는 것을 챙기는 것보다 더 중요한 게 어디 있느냐며, 서울시장이 되면 아이들에게 안전한 먹거리를 제공하기 위해 친환경급식지원센터를 만들어 무상급식에 훨씬 안전한 식자재를 공급할 수 있도록 하겠다고 강조하며, 나후보를 반격했다(토론전략, 2011.10.11). 아울러, MBC토론 역시 양 후보가 보편주의적 무상급식과 선별주의적 무상급식을 둘러싸고 치열한 공방을 벌이게 된다(토론전략, 2011.10.13).

이러한 치열한 상호작용 속에 보편주의적 무상급식을 찬성하고, 대중적 인지도가 높은 안철수교수가 박원순후보를 전격적으로 지지표명을 하면서(지지전략, 2010.10.24),

무게의 중심이 기울어 갔고, 결국 박원순후보가 서울시장에 당선되게 된다(당선전략, 2010.10.26).

당선되자마자, 박원순서울시장은 오 전 시장이 무상급식예산 695억 원이 포함되어 의결된 예산안을 재의요구했던 것을 철회시키고(철회전략, 2011.10.27), 오 전 시장에 의해 대법원에 무효확인소송 중인 무상급식조례에 대해 소를 취하하게 된다(취하전략, 2011.12.16). 한편, 서울시의회 민주당은 서울시, 시의회, 교육청, 그리고 자치구 간 원만한 협의를 통해 각급 학교 등에 대한 무상급식이 차질 없이 진행되도록 보편주의적 무상급식이라는 대명제 틀을 그대로 유지한 채, 무상급식조례의 일부 사항을 정비하여 발의하게 되고(발의전략, 2011.12.12), 본 회의에서 통과시키게 된다(의결전략, 2011.12.19). 결국, 2012년 1월 5일에 박원순시장이 이를 공포함으로써(공포전략), 실질적으로 서울시 모든 학생을 대상으로 하는 보편주의적 무상급식정책이 시행에 들어가게 된 것이다(경향신문, 동아일보, 연합뉴스, 조선일보, 한겨레신문, 한국일보를 근거로 구성).

지금까지 조명한 확정기의 정책갈등과정을 통해 참여자 간 갈등관계를 구성해 보면 [그림 16-6]과 같다.

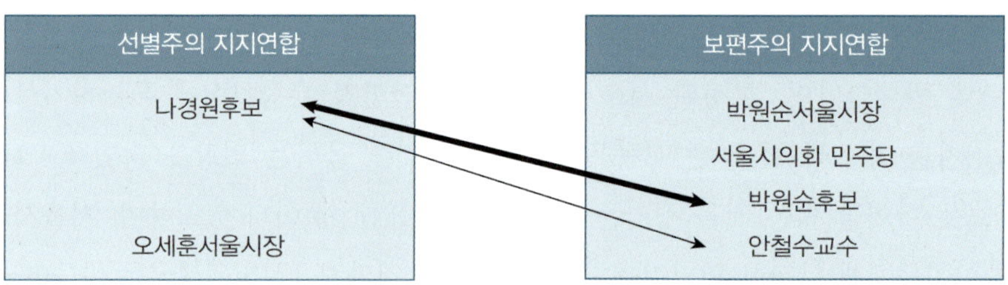

[그림 16-6] 확정기의 지지연합 간 정책갈등 관계도

한편, 이를 근거로 확정기 정책갈등의 유형과 요인을 살펴보면, 선별주의 지지연합은 국회의원신분인 나경원후보, 오세훈서울시장 등 제도적 참여자로 구성되었고, 보편주의 지지연합은 박원순서울시장, 서울시의회 민주당 등 제도적 참여자뿐만 아니라 진보성향 시민사회단체대표인 박원순후보, 안철수교수 등 비제도적 참여자도 지지연합을 형성하고 있다는 점에서, 전체적으로 '제도-혼합적 참여자 간 갈등'으로 조명할 수 있는 것이다.

아울러, 확정기는 나경원후보와 박원순후보가 서울시장보궐선거과정에서 무상급식을 가지고 갈등을 벌였다는 점에서, 이들 간 정책갈등의 강도가 상대적으로 가장 높았다고 할 수 있다.

그리고 양 지지연합의 갈등은 목표의 비양립성, 제한된 자원경쟁으로 인해 발생했다고 할 수 있다.

먼저, 선별주의 지지연합은 저소득층가정의 학생을 대상으로 무상급식을 실시하자는 목표인 반면, 보편주의 지지연합은 당장 중학교까지 전면적으로 시행하자는 목표를 갖고 있어, 목표의 비양립성을 보여주고 있는 것이다. 또한 서울시 재정상의 한계 등으로 인해 전자는 우선적으로 예산을 교육인프라 확충 등에 사용해야 한다는 입장인 반면, 후자는 우선적으로 무상급식 확대에 투입해야 한다는 입장이어서, 제한된 자원경쟁을 나타내고 있는 것이다. 아울러, 과도기와 마찬가지로 본 시기에 있어서도 협력적인 모습을 시도한 협의체 등은 나타나지 않았다는 점에서, 갈등의

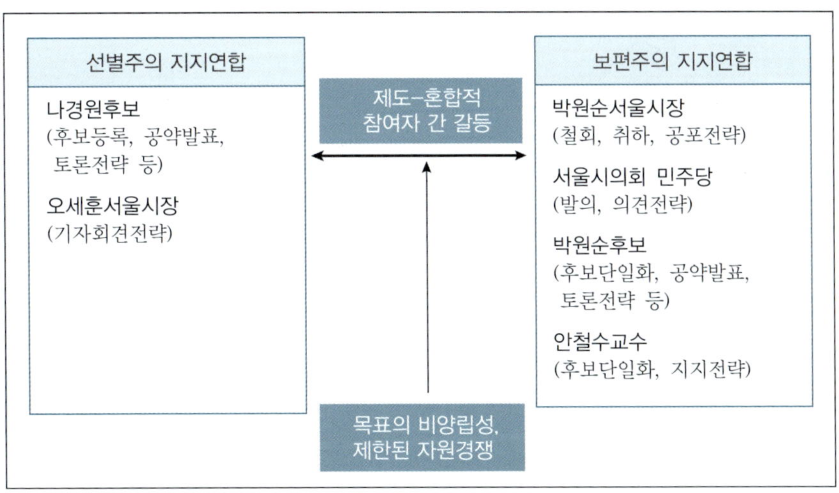

[그림 16-7] 확정기의 정책갈등 분석도

요인을 상호의존성에서 발견하지는 못했다. 어쨌든, 목표의 비양립성, 제한된 자원 경쟁은 확정기의 갈등요인으로 작용한 것이다([그림 16-7] 참조).

3. 분석의 종합

지금까지 조명한 선별주의와 보편주의를 둘러싼 서울특별시 무상급식정책의 갈등 분석 관련 결과를 정리하면 <표 16-6>과 같다.

본 내용과 관련하여 부연설명해보면, 갈등수준에 있어서 [그림 16-2, 4, 6]을 통한 정책갈등 관계 수가 과도기, 시발기, 확정기로 갈수록 적었다는 점에서, 각각 높은 수준, 중간 수준, 낮은 수준으로 명명할 수 있다. 힘의 우위는 각 시기 모두 촉발기제와 정책산출이 보편주의 지지연합에 유리하게 작용했다는 점에서, 전반적으로 이들에게 있었던 것이다. 그리고 갈등이슈에 있어서 시발기는 무상급식조례, 과도기는 무상급식 주민투표, 확정기는 서울시장 보궐선거를 중심으로 갈등이 이루어졌다는 점에서, 이들이 각 시기별 이슈가 되는 것이다.

<표 16-6> 무상급식정책의 갈등 분석 결과

구 분	시발기	과도기	확정기
촉발기제	운영위원장, 서울특별시의회 친환경 무상급식지원 특별위원회 구성결의안 발의	시의회 의장, 무상급식조례 직권공포	최종투표율 25.7%로 주민투표 무효
정책산출	시의회 의장, 무상급식조례 직권공포	최종투표율 25.7%로 주민투표 무효	박원순시장, 무상급식조례 공포
참여자	• 선별주의 지지연합 – 오세훈서울시장 – 서울시의회 한나라당 – 서울시 경영기획실	• 선별주의 지지연합 – 오세훈서울시장 – 서울시 – 복지포퓰리즘추방 국민운동본부	• 선별주의 지지연합 – 나경원후보(국회의원) – 오세훈서울시장

구 분	시발기	과도기	확정기
참여자	• 보편주의 지지연합 – 서울시의회 민주당 – 곽노현서울시교육감 – 서울시교육청 평생교육국	• 보편주의 지지연합 – 곽노현서울시교육감 – 서울시교육청 – 서울시의회 민주당 – 나쁜투표거부 시민운동본부 – 시민검증단 – 민주사회를 위한 변호사모임	• 보편주의 지지연합 – 박원순서울시장 – 서울시의회 민주당 – 박원순후보(진보성향 시민사회단체대표) – 안철수교수
전략	• 선별주의 지지연합 – 거부선언 · 재의요구 · 공포거부전략 등 – 의결저지전략 – 보고전략	• 선별주의 지지연합 – 제안 · 재의요구 · 홍보전략 등 – 발표 · 설명회 · 공표전략 – 서명 · 고발 · 소송전략	• 선별주의 지지연합 – 후보등록 · 공약발표 · 토론전략 – 기자회견전략
	• 보편주의 지지연합 – 발의 · 고발 · 재의결전략 등 – 기자회견전략 – 보고전략	• 보편주의 지지연합 – 토론전략 등 – 발표 · 배포 · 메일발송전략 등 – 서부선략 – 등록 · 고발전략 – 검증전략 – 발표전략	• 보편주의 지지연합 – 철회 · 취하 · 공표전략 – 발의 · 의결전략 – 후보단일화 · 공약발표 · 토론전략 등 – 지지전략
주요 갈등 당사자	오세훈서울시장 ↔ 서울시의회 민주당	오세훈서울시장 ↔ 곽노현서울시교육감	나경원후보 ↔ 박원순후보
갈등 수준	중간 수준	높은 수준	낮은 수준
힘의 우위	보편주의 지지연합	보편주의 지지연합	보편주의 지지연합
갈등이슈	무상급식조례	무상급식 주민투표	서울시장 보궐선거
갈등유형	제도–제도적 참여자 간 갈등	혼합–혼합적 참여자 간 갈등	제도–혼합적 참여자 간 갈등
갈등요인	목표의 비양립성, 제한된 자원경쟁, 상호의존성	목표의 비양립성, 제한된 자원경쟁	목표의 비양립성, 제한된 자원경쟁

제4절 결론

서울특별시 무상급식정책을 중심으로 선별주의와 보편주의를 둘러싼 지방복지정책의 갈등 분석을 통해 일정한 시사점을 도출할 수 있는데, 이를 정리해 보면 다음과 같다.

첫째, 시기별 요인에 근거해서 정책적 추진방향을 조명할 수 있다는 것이다.

적절한 갈등은 순기능적 효과를 기대할 수도 있지만, 지나친 갈등은 사회적 비용을 초래한다는 점에서, 갈등의 요인에 초점을 맞춰 최소화하는 정책이 필요하다. 즉, 본 연구에서 선별주의와 보편주의 지지연합 간 지나친 갈등으로 인해 주민투표까지 이어졌으며, 주민투표 역시 무효화됨에 따라 상당한 사회적 비용을 초래하였다. 따라서 시기별로 모두 나타난 정책갈등의 요인인 목표의 비양립성과 제한된 자원경쟁에 근거하여, 이를 최소화하기 위한 지방자치단체정책중재위원회의 설치가 필요하다는 것이다. 본 위원회는 목표의 비양립성을 절충하고, 제한된 자원을 조정하는 등 지방자치단체장과 지방의회 간 갈등 등을 중재하는 기구로서, 기본적으로 단체장과 지방의회 등에서 균형적으로 인사를 추천하고 해당 지방자치단체의 소속으로 설치하는 것이다. 이는 막대한 세금이 초래되는 주민투표 등의 전 단계 중재기구라고 할 수 있다.

둘째, 정책과정에 있어서 비제도권이 과거 권위주의시절보다 높은 수준으로 참여하고 있다는 점이다.

지금까지는 부처 간의 갈등 등 공식적으로 법적 권한을 가진 제도적 참여자 간 갈등이 많았고, 갈등연구 역시 이를 중심으로 이루어진 것이 주지의 사실이다. 하지만 본 연구에서 보듯이, 공식적인 법적 권한은 없지만 정책과정에 적지 않은 영향을 미치는 비제도권의 참여가 상당부분 나타났다. 과도기에서는 복지포퓰리즘추방국민운동본부, 나쁜투표거부시민운동본부, 확정기에서는 진보성향 시민사회단체대표인 박원순후보 등이 정책산출에 상당부분 영향을 미쳐 이를 이끌어내기도 했다. 이렇게 볼 때, 다원주의시대를 맞이하고 있는 현 시점에서 정책공간에 있어 비제도적 참여자의 영향력 등은 더욱 더 높아질 것으로 예측된다.

셋째, 시작하는 사건인 촉발기제와 마무리하는 사건인 정책산출이 일치할 수 있다는 것이다.

대개 정책형성과정을 살펴보면 촉발기제로부터 시작되어 상호작용을 거쳐 정책산출이 도출되고, 이후 시간이 경과한 후 또 다른 촉발기제가 나타나 다시 정책산출이 나타나는 현상이 일반적이지만, 이전 시기의 정책산출이 다음 시기를 결정적으로 여는 촉발기제의 성격을 동시에 갖게 될 수도 있다. 본 연구에서도 시발기의 정책산출인 무상급식조례 직권공포가 과도기를 여는 촉발기제로 동시에 작용했으며, 과도기의 주민투표 무효가 확정기를 결정적으로 여는 촉발기제로서의 성격도 동시에 갖는 것으로 나타났다.

넷째, 복지정책의 이동축이 선별주의에서 보편주의로 접근하고 있다는 점이다.

국민 전체의 복지증진과 행복추구를 국가의 가장 중요한 사명으로 보는 복지국가는 현 시대의 패러다임으로 받아들여지고 있다. 이는 대상별 선별주의에서 모든 계층을 위주로 하는 보편주의로 흐르고 있다는 것을 의미하고 있는 것인데, 본 연구에서도 무상급식을 둘러싸고, 시민의 지지 등을 바탕으로 선별주의적 무상급식이 보편주의적 무상급식으로 전환된 것이 이를 증명하고 있는 것이다.

다섯째, 특정 집단에 의해 주도되는 정책은 시민의 반감으로 이어질 수 있다는 것이다.

서울특별시장, 복지포퓰리즘추방국민운동본부 등 선별주의 지지연합에 의해 주도된 무상급식 주민투표는 보편주의 지지연합뿐만 아니라 시민들과도 적절한 소통이 부재했으며, 이에 따라 시민들은 이들에게 일정부분 반감을 보였고, 이는 주민투표 거부운동과 이에 대한 시민들의 순응 등으로 이어져 주민투표 자체가 무효화되는 사태까지 벌어진 것이다. 따라서 현안 사항의 추진은 일방향보다는 쌍방향으로 진행하여 절충하는 것이 효율성 등을 제고하는 지름길이 될 수 있다는 것이다.

여섯째, 복잡한 정책과정도 명확한 경계가 있다는 점이다.

본 연구의 사례인 무상급식정책 역시 짧은 기간 동안 높은 수준의 상호작용이 벌어지는 등 상당한 복잡성을 내포했다. 하지만, 이러한 과정 역시 촉발기제, 상호작용, 정책산출, 촉발기제, 상호작용, 정책산출, 촉발기제, 상호작용, 정책산출이라는 경계가 명확히 나타나 복잡한 정책현상을 논리적으로 기술할 수 있는 교통질서의 역할을 하고 있는 것이다.

한편, 본 연구는 제한된 서울지역의 무상급식정책을 가지고 제 시사점을 조명하고 있다는 점에서, 일반화에 한계가 있을 수 있다. 또한, 보수 · 진보 · 중도성향 등 여섯 개 언론사를 근거로 지지연합의 참여자를 선정했는데 이는 객관화에 문제가 있을 수 있다는 점에서, 차후 좀 더 체계적인 방법으로 접근할 필요성이 있다.

CHAPTER 17

사회복지사례와 행정이론의 결합 B

건강보험통합을 적용한 ACMS 모형의 분석

제1절 서론

건강보험정책의 목적은 국민이 필요로 하는 의료서비스를 큰 비용부담 없이 쉽게 이용하도록 하여 건강증진을 도모하자는 것이다. 이러한 건강보험정책의 본질적 기치는 개인의 힘으로 해결하기 어려운 의료문제를 사회연대성과 상호부조의 원리에 의해서 해결하도록 함으로써 국민 모두가 더불어 잘살 수 있는 공동체적 발전을 지향하는 것이다.

한국의 건강보험은 1963년 12월 16일 제3공화국 헌법 제30조 및 제31조에서 '사회보장의 증진과 국민건강향상에 관한 국가의 보험'을 규정한 헌법정신에 입각하여 법률 제1623호로 의료보험법을 제정・공포하였다. 그리고 13년 후인 1976년 의료보험법을 전면 개정하여 1977년 7월 1일부터 상근노동자 500인 이상의 직장단위로 단독조합의 설립을 가능하게 함으로써, 건강보험사업을 개시하였다(권혁시, 2008 : 16-18).

이렇게 의료보험법 제정 이후 조합방식으로 이루어진 건강보험정책은 1980년 10월, 당시 천명기 보사부장관이 국회에서 처음으로 건강보험의 통합주의 방식을 언급하면서 정책변동의 창이 열리게 된다. 그러한 배경에는 조합주의 방식의 건강보험이 시행되면서 형성된 많은 문제점들의 노출이 있었고, 그 당시 다른 어떤 사안보다도 사회적으로 논란이 컸었다.

이러한 건강보험통합정책은 이해당사자 간 치열한 상호작용이 벌어졌으며, 높은 수준의 정책복잡성을 표출하게 되는데, 본 연구에서는 이러한 복잡성을 좀 더 논리적으로 기술하고자 기존의 정책변동 관련 모형들인 옹호연합모형(ACF)과 다중흐름

모형(MSF)의 장단점을 절충한 ACMS 모형을 활용하고자 한다.

즉, 본 연구에서 ACMS 모형을 분석의 틀로서 선정한 이유는 어떠한 정책변동 관련 모형보다 복잡한 상호작용현상을 체계적으로 반영할 수 있는 흔치 않은 모형이라는 점 때문이고, 사례대상으로서 건강보험통합정책을 선정한 근거는 복지정책으로서 보기 드물게 높은 수준의 상호작용과 명확한 정책변동이 존재하기 때문이다. 그리고 이들에 대한 결합의 정당성은 높은 수준의 상호작용을 나타냈던 건강보험통합정책을 체계적인 ACMS 모형에 적용하여 복잡한 복지현상을 논리적으로 기술할 수 있기 때문이다.

이에 근거해서 본 연구는 다음과 같은 목적을 제시하고자 한다.

첫째, 건강보험통합정책을 ACMS 모형에 적용하여 정책변동의 요인을 입체적으로 조명하고자 한다.

둘째, 이를 통해 ACMS 모형에서 말하는 시사점 일치여부 등 제 함의들을 고찰하고자 한다.

제 2 절 이론적 고찰

1. 정책변동의 개념

정책변동(policy change)에 대한 개념은, 정책에 대한 개념이 다양하게 정의되듯이, 각기 다른 접근방식을 채택한 학자들에 의해 매우 다양한 행태로 정의되고 있다.

먼저, Hofferbert(1974)는 정책변동이란 "특정한 정책이 집행되기 이전에 정치・경제적 행태 및 사회적 흐름 등의 요인으로 인하여 새로운 정책이 산출되는 것이다"라고 정의하였다.

Jones(1977)는 "특정 시점에서 정책문제로 대두시켰던 정책형성에 대한 제반 요건들이 변화되거나 필요로 하는 정책의 내부조건들이 바뀌게 되면 정책변동이 일어난다"라고 하였다.

Hogwood와 Peters(1983)는 "역동적인 정책환경 속에서 정책이 변화되는 상태로서 그것은 정책이 형성 · 집행되는 과정에서, 또는 집행이 완료되어 정책에 대한 평가가 이루어진 후에 정책이 변화되는 상태를 말한다. 급격히 변화해가는 환경 속에서 조직이 생존 · 발전하기 위해서는 정책의 변화가 필연적이라고 여겨진다. 왜냐하면 정책은 조직의 본질적인 요소로서 정책의 실패는 곧 조직의 존폐에 영향을 미치기 때문이다. 이러한 의미에서 정책평가가 이루어진 다음 과정에서 정책의 변화를 살펴보는 것은 어느 조직에서나 꼭 있어야 할 과제이다"라고 정의하였다.

Mucciaroni(1995)는 정책변동에 영향을 주는 요소들을 제도적인 면과 이슈적인 면으로 세분하여 설명한 뒤, 정책변동은 "산출된 정책이 시행되기 전에 제도나 이슈에 의해 정책의 내용과 구조가 달라지는 것이다"라고 주장하였다.

국내 학자들도 정책변동에 대한 개념정의를 다양하게 제시하고 있다.

먼저, 이태종(1994)은 "정책변동은 그 정책내용(정책의 목표와 수단 및 대상집단 등)의 변농만이 아니라 정책집행방법의 변동(서비스제공체계상의 변화는 물론 표준운영절차상의 변화 등)까지도 포함한다"라고 하면서, "정책변동은 정책결정 도중이나 정책집행 도중 또는 평가활동 도중에도 발생할 수는 있으나, 정책평가를 통해 밝혀진 정보가 정책결정과정에 환류되어 발생하는 것이 일반적이다. 그러므로 후자의 경우가 정책과정상의 환류 중에서 가장 중요한 부분이라고 하겠다. 따라서 정책의 변동은 정책결정과정에서 일어나는 정책의 수정 · 종결만이 아니라 집행 · 평가단계에서 일어나는 것도 포함하게 되나, 정책변동론에서의 초점은 대체적으로 전자에 맞춰지고 있다"라고 하였다.

김형렬(2002)은 "역동하는 환경으로 인하여 기존의 정책이 변화되는 상태를 말하며, 정책이 형성되고 집행되어 가는 과정이나 또한 정책집행이 종결됨에 따라 행해지는 평가단계 이후에 정책이 변화되는 것"이라고 정의하고 있다.

정정길(2006)은 "정책이 추구하는 기존의 목표 및 수단, 즉 정부가 정책적으로 추구하던 기본 계획 및 방침이 본래의 모습이 아닌 다른 모습으로 변화된 것이다"라고 주장하였으며, "정책결정단계에서 발생하는 정책의 수정 및 종결도 정책변동의 범위에 포함된다"라고 하였다.

전술한 학자들의 다양한 정의를 근거로 정책변동의 개념을 고찰해 본다면, 정책변동은 정책결정과정을 거친 정책산출물이 입안된 이후에 정책문제에 대한 변화가 인식되어 다시 정책의제형성과정으로 환류가 일어나 이전 정책결정과정에서 산출된 정책산출물을 수정·종결하는 것이라고 할 수 있다.

2. 기존 정책변동 관련 모형들

정책변동과정의 상호작용에 대해서 다루고 있는 기존의 모형들은 많은 학자들에 의해서 제시되고 있어 비교적 다양한 편이다. 이 중 널리 알려져 있는 Sabatier의 옹호연합모형(ACF)과 Kingdon(1984)의 다중흐름모형(MSF)을 중심으로 간략하게 살펴보면 다음과 같다.

1) ACF의 개념

ACF(Advocacy Coalition Framework : 옹호연합모형)는 외적변수, 정책옹호연합, 신념체계, 정책중개자, 정책학습, 그리고 정책변동 등으로 구성되어 있다([그림 17-1] 참조).

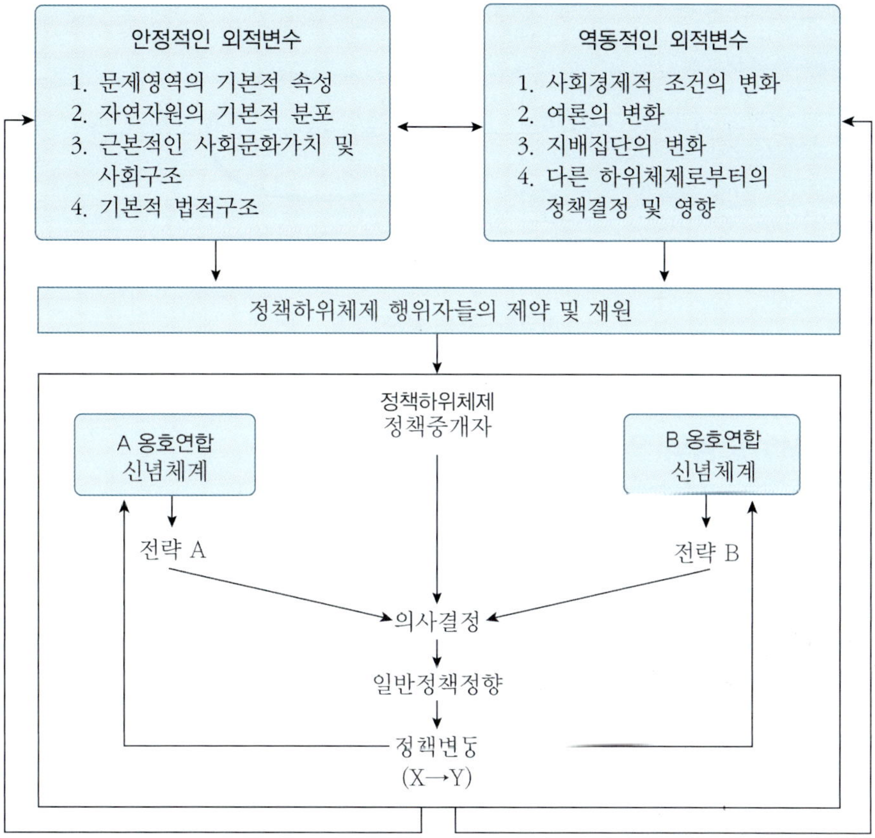

출처 : Sabatier & Jenkins-Smith(1999)를 근거로 재구성.

[그림 17-1] ACF의 틀

2) MSF의 개념

MSF(Multiple Streams Framework : 다중흐름모형)는 정책문제흐름 · 정책대안흐름 · 정치흐름 등의 다중흐름, 정책변동의 창, 그리고 정책변동 등으로 구성된다([그림 17-2] 참조).

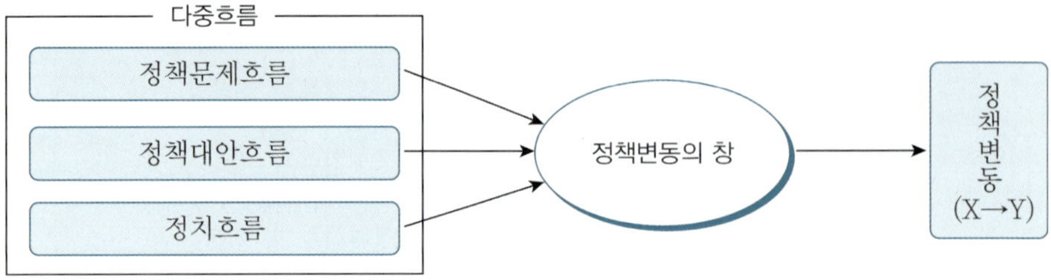

출처: Kingdon(1984)을 근거로 재구성.

[그림 17-2] MSF의 틀

3. ACMS 모형의 의의

1) ACMS 모형의 개념

전술한 ACF와 MSF의 장단점을 고려하여 통합한 것이 ACMS[1] 모형인데, [그림 17-3]을 근거로 간략히 설명하면 다음과 같다.

즉, 안정적인 외적변수와 역동적인 외적변수 등 외적변수가 정책하위체제의 행위자들인 옹호연합에게 제약 또는 재원으로 작용하고 있는 상황에서 옹호연합들은 일정한 신념체계를 공유하며 본격적인 게임의 장에 대비하게 된다. 이러한 상황에서 다중흐름 중 하나가 촉발기제로 작용하여 정책변동의 창이 열리게 되고, 이러한 창에서는 옹호연합 간 정책경로, 정책전략 등을 활용한 상호작용이 벌어지게 된다. 결국, 옹호연합 간 상호작용의 결과 정책산출이 이루어지고 창은 닫히게 되면서, 이전과는 다른 내용의 정책변동이 발생하게 되는 것이다.

1) ACMS는 ACF와 MSF의 AC와 MS를 결합한 용어이다.

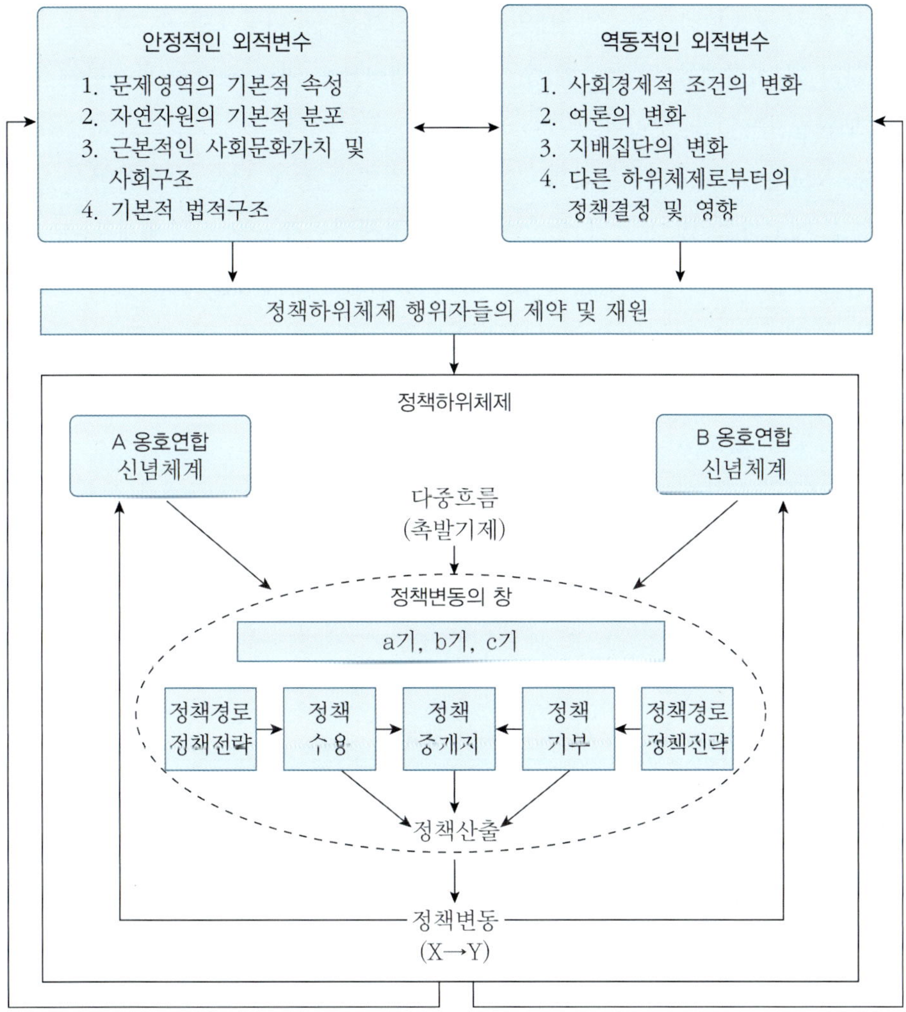

출처: 양승일(2011: 194)을 근거로 재구성.

[그림 17-3] ACMS 모형의 틀

이에 근거해서 ACF와 MSF의 장단점을 상호보완적인 차원에서 살펴본다면 〈표 17-1과 같다.

첫째, ACF는 정책변동과정의 본격적인 시작점인 촉발기제가 명확하지가 않고, 전략이 공청회 등 정책학습에 국한되고 있다는 점에서 그 범위가 상대적으로 좁다. 이러한 단점은 정책문제흐름, 정책대안흐름, 정치흐름 등 다중흐름 중 하나를 촉발기제로 삼아 그 시작점을 명확히 할 수 있고, 상대적으로 여러 전략을 활용하는 MSF에 의해 보완될 수 있을 것이다.

둘째, MSF는 정치 · 경제 · 사회 · 문화적 외적변수 등이 낮은 수준이어서 연구의 객관성을 제고하는 데 문제가 있으며, 여러 정책행위자들을 신념체계를 공유하고 있는 옹호연합으로 구성하지 않았다는 점에서 그들의 정체성을 설명하는 데 한계로 작용한다. 이러한 단점들은 안정적이고 역동적인 외적변수에 충실하고, 옹호연합으로 정책참여자들의 정체성을 명확히 할 수 있으며, 그들의 신념체계도 비교적 체계적으로 다루고 있는 ACF에 의해 보완될 수 있을 것이다.

결국, ACF와 MSF의 장단점들을 보완적으로 통합한 것이 ACMS 모형이고, 이에 따라 본 모형은 외적변수, 정책행위자의 체계적 구성, 상호작용의 시작점, 그리고 전략의 범위 등에 있어서, 기존 모형들과는 다르게 모든 측면에서 충실한 분석을 가능하게 해준다고 할 수 있다.

〈표 17-1〉 ACF와 MSF의 장단점, ACMS 모형의 차별성

구 분	ACF	MSF	ACMS 모형
외적변수	충실	부실	충실
정책행위자의 체계적 구성(옹호연합)	충실	부실	충실
상호작용의 시작점(촉발기제)	부실	충실	충실
전략의 범위	부실	충실	충실

출처 : 양승일(2006 : 195)을 근거로 재구성.

이러한 ACMS 모형은 우리나라의 정책변동과정을 설명하는 데 상당부분 기여를 할 수 있을 것으로 여겨진다. 즉, 과거 권위주의체제에서의 정책변동과정은 주로 정부부문이 독점하였기에 상호작용의 수준은 미약했고, 이로 인해 정책변동과정이 복잡하지는 않았다. 하지만 현대 다원주의체제를 맞이하여 정부부문뿐만 아니라 정책대상 등이 포함된 민간부문도 정책변동과정의 당당한 행위자로써의 역할을 수행함

에 따라 상호작용의 수준이 강해졌고, 이로 인해 정책변동과정의 복잡성은 날로 커지고 있다. 이러한 변화는 급격한 민주화의 과정과 빠른 경제성장 등을 겪고 있는 우리나라에 해당되는 내용이기도 하다.

기존의 모형들은 복잡한 정책변동과정을 제대로 설명하기에는 일정한 한계가 있는 틀인 반면, 본 ACMS 모형은 ACF에서 한계로 지적됐던 약한 수준의 명확한 시작점, 약한 수준의 전략의 범위 등과 MSF에서 문제로 지적됐던 약한 수준의 외적변수, 약한 수준의 정책행위자들의 정체성 등을 상당부분 개선시킬 수 있도록 구축되어 있다는 점에서, 높은 수준의 복잡성을 지향하고 있는 우리나라의 정책변동과정을 논리적으로 설명하는 데 유용한 틀이라고 할 수 있는 것이다(양승일, 2006 : 194-195).

2) ACMS 모형의 세부변수

(1) 외적변수

① 안정적인 외적변수

안정적인 외적변수(stable external parameters)는 문제영역의 기본적 속성, 자연자원의 기본적 분포, 근본적인 사회문화가치 및 사회구조, 기본적인 법적구조 등을 포함하고 있다. 이러한 안정적인 외적변수들은 정책하위체제 행위자들에게 강하지는 않지만 끊임없이 영향을 미치는 것으로 정의할 수 있다. 즉, 안정적인 외적변수의 영향강도는 낮은 수준이지만 지속적으로 영향을 미친다는 것이다.

세부변수로서 문제영역의 기본적 속성은 옹호연합 간 갈등의 쟁점이 무엇인가에 초점이 맞춰져 있는 것이고, 자연자원의 기본적 분포는 정책의 궁극적 존재역할을 의미한다. 그리고 근본적인 사회문화가치 및 사회구조는 그 사회가 지니는 정체성을 가리키며, 기본적 법적구조는 정책하위체계 전반에 기본적 영향을 미치는 법률 등을 의미한다.

② 역동적인 외적변수

역동적인 외적변수(dynamic external parameters)는 사회경제적 조건의 변화, 여론의 변화, 지배집단의 변화, 다른 하위체제로부터의 정책결정 및 영향 등을 들 수 있다. 즉, 역동적인 외적변수는 강하지만 일시적인 영향을 미치는 것으로서, 영향강도는 높은 수준이지만 영향을 미치는 시간은 짧다는 것이다.

세부변수로서 사회경제적 조건의 변화는 사회경제적으로 나타나는 급격한 변화를 의미하고, 여론의 변화는 정책에 대한 지지변화 등을 의미하며, 지배집단의 변화는 공공정책을 실질적으로 입안하고 집행하는 관리자의 교체 등을 말하고, 다른 하위체제로부터의 정책결정 및 영향은 본 체제 이외에 다른 부문에서 결정하고 영향을 주는 행태로서 유사정책의 결정 등이라고 할 수 있다(양승일, 2011 : 196).

(2) 옹호연합과 신념체계

외적변수에 의해 영향을 받는 옹호연합(advocacy coalition)은 비슷한 신념체계를 가진 정책참여자들이 하나로 뭉쳐 연대를 형성하는 행태를 의미하는데, 공식적 참여자, 비공식적 참여자 등이 모두 포함된다. 한편, 이들은 일정한 신념체계를 공유하게 되는데, 규범핵심(normative core), 정책핵심(policy core), 그리고 도구적 측면(instrumental aspect)의 계층적 구조가 그것이다(〈표 17-2〉 참조).

〈표 17-2〉 옹호연합의 신념체계

신념계층	특징
규범핵심(normative core)	규범적・존재론적 공리가치, 고전적 기준 등
정책핵심(policy core)	다수의 수요에 의한 실제 운용되는 정책 등
도구적 측면(instrumental aspect)	정책수단, 예산배분, 성과평가, 법 개정 등

출처 : 양승일(2006 : 91)을 근거로 재구성.

(3) 촉발기제

촉발기제(trigger mechanism)는 정책변동의 창을 여는 데 있어서 결정적 계기를 의미하며, 예기치 못했던 사건이나 위기의 발생 등을 가리킨다.

일반적으로, 촉발기제로는 정책문제흐름, 정책대안흐름, 정치흐름 등 다중흐름 중 하나가 작동하게 되는데, 먼저, 정책문제흐름은 지표의 변동, 위기 · 재난 등과 같은 문제의 흐름을 의미하는 것이고, 정책대안흐름은 정책적 대안제시, 이익집단의 개입 및 주장 등과 같은 대안의 흐름을 밀한다. 그리고 정치흐름은 정권교체, 국민적인 분위기, 국회의석수의 변화 등을 의미한다(Kingdon, 1984).

(4) 정책변동의 창

촉발기제에 의해 정책변동의 창이 열리게 되면, 그 안에서는 옹호연합들이 자신들의 주장을 선점하기 위한 치열한 정책의 경로 및 전략 등이 이어지게 된다.

① 정책경로

정책경로(policy channel)는 정책행위자들이 자신들의 주장을 표명하고 관철시키기 위해 시위 등의 방법을 탐색하는 절차이다. 즉, 정책문제를 둘러싸고 벌어지는 정책변동과정은 아무런 규칙도 없는 가운데 상호작용이 일어나는 것이 아니라, 일정한 경로를 통해 이루어지는 것이라는 점에서, 정책행위자들의 정책경로는 의도한 정책을 만들어내기 위해 참여자들이 각각의 입장과 영향력을 동원하고 전달하는 채널인 것이다. 이러한 경로가 어떻게 구성되느냐에 따라 행위자들이 게임에서 차지하는 위치가 유리 또는 불리하게 되는 것이다.

한편, 정책경로는 행위자들의 주도적 행태에 초점을 맞춰 정책학습경로, 시위경로, 보고서작성경로 등 다양하게 제시할 수 있다.

② 정책전략

정책전략(policy strategy)은 탐색된 경로를 활용해서 자신들에게 유리한 위치를 선점하기 위한 실행활동절차를 의미한다. 즉, 정책변동과정을 정치적 과정으로 이해할 경우, 가장 중요한 변수는 정책행위자들이 자신에게 주어진 문제해결을 위해서 사용하는 전략일 것이다. 이러한 행위자들의 전략은 일정한 상황하에 참여자들이 비슷한 행위를 반복함으로써 형성된 행동으로 정책경로를 통해 갈등을 해결하는 것이다.

정책전략 역시 행위자들의 주도적 행태에 초점을 맞춰 정책학습전략, 시위전략, 보고서작성전략 등으로 명명하여 다양하게 제시할 수 있다.

③ 정책중개자

정책중개자(policy broker)는 정책옹호연합 간의 대립과 갈등을 중재하는 제3자를 의미한다. 이들의 주요 관심은 정책옹호연합 사이의 갈등을 줄이면서 합리적인 타협점을 찾아내는 것이다. 정책옹호연합들은 그들이 소유하는 재원을 동원하여 그들의 신념체계를 공공정책에 반영시키려고 경쟁하게 되는데, 이때에 정책중개자인 제3의 행위자들에 의한 외부개입, 즉 정치인과 관료, 법원 등에 의해 중재되는 것이다(전진석, 2003 : 34-36).

④ 정책산출

정책산출(policy output)은 옹호연합 간 치열한 상호작용을 통해 최종적으로 나타나는 절충된 계획 등이라고 할 수 있다.

(5) 정책변동

최종적으로 산출된 정책이 이전과는 다른 내용으로 생산되었을 경우 이를 정책변동이 이루어졌다고 할 수 있는 것이다.

3) ACMS 모형에서 도출되는 시사점들

ACF와 MSF를 조합한 ACMS 모형이 내포하고 있는 시사점은 다음과 같다.

첫째, ACMS 모형을 정책변동사례에 적용하면 모든 외적변수들을 도출시킬 수 있다. 즉, Sabatier와 Jenkins-Smith(1999)는 ACF를 정책사례에 적용할 경우 문제영역의 기본적 속성, 자연자원의 기본적 분포, 근본적인 사회문화가치 및 사회구조, 기본적

법적구조 등 안정적인 외적변수와 사회경제적 조건의 변화, 여론의 변화, 지배집단의 변화, 다른 하위체제로부터의 정책결정 및 영향 등 역동적인 외적변수에 대응하는 분석결과가 모두 도출될 수 있다고 언급한 바 있다. 이러한 주장은 ACF를 통하여 조명한 것이지만, MSF를 조합한 ACMS 모형에서도 그대로 나타난다는 점에서 ACMS 모형의 특징이며 시사점이라고 할 수 있다.

둘째, 상호작용을 통해 만들어진 정책변동은 옹호연합 쌍방에 영향을 준다는 것이다.

즉, Sabatier와 Jenkins-Smith(1999)는 ACF를 조명하면서, 양 옹호연합 간 상호작용을 통해 정책산출이 도출되었다 하더라도 정책변동과정의 단계가 끝나는 것이 아니라, 이것이 기존의 양 옹호연합에 영향을 줌으로써, 또 다른 정책변동과정의 가능성을 내포하고 있다고 주장한 바 있다. 이러한 주장 역시 ACF를 통해 고찰된 것이지만, ACMS 모형에서도 그대로 조명된다는 점에서, 시사점이라 할 수 있다.

셋째, ACMS 모형을 거치면 기존 정책이 새로운 정책으로 변동되는 특징이 발견된다는 것이다.

즉, Sabatier와 Jenkins-Smith(1999), Kingdon(1984)은 ACF와 MSF에서 정책산출에 도달되었을 때는 이미 이전과는 다른 정책으로 변동이 발생하였다고 하였다. 다시 밀해서, 본 모형을 통해 이진의 X정책이 Y정책으로 변동되는 사실이 조명될 수 있다는 것이다.

넷째, 정책변동과정의 최종 정책산출에 가장 큰 영향을 미치는 변수는 촉발기제, 즉 다중흐름이라는 것이다.

즉, Kingdon(1984)은 MSF를 언급하면서 정책산출에 가장 높은 수준으로 미치는 변수를 정책문제흐름, 정책대안흐름, 정치흐름 등 다중흐름 등으로 설명하고 있다. 다중흐름은 공공의제를 정책의제로 변경시키며 정책변동과정으로 이어져 정책산출을 도출한다는 점에서, 가장 높은 수준의 영향변수라고 할 수 있다.

다섯째, 촉발기제는 다중흐름 중에서 나오며 정치흐름이 대부분을 차지한다는 것이다.

즉, Kingdon(1984)은 MSF를 조명하면서, 다중흐름 중 정치흐름이 가장 중요한 위치를 점할 수 있음을 밝힌 바 있다. 예를 들어, 지역균형정책의 문제점이 지적되는 상황에서 대운하사업이 대안으로 제시되었고, 결정적으로 이명박정부로의 정권교체를 통해 창이 열리게 된 것이다.

지금까지 살펴본 ACMS 모형의 시사점들을 기반으로 하여, 사례분석을 한 후 그 일치여부를 결론부분에서 검증하고자 한다.

4. 정책변동 관련 선행연구

본격적인 사례분석에 앞서, 정책변동 관련 선행연구를 살펴보면 다음과 같다.

먼저, 조흥순(2008)은 한국 교원평가제의 정책과정에 대한 실증적・과학적 지식을 탐구하여 교원평가정책은 물론 교육정책과정의 합리성을 제고하는 데 목적을 두고 한국 교원평가정책의 변동을 옹호연합과정모형(ACPF)을 적용하여 분석하였고, 신용배(2010)는 옹호연합모형을 통하여 정책변동을 연구하기 위하여 수도권 공장총량제 정책을 중심으로 조명하였다.

김현주(2011)는 정책옹호연합모형(ACF)을 적용하여 관광통역안내사 자격제도의 정책변동에 대해서 분석하였고, 최병섭(2011)은 한국정부의 통일정책 지속성에 관한 연구를 정책변동에 대한 요인분석을 중심으로 하여 분단 이후 한국정부의 통일정책이 전개되는 과정에서 정권의 변동에 따라 어떤 변화가 나타났으며, 그러한 변동의 요인이 무엇인지를 분석・평가함으로써 향후 한국 통일정책의 지속적인 지향점을 밝히고자 하였다.

김윤미(2011)는 한국의 여성정책, 특히 여성정책의 주요 영역이자 가장 지속적이고 광범위한 변화를 보였던 모성보호정책을 대상으로 우리나라의 모성보호정책이 장기적으로 어떻게 변동해 왔으며, 이에 영향을 미치는 요인은 무엇인지 규명하고자 하였고, 이상복(2012)은 한국 미디어 정책변동과정의 갈등구조를 2008년에서 2010년까지의 방송법 개정과 종합편성채널 선정을 중심으로 분석하였다.

지금까지 고찰한 정책변동 관련 선행연구들은 전반적으로 특정 정책에 대한 변동을 논리적이고 체계적으로 다루고 있다는 점에서 본 분야에 나름대로 의미 있는 기여를 하고 있다. 하지만, 정책변동 분석에 대해 ACMS 모형을 적용한 선행연구는 부재하다는 점에서, 이 모형을 활용하고 있는 본 연구는 선행연구에 비해 일정부분 차별성을 갖고 있는 것이다.

제 3 절 건강보험통합정책의 의의

1. 건강보험통합정책의 추진경과

건강보험통합정책(health insurance integrated policy)은 조합방식으로 운영하여 오던 지역건강보험, 직장건강보험, 그리고 공교(공무원 및 교직원)건강보험의 조직 및 재정통합을 통해 이들을 단일화시키려는 정책을 의미한다. 이와 관련된 추진경과를 살펴보면 〈표 17－3〉과 같다.

〈표 17-3〉 건강보험통합정책의 추진경과

일시	주요 내용	비고
1980.10	천명기 보사부장관, 대통령에게 건강보험 통합계획 보고	
1980.11	청와대, 통합반대 보고서 작성	
1981.01	천명기 장관, 국회보사위에 단계적 통합방침 보고	
1981.08	한국노총, 통합찬성 개선요구서 발표	
1983.03	보사부파동(보사부 내에서 건강보험 통합주의 지지세력이 조합주의 지지세력에 의해 축출된 사건을 의미함) 발생	
1986.05	민정당, 당정협의회에서 전국적인 통합요구	
1986.08	경총, 통합반대 건의문 발표	
1986.10	경제기획원 및 국무총리실, 통합찬성보고서 발표	
1988.02	진보의료단체와 농민단체 등, 시정운동(전반적인 보건정책의 개혁을 요구하는 운동으로서 건강보험의 통합주의 요구 등이 핵심을 이루고 있음) 시작	
1988.04	진보의료단체와 농민단체 등, 통합찬성 대토론회	

일시	주요 내용	비고
1988.06	진보의료단체와 농민단체 등, 전국의료보험대책위 결성	
1989.03	통합을 골자로 하는 국민의료보험법 국회가결	
1989.03	노태우대통령, 통합 법안에 거부권 행사	
1997.11	국민의료보험법 국회가결	
1997.12	김대중, 이회창 등 양당 대통령후보, 완전통합 선거공약 제시	
1998.02	제1기 노사정위원회, 의료보험 전체통합합의	
1998.03	각계대표 및 전문가로 '의보통합추진기획단' 구성	
1998.10	지역의료보험조합(227개)과 공교의료보험관리공단(140개)의 조직을 국민의료보험관리공단으로 1차 조직통합	1차 통합
1998.12	경실련 · 참여연대 등, 대표적 시민단체 통합운동에 참여	
1999.01	직장건강보험까지 통합하는 국민건강보험법 제정안 국회가결	
1999.02	국민건강보험법 제정 · 공포(2000년 1월 1일 시행)	
1999.02	보건복지부에 통합추진반, 보험관리공단에 실무전담반 구성	
1999.02	국회, 조직통합을 2000년 1월에서 같은 해 7월로 연기	
1999.03	건강보험심사평가원 설립을 위한 설립위원회 설치	
1999.05	대표적 통합주자 차흥봉씨 보건복지부 장관 취임, 통합에 소극적이던 연금보험국장, 보험정책과장 등이 교체되면서 통합에 가속력이 붙음	
2000.07	직장의료보험조합(139개)과 국민의료보험관리공단의 조직이 통합된 국민건강보험공단 발족으로 2차 조직통합(완전한 조직통합)	2차 통합
2001.01	직장건강보험과 공교건강보험 재정통합으로 1차 재정통합	3차 통합
2001.05	한나라당, 직장건강보험과 지역건강보험 재정분리 개정안 국회 제출	
2001.05	한국노총 · 경총 · 교총 · 의사협회 · 자유시민연대 등, 건강보험 재정분리를 위한 법 개정 청원서 국회 제출	
2002.01	국회, 직장 및 지역 재정통합을 2003년 7월로 연기	
2003.07	지역과 직장건강보험 · 공교건강보험 재정통합으로 2차 재정통합(완전한 재정통합)	4차 통합

출처 : 연합뉴스〈http://www.yonhapnews.co.kr〉를 근거로 구성.

이러한 추진경과를 근거로 건강보험통합정책을 시기별로 구분할 수 있는데, 시발기, 확산기, 그리고 통합기이다. 기본적으로 시기구분의 기준은 시작점(starting point)으로 한다. 본 연구에서 시작점이란 각 시기의 시작을 알리는 결정적 사건으로서,

시기별 특성을 좌우하는 중요한 변수가 되는 것이다.

한편, 시발기는 건강보험통합정책의 시작을 알리는 시기로서 그 시작점은 1980년 10월 천명기 보사부장관의 건강보험정책의 통합문제 제기이고, 확산기는 정책을 둘러싸고 높은 수준의 갈등이 이어지는 시기로서 그 시작점은 1988년 2월부터 본격화된 농민단체와 대한의약협회 및 대한병원협회 등 진보의료단체와 시민단체 등이 주도하여 벌인 시정운동이다. 그리고 통합기는 분산되어 있는 건강보험이 합쳐지는 시기로서 그 시작점은 1997년 11월 18일 지역건강보험과 공교건강보험을 통합한 국민의료보험법이 국회에서 가결되는 시점이다.

2. 건강보험통합정책 관련 선행연구

전술한 건강보험통합정책과 관련된 기존의 연구들을 조명해 보면 다음과 같다.

먼저, 이재희(2001)는 정책을 변화의 과정으로 이해하고, 정책변화의 과정은 정책수장자와 정책의 창이라는 기제를 통해 설명되어야 한다는 입장에서 한국건강보험제도의 변화과정을 살펴보았고, 김석추(2001)는 건강보험이 1차 및 2차 통합과정을 거쳐 2년간 시행되어온 과정에서 통합주의 관리방식의 주창자들이 주장했던 논리를 중심으로 건강보험의 통합효과를 분석하고자 하였다.

이강희(2002)는 시·군·구별 조합을 구성하여 관리 운영하던 지역의료보험조합이 1998년 10월 하나로 통합되면서 개발된 새로운 보험료 부과체계가 통합 전에 비해 그 형평성이 어느 정도 개선되었는가를 살펴보았고, 원석조(2003)는 2002년 4월 이회창 한나라당 전 총재가 한나라당 대선후보 선출과정에서 김대중 '국민의 정부'가 추진한 일련의 정책들, 즉 경제적 구조조정, 금융정책, 의약분업 및 건강보험의 통합을 들어 좌파적 정부라고 공격함으로써 촉발된 건강보험통합에 대한 이념논쟁을 고찰하였다.

정사성(2003)은 조합주의체제로 일관해 왔던 건강보험정책이 통합방식 관리체제로 전환이 이루어지는 과정에서 주도적인 영향력을 행사하는 참여자들의 역할과 영향을 집중적으로 분석하였고, 박종근(2003)은 건강보험 도입 시부터 계속되어 온 재정문제에 초점을 맞춰 건강보험의 통합 이전과 이후의 재분배효과에 대한 연구를 하였다.

최인덕(2007)은 건강보험통합논쟁에서 핵심쟁점이었던 조합 간 재정이전 효과를 조합방식과 통합방식 하에서 비교 분석함으로써 의료보험통합의 위험분산효과를 검증하였고, 최유리(2011)는 관료의 역할을 중심으로 본 복지정책결정의 역동성을 연구함에 있어 의료보험통합정책과 노인장기요양보험정책의 두 사례를 들어 비교 분석하였다.

지금까지 살펴본 선행연구들은 전반적으로 건강보험통합정책이 형성되는 과정에 체계적인 초점을 맞추고 있다는 점에서, 본 분야에 의미 있는 기여를 하고 있다. 하지만, ACMS 모형에 건강보험통합정책을 적용한 연구는 부재했다는 점에서, 본 연구는 나름의 차별성을 갖고 있는 것이다.

제 4 절 ACMS 모형을 활용한 건강보험통합정책의 변동 분석

전술한 이론적 배경 등을 근거로 ACMS 모형을 활용하여 건강보험통합정책의 변동을 분석해 보면 다음과 같다.

1. 외적변수

1) 안정적인 외적변수

먼저, 안정적인 외적변수로서, 문제영역의 기본적 속성은 건강보험통합 일원화문제 등이라고 할 수 있다.

즉, 건강보험의 조직 및 재정을 자치적으로 운영하는 기존의 조합주의방식으로 지속해 갈 것인지, 보험관리만이 아니라 피보험자의 조합과 재정까지를 포함하는 업무를 통합주의방식으로 할 것인지에 대한 정책논쟁이 1980년부터 시작되었다. 이는 기존에 부재했던 통합주의방식이 본격적으로 등장하게 되는 계기가 되었다는 점에서, 이들 옹호연합에게 재원으로 작용한 것이다.

자연자원의 기본적 분포는 국민건강보험의 전국 확대 등이라고 할 수 있다.

즉, 건강보험은 1977년부터 500인 이상 사업장에 한해 의무적으로 실시된 이후 적용사업장의 확대가 이루어졌다. 직장위주의 확장은 당시 한국경제의 성장이 뒷받침되어 빠르게 진행되었는데 1977년 12월 31일에는 공무원 및 사립학교 교직원 의료보험법이 제정되어 1979년 1월부터 동 대상자에 대한 의료보험 업무가 시작되었다. 이어서 1979년에는 300인 이상 사업장 근로자까지 적용범위를 확대하였고, 1981년 1월부터 100인 이상 사업장의 근로자 116만 명을 추가로 적용하였으며, 1982년 2월 15일에는 5인 이상 사업장에서도 원하는 경우에는 의료보험에 가입할 수 있도록 임의적용이 확대되었다. 또한, 1983년 1월에는 소규모 사업장의 의료보험 가입을 권장하기 위하여 16인 이상 사업장을 당연적용하게 하였으며, 1988년 1월부터는 5인 이상 사업장까지 당연적용사업장으로 확대되었다. 그럼에도 불구하고 농업인, 지역주민, 자영업자를 대상으로 하는 의료보험을 실시하는 데는 어려움을 겪고 있었고, 이들을 대상으로 하는 의료보험 실시가 요구되었다(김행열, 2006 : 78). 이것은 국민건강보험이 조합주의방식에서 출발하여 보험혜택에 대한 국민들의 요구 등 건강보험의 발전과정에서 나타나는 현상으로, 국민건강보험의 통합을 지지하는 옹호연합에 재원으로 작용한 것이다.

근본적인 사회문화가치 및 사회구조는 분배주의 등이라고 할 수 있다.

즉, 분배주의와 성장주의는 한국에서 주로 대립되는 개념으로 존재해 왔는데, 김대중정부가 들어서면서 분배가 주요 이슈(복지지출 비중, 2002년 기준, 19.9%)가 되었고, 노무현정부(2006년 기준, 27.9%)에서는 주요 현안사항으로 부상되었다(양승일, 2011). 물론, OECD의 복지지출 비중평균(2004년 기준, 54.7%)과는 현격한 차이를 보였지만 당시 김영삼정부에서의 IMF 구제금융시기를 맞아 국민적 어려움이 더욱 가중되고 있는 상황에서 김대중정부가 생산적 복지를 내걸고 선별층을 위주로 복지비용을 대폭 상향시킨 것은 분배주의 사회구조의 한 흐름이라고 할 수 있다. 이는 평등주의적 관점에 입각하여 전 국민에게 충분하고 균등한 분배의 원리로 접근하고 있는 통합주의와 합치된다는 점에서, 건강보험의 통합을 찬성하는 옹호연합에게 재원으로 작용하게 되는 것이다.

기본적 법적구조는 국민의료보험법 등이라고 할 수 있다.

즉, 1996년 11월 30일 국민회의 소속 이성재, 이재선, 신낙균, 김한길의원 외 68인의 발의로 국민건강보험법 제정을 제안하였는데, 주요 내용은 건강보험의 관리체계 및 재정통합 등이었다. 이렇게 국민회의의 통합 법안이 제안된 상태에서, 1997년 10월 김영삼대통령이 여당을 탈당한 가운데 신한국당의 황성균의원 등이 지역의료보험조합과 공교의료보험공단을 통합하는 법안을 발의하였다. 이때 의료보험을 전면 통합하는 국민건강보험법을 이미 제안해 놓았던 야당인 국민회의는 통합법안이 발의되자 이에 동조·찬성하였다. 그리하여 협의를 통해 지역의료보험조합과 공교의료보험공단을 통합하는 국민의료보험법이 김영삼정부 말기인 1997년 11월 정기국회에서 통과됨으로써 의료보험통합은 급물결을 타게 되었다(권혁시, 2008). 이는 통합주의옹호연합에게 재원으로 작용하게 되는 것이다.

2) 역동적인 외적변수

역동적인 외적변수로서, 사회경제적 조건의 변화로는 IMF 관리체제 등을 들 수 있다.

즉, IMF 관리체제에서는 정책효율성이 강조되었는데, 당시 건강보험은 통합관리가 아닌 조합별 관리가 이루어지고 있었기에 많은 인력이 요구되었으며, 가입자 이동 시 조합 간 연계가 되지 않아 혼란을 겪는 등 많은 비효율성이 있어 왔다. 특히, 농어촌 지역의 특성상 많은 관리 인력을 필요로 했고, 이에 따른 관리비용은 지역조합의 재정력을 더욱 악화시켰다. 이에 따라 본 시기에서는 통합주의방식의 개혁 필요성이 부각되었다(최유리, 2011). 따라서 IMF 관리체제는 통합주의옹호연합에게 재원으로 작용한 것이다.

여론의 변화로는 건강보험통합정책에 대한 국민의 찬반여론 등을 들 수 있다.

즉, 건강보험통합정책에 대한 국민적 여론은 다음과 같다. 1988년 건강보험의 농어촌 확대 전후부터 농민단체는 건강보험 통합을 주장했고 보건의료단체들을 비롯한 시민단체들도 이에 합세하였다. 그리고 여야를 떠나 모든 정치계는 건강보험통합에 대해 일관되게 찬성하고 나섰다. 그러나 언론계는 경향신문, 국민일보 등을 제외한 조선·중앙·동아일보는 건강보험통합에 대해서 강하게 반대하였고, 노동계와 학계, 특히 행정부 내에서는 찬반양론이 나뉘어 갈등을 빚는 상황이었다. 또한, 기업계는 봉급생활자와 자영업자를 재정적으로 통합하면 봉급생활자들의 보험료가 자영업자에게로 이전되어 봉급생활자들의 부담이 늘어나 결국 기업의 보험료 부담이 증대된다는 이유를 들어 반대하고 나섰다. 결국, 건강보험통합에 대한 찬반여론이 대립되어 있었다는 점에서, 조합주의옹호연합과 통합주의옹호연합에게 상황에 따라 재원, 또는 제약으로 작용하였다고 할 수 있다. 이와 같이 건강보험통합에 대한 사회세력별 입장을 정리하면 아래 〈표 17-4〉와 같다.

〈표 17-4〉 국민 제 세력의 건강보험통합정책에 대한 입장

국민 제 세력		찬성	반대	사유
자본	경총 외 경제단체		○	재정통합 시 봉급생활자가 손해
노동	민주노총	○		저임금 근로자와 농민을 위한 위험분산
	한국노총		○	재정통합 시 봉급생활자가 손해
농민단체		○		재정통합 시 농민에게 유리
시민단체		○		저소득계층을 위한 소득재분배
정부	5·6공 시절의 청와대		○	재정의 정부책임 부담, 통합 후 혼란우려
정치계	여·야당	○		지역주민의 표를 의식
언론계	경향신문, 국민일보	○		저소득층을 위한 위험분산
	조선·중앙·동아일보		○	재정통합 시 봉급생활자 손해
학계	통합론자	○		소득 재분배 및 관리운영의 효율성 증대
	조합론자		○	정부부담 증대 및 보험재정의 누수 등

출처: 원석조(2003: 49)를 근거로 재구성.

지배집단의 변화는 김영삼정부에서 김대중정부로의 정권교체 등이 해당될 것이다.

즉, 상대적으로 김영삼정부는 건강보험통합정책에 대해 소극적 입장이었던 반면, 김대중정부는 효율성 차원에서 적극성을 보였다. 1997년 대선에서 완전한 건강보험통합을 대선공약으로 내걸었던 김대중후보의 당선이 건강보험의 통합을 가속화시키는 결정적인 계기로 작용하게 되었다. 결국, 김영삼정부에서 김대중정부로의 정권교체는 통합주의옹호연합에게 재원으로 작용하게 된 것이다.

마지막으로, 다른 하위체제로부터의 정책결정 및 영향은 일본 의료계의 일원화정책 등을 들 수 있다.

즉, 우리나라가 직장노동자와 자영업자 간의 소득 파악률 차이가 심하여 통합이 기술적으로 쉽지 않은 상황이면서도 건강보험통합정책이 제기된 것은 일본에서 1959년에 이미 의료계를 중심으로 일원화정책을 제기하였던 사실에서 자극을 받았기 때문이라고 할 수 있다(권혁시, 2008 : 33). 이러한 일본 의료계의 일원화정책은 통합주의옹호연합에 재원으로 작용하게 된 것이다.

종합적으로, 건강보험통합정책에 대한 조합주의옹호연합과 통합주의옹호연합에 영향을 미치는 외적변수를 분석해 보면 〈표 17－5〉와 같다.

〈표 17-5〉 안정적인 외적변수와 역동적인 외적변수의 종합

구 분		조합주의옹호연합	통합주의옹호연합
안정적인 외적변수	건강보험통합 일원화문제	제약	재원
	건강보험의 전국 확대	제약	재원
	분배주의	제약	재원
	국민의료보험법	제약	재원
역동적인 외적변수	IMF 관리체제	제약	재원
	국민의 찬반여론	재원 또는 제약	재원 또는 제약
	정권교체(김영삼 → 김대중)	제약	재원
	일본 의료계의 일원화정책	제약	재원

결론적으로, 국민의 찬반여론을 제외하고는 모든 외적변수들이 통합주의옹호연합에 재원으로 작용하고 있다는 점에서, 무게중심은 일단 이들에게 유리한 국면이 조성된 것이다.

2. 옹호연합과 신념체계

한편, 건강보험을 둘러싸고 조합주의를 지향하는 옹호연합은 청와대, 국민의료정책심의위원회, 언론매체(조선 · 중앙 · 동아일보 등), 의료보험연합회, 경영자총연합회, 한국노총, 직장의료보험조합, 범국민대책회의 등인 반면, 통합주의를 지향하는 옹호연합은 보건복지부, 국회, 국무총리실, 가톨릭농민회, 한국기독교농민총연합회, 전국농민회, 건강사회실현약사협의회, 대한의약협회, 대한병원협회, 전국지역의료보험조합, 의료보험연대회의, 노사정위원회, 의료보험통합추진기획단 등으로 나눌 수 있다.

이들은 각각 일정한 신념체계를 공유하게 되는데, 조합주의옹호연합은 규범핵심으로 사유재산권의 정당성을 주장하는 반면, 통합주의옹호연합은 공유재산권의 정당성을 공유하게 된다. 그리고 정책핵심으로 전자는 기존의 조합주의 관리운영방식을 지속적으로 지향하고자 주장하는 반면, 통합주의옹호연합은 조직과 재정을 통합하는 운영방식으로 정책을 지향하자는 것을 공유하게 된다. 마지막으로, 도구적 측면으로 전자는 국민건강보험법 제정에 대한 부당함과 불합리한 점을 들어 반대하는 입장인 반면, 통합주의옹호연합은 국민건강보험법 제정에 대해 찬성의 정당성을 공유하게 된다(〈표 17-6〉 참조).

〈표 17-6〉 옹호연합의 신념체계

구 분	조합주의옹호연합	통합주의옹호연합
규범핵심(normative core)	사유재산권의 정당성	공유재산권의 정당성
정책핵심(policy core)	조합주의정책 지향	통합주의정책 지향
도구적 측면(instrumental aspect)	국민건강보험법 제정 반대	국민건강보험법 제정 찬성

3. 촉발기제

본 사례의 촉발기제는 1980년 10월 천명기 당시 보사부장관이 통합문제를 제기한 시점이라고 할 수 있다. 천 장관은 조합방식의 복잡성과 비효율성을 지양하고 건강보험의 전국 확대를 위해서는 통합운영이 필요하다는 판단 아래, 전두환대통령에게 의료보험관리운영체계일원화 방안을 보고한 것이다(원석조, 2003 : 162-167).

이를 계기로 건강보험통합정책을 둘러싼 정책변동의 창이 열리게 되고, 조합주의옹호연합과 통합주의옹호연합 간 본격적인 게임의 장이 펼쳐지게 된다. 한편, 이 같은 촉발기제를 Kingdon(1984)이 언급한 다중흐름차원에 대입해 보면, 정책적 대안 제시라는 점에서 정책대안흐름이라고 할 수 있다.

4. 시기별 구분에 따른 정책변동의 창

전술한 바와 같이, 1980년 10월 천명기 당시 보사부장관의 의료보험통합문제 제기를 시작으로 건강보험통합을 둘러싼 정책변동의 창이 열리고, 창에서는 시발기, 확산기, 그리고 통합기로 이어지는 상호작용이 나타나게 된다.[2)]

1) 시발기(1980.10~1988.02)

시발기의 시작점은 1980년 10월 천명기 보사부장관의 통합문제 제기라고 할 수 있다.

2) 본 연구에서 시발기, 확산기, 통합기에서의 정책옹호연합과 활동내용은 진보격인 한겨레신문·경향신문, 보수격인 조선일보·동아일보, 그리고 중도격인 한국일보·연합뉴스 모두에서 언급된 사항을 근거로 분석한 것이다.

(1) 정책경로

시발기에 있어서 조합주의옹호연합과 통합주의옹호연합의 주요 정책경로를 살펴보면, 전자는 보고서작성 · 발표 · 축출 · 건의문경로 등을 탐색한 반면, 후자는 보고 · 당정협의 · 발표경로 등을 탐색하게 된다.

(2) 정책전략

옹호연합들은 정책경로를 근거로 자신들의 주장을 정책에 관철시키기 위한 정책전략을 펼치게 된다.

먼저, 1980년 10월 천명기 보사부장관은 전두환대통령에게 건강보험의 통합계획을 보고하게 된다(보고전략). 하지만, 청와대는 조합 간 갈등으로 인한 통치권의 부담 등을 내세워 통합반대 보고서를 작성(보고서작성전략, 1980.11)하기에 이르지만, 천명기장관은 이에 굴하지 않고 모든 국민에게 균형된 의료서비스를 제공해야 한다는 판단 아래 국회 보사위에 단계적 통합방침을 보고하게 된다(보고전략, 1981.01). 하지만, 한국노총은 통합추진에 대해 봉급생활자가 피해를 입을 수 있다며 반대 보고서를 발표하기에 이른다(발표전략, 1981.08).[3)]

이러한 양 옹호연합 간 상호작용 속에서 보사부 내에서 건강보험 통합주의세력이 조합주의세력에 의해 축출되는 보사부파동이 발생(축출전략, 1983.03)하여 통합정책은 상당부분 후퇴하게 된다. 하지만 당시 여당인 민정당은 의료사각지대에 놓여 있는 국민들을 감싸 안아야 한다며 당정협의에서 전국적인 통합을 요구하기에 이른다(당정협의전략, 1986.05). 이에 대해 경총은 직장생활자의 피해를 내세워 반대건의문을 채택(건의문전략, 1986.08)하기에 이르지만, 경제기획원과 국무총리실은 소득재분배, 사회통합, 관리효율성 등을 내세워 통합을 찬성하는 보고서를 발표하여 반격에 나서게 된다(발표전략, 1986.10).

3) 본 연구에서 보고서작성전략은 보고와 발표는 하지 않고 보고서만 작성하는 행위이고, 보고전략은 국회의원 등 특정 소수에게 보고하는 행위이며, 발표전략은 국민 등 불특정다수에게 알리는 행위를 말한다.

이렇게 볼 때, 시발기의 조합주의옹호연합은 청와대, 한국노총, 보사부 내 조합주의세력, 경총, 보수신문 등이고, 통합주의옹호연합은 천명기 보사부장관, 보사부 내 통합주의세력, 민정당, 경제기획원과 국무총리실, 진보적 입장의 신문 등이었는데, 전반적으로 통합을 위한 제도적 장치마련에 실패하였다는 점 등에서, 본 시기에 있어서 힘의 무게중심은 조합주의옹호연합에 있었던 것이다.

(3) 정책중개자

시발기에서 정책중개자의 활동은 특별히 발견되지 않았다.

2) 확산기(1988.02~1997.11)

확산기의 시작점은 1988년 2월부터 본격화된 농민단체와 대한의약협회 및 대한병원협회 등 진보의료단체와 시민단체 등이 주도하여 진행되었던 시정운동이다.

(1) 정책경로

확산기에 있어서 조합주의옹호연합과 통합주의옹호연합이 탐색했던 주요 정책경로들은 다음과 같다. 먼저, 전자의 경우는 거부경로 등을 탐색한 반면, 후자는 운동·학습·조직·입법경로 등을 탐색한 것으로 나타났다.

(2) 정책전략

본 시기 역시 양 옹호연합들은 자신들이 탐색한 정책경로를 따라 자신들의 주장을 정책에 반영시키기 위한 정책전략을 펼쳐 나갔다.

먼저, 건강보험통합정책으로의 진전이 없자 가톨릭농민회, 전국농민협회, 기독교농민회총연합회, 교회빈민의료협의회, 기독교청년의료인회, 건강사회실현약사협의회 등 농민단체와 진보의료단체 등은 소득재분배 등을 내세우며 1988년 2월부터 시정운동에 본격적으로 돌입하게 된다(운동전략). 특히, 이들은 서울종로성당에서 농어민 건강권 확보를 위한 대토론회를 공동으로 개최하여 농어민에 대한 보험료의 과중부담, 보험료 산정기준의 비합리성, 진료권 설정의 비형평성, 그리고 조합방식의 비효율성 등을 제기하며, 건강보험의 통합운영 등을 정부에 강하게 요구하게 된다(학습전략, 1988.04). 더 나아가, 이들의 활동은 1988년 6월 결성된 전국의료보험대책위원회로 구체화된다(조직전략). 본 단체는 진보의료단체, 농민단체 등으로 구성되었는데, 이들은 결성 직후인 7월부터 전국 차원의 100만 인 서명운동(서명전략)을 전개하는 등 통합에 적극적인 입장을 보인다.

또한 건강보험의 조직 및 재정의 완전통합, 의료보호의 건강보험으로의 흡수, 그리고 보험료 누진제 등의 내용을 담은 국민의료보장법안을 만들어 국회에 전달하기도 하였다(입법전략, 1988.12). 이러한 전략은 당시 야당인 평민당과 민주당에 연결되어, 이들의 주도로 건보통합을 골자로 하는 국민의료보험법 개정안이 국회에서 가결된 것이다(입법전략, 1989.03). 이는 1980년부터 20년 가까이 이어져 온 건강보험통합논쟁이 마무리되는 전환적 사건이 될 뻔 했으나, 노태우대통령이 공공안녕질서와 국가안위를 위태롭게 하는 법안이라는 근거 등을 내세워 거부권을 행사함으로써 건보통합은 무산되기에 이른다(거부전략, 1989.03).

이렇게 볼 때, 확산기의 조합주의옹호연합은 노태우대통령 등이고, 통합주의옹호연합에는 진보의료단체와 농민단체, 전국의료보험대책위원회, 평민당과 민주당 등이 포함되어 있었다. 전반적으로 볼 때, 비록 통합을 위한 제도적 장치마련에는 실패했으나 통합주의옹호연합이 이전에 보지 못했던 강한 압박을 가했다는 점에서, 본 시기에 있어서 무게중심은 균형에 있었다고 할 수 있다.

(3) 정책중개자

확산기에 있어 조합주의옹호연합과 통합주의옹호연합의 상호작용에 대한 정책중개자는 보건복지부장관 자문기구인 국민의료정책심의위원회[4]라고 할 수 있다.

4) 본 기구는 장관 자문기관으로서 2명의 공동위원장 아래 40인 이하의 위원을 두었고, 의료보장 · 의약분업 · 의료제도 · 한방의료의 4개 분과위원회로 구성되어 있었다.

본 심의위원회는 1988년 8월 25일에 국민의료보장을 위한 공청회를 개최하였고, 통합주의와 조합주의를 주장하는 학자와 언론인을 초청하여 토론회를 열어 중개노력을 하였다(학습전략). 본 공청회·토론회에서 도시지역 의료보험 확대에 따른 전면통합, 시·도 단위 및 생활권 단위의 광역화, 시·군·구 단위 조합설립 등 다양한 모델에 대한 논의를 비롯해 양 옹호연합 간에 치열한 상호작용이 있었으나, 각자의 의견만 피력했을 뿐 입법으로 연결되지는 못했다.

3) 통합기(1997.11~2003.07)

통합기의 시작점은 1997년 11월 지역건강보험과 공교건강보험의 통합을 담은 국민의료보험법이 국회에서 가결되는 시점이다.

(1) 정책경로

통합기에 있어서 조합주의옹호연합과 통합주의옹호연합이 탐색했던 주요 정책경로들은 다음과 같다. 먼저 전자의 경우, 입법·청원·연기경로 등을 탐색한 반면, 후자는 입법·공약·합의·조직·통합·요구경로 등을 탐색한 것으로 나타났다.

(2) 정책전략

본 시기 역시 전술한 시기에서와 마찬가지로 각각의 옹호연합들은 자신들이 탐색한 정책경로를 따라 자신들의 주장을 정책에 관철시키기 위한 정책전략을 펼치게 된다.

먼저, 진보의료단체와 농민단체 등의 지속적인 통합요구로 인해 1997년 11월 18일 지역건강보험과 공교건강보험을 통합한 국민의료보험법이 국회에서 가결됨에 따라 건보통합은 새로운 국면을 맞이하게 된다(입법전략). 이를 계기로 15대 대선에 출마한 김대중, 이회창 등 양당 대통령후보는 건보의 완전통합을 선거공약으로 제시하기에 이르고(공약전략, 1997.12), 김대중후보가 당선 직후 설립한 노사정위원회는 건보전체통합을 합의하게 된다(합의전략, 1998.02). 이러한 통합 움직임에 탄력을 받아 보건복지부는 각계 대표 및 전문가로 구성된 의보통합추진기획단을 구성하게 되고(조직전략, 1998.03), 개정된 국민의료보험법을 근거로 지역의료보험조합과 공교의료보험관리공단의 조직을 국민의료보험관리공단으로 하는 1차 조직통합을 시행하게 된다(통합전략, 1998.10).

하지만 통합주의옹호연합은 이에 머물지 않고 정부에 더욱 더 강한 압박을 가하게 된다. 즉, 경실련, 참여연대 등 대표적 시민단체가 통합운동에 참여하여 직장건강보험까지 통합하는 법률을 조속히 제정할 것을 요구하게 된다(요구전략, 1998.12). 이러한 압박 등에 직면한 국회는 지역, 직장, 공교를 모두 통합하는 내용을 담은 국민건강보험법을 가결하였고, 이에 따라 최소한 법규정상으로는 완비되는 상황까지 오게 된 것이다(입법전략, 1999.01). 결국, 이를 근거로 보건복지부는 직장의료보험조합과 국민의료보험관리공단의 조직을 통합시킴으로써 국민건강보험공단을 발속시키게 되는 2차 조직통합을 시행함으로써 완전한 조직통합이 이루어지게 된 것이다(통합전략, 2000.07). 그리고 직장건강보험과 공교건강보험의 재정을 통합시킴으로써 1차 재정통합도 시행하게 된 것이다(통합전략, 2001.01).

하지만, 봉급생활자의 부담이 너무 크다며 보수층의 반발이 거세지자 이를 대변하는 한나라당은 지역건강보험과 직장건강보험만은 재정분리를 해야 한다는 법안을 국회에 제출하였고(입법전략, 2001.05), 한국노총·경총·교총·의사협회·자유시민연대 등 조합주의옹호연합 역시 건강보험의 재정분리를 위한 법 개정 관련 청원서를 국회에 제출하는 등 반격에 나서게 된다(청원전략, 2001.05). 이러한 반발 움직임에 따라 국회는 지역 및 직장 재정통합을 2003년 7월로 연기(연기전략, 2002.01)하게 되지만, 결국 노무현정부가 들어서면서 연기된 일자에 맞춰 보건복지부는 2차 재정통합, 즉 완전한 재정통합을 실시하게 된다(통합전략, 2003.07). 전체적으로는 4차 통합을 거쳐 건강보험통합정책이 완전히 마무리됨으로써 정책변동의 창은 비로소 닫히게 된다.

이렇게 볼 때, 통합기의 조합주의옹호연합은 한나라당, 한국노총, 경총, 교총, 의사협회, 자유시민연대, 국회 등이고, 통합주의옹호연합에는 국회, 김대중후보, 이회창후보, 노사정위원회, 보건복지부, 경실련, 참여연대 등이 포함되어 있었다. 전반적으로 볼 때, 통합을 위한 제도적 장치가 마련되었고 실제로 통합이 시행되었다는 점에서, 본 시기에서의 무게중심은 통합주의옹호연합으로 역전된 것이다.

(3) 정책중개자

통합기에 있어 양 옹호연합 간 상호작용에 대한 정책중개자는 당정협의회라고 할 수 있다. 국민건강보험법이 1999년 2월 8일 공포되자 민주노총과 한국노총 간의 노・노 갈등이 첨예한 양상을 띠었고, 찬반대립이 일어나자 김대중정부와 여당인 국민회의는 김종필국무총리 주재로 당정협의회를 열어 당초 2000년 1월 조직통합을 강행하려던 방침에서 한발 후퇴하여 조직통합을 6개월 연기한 2000년 7월 1일부터 시행하기로 1999년 10월 11일 확정・발표하게 된다(연기전략).

이와 같이 당정협의회는 건강보험의 완전통합을 놓고 조합주의옹호연합과 통합주의옹호연합 간의 조직적 요구표출이 찬반양론으로 첨예하게 대립되는 상황에서 중재안을 제시함으로써 갈등을 일단 잠재우는 정책중개자의 역할을 수행했던 것이다.

5. 정책변동

결국, 정책변동의 창을 통해 나타난 정책산출은 지역・직장・공교의 조직 및 재정통합을 모두 담고 있는 국민건강보험법이라고 할 수 있고, 이로 인해 건강보험정책의 관리운영방식은 조합주의정책에서 통합주의정책으로 변동이 발생한 것이다.

6. 연구의 종합

지금까지 ACMS 모형을 토대로 건강보험통합정책의 변동을 분석해 본 내용은 〈표 17-7〉과 같이 요약될 수 있었다.

〈표 17-7〉 ACMS 모형을 활용한 건강보험통합정책의 변동 분석 결과

	구 분	변수	내용	재원
외적변수	안정적인 외적변수	문제영역의 기본적 속성	건강보험통합 일원화문제	통합주의옹호연합
		자연자원의 기본적 분포	건강보험의 전국 확대	
		근본적인 사회문화가치 및 사회구조	분배주의	
		기본적 법적구조	국민의료보험법	
	구 분	변수	내용	재원
	역동적인 외적변수	사회경제적 조건의 변화	IMF 관리체제	통합주의옹호연합
		여론의 변화	국민의 찬반여론	조합주의 또는 통합주의 옹호연합
		지배집단의 변화	정권교체 (김영삼 → 김대중)	통합주의옹호연합
		다른 하위체제로부터의 정책결정 및 영향	일본 의료계의 일원화정책	
신념체계	구 분	규범핵심	정책핵심	도구적 측면
	조합주의 옹호연합	사유재산권의 정당성	조합주의정책 지향	국민건강보험법 제정 반대
	통합주의 옹호연합	공유재산권의 정당성	통합주의정책 지향	국민건강보험법 제정 찬성
촉발기제	천명기 보사부장관의 통합문제 제기(정책대안흐름)			
구 분	정책변동의 창			
	시발기	확산기	통합기	
조합주의옹호연합	청와대, 한국노총, 보사부 내 조합주의세력, 경총 등	노태우대통령 등	한나라당, 한국노총, 경총, 교총, 의사협회, 자유시민연대, 국회 등	

구 분	정책변동의 창		
	시발기	확산기	통합기
조합주의옹호연합 정책전략	보고서작성전략, 발표전략, 축출전략, 건의문전략 등	거부전략 등	입법전략, 청원전략, 연기전략 등
통합주의옹호연합	천명기 보사부장관, 보사부 내 통합주의세력, 민정당, 경제기획원과 국무총리실 등	진보의료단체와 농민단체, 전국의료보험 대책위원회, 평민당과 민주당 등	국회, 김대중·이회창후보, 노사정위원회, 보건복지부, 경실련, 참여연대 등
통합주의옹호연합 정책전략	보고전략, 당정협의전략, 발표전략 등	운동전략, 학습전략, 조직전략, 입법전략 등	입법전략, 공약전략, 합의전략, 조직전략, 통합전략, 요구전략 등
정책중개자	–	국민의료정책 심의위원회	당정협의회
정책중개자 정책전략	–	학습전략	연기전략
정책산출	국민건강보험법		
정책변동	조합주의정책 → 통합주의정책		

즉, 옹호연합에게 재원 또는 제약으로 작용하는 외적변수 중 안정적인 외적변수는 건강보험통합 일원화문제, 건강보험의 전국 확대, 분배주의, 국민의료보험법 등으로 나타났고, 역동적인 외적변수에는 IMF 관리체제, 국민의 찬반여론, 김영삼정부에서 김대중정부로의 정권교체, 일본 의료계의 일원화정책 등이 도출되었다.

여기에서 국민의 찬반여론을 제외한 모든 부분들이 통합주의옹호연합에게 재원으로 작용하는 유리한 국면이 조성된 것이다. 한편, 외적변수에 영향을 받는 옹호연합은 일정한 신념체계를 공유하게 되는데 조합주의옹호연합은 사유재산권의 정당성 등을 공유한 반면, 통합주의옹호연합은 공유재산권의 정당성 등을 공유하게 된다.

이러한 흐름 속에서 정책대안흐름인 천명기 보사부장관의 통합계획 보고가 촉발기제로 작용하여 정책변동의 창이 열리게 되고, 창에서는 시발기·확산기·통합기에 걸쳐 양 옹호연합 간 치열한 상호작용이 벌어지게 된다. 결국 지역, 직장, 공교의 조직 및 재정통합을 모두 담고 있는 국민건강보험법이 국회에서 가결됨에 따라 정책변동의 창은 닫히게 되고, 건강보험정책은 조합주의정책에서 통합주의정책으로 변동된 것이다.

제5절 결론

지금까지 건강보험정책이 조합주의에서 통합주의로 변동되는 과정을 ACMS 모형을 활용하여 분석하였고, 이를 근거로 한 제 시사점들을 조명해 보면 다음과 같다.

첫째, 시민·사회단제 등 비공식직 침여지기 과거에 비해 정책변동에 더 큰 영향을 준다는 점이다. 일례로, 진보의료단체와 농민단체 등이 시정운동을 적극적으로 전개하여 1997년 11월 18일 지역건강보험과 공교건강보험의 통합을 내용으로 하는 국민의료보험법이 국회에서 가결되는 데 역할을 담당했고, 이는 조직통합과 재정통합으로 이어져 건강보험정책을 조합주의정책에서 통합주의정책으로 변동시킨 것이다.

둘째, 옹호연합들 간의 치열한 상호작용이 벌어지는 정책변동과정 내에서도 일정한 경계적 질서가 존재한다는 점이다. 즉, 건강보험통합정책은 높은 수준의 이분법적 게임의 장을 나타내는 등 복잡한 정책현상을 보이고 있었으나, 실제로는 외적변수, 신념체계, 촉발기제, 정책변동의 창에서의 시기별 상호작용, 그리고 정책변동 등 논리적인 경계적 질서가 존재하였다.

셋째, 특정변수는 복잡한 정책현상에 있어서 다양한 역할을 할 수 있다는 점이다. 즉, 건강보험통합정책에서 정책변동의 창을 열었던 보사부장관의 통합보고는 촉발기제인 동시에 시발기의 시작점으로는 작용했다고 볼 수 있다.

넷째, 우리나라 사례도 ACMS 모형을 활용한 논리적 분석이 가능하다는 점이다.

즉, 기존의 ACF와 MSF 모형은 외국학자에 의해 외국사례를 근거로 만들어진 이론이었다. 그럼에도 불구하고, 두 모형을 상호보완적으로 통합한 ACMS 모형에 우리나라 건강보험정책이 조합주의에서 통합주의로 변동되는 과정을 적용해 보니, 뚜렷한 문제점 없이 상당부분 논리적인 분석이 가능했었다. 이런 점에서, 본 모형이 우리나라의 사례에도 적용할 수 있다는 가능성을 보여준 것이다.

다섯째, ACMS 모형을 토대로 건강보험통합정책의 변동과정을 분석한 결과, ACMS 모형에서 기대되었던 시사점들 대부분과는 일치하였으나, 일부와 일치하지 않았다.

먼저, ACMS 모형을 정책변동사례에 적용하면 모든 외적변수들이 도출된다고 했는데, 본 사례의 경우에서도 안정적인 외적변수로 건강보험통합 일원화문제, 건강보험의 전국 확대, 분배주의, 그리고 국민의료보험법 등이 도출되었고, 역동적인 외적변수로서는 IMF 관리체제, 국민의 찬반여론, 김영삼정부에서 김대중정부로의 정권교체, 그리고 일본 의료계의 일원화정책 등이 도출되었기에 ACMS 모형에서 기대되었던 시사점들과 일치하였다.

또한 상호작용을 통해 만들어진 정책산출은 양 옹호연합에 영향을 준다는 것인데, 건강보험통합정책에서 정책산출로 국민건강보험법이 도출되어 정책변동이 발생했고 이는 조합주의옹호연합에는 적극적인 통합반대 추진을 포기하는 역할을 하였고, 통합주의옹호연합에는 적극적인 추진을 가속화시키는 데 영향을 미쳤다는 점에서, 이 부분 역시 ACMS 모형에서 기대되었던 시사점들과 일치한다고 하겠다.

그리고 ACMS 모형으로 분석하면 기존 정책이 새로운 정책으로 변동되는 특징이 발견된다고 했는데, 본 연구에서도 기존 조합주의정책에서 통합주의정책으로 변동되는 특징이 발견되었으니, 시사점과 일치한다고 할 수 있을 것이다.

이어서 정책형성과정의 최종 정책산출에 가장 큰 영향을 미치는 변수는 촉발기제로서의 다중흐름이라고 하였는데, 본 연구의 경우 촉발기제인 보사부장관의 통합보고에 따라 정책변동의 창이 열렸고, 상호작용을 거쳐 조합주의정책에서 통합주의정책으로의 정책변동을 일으켰다는 점에서 핵심적 영향변수라고 할 수 있다. 따라서 이 내용 역시 ACMS 모형에서 기대되는 시사점과 일치한다고 볼 수 있다.

그러나 정책변동이 본격적으로 시작되는 시점인 촉발기제는 다중흐름, 즉 정책문제흐름, 정책대안흐름, 정치흐름 중에서 나오며, 특히 정치흐름이 대부분을 차지한다고 했는데, 본 사례의 경우 촉발기제가 정책적 대안 제시라는 점에서, 즉 정치흐름이 아닌 정책대안흐름이라는 점에서 앞서 제시한 시사점과는 일치하지 않는다고 할 수 있을 것이다.

한편, 본 연구는 ACMS 모형에 건강보험통합정책을 적용하여 제 시사점을 조명해 보았는데, 이는 모든 사례를 포괄할 수 있는 일반화에는 한계가 있을 수 있다. 그리고 자료 확보상의 한계로 시기별 분석과정에서 구체적인 메커니즘 없이 옹호연합 간 상호작용에 대한 변화만을 시간대별로 나열하고 있다는 문제가 노출되었으나, 이는 차후 개선과제라고 할 수 있다.

참고문헌

□ 국내문헌

• 단행본

김경우 · 양승일 · 강복화(2008), 『사회복지정책론』, 양서원.

김병섭 · 박광국 · 조경호(2000), 『조직의 이해와 관리』, 대영문화사.

김병식(2003), 『사회복지행정론』, 창지사.

김병식 · 박용순 · 변보기 · 윤도현(2005), 『사회복지행정론』, 창지사.

김영숙 · 김욱 · 엄기욱 · 오만록 · 정태신(2003), 『사회복지 프로그램 개발과 평가』, 교육과학사.

김영종(2000), 『사회복지행정』, 학지사.

______(2007), 『사회복지행정론』, 학지사.

김치영 · 최용민(2005), 『사회복지행정론』, 21세기사.

____________(2006), 『사회복지행정론』, 21세기사.

김태수 · 백종섭 · 신희영(1998), 『복지행정론』, 대영문화사.

김통원(1998), 『사회복지실천에서의 책임성 전략』, 한국사회복지학회.

김형렬(2002), 『정책학원론』, 박영사.

김형식 · 이영철 · 신준섭(2002), 『사회복지행정론』, 동인.

____________________(2007), 『사회복지행정론』, 양서원.

권육상 · 전대성 · 홍석자 · 서상범 · 조미영 · 홍전희(2004), 『사회복지행정론』, 유풍사.

남기민(2006), 『사회복지정책론』, 학지사.

남일재(2005), 『사회복지행정론』, 학현사.

류지성(2010), 『정책학』, 대영문화사.

박우순(2000), 『현대조직론』, 법문사.

박차상(2007), 『사회복지행정론』, 양서원.

백완기(2007), 『행정학』, 박영사.

성규탁(1993), 『사회복지행정론』, 법문사.

신복기 · 박경일 · 장중탁 · 이명현(2002), 『사회복지행정론』, 양서원.

신철우(1999), 『조직행동론』, 문영사.

오석홍(2003), 『조직이론』, 박영사.

우종모 · 김재호 · 조당호(2004), 『사회복지행정론』, 양서원.

양승일(2006), 『정책변동론』, 양서원.

양승일 · 정혁인(2009), 『사회복지행정론』, 동문사.

원석조(2011), 『사회복지행정론』, 양서원.

______(2012), 『사회복지정책론』, 공동체.

이목훈(2008), 『사회복지행정론』, 대왕사.

이봉수 · 김길평 · 김영국 · 이윤철(1997), 『경영학원론』, 명경출판사.

이창원 · 최창현(1997), 『새조직론』, 대영문화사.

이태복 · 심복자(2006), 『한국사회복지정책론』, 나남출판.

이평원(2000), 『행정조직의 이해』, 책과 공간.

장인협 역(1984), Smith, G. *Social Work and the Sociology of Organization*, 『사회복지조직론』, 집문당.

장인협 · 이정호(1992), 『사회복지행정』, 서울대학교출판부.

장천식(2006), 『사회복지행정의 이해』, 창지사.

정무성(1998), 『사회복지 프로포절 작성법』, 아시아미디어 리서치.

정정길(2006), 『정책평가』, 법문사.

조성한 · 임재현 · 주재현 · 한승준(2006), 『정책학의 주요이론』, 법문사.

지은구(2005), 『사회복지행정론』, 청목출판사.

최성재 · 남기민(2000), 『사회복지행정론』, 나남출판.

________(2007), 『사회복지행정론』, 나남출판.

황성철 · 정무성 · 강철희 · 최재성(2005), 『사회복지행정론』, 학현사.

허만형(2007), 『사회복지행정론』, 법문사.

현외성(2005), 『사회복지정책강론』, 양서원.

홍석현 · 박은혜(2009), 『사회복지행정론: 사회복지사 1급 7, 2010』, 시대고시기획.

• 논문

강정운 · 김정기(2009), "동 · 서 · 남해안권발전특별법의 정책형성과정 사례연구", 지역발전연구, 9(1).

김경윤(2010), "교장공모제 확대와 정책갈등에 관한 미시적 연구", 교육정치학연구, 17(3).

김동욱 · 성욱준(2010), "IPTV 도입과정에서의 정책갈등의 구조와 관리", 행정논총, 48(4).

김진식 · 양승일 · 유홍림(2013), "ACMS 모형을 활용한 정책변동 분석: 건강보험통합정책을 중심으로", 정책분석평가학회보, 23(1).

김석추(2001), "건강보험의 통합효과 분석에 관한 연구", 제주대학교 석사학위논문.

김윤미(2011), "여성정책변동에 관한 정책네트워크 연구: 모성보호정책의 사례", 연세대학교 박사학위논문.

김정수(2011), "감정의 재발견: '화성男 금성女' 은유를 활용한 정부: 국민 간 정책갈등에 대한 시론적 재해석", 한국정책학회보, 20(1).

김진학(2006), "한국 공공복지 행정조직과 전문인재", 한국사회복지학회 2006년도 춘계학술대회자료집.

김태룡·안희정(2004), "효과적인 복지정책을 위한 생산적 복지와 참여복지의 탐색", 한국사회와 행정연구, 15(2).

김행열(2006), "국민건강보험정책 결정요인 분석", 조선대학교 박사학위논문.

김현주(2011), "정책옹호연합모형(ACF)을 적용한 관광통역안내사 자격제도의 정책변동분석", 한양대학교 박사학위논문.

고경훈(2004), "중앙-지방정부 간 관계의 정책형성 연구: 성남시의 수도권 남부 저유소입지 선정 결정과정사례를 중심으로", 한국행정학보, 38(2).

권혁시(2008), "한국 의료보험 통합의 성과 분석" 연세대학교 석사학위논문.

박상원(2009), "방송통신조직위원회 조직 출범에 대한 정책형성과정 분석: 김대중 정부와 노무현 정부의 논의과정 비교를 중심으로", 국가정책연구, 23(3).

박종근(2003), "지역건강보험의 재분배효과에 관한 연구: 건강보험통합 전과 후의 효과를 중심으로", 전북대학교 박사학위논문.

백상현(2007), "자치구 사회복지협의회 기능강화 방안", 서울특별시의회 정책연구발표회 논문집.

손화정(2011), "참여정부의 국가보안법 정책변동실패 사례분석: 옹호연합 및 정책 갈등의 결합모형의 적용", 한국행정학보, 45(3).

신용배(2010), "옹호연합모형을 통한 정책변동연구: 수도권 공장총량제정책을 중심으로", 가톨릭대학교 박사학위논문.

안병철(2000), "정책형성과정에서의 역동성 분석: 의약분업정책의 참여자 간 상호 작용을 중심으로", 고려대학교 박사학위논문.

양승일(2007), "복지정책형성과정에서 나타나는 참여수용성 분석: 건강보험통합정책을 둘러싼 NIG(NGO-Interest Group)에 대한 정부의 참여수용성을 중심으로", 사회복지정책, 30.

_____(2011), "수자원정책형성과정의 상호작용 분석: 이명박정부의 한반도대운하사업을 중심으로", 한국정책학회보, 20(3).

유홍림 · 양승일(2009), "정책흐름모형(PSF)을 활용한 정책변동 분석: 새만금간척사업을 중심으로", 한국정책학회보, 18(2).

윤혜미(1991), "사회복지전문요원의 직무만족, 이직의도, Burnout에 관한 연구", 한국사회복지학, 18.

원석조(2003), "건강보험통합의 이념성 고찰", 사회복지정책, 17.

이강희(2002), "서울 지역의료보험 통합 전후 보험료 형평성 분석", 중앙대학교 석사학위논문.

이경기(1990), "국민의료보험법안의 형성과정과 성격에 관한 연구", 중앙대학교 석사학위논문.

이덕난(2010), "학교급식 경비지원에 관한 법적 쟁점의 분석", 교육행정학연구, 28(1).

이민창(2010), "유인, 규범, 신뢰할 만한 공약과 정책갈등: 정책갈등 유형분류를 위한 시론", 행정논총, 48(4).

이재희(2001), "한국의료보험정책변화의 과정에 관한 연구", 고려대학교 박사학위논문.

이용재(2004), "건강보험 재정통합에서의 의회역할", 사회복지정책, 19.

이상복(2012), "한국 미디어 정책변동과정의 갈등 구조 분석: 2008~2010년 방송법 개정과 종합편성채널 선정을 중심으로", 고려대학교 박사학위논문.

이종열 · 권해수(1998), "지역개발과정상 지방자치단체 간 갈등분석과 관리전략: 위천공단지정 사례분석", 한국정책학회보, 7(3).

이지연(2010), "한국 모성보호정책 형성과 여성의 시민권", 현대사회와 문화, 30.

이창원(1999), "지방자치단체장들의 리더십 형태와 그 효과성에 관한 실증적 연구", 한국행정학회보, 33(3).

이태종(1994), "정책의 승계와 정책산출 내용의 변동요인에 관한 연구: 관광정책변동 사례를 중심으로", 서울대학교 박사학위논문.

임순미(2011), "무상급식논쟁을 통해본 보수의 담론 · 진보의 담론: 신문 미디어의 프레이밍 분석을 중심으로", 한국정치학회보, 45(2).

장지호(2004), "경유승용차 판매허용의 정책변동연구: 옹호연합모형의 적용", 한국행정학보, 38(1).

장진용 · 정가원(2011), "전면 무상급식 논쟁 고찰", 한국교육사상연구회 학술논문집, 51.

전진석(2003), "새만금 간척사업의 정치경제와 정책옹호연합모형", 한국사회와 행정연구, 14(2).

정사성(2003), "의료보험 정책결정 참여자의 역할과 영향에 관한 연구", 경기대학교 석사학위논문.

정연미(2010), "옹호연합모형을 적용한 독일 기후변화정책 형성과정의 동태성 분석", 한독사회과학논총, 20(3).

정은영 · 성석주 · 최봉기(2009), "언론보도가 지방정부의 정책형성과정에 미치는 영향 분석: 울산광역시 공무원의 인식을 중심으로", 한국지방자치연구, 11(1).

조만형 · 김이수(2010), "옹호연합 틀(ACF)을 활용한 교육정책이해관계자 간 정책갈등에 관한 실증적 연구", 사회과학연구, 21(1).

조흥순(2008), "한국 교원평가정책의 변동분석: 옹호연합과정(ACPF)의 적용", 고려대학교 박사학위논문.

주재현(2007), "정책형성 담론의 국가 간 비교분석: Schmidt의 제도적 담론분석 적용", 현대사회와 행정, 17(1).

최병섭(2011), "한국정부의 통일정책 지속성에 관한 연구: 정책변동에 대한 요인 분석을 중심으로", 경기대학교 박사학위논문.

최유리(2011), "관료의 역할을 중심으로 본 복지정책결정의 동학: 의료보험통합정책과 노인장기요양보험정책의 사례비교", 고려대학교 석사학위논문.

최인덕(2007), "의료보험통합의 위험분산효과분석", 중앙대학교 박사학위논문.

하봉운(2010), "학교급식 무상성 논쟁의 쟁점과 과제", 교육정치학연구, 17(3).

홍성만(2000), "정부와 비정부조직의 정책경쟁", 고려대학교 박사학위논문.

현외성(2000), "21세기 NGO로서 강원 사회복지기관의 역할과 과제", 강원복지정책 연구원 창립 1주년 기념세미나집.

□ 국외문헌

• 단행본

Almond, G. & Powell, G.(1978), *Comparative Politics: System, Process, and Policy*, Boston: Little and Brown.

Alvin, S.(1986), *Common Decency*, New Haven: Yale University.

Anthony, R. & Herzlinger, R.(1984), *Management Control in Nonprofit Organizations,* Homewood, Ⅲ.: Richard D. Irwin.

Barker, R. L.(1995), *The Social Work Dictionary,* Washington DC: NASW Press.

Bass, B. M.(1985), *Leadership and Performance beyond Expectations*, New York: Free Press.

Berman, E. M.(1998), *Productivity in Public and Nonprofit Organizations,* Thousand Oaks.

CA : Sage.

Blake, R. R. & Mouton, J. S.(1964), *The Managerial Grid,* Houston : Gulf Press.

Blau, P. M. & Scott, W. R.(1962), *Formal Organizations : A Comparative Approach*, San Francisco : Chandler.

Brody, R.(1993), *Effective Managing Human Service Organization,* Newbury Park : CA : Sage Publications.

Burns, J. M.(1978), *Leadership,* New York : Harper & Row.

Carlisle, H. M.(1987), *Management Essentials : Concepts for Productivity and Innovation* (2nd ed.), Chicago : Science research Association.

Christian, W. P. & Hannah, G. T.(1983), *Effective Management in Human Services*. Englewood Cliffs, New Jersey : Prentice-Hall, Inc.

Dror, Y.(1971), *Design for Policy Sciences*, New York : American Elsevier.

Drucker, P.(1992), *Managing the Nonprofit Organization : Principle and Practice,* New York : Harper & Row.

Ehlers, W. H. & Austin, M. J. & Prothero, J. C.(1976), *Adminstration for the Human Service,* New York : Harper & Row, Publisher.

Etzioni, A.(1958), *The Comparative Analysis of Complex Organization*, New York : John Wiley & Sons.

__________(1968), *The Active Socicty*, New York : The Free Press.

French, W. L.(1987), *The Personnel Management Process*. Boston, MA : Houghton Mifflin Co.

Friedler, F. E.(1967), *A theory of leadership effectiveness*, New York : McGraw-Hill.

Fulmer, R. M.(1998), *The new management*(4th ed.), New York : Macmillan.

Gates, B. L.(1980), *Social Program Administration : The Implementation of Social Policy,* Englewood Cliffs. NJ : Prentice-Hall.

Gilbert, N. & Terrell, P.(1998), *Dimensions of social welfare policy,* Boston : Allyn & Bacon.

Graham, Jr. C. B. & Hays, S.(1993), *Managing the Public Organization*(2nd ed.), Washington D. C. : CQ press.

Gross, M. J.(1978), *The Importance of Budgeting.* In S. Slavin(eds.), *Social Administration,* New York : Haworth Press and Council on Social Work Education.

Hassenfeld, Y.(1983), *Human Service Organization,* Englewood Cliffs, NJ : Prentice-Hall.

____________(1992), *Human Service as Complex Organizations,* Newbury Park : Sage Publications.

Hersey, P. & Blanchard, K. H.(1984), *Management of Organizational Behaviour*, Prentice-Hall, Englewood Cliffs, NJ.

Herzberg, F.(1966), *Work and the Nature of Man*, Cleveland : World Publishing.

Hofferbert, R.(1974), *The Study of Public Policy,* Indianapolis : Bobbs-Merril Company.

Hogwood, B. & Peters, B. G.(1983), *Policy Dynamics*, New York : St. Mar-tin's Press.

Hoy, W. K. & Miskel, C. G.(1987), *Educational Administration : Theory, Research, and Practice*, New York : Random House.

Jones, C. O.(1977), *An Introduction to the Study of Public Policy*(2nd ed.), NorthScituate, Mass : Duxbury Press.

Kingdon, J. W.(1984), *Agendas, Alternatives and Public Policies*, Boston : Little, Brown and Co.

Kotler, P.(1982), *Marketing for nonprofit organization*(2nd ed.), Englewood Cliff, NJ : Prentice Hall.

Kramer, R.(1981), *Voluntary Agencies in the Welfare State*, Berkeley : University of California Press.

Lewis, P. V.(1987), *Organizational Communications : The Essence of Effective Management,* Englewood Cliffs, NJ : Prentice Hall.

Lindblom, C. E.(1980), *The Policy-Making Process*, Englewood Cliffs, New Jersey : Prentice Hall.

March, J. G. & Simon, H. A.(1958), *Organizations*, New York : John Wiley.

Miles, R. H.(1980), *Macro Organizational Behavior*, Santa Monica : Goodyear.

Mintzberg, H.(1979), *The structure of Organization*, Englewood Cliffs, NJ : Prentice-Hall.

Mooney, J. D.(1947), *The Principle of Organization,* New York : Harper & Row.

Mucciaroni, G.(1995), *Reversals of Fortune : Public Policy and Private Interests*, Washington D. C. : Brookings Institution.

Neugeboren, B.(1985), *Organization, Policy and Practice in the Human Service*, New York : Longman.

Ouchi, W.(1981), *Theory Z : How American Business can Meet the Japanese Challenge,* New York : Avon Books.

Parsons, T.(1960), *Structure and Process in Modern Societies*, New York : Free Press.

Patti, R. J.(1983), *Social Welfare Administration : Managing Social Programs in a Developmental Context*, Englewood Cliffs, NJ : Prentice-Hall.

Pierson, C.(1991), *Beyond the Welfare State?,* Pennsylvania : The Pennsylvania State University Press.

Quinn, R. E.(1988), *Beyond Rational Management*, San Francisco : Jossey-Bass.

Ripley, R. B. & Franklin, G. A.(1982), *Bureaucracy and Policy Implementation*, Homewood, III : The Dorsey Press.

Rosso, H. A.(1991), *Asset building through Capital Fund Raising.* In H. A. Rosso(eds.), *Achieving Excellence in Fund Raising : A Comprehensive Guide to Principles, Strategies, and Methods,* San Francisco, CA : Jossey-Bass Publishers.

Sabatier. P. A. & Jenkins-Smith, H. C.(1999), *The Advocacy Coalition Framework : An Assessment,* Boulder : Western Press.

Sargeant, A.(1999), *Marketing Management for Nonprofit Organization,* Oxford University Press.

Scriven, M.(1967), *The Methodology of Evaluation : in Perspective of Curriculum Evaluation,* Chicago : Rand McNally.

Shortell, S. M. & Kaluzny, A. D.(1994), *Health Care Management : Organizational Design and Behavior*(3rd ed.), Albany, NY : Delmar Publishers Inc.

Simon, H. A.(1971), *Decision Making and Organizational Design, In Organization Theory*, New York : Penguin Books.

Skidmore, R. A.(1990), *Social Work Administration : Dynamic Management and Human Relationships*(2nd ed.), Englewood Cliffs, NJ : Prentice-Hall.

__________(1995), *Social Work Administration : Dynamic Management and Human Relationships*, Boston : Allyn and Bacon.

Skinner, B. F.(1953), *Science and Human Behavior*, New York : Macmillan.

Smith, G.(1970), *Social Work and the Sociology of Organization*, Routledge & K. Paul.

Stein, M.(1970), *Social Work Administration,* Social Work Administration : A Resource Book, New York : CSWE.

Stogdill, R. M.(1974), *Handbook of leadership : A survey of theory and research,* New York : Free Press.

Taylor, F. W.(1911), *Principles of Scientific Management*, New York : Harper & Row.

Titmuss, R. U.(1974), *Social administration in a changing Society*, Boston : Beacon Press.

Trecker, H. B.(1977), *Social Work Administration : Principles and Practice,* New York : Association Press.

Weber, M.(1947), *The Theory of Social and Economic Organization*, New York : Free Press.

__________(1968), *Economy and Society*, New York : Bedminster Press.

Weihrich, R. W.(1994), *The Social Work as Manager : Theory and Practice*(2nd ed.), Needham Heights, MA : Allyn & Bacon.

Wilensky, H. L.(1975), *The Welfare State and Equality : Structural and Ideological Roots of Public Expenditure*, Berkeley : University of California Press.

Woodward, J.(1965), *Industrial Organization : Theory and Practice*, London : Oxford University Press.

• 논문

Alderfer, C.(1969), "An Empirical Test of a New Theory of Human Needs", *Organizational Behavior and Human Performance*, 4(2).

Astley, W. G. & Fombrun, C. J.(1983), "Collective Strategy : Social Ecology of Organizational Environments", *Academy of Management Review,* 8(4).

Austin, D. M.(1989), "The Human Service Executive", *Administration in Social Work,* 13(3).

Barber, G.(1986), "Correlates of Job Satisfaction Among Human Service Work", *Administration in Social Work,* 10(1).

Benson, K. J.(1975), "The Interorganizational Network as a Political Economy", *Administrative Science Quarterly,* 20.

Bradshaw, J.(1972), "The Concept of Social Need", In *Planing for Social Welfare,* NJ : Prentice-hall.

Cohen, M. & March, J. & Olsen, J.(1972), "A Garbage Can Model of Organizational Choice", *Administrative Science Quarterly*, 17(1).

DiMaggio, P. J. & Powell, W. W.(1983), "The Iron Cage Revisited : Institutional Isomorphism and Collective Rationality in Organizational Fields", *American Sociological*

Review, 48.

Elmore, R.(1978), "Organizational Models of Social Program Implementation", *Public Policy*, Spring.

Ferge, Z.(1989), "Social Policy and the Economy", In M. Bulmer et al.(eds.), *The Goals of Social Policy.*

Gervers, J. H.(1989), "The NIMBY Syndrome : Is It Inevitable?", *Environment*, 29.

Glisson, C.(1989), "The Effect of Leadership on Workers in Human Service Organizations", *Administration in Social Work,* 13(3).

Gouldner, A.(1959), "Organizational Analysis", In Robert K. Merton et al.(ed), *Sociology Today.*

Gutterman, N. & Bargal, D.(1996), "Social Workers' Reports of Their Power and Service Deliverly Outcomes", *Administration in Social Work*, 20(3).

House, R. J.(1971), "A path goal theory of leader effectiveness", *Administrative Science Quarterly*, 16(3).

Jablonsky, S. F. & Devries, D. L.(1972), "Operant Conditioning Principles Extrapolated to the Theory of Management", *Organization Behavior and Human Performance,* 7.

Kidneigh, J. C.(1950), "Social Work Administration-An Area of Social Work Practice", *Social Work Journal,* 31.

Kunreuther, H. & Easterling, D.(1992), "Gaining Acceptance for Noxious Facilities with Economic Incentives", In Daniel W. Bromley(eds.), *The Response to Environmental Risk,* Massachusetts : Kluwer Academic Publishers.

Lowi, T. J.(1964), "American Business Public Policy, Case Studies and Political Theory", *World Politics*, XVI.

__________(1972), "Four Systems of Policy, Politics, and Choices", *Public Administration Review*, 32(4).

Maslow, A. H.(1943), "A Theory of Human Motivation", *Originally Published in Psychological Review*, 50.

Mazmanian, D. & Morell, D.(1990), "The NIMBY's Syndrome : Facility Siting and the Failure of Democratic Discourse", In Norman J. Vig & Michael(eds.), *Environmental Policy in the 1990s.* Washington D.C. : C.Q. Press.

Molnar, D. & Karnmerud, M.(1977), "Problem Analysis : The Delphi Technique", in

Planning for Social Welfare, NJ : Prentice-hall.

Nicholas, L.(1996), "Target Practice", *The New Republic*.

Shin, J. & McClomb. G. E.(1998), "Top Executive Leadership and Organizational Innovation : An Empirical Investigation of Nonprofit Human Service Organization (HSOs)", *Administration in Social Work*, 22(3).

Thomas, K. W.(1992), "Conflict and Negotiation in Organization", In M. D. Dunnetteand & L. M. Hough(Eds.), *Handbook of Industrial and Organizational Psychology*(2nd ed.), 3.

Thompson, J. D. & McEwen, W. J.(1958), "Organizational Goals and Environment", *American Sociological Review,* 23.

Wildavsky, A.(1966), "The Political Economy of Efficiency : Cost Benefit Analysis, Systems Analysis and Program Budgeting", *Public Administration Review*, 26(4).

□ Web-Site

강남종합사회복지관〈http://www.kangnamwelfare.co.kr〉

경향신문〈http://www.khan.co.kr〉

국가법령정보센터〈http://www.law.go.kr〉

네이버 백과사전〈http://100.naver.com〉

네이버 지식카페〈http://cafe.naver.com〉

동아일보〈http://www.donga.com〉

보건복지가족부〈http://www.mohw.go.kr〉

보건복지가족부 국가복지정보시스템〈http://www.w4c.go.kr〉

보건복지부〈http://www.mw.go.kr〉

보건사회연구원〈http://www.kihasa.re.kr〉

법제처〈http://www.moleg.go.kr〉

사회복지공동모금회〈http://www.chest.or.kr〉

사회복지자료방〈http://kr.blog.yahoo.com/hsdystyle/364〉

서울특별시의회〈http://www.smc.seoul.kr〉

서울특별시청〈http://www.seoul.go.kr〉

연합뉴스〈http://www.yonhapnews.co.kr〉
중앙일보〈http://www.joongang.joinsmsm.com〉
조선일보〈http://www.chosun.com〉
참여연대〈http://www.peoplepower21.org〉
통계청〈http://www.nso.go.kr〉
한국사회복지사협회〈http://welfare.net〉
한국사회복지협의회〈http://kncsw.bokji.net〉
한겨레신문〈http://www.hani.co.kr〉
한국일보〈http://news.hankooki.com〉

□ 기타 자료

보건복지가족부(2008), "2008년 노인복지시설 현황"
보건복지부(2003), "참여정부 출범 100일, 보건복지분야 주요 성과와 과제"
__________(2007a), "2006년도 보건복지통계연보"
__________(2007b), "2007년도 전국 사회복지관 현황보고서"
__________(2007c), "2007년도 사회복지시설 관리안내"
삼성경제연구소(2005), "최근 고용불안의 원인과 시사점"
시민의 신문(2006a), "한국민간단체총람 2006"
__________(2006b), "한국민간단체총람 2006 통계 및 분석"
전경련(2006), "2005 기업 및 기업재단 사회공헌백서"
청와대 경제정책비서관실(2007), "지출예산으로 본 역대정부의 성격비교"
통계청(2007), "2006 한국의 사회지표"
한국보건사회연구원(2006), "사회복지지출 추계를 위한 한국종교계의 사회복지시설 지원금 실태조사 : 2001～2003"
한국사회복지협의회(1996), "사회복지사의 슈퍼비전"
한국종교계사회복지대표자협의회(2004), "사단법인 한국종교계사회복지협의회 창립총회 및 제7차 정기심포지엄"

찾아보기

『인명』

『내용』

『기타』

저자소개

양 승 일

• 학력

고려대학교 행정학박사(복지행정)
고려대학교 행정학석사(복지행정)
한국외국어대학교 행정학사

• 경력

대통령자문 정부혁신지방분권위원회 연구위원
장안대학교 사회복지행정계열 겸임교수
서강대학교 공공정책대학원 대우교수
서울특별시 의회사무처 보건복지전문위원
한국행정학회 행정학전자사전특별위원회 위원장

현, 충남도립대학교 자치행정학과 교수

• 저서 및 논문

사회복지정책론(양서원), 분배정의와 의료보장(나눔의 집),
정책변동론(박영사), 행정유형론(박영사),
학술논문 다수

– 개정판 –

▌사회복지행정론▐

1판 1쇄 발행 2014년 3월 10일
1판 2쇄 발행 2015년 1월 30일
2판 1쇄 발행 2018년 3월 5일
2판 2쇄 발행 2020년 2월 10일

저　　자 | 양승일
발 행 인 | 박철용
발 행 처 | 양서원
주　　소 | 경기도 파주시 직지길 522 파주출판도시
전　　화 | 031-955-8000(代)
팩　　스 | 031-955-8005
홈페이지 | www.yswpub.co.kr
이 메 일 | yswpub@chol.com
출판등록 | 1987년 11월 24일 제 406-2003-037 호

ISBN 978-89-994-0755-0

정가 20,000원